学校是比家大一点的地方

上

李一诺 编

中信出版集团 | 北京

图书在版编目（CIP）数据

学校是比家大一点的地方：全 2 册 / 李一诺编 . --
北京：中信出版社，2020.10 (2020.11重印)
ISBN 978-7-5217-2033-4

Ⅰ. ① 学… Ⅱ. ① 李… Ⅲ . ①教育工作—文集 Ⅳ .
① G4-53

中国版本图书馆 CIP 数据核字（2020）第 121978 号

学校是比家大一点的地方

编　　者：李一诺
出版发行：中信出版集团股份有限公司
（北京市朝阳区惠新东街甲 4 号富盛大厦 2 座　邮编　100029）
承 印 者：北京尚唐印刷包装有限公司

开　　本：880mm×1230mm　1/32　　印　　张：11　　字　　数：100 千字
版　　次：2020 年 10 月第 1 版　　印　　次：2020 年 11 月第 3 次印刷
书　　号：ISBN 978-7-5217-2033-4
定　　价：128.00 元（全 2 册）

有这样一所很“土”的学校，叫一土学校，在这里上学的孩子叫作小土豆，他们的爸爸妈妈，就是大土豆。

一土学校的老师们，常常会给大土豆们写信：

“我们希望孩子成为内心充盈的人，爱己及人，乐天行动……”

本书主创团队

李一诺

我们每一个人都是一座金矿，教育的目的，是引导每一个孩子向内探求，发掘自己的这座金矿，了解自己，理解他人，最终理解世界，从而实现外在与内在世界的统一，并创造更美好的生活。

一土教育创始人

郭小月

一土学校小学部校长，
创校校长

教育，像很多年前种下一颗种子，决定它未来生长的，是它自己。教育者需要为这颗种子的发育、生长创建更适合的环境，并且自己也成为这成长环境的一部分，最终是种子和环境，共同决定了它长成的样子。这是一个需要透过时间来完成的过程，并且它掺不了假。

冯春

一土学校创校语文老师

对我来说，教育更多的是指向自我，在无数的孩子身上，我看到了自己：渴望被看见，所以总在发各种信号；害怕被忘记，所以抢着说话；珍惜每一个温暖的瞬间，反而害羞地绷住脸移开眼睛……你剥过洋葱吗？洋葱总是一片紧紧地包裹着下一片，剥了一片又一片，似乎总也剥不到头，而且，在剥的过程中，洋葱总散发着辛辣的气味，会让你忍不住涕泗横流，考验着你继续往下剥的勇气。作为老师，面对自己就像剥洋葱，层层剖析，不断反思，经常拷问，偶尔会沮丧，但也越来越勇敢。以前，我红着眼睛剥过很多次洋葱，以后，估计还会继续。

何烨

一土学校语文老师，
语文教研组组长

什么是教育？当风吹来，一棵树轻轻摇动另一棵树，一朵云靠近另一朵云，教育就是那阵微风；什么是教育，教育应该是生活中最平常的事儿，平常到就像我们的吃饭、喝水、聊天和睡觉。以一颗真实平常的心做教育，以一颗微风轻轻吹动的心做教育。不急、不躁、不执。

本书主创团队

祝玉娟

给孩子无条件的爱和安全感；用欣赏和尊重陪伴孩子成长；用艺术和哲学的方式打开对自己、对周边、对世界的认知；对自然和生命心怀敬畏；低谷时，能从身边的一颗露珠里看到希望。这是我心中真正的教育。

一土学校语文老师

一土学校创校数学老师

陈楚

教育是“点亮”，是和学生一起成为更完整的“人”。

王雨轩

教育于我，是夏日黄昏时天上那一抹即将淡去的白云，它曾在碧蓝的天空中留下回忆，消散时却不着痕迹。只因深知改变的发生需要平淡日常的“溶解”，这“溶解”是生命历程中无数复杂因素的交织与反应，需要时间，更需要恒久的耐心与坚持。

一土学校创校语文老师，
一土广州创校语文老师

王向荣

一土学校语文老师

我从来没觉得我在“教”学生，相反，我一直在向他们学习。我向他们学习如何游戏，跟他们在一起，我也仿佛变回一个小孩子；我向他们学习怎么观察这个世界，当我像孩子们一样蹲下身子看毛毛虫，躺下来看云看天空时，发现这个世界真是不一样。我向他们学习放慢脚步，被这些小蜗牛牵着去散步，慢慢走，听着鸟声和虫鸣，闻着花香，看着满天星斗，这种感觉可真美妙！

冯澍

一土学校创校团队核心成员，
一土教育品牌总监

教育中最美的部分，莫过于相信。相信每一个人都是积极主动、内心充盈的学习者；相信成功不仅仅是眼前的可见，而且是人心底深处对自我的深度觉察与认知，以及在这基础之上的自我绽放。

傅玥雯

一土教育品牌部

每个孩子都是宇宙之子，带着宇宙任务而来，为这个美丽世界的尽善尽美做出自己独一无二的努力。

代序
给理想打样的教育探索

杨斌

《大学》开篇的一句“大学之道，在明明德”，这里的所谓“大学”不是指高等院校，而是相对先哲所说的“小学”而言。小学是什么？——“教之以洒扫应对进退之节，礼乐射御书数之文”者也。我花了些时间，翻看一诺给我的这些一土学校老师们原汁原味、走心感人的教育札记，我觉得这是“大学”之道，虽然它发生在小学阶段的老师和学生之间。

小学老师极其重要。跟中学生相比，小学生的社会性学习更朴素直接。小学老师的言传与身教，课上与课下的状态，对学生有更长远的影响力。老师就是学生的楷模和示范，是“第一粒扣子”的扣眼。一土老师们耕作的这块“晨犀”园地，是超越了家校沟通中常见的“通风报信”或者“教学延伸”功能的“心田”，让我们看到很多美好的人在做着美好的事的时候的“得其乐”“乐未央”。

我们总是强调学生是学习者，老师是输出者。其实老师也需要不断学习，如果老师没有用心去学习，师生互动就是没有生命力的，是干瘪枯燥的，是没有心与心的共鸣的。一土老师的这些文字，朴实无华中自然流露出持续学习的精神，在这里，老师扮演的不再是给家长派活的角色，也没有给家长们制造比赶帮超的焦虑气氛，而是和家长一起从容共育，陪孩子共同成长。

我在大学中倡导“十个不等于（远大于）”，在一土的育人实践中，我看到了很多鲜活的例证：“教育≠教学”“课程≠课堂”“上课≠听课”“名师≠名嘴”“总结≠结论”“笔记≠记录”“成长≠成绩”“好学≠好分”“体育≠育体”“集体≠班级”。

“德不孤，必有邻”，这样的老师，这样的氛围，外人觉得很奇妙，其实原因并不复杂，根子在于创办学校的一诺。当我跟她谈论起办学与育人时，她语气越来越激昂，似乎有好多话要讲。有时她会停顿下来，神情变得凝重，甚至会叹气、流泪。那个时刻，我心头浮现出一句循环播放的歌词：“没有理想的人不伤心”。

一诺有理想，她不止有理想，她还要给心中的理想打样。一土的倔强探索，就是想把教育中存在的那些被 KPI 束缚、拼命追求效率、以培训为主的乱象，恢复到符合教育本质、成长规律、身心发展的常识中去。这种探索也许还不成熟，还充满稚气，不过我这里所说的不成熟和稚气，并不是贬义，更不是指不足，而是指潜力，是合宜，是得体——是教育本来应有的样子。

究竟什么人能被称作教育家？英文区分不出来，但中文中的教育家和教育工作者似乎差别很大，那么如何区分呢？我认真想过这个问题，暂时有个武断的结论，就是看一个人有没有“为着人的进步的自觉自洽的教育理念，并笃力践行之”。从这个角度看，总是自认外行的一诺，无疑是个准教育家。至于能否去掉“准”字，就看有无“笃”字。而一诺的名字，一土的名字，都是“笃”意盎然。

祝福一土，祝福未来。

（本文作者为清华大学教授、领导力研究中心主任）

目录

第1章 认知自我

▲一土学校核心素养

第 2 章

追求美好

第3章

沟通协作

第4章

敢想敢做

前言
一所“土”学校

一诺

缘起

曾经在2015年火遍硅谷的AltSchool，是我的大儿子作为创校生去的小学。2015年8月，他在AltSchool位于硅谷Palo Alto的只有三间教室的小校区入学。当时AltSchool融资过亿美金，所有硅谷大佬几乎都参与其中，可谓如日中天，在美国教育界引起了很多关注，有近千名教师争先恐后地应聘几个教师岗位。

可惜理想丰满，现实骨感。2018年，AltSchool不得不“战略转型”，黯然关闭了几乎所有的实体学校，过去一年的发展也不尽如人意。虽然这个大泡泡吹破了，但是我很感激这个学校，给当时作为一个懵懵懂懂的家长的我，种下了做教育的种子。

2015年12月，我和华章在硅谷见到了萨尔曼·可汗，没错，就是著名的可汗学院的创始人。那时候他刚刚开办可汗实验学校（Khan Lab School，简称KLS），团队当时和我们分享说计划3年内在全球开1000所可汗学校。我们听得激情澎湃。但同一天，在我们和他们的老师交流的时候，发现令人心潮澎湃的理想背后，还有很多不为人知的苦衷。KLS提到了很多反传统的概念，比方说没有寒暑假，比方说上学时间早9晚6（美国一般是下午1点多到3点就放学了），结果是老师们苦不堪言。我意识到，做学校仅有愿景和教育理念是不够的，更需要踏实的运营和无数的细节。

到今天，可汗实验学校还是只有那一家，在谷歌Mountain View一个办公楼的一层。

虽然这个1000所学校的梦想没有实现，但是它点燃了我做一所学校的梦想，感谢萨尔曼·可汗写的《翻转课堂的可汗学院》（*One World Schoolhouse*）这本书。现在我还记得看完这本书的激动心情：面对很多教育里“天经地义”的框框，我们竟然可以问，一定要这样吗？是不是可以有不同的方式？

我们去看可汗实验学校那一天，是3月14日，也就是Pie Day。那天张海云姐给我们带了一个pie（美国馅饼），我们几个人——我、华章、小月、海云姐和雪棹坐在办公楼的外面，一边吃着馅饼，一边决定了要在国内做学校，所以后来，我们也把那一天定为一土创校日。

之所以叫“一土”，就是不想做一个“高大上”的学校，想做一个“土”学校，它是朴素、真实而接地气的。还有更深的一层意思，那就是教育是土壤，孩子是种子，我们希望联结社会的力量，耕耘一片深沃的土壤，让每一颗种子长成最好的自己，创造属于自己的未来。

那些消息

一土 4 年多做下来，其实一直非常艰难。但是中途收到的一条又一条的信息，又让我们一次次重新有了力量。我也想和大家分享几段。

74 岁的程念祖老师

2016 年就和我们一起创校的家长是我在清华的师姐，她是当年北京八中少年班第一届（俗称“少 1”）学生。她的中学老师——程念祖老师，是八中素质班的元老教师之一。2019 年，程老师来看一土，从半信半疑，到后来决定来做教师培训的指导。一个月以后，程老师给我师姐发了这么一段微信：

> 我去一土做顾问已近一个月。这所学校确实不一般，让我有相识恨晚的感受。我在公立学校干的时间最长，也在资本家办的私立学校干过，还在农民企业家办的村校干过。看来，办学校的人本身一定要层次高，否则根本不懂得什么是好的教育。谢谢你把我介绍给一诺、义飞他们，和他们相识、相处很愉快，又激起了我学习新东西的欲望，又给了我实现教育理想的机会。遗憾的是年纪大了，常有心有余力不足的感慨，只好慢慢来喽。听四年级一堂数学课，你女儿和同学们在课堂里都很积极，真好！课堂真有当年少1的氛围。

程老师74岁高龄，每周都会至少有一天坐地铁和骑自行车来学校，我们的老师在旁边陪跑，“护送”程老师来学校。程老师的指导也是全方位的，听课、评课，还给老师们专门准备“认知论”的系列分享，老师们也都受益匪浅。在听完一节一年级语文课后，在一线做了近40年的程老师是这样评价的：

“何老师的课，我听得很开心。一节课都在跟着何老师思考：下一步要干什么呢？要做什么呢？而且对自己思考的结果也很满意。一年级学生能这样上语文课，真是不容易，学生专注力这么高，积极性这么高，是表演不出来的，学生始终受到关注，被老师用积极正向的语言鼓励，被不同形式地鼓励，在这个过程中体会到合作学习，非常愉悦，感受到学语文的快乐，孩子会很喜欢语文，语文的学习能力也会很强。一堂课下来非常自然，不像那种公开课。课堂效果我也很满意，因为老师非常了解学生。教无定法，但教学也有规律，这个规律就是充分了解学生。”

大土豆们的一土

学期末是学校的展示日。孩子的歌声出来的时候，在场的成年人几乎都掉了眼泪。孩子的戏剧表演，台上是亮的，台下是黑的，很多家长坐在黑暗里，看着孩子们用最舒展和真实的状态去演绎他们的故事。家长给我发来了这样的反馈：

“今天第一次参加戏剧节，真的要谢谢你们，真的太好了，我看到大小‘土豆’都沉浸在这个氛围里，谢谢你们给了大家这么好的环境，于大于小都是一片乐土。过程是坎坷的，结果必然是美好的。”

广州一土的项目展示结束，一位妈妈说：“在现场看到孩子的状态，包括老师的状态，都是自然亲密，孩子们特别舒展。”一位爸爸说：“大环境下人们已经习惯用标化成绩定义孩子们的学期收获，哪怕对创新教育心怀热情，也不免对 PBL（项目制学习）是否流于形式主义和效率如何心存疑虑。今天的项目展示让我们对一土这种适应未来的教育充满期待。”

期末展示中，不仅有学生，还有大土豆组成的“乐土合唱团”和家长戏剧社的精彩演出。家长和孩子们同台演出，无比真实和亲切。学校也是大土豆们的一土，是孩子、家庭都乐在其中的社区和乐土。

陌生人的来信

最近收到这样一封信：

一诺你好！

我是中学老师，任教英语学科，今年 52 岁，离退休只有 3 年了。

今天听了两遍一诺的演讲：“光”——给人以光，给人以力量。久违的眼泪不停往下淌——这是为教育而流的泪水，为中国的教师、中国的孩子而流下的泪水！

我觉得自己还有一颗年轻的心，不愿沉沦的心；我觉得自己从事了多年的教育，有许多憋屈的地方；我想要痛快地工作！想要教育出自己期望看到的孩子！于是斗胆来函一封，咨询2020年有没有招聘的信息。如若有缘且有幸，我愿进入一土，用我的余生来做一次与前30年不同的教育，做自然伸展的教育，在祖国的土地上做成做好国际化教育！

此致

礼

“想要痛快的工作！”是啊，哪一个教育者不希望能“痛快地工作”？希望通过更多人的努力，未来能有更多的土壤实现这些简单朴素的教育理想。

关于这些文字

回到学校，其实最重要的任务，是构建一个场域，一个允许真实教育发生的场域，场域到位的时候，真实深刻的教育的发生才有可能。我认为一个好的教育场域，是四个词：“真实、亲密、平等、安静”。因为只有在这样的场域里，成人和儿童才可能是舒展的，舒展的时候，教育才可能真正地发生。

4 年多下来，在这样的场域下，成人和孩子的状态得以通过“晨犀”（一土的教学工具和家校沟通平台）上的文字记录，留下些许痕迹。

这些文字，基本都是老师的一线课堂记录和教学教研心得，以及给家长的书信。截至 2020 年 7 月，晨犀已经累计文字近 900 万字，超过 15 万张照片或图片，还有近 17500 条视频，展现了在一土发生的真实的教育。看到老师富有温度的课堂记录，亲历孩子的每一个成长，都让我深深意识到，落实到每天真实的育人，最难的，不是学科教学理念与课程设计，而是教师如何通过自己真实的状态，把教育贯穿在看似平常的语言、活动和空间里。因为这些细节、这些互动、这些对话，才是孩子们真实的体验。当孩子们被看到、被听到、被关注、被接纳，孩子们的语言和行动、思考和问题都变得无比有趣，每一个孩子都是可以发光的。

正是这光，让我们看到美好教育的无限可能。

最后，写给每一个父母

我想我最重要的身份，是三个孩子的妈妈。

这个身份也是做一土的初始动力。做妈妈这些年，其实是一个充满挫败感的过程。跌跌撞撞，也走了很多弯路。好在总有孩子们做我的老师，不管我们多么糟糕，孩子们都对我们这些成人有无条件的爱。我们会意识到，那些自己貌似无比强大的外表下面不敢对外人说的小声音，才是很多问题的阻碍和根源。

关于这些跌跌撞撞的经历，我写过一些文字，在公众号奴隶社会可以看到。做一土的 4 年多，我也看到了非常多的家庭，有很多思考。我想在这里和大家说几句心里话：

第一，孩子对我们的爱，才真是无条件的。

我们总说，给孩子无条件的爱，但其实孩子们爱我们，才真是无条件的。他们爱你，仅仅是因为，你是你，不是因为你的学历、工作、地位、钱、相貌、年龄，或者我们成人关心的其他任何外在的东西。

这才是无条件的爱。

有一次我问我们家 5 岁的老二，1 到 10 分之间，你给妈妈打个分，能打多少分？我那时候心里想，孩子也许会给我个 8 分 9 分吧。没想到 5 岁的老二说，妈妈，我给你打 1 亿分！我永远记得这个对话。

想想我们会不会给孩子，打 1 亿分？

我看到孩子们的话，常常会流泪。做一土，其实底层的使命感，是来自对儿童的敬畏。看到这些星星般的孩子，你怎么能不希望给他们创造和守护一个空间，一个接纳和成全的空间，一个免于评判、恐惧和伤害的空间，一个爱的空间？

第二，孩子会折射出我们完整的自己，特别是那些丑陋的角落。

每个父母都会说自己为孩子好，因此要给孩子报这个班那个班，学这学那。但我们真的是为了孩子吗？难道不是希望自己看起来是个更努力的父母？难道不是希望通过孩子证明我们自己的成功？难道不是希望通过孩子的成就证明我们自己的价值？我们是真的希望孩子“做好准备”，还是因为我们自己对不确定性的深深恐惧，而让孩子疲于奔命？

孩子其实是一面镜子，照出家长自己的问题，特别是那些我们不希望让人知道的内心深处的声音。我们对未来的恐惧、对自己的不接纳、心理上的不安全感，都会在孩子这里折射和放大。孩子没有问题，折射的都是我们自己的问题。

所以要孩子好，唯一的路径，就是看清自己，面对自己内心的困境，接纳自己的内在小孩，面对自己的恐惧。当我们能做到真心真意地爱自己，才能真心真意地爱孩子。

第三，教育的问题，其实是社会问题的集中折射。靠教育界本身，难以推动教育的真正变革。

我一直是个教育的外行，到现在也是，而且可能一直是。一方面因为教育博大精深，学无止境；另一方面，我觉得其实做教育是要保持一种“局外人”的状态的。因为教育远远不是教授课程和知识技能，而是每一个个体和家庭都要主动或被动参与的深刻的社会体验。

真正的教育有双重指向，一个向内，指向自我；一个向外，指向社会和世界。两个指向看似相反，实则相辅相成，在互相交织中，真实的教育才可能发生，孩子才会有真实的发展。所以关起门来是不可能有真实的教育的。靠教育界本身，也不会解决教育的问题。

哪怕在学校内部，也需要有这样的外在视角。作为家长，往往对学校有迷信。认为送到一个“好”学校就完事大吉了。而实际情况是，在孩子成长的过程中，家庭和社区是起决定性的作用的。教育界本身能发挥的作用有限，传统意义上以教授知识技能为主的的学校，在孩子教育方面能做到的就更有限了。如果要真正发挥作用，学校一定要有外在视角，要有生态的视角，从学校根基的“土壤”做起，从家长和社区教育做起，而且要意识到这不是可有可无的工作，而是必须要做的工作。

我们作为家长也要看到，我们自己的觉醒和选择，其实在教育进步中可以起到至关重要的作用。每个家庭都觉醒，每个家庭都选择去看见孩子、倾听孩子，才能真正带来教育的进步。从这个角度讲，家长不是教育的消费者或者被动接受者，而是共同创造者。未来什么样，是我们每一个人，每一个家庭，通过自己的选择去创造的。

亲爱的朋友，你翻开这本书，读到这里，我可以肯定，你也是一个爱孩子、关心教育的人，一个爱思考、爱问问题的人。我是个教育的外行，指导自己的无非是常识。常识告诉我，让成人和孩子都痛苦的教育体验，不论目标看起来多么远大，都是有问题的；处处在比较和竞争的教育，不管成绩看上去多么出色，都是有隐患的；物化成人和孩子的教育，不管怎样高效，都是反常识的。我们要做的，就是回归常识，看见孩子，看见人，看见自己。这一点，相信我们每个人都能做到。

第1章

认知自我

认知自我是一个人成长的起点，更是一生的过程，我们希望能在孩子幼年时起，就打开认知自我这扇门，而不是到了 30 岁再重新回来去追问“我是谁”。

所以，好的教育，不是用今天的“丛林法则”与评价体系，去衡量每一个不同的灵魂，而是从小给孩子种下自我觉察的种子，让他们学会去关注和接纳自己，知道自己是谁，能做什么，以及擅长做什么。

好的教育，不是让孩子成为听话的追随者和模仿者，而是善于倾听自己内心的自主的、灵性的个体；好的教育，不是告诉孩子你应该成为什么样的人，而是鼓励他去发现自己的天赋所在，为成为最好的自己而努力。

认知自我是一个人成长的起点，情绪觉察又是认知自我的基石。

在这一章中，您会看到一土课堂中屡试不爽的情绪认知“法宝”——情绪象限表、心情魔法袋、情绪日记等，帮助孩子察觉和管理自己的情绪，感知别人的情绪，学会换位思考和培养同理心；

您会看到一土老师如何鼓励孩子探索我与自己、我与他人及我与世界的关系；

您还可以看到孩子如何通过“学生主导的家长会”（SLC）、“画廊漫步”等方式，学会自我评估，并通过制订自己的目标和计划、时间管理等方式，实现自我驱动与自我管理。

给你五条船，划向“我是谁”的彼岸

郭小月

每个人都是本性具足，而养育与教育的过程，就是让孩子不断察觉自己、认识自己，最终在人生壮阔的大海中，划向“我是谁”的彼岸。

我是谁？我从哪里来？我要到哪里去？

人对自我认知的探究是一生的过程，从基础教育就应该开始，而不是到了成人，才开始思考这个人生的终极问题。每个人都是本性具足，而养育与教育的过程，就是让孩子不断察觉自己、认识自己，最终在人生壮阔的大海中，划向“我是谁”的彼岸。好的养育，就好像是在大海中点亮了一座灯塔，为孩子指引了前行的方向。

在这里，我送大家几条小船，使用这些亲子沟通小妙招，会帮助孩子更好地认识自我。

第一条船：情绪四色板

一土的孩子们都是小彩灯，他们难过的时候会说：“我很蓝！”他们生气的时候会说：“我有点红！”他们喜悦宁静的时候会说：“我现在是绿的！”仅这个能力，其实这些孩子已经胜过很多成人了，有多少成人在自己生气的时候不会直说自己生气，而是默默找身边人的碴儿来指责撒气呢？

当很多人对情绪管理这个词还懵懵懂懂的时候，我们的情绪管理已经从娃娃抓起了。

情绪四色板的颜色表达：

- 绿色：需要 Go（行动） 准备好了；开心；心满意足；自豪
- 黄色：需要 Slow（慢） 太兴奋了；需要停下来；慢一点
- 红色：需要 Stop（停） 烦恼的；疯狂的
- 蓝色：需要 Rest（休息一下） 难过的；不太开心的；无聊的

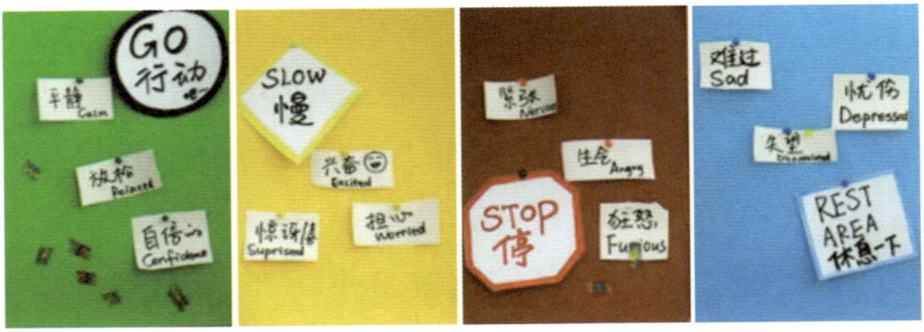

为什么要用颜色来代表情绪呢?

这是一个循序渐进的过程，小孩子的词汇量有限，一开始很难区分并用不同的词汇来表达过多的感受，使用颜色相对简单，其视觉化的特色适合儿童的学习特点。在使用的过程中，颜色可以被进一步细化为表达感受的词语：尴尬、紧张、内疚、羞愧、生气、喜悦、兴奋……孩子对情绪的认知一步步细化，也一步步更懂自己，更理解他人。

认知情绪对孩子的成长有什么好处?

情绪认知是实现自我管理的重要基础，通过情绪认知形成的自我认知是建立同理心的开始。

直接告诉孩子们不要打架不许闹脾气很简单，但通常没有效果，而且这样简单粗暴的方法只教会了孩子漠视和压抑情绪。对于在一生中都要面对自己与他人情绪的人类而言，教会孩子觉察自己和他人情绪的养育方法是在帮他们更好地接纳自己与善待他人。

这里特别要强调的是，在孩子学习描述情绪的过程中，我们要引导孩子认知到，情绪没有好坏，每一种情绪都是人类自然的情感反应和表达，我们不必为红色和蓝色的心情羞愧或焦虑，因为每一个侧面的自我都应该被接纳。

情绪四色板的使用情境

当明显看到孩子有情绪时，首先要问的问题是：发生了什么事？以及，你是怎样的感受？

另一种是孩子当下并没有明显情绪时，也可以作为日常沟通来谈谈，“你今天感受如何？”

总结起来就是随时随地都可以使用情绪四色板来练习孩子的情绪认知。每天早晚都可以问问自己，“你好吗？”这个过程不仅是帮成人了解孩子的状态和一日生活，更重要的是帮助每个人了解自己。

情绪日记和设立情绪小目标

作为一个个体或一个家庭，都可以在记录情绪的同时设立目标，比如，妈妈最近生气比较多啊，好吧，那我们来设立一个小目标：把妈妈每天生气的次数先降到一次怎么样？

第二条船：用故事、艺术和科技来表达自己

最近，我们的艺术课主题是安迪·沃霍尔（Andy Warhol）的作品。这位波普艺术大师善用色彩，他创作的被广为传播的一幅玛丽莲·梦露的肖像，就是以绢印版画技法重复印刷的，这样的艺术表达形式也成为安迪·沃霍尔的一大特色。

孩子们在观摩了沃霍尔的作品之后，尝试自己创作，他们使用丰富的色彩创作出自己的形象——a goy（一半男孩一半女孩的小怪物），并讲出这个小怪物的故事，老师帮他们把故事记录下来做成故事

册展出。

在家庭里，这也是亲子互动的一个妙招，我们可以设定固定的亲子时光，鼓励孩子们讲故事，家长可以帮着写下来。或者问问孩子们今天发生了什么，有什么最快乐的时间，一起记录下来。

这个练习不仅增加交流和理解，在启发孩子创造力的同时，孩子会觉得原来我也可以写故事啊，我的创作是可以被展示的，这样能帮孩子塑造成就感和自信，同时这也是在给孩子的写作打基础。

第三条船：当我感到 _____，我做 _____

这是一个小游戏，孩子们会表演，比如，当我高兴的时候，我跳舞；当我难过的时候，我不说话……

在做这个游戏的时候，孩子们会彼此猜答案，老师会借此机会更加了解每一个孩子以及他们日常行为背后的动机。

一个孩子说，他开心的时候就喜欢打人。这下老师会更明白，当他打人的时候，是不知道怎么去处理这样的情绪。如果每次看见他打人的时候就制止他说不要打人，孩子也会疑惑，老师为什么不知道我是因为开心呢？

另一个孩子说他喜欢“吃人”，事实上，这是因为这个小男孩儿一向就很幽默，而不能轻易地将其解读为孩子的“暴力倾向”。

我们对孩子表达的解读非常重要，不能以成人的焦虑或标准粗暴地定义和纠正，而是需要去了孩子背后行为的动机和起因，只有以此为基础，才能有效地在理解的基础上做正确的引导。

大土豆们不妨也在家里和孩子玩这个游戏吧，它会让我们更了解孩子，而了解是为了更好地尊重。

第四条船：练习积极正面的反馈和评价能力

老师拿出一张画，也许不那么美丽。孩子们通常都会喊：“啊，真丑，我不喜欢。”

老师说：“可不可以给一些你们喜欢的、友善的反馈呢？”

于是，孩子们会尝试看到那些还不错的部分，比如：颜色还不错，这件衣服和头发的颜色我喜欢。对于孩子们不喜欢的部分，老师会引导孩子们说得更细致：不喜欢哪里，为什么不喜欢。接下来，老师再去修正。

这样的讨论、反馈、沟通之后，老师会将作品做修正，一次又一次地练习孩子们反馈的能力，找出自己喜欢的部分，对不满意的部分提出细致具体的意见。老师可能会做出一次又一次的修正，多达五六次。在这个过程中，孩子们慢慢学会了鼓励他人，学会了积极有效地反馈和帮助他人。

在学校里，我们常常能看见孩子们之间也在做这个练习。每个孩子的作品都会吸收他人的评价，一遍遍迭代，一遍遍修改。孩子们在这个过程中，学会积极沟通，给出有效友善的反馈，帮助他人；学会接受不完美，积极地看待评价，并经过自我迭代，不断完善自己的学习成果，最终尝试把作品变得更好。

提升和改变是学习应该有的样子，孩子们在一次次的行动中将这个获益一生的方法内化。这是项目制学习的精神内核，是需要通过不断练习才能习得的，家庭互动中不要忘记哦！

第五条船：沟通一天的生活，你在学校做了什么？

很多妈妈有些苦恼，每天回家问小朋友，你在学校做什么了？孩子什么都不说。其实往往不是孩子不愿意说，而是不会说。这是需要引导和练习的，下面的句式也许能帮到你。

家长和孩子可以相互猜测和讨论今天一天的生活（如果是家长分享的话，把学校换成爸爸妈妈所处的情境就好了）。

1. 我来猜猜今天在学校发生了什么。

2. 在学校里面发生的最开心的事情是什么？

3. 最无聊的事情是什么？

4. 最有兴趣的事情是什么？

5. 可以教我一些你今天学到的东西吗？（这点需要小心哦，一定要把握度，把关注点放在孩子身上，而不是学习到的东西上。别把沟通变成考试！问这个问题的目的是了解孩子在学习中出现的问题，帮助家长和老师沟通。）

6. 给孩子们分享我们的一天。

上面的问题，也要允许孩子们问家长。

如果孩子们不愿意回答我们的问题，那大概是我们提问题的方式出现了问题，请让孩子感觉容易一点：

1. 把问题简单化；

2. 先提封闭式问题，孩子只需回答是或不是；

3. 从简单的地方开始沟通，从这是谁、这是什么、这是哪里、什么时候、为什么、怎么样的问题开始。

“船”交到父母手里了，划不划是自己的选择，知一万不如行一，行动才是硬道理。

在今天讲的五种方法里，
请家长在家里和孩子们至少选择一个来互动实践吧。

1. 四色情绪板

2. 用故事表达自己和记录

3. 当我感到 ______ 时，我做 ______

4. 友善具体的沟通反馈 + 对学习成果的迭代提升练习

5. 回到家的游戏——积极沟通的几个问题示例

我们心中的积极小人和消极小人

李如玥

我们脑子里会有一个积极小人和一个消极小人。他们会从不同的视角看问题，他们决定了你对事情的归因和你的感受。

这一周，我们进入“情绪管理”主题。第一天的引入依然是自由分享——选任意一种你经历过的情绪，分享一下当时的情景，这种情绪持续了多久，以及它最后是如何消失的。

红色代表愤怒情绪，蓝色代表消极情绪，黄色代表兴奋情绪，绿色代表高兴情绪。来听听孩子们是怎么说的吧。

小禾：“我经历过红色和蓝色在一起，因为出了一些意外，我很难过，而且也越来越想哭，最后雅琪老师给了我们一些空间，让我和瑞瑞做事情，我们就慢慢好了。”

瑞瑞：“我也是上周四阿梓发生意外的时候，经历了从蓝色到红色又到蓝色，最后也是像小禾说的，雅琪老师给了我们一些空间，后来就好了。”

莹莹：“我想说的是蓝色的情绪，我爸爸总是出差，不停换地方工作，一个月只有几天回家，所以他一走我经常沉浸在一种很低沉的情绪中，直到在学校才变成比较平静的绿色。”

（老师：“所以你的调节方式是换个环境，在学校就会好一点。”）

周周：“我想分享的是害怕，因为在英语课上我掉了的牙那里还在不停流血，所以我一直很担心。”

小美：“我想分享的是兴奋，我在作诗的时候一直很兴奋，是黄色的。”

听了孩子们的分享，我想起了自己小时候发生的一件事，印象特别深刻，于是也分享给大家。我五年级的时候，最好的朋友要转学了，她刚走的时候我不是很伤心，因为她说会经常给我打电话写信，但是两个星期过去了，还是没有任何音信。所以我的心情就从焦躁不停地下沉，这种蓝色持续了很久，我想还有一点红色，因为我觉得她可能把我忘了，最后还有一点害怕，我有点担心这个人消失了。大家从刚才的分享中有没有注意到，这种低沉、舒缓的消极情绪，持续时间都相对较长，但是那种强烈的红色，持续时间是比较短的，你不可能一直保持在暴怒的状态。积极情绪也是一样，像平静、放松这种绿色的情绪会持续很久，它和我们玩游戏感觉到的快感是不同的。”

周周：“我想起来游学前的两个星期我一直都很兴奋。”

（老师：“哈哈，那你保持黄色心情的时间也是很持久哇！”）

在本周接下来的晨会中，我们分别体验了情绪调节的几种技巧：腹式呼吸、正念冥想和积极自我对话。深呼吸是一种简单却有效的调节激烈情绪（比如愤怒、害怕、紧张、焦虑）的技巧，但是你们知道深呼吸的正确方式吗？很多同学都说“感觉深呼吸时胸口很闷”，其实这是用胸腔呼吸的错误做法，而真正的腹式呼吸是需要扩张腹肌的。

我们将手放在肚子上体验了一次。逐渐熟悉了深呼吸的节奏后，随着轻柔的音乐和语音指导，我们一起体验了一次“身体扫描”：“想象自己的注意力像一盏探照灯，从脚趾出发，感受触地的感觉，接着向上，经过你的小腿、大腿、腹部、胸部，到达脖子，再从下巴、嘴巴、鼻子……最终扫描到头顶上。想象手臂和腿上的肌肉慢慢放松，整个人向下、向下……”孩子们都闭着眼睛做得很认真，就连平时不太坐得住的孩子，似乎也沉浸在了自己的想象中。

做完后，老师问大家有什么感觉。有的同学说“感觉很宁静”，有的同学说“感觉全身都没劲儿了”，哈哈！这只是一次很短的冥想体验，其实正念冥想对于儿童来说是有很多益处的。它有助于培养孩子的自我意识，帮助他们感知和掌握自己的感受，同时也有助于培养专注力。尤其是对于比较深层、压抑的情绪，正念能够帮助他们放松心情，意识到并减轻焦虑与压力。

最后一种情绪调节技巧是积极自我对话。孩子对于自我的评价通常是内化他人的评价而成的，因而很容易将大人的评判内化为对自己的评判。自我对话反映了对事情的归因方式，是内部归因还是外部归因？是归因于稳定因素还是不稳定因素？将成功归因于内部的、稳定的和可控的因素，有助于自我价值的确定，而如果习惯将失败归因为外部的、不持久的和不可控的因素，这种自我批判则会影响自我效能，使孩子丧失内驱力。同时，自我对话比其他任何一种因素都更能决定你的感觉，因此，学会积极自我对话是调节情绪、保持心理健康的一项重要技能。

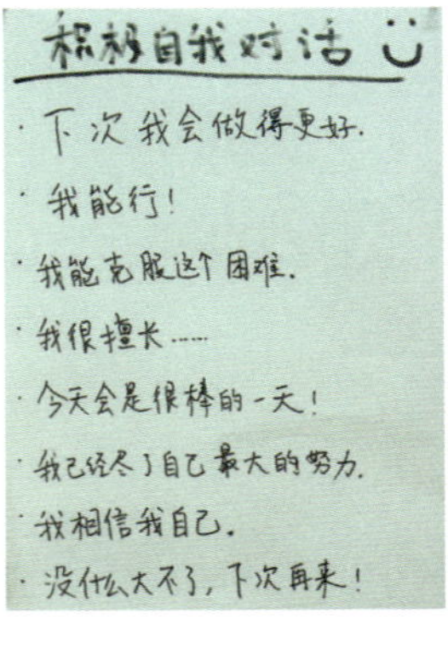

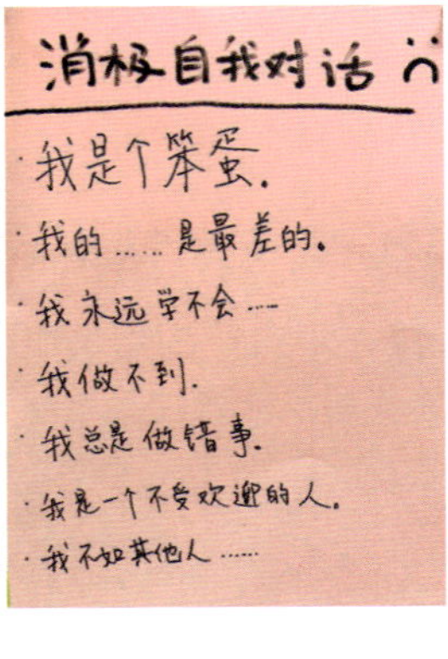

“我们每个人脑袋里都会有个小人经常和自己说话，你们都跟自己说过哪些话？在遇到一件很糟糕的事情的时候，你的第一反应是什么？”老师先把两张分别写着消极或积极自我对话的海报给大家看。

“大家的脑海中有没有闪过这样的话？”

令人伤心的是，大部分同学说自己消极的自我对话比较多。那么学习积极自我对话就更加重要了！为了让这个练习过程更有趣，老师设计了一个“飞行棋游戏”，将积极自我对话的几种类型做成带编号的卡片。

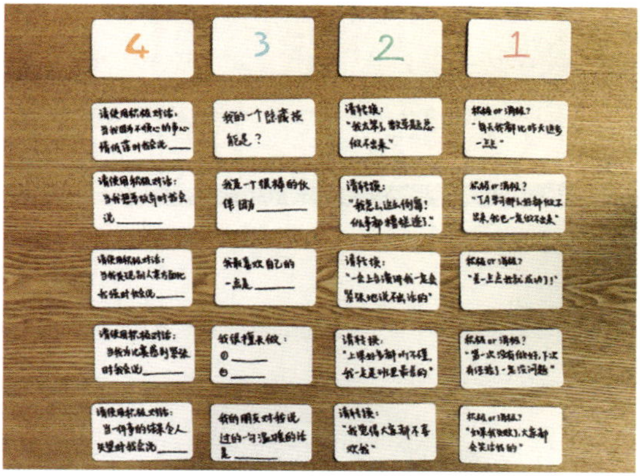

▲ 积极自我对话卡

下面是几种题型的示例：

编号 1：判断这句话是积极还是消极：“每天我都比昨天进步一点点。”

编号 2：请把这句话转换成积极对话：“我太笨了，数学题总是做不出来。”

编号 3：请填空：“我最喜欢自己的一点是 _____”

编号 4：请使用积极对话：“当我想要放弃时我会说 _____”

▲ 积极自我对话飞行棋棋盘

孩子们通过掷骰子，决定挑战题型，如果挑战成功就能够在棋盘上前进相应的格数。在游戏的驱动下，孩子们开始积极思考，练习这种思维转换，给出令人惊喜的答案。我看到性格腼腆的孩子展现出自信的一面，平时在学业上或社交上常遭受挫折的孩子也能笑着面对，并想出积极面对的好方法。

周四的晨会由于时间原因没能结束游戏，在星期五的挑战中，大家自愿选择从头开始，顺利到达终点后还乐此不疲地想要继续玩。

作为总结，我送给大家的话是：

我们脑子里会有一个积极小人和一个消极小人。他们会从不同的视角看问题，他们决定了你对事情的归因和你的感受。跟自己对话的时候，试着像对你的朋友说话那样跟自己对话，试着关怀自己。随着你们越来越熟练，希望这个秘诀能真正内化到你们的心里。

你的脑子里是不是也有一个积极小人和一个消极小人轮番上阵呢？请你跟孩子一起制作一套“积极思维转换游戏”吧。可以把题目写在小卡片上，用你们喜欢的游戏方式和孩子进行互动。下面是一些可选的题目：

1. 回想一个经常在脑子里打转的消极想法，把它转换成“积极对话”。例如：“我太笨了，数学题总是做不出来。”→“我努力尝试过……方法，下一次换一种试试！”

2. 正能量生成器：我最喜欢自己哪一点，别人又对我说过哪些真诚的赞美和鼓励呢？例如：“我最喜欢自己的一点是______”

3. 回想一个让你感到艰难的场景，尝试使用积极思维去面对。例如：“当我比赛感到紧张时我会说______”

4. 回想平时生活中自己或者他人常说的一些话，判断是积极还是消极。例如：“每天我都比昨天进步一点点。”

生为女孩

冯春

我们对于孩子的认知——他们是爱社交的/冷漠的/大胆的/谨慎的——会影响我们对待孩子的方式，比如给他们穿粉色衣服还是蓝色衣服，让他们玩娃娃还是玩球，鼓励还是阻止他们的冒险。

刚读完《异见时刻：“声名狼藉”的金斯伯格大法官》这本书，这是美国联邦最高法院大法官鲁思·巴德·金斯伯格的传记，图文并茂，很好看。

书里的金斯伯格真实、可爱：她勤奋工作，为了捍卫女性和少数族裔的公平权利而奋斗；她喜欢美丽的一切，黑色的法官袍外总搭配各种漂亮的项链；她喜欢上纳博科夫的文学课；她是女性，却并不喜欢被保护和特别优待，她更在意尊重与平等……哦，85岁的她依旧能做20个俯卧撑！

书后有一章附录题为“如何像金斯伯格一样”，她对女孩们说：“想一想你到底想要什么，并为之努力。但是要享受那些让你快乐的事。”然后她接着又说：“金斯伯格经常出去玩，很经常。”

读完后心里痒痒的，真想逆时间河流而上去金斯伯格的童年看看，那时她还是个小女孩，她喜欢过粉红色的纱裙吗？她害怕数学考试吗？当听到“你是女孩就应该……”这样的说法时，她会毫不在乎还是会大声反驳“为什么”？

之前读到过波伏娃的一句话，“我们不是天生就是女人的，而是变成女人的。”翻《三联生活周刊》，又看到这篇《一个女孩的可能性》（作者：陈赛），里面提到：

> 整个成人社会，包括父母、老师、社会，都在无意识中强化他们的性别刻板印象。有研究发现，从孩子生命最初的 24 小时开始，父母就根据孩子的性别而对其有不同的看法：父母对新生的女婴比对男婴更细心、更友好、更温柔；新生的儿子则被认为比新生的女儿更强壮、更稳定，也更硬朗。
>
> 等他们长大一点，我们会“发现”男孩好动，攻击性强，而女孩爱社交，更情绪化。我们经常会无意中说出这样的话：“小丽没有小明跑得快。”“米奇那么有攻击性，

安琪拉简直是个天使。”“艾瑞克不善表达。”然后，连他们自己也相信了：当然，男孩的语言技能不如女孩；当然，女孩在数学上缺乏实力……

但是，我们对于孩子的认知——他们是爱社交的 / 冷漠的 / 大胆的 / 谨慎的，这些认知会影响我们对待孩子的方式，比如给他们穿粉色衣服还是蓝色衣服，让他们玩娃娃还是玩球，鼓励还是阻止他们的冒险……这些极小的差异都会在父母、老师以及男孩文化与女孩文化的长期浸淫中逐渐被放大，甚至变成巨大的鸿沟。

看完后不由得反省，赶紧在脑海中检索，我们班的女孩呢？她们是什么样的？我在课堂里是不是也有过那样的时刻？

嗯，班里有 8 个女孩儿：

她们有的喜欢穿裙子，即使到了冬天也是坚持穿蓬蓬裙的小公主范儿，不过“小公主”从不介意穿着纱裙在地上尖叫、翻滚；

她们有的拒绝裙子，最爱的是各种方便运动的裤子，跟男生抢球也从不脚软，嗯，可“bling bling”的珠子、彩色的丝带、毛绒怪兽也会让她们眼睛发亮；

她们有的笑声响亮，自来熟；

她们有的擅长尖叫，声音能直接穿透屋顶；

她们有的喜欢扮演小宝宝，但如果碰上被男生“欺负”的时候会挺着小胸脯一拥而上；

……

其实，最爱委屈掉眼泪的都不是她们，数学课上不爱说话总“装深沉”的也不是她们，甚至玩魔方、玩《我的世界》，她们也没觉得自己“不行”。

对了，当我们说到女生优先的时候，不单男孩，女孩们自己都跳起来：“为什么？我才不要！”

她们一直在颠覆“女孩应该怎样怎样”的说法，而且在用各种方式使劲儿向我们展示“女孩可以是这样、这样、这样的……”（在每个女孩的背后，都看得到爸爸妈妈的观念和支持啊！）

不过，也的确会有这样的时刻：

爬山的时候，两个女孩走在最前边，我会很紧张，一个劲儿地提醒她们：“慢一点慢一点！太危险了！”

男孩落后的时候，我会特别强调：“你这么磨蹭，怎么还不如女孩？”

还有英文课上玩游戏，猜自己的灵魂动物，当那个女孩因为自己的灵魂动物是豹子而大哭时，我脑海中第一个念头就是：“唉！女孩嘛，当然喜欢温柔可爱的小动物，当然不希望自己的灵魂动物是豹子！”但最后女孩告诉我，她哭不是因为不喜欢豹子，而是因为听到别人说喜欢猫科动物就不能喜欢蜗牛、虫子才伤心难过的。

真惭愧，身为女性的我，也会不由自主地给女孩“设限”，会放大“差异”。

“你希望自己的女儿将来会成为金斯伯格那样的大法官，还是一个家庭主妇？”我问身边的朋友，他想了想说：“都行，反正她喜欢就好！”这个答案好“标准”啊！

当一年级孩子开始思考“生与死”这件“大事”的时候

祝玉娟

如果一开始孩子们认识生命的方式和过程就是美好的，这种美好会带给孩子爱和安全感。爱和安全感，会让孩子拥有发自内心的自信、坚定和勇敢。在爱和安全感里长大的孩子，无所畏惧。

亲爱的大土豆：

你们好。孩子在比我们想象的还要小的时候，就已经开始思考“生”与“死”这样的“大事”了。不知道孩子第一次问这样的问题时，你们是怎么回答的呢？你们对于该怎么跟孩子聊这个话题又是怎么看的呢？

最近有孩子过来问我这个问题，引发了我对这件事情的再次思考。华德福学校在每次孩子过生日的时候都会给孩子讲非常美好的生日故事，并做相关的活动。

我一直非常认可华德福教育对于生命的美好解读和对孩子情感、感官的美好呵护。在这方面，我借鉴了很多华德福的做法。

孩子在问生死问题的时候，有可能是想知道“我是怎么生出来的”“我死了会到哪里去”，但这时候，我们更应该关注的是孩子内心对于生命的探索，对于安全感和存在感的寻求。

在孩子的低年级阶段（三年级之前），不建议家长使用科学、生物等方式跟孩子沟通。用童话的方式营造美好图景可以更好地呵护孩子心底深处对美好生命的期待、回应和对安全感的确认。

我不认为这是在骗孩子，我也不认为这是“善意的谎言”。我们为保护孩子心中的那份美好而营造的这个图景，就好像我们给他的温暖的家，也一如背着礼物的圣诞老人和会发金币的牙仙子。

从今年起，每个孩子过生日的时候，我都会给孩子们讲生日故事（我讲的是华德福生日故事的简单改编版，参考由美国作家芭芭拉·帕特森、帕梅拉·希莱德合著的《我从彩虹那边来》）。

______年前的一天，在一个遥远的地方，有一个星星的孩子。他每天在星星上奔跑玩耍，无忧无虑。

有一天，星星的孩子无意中往外一看，看到一颗不太一样的蓝色的星星。孩子揉了揉眼睛，这下看得更清楚了。他看到蓝色的星球上有热闹的地方，有人类在打铁、缝衣服、劈木柴，他还看到那里有温柔的女人和善良的男人，在陪着孩子玩耍。

“我也想有人陪我。”孩子说。于是，他找啊找啊，终于按照心中的样子，找到了自己喜欢的爸爸和妈妈。他奋力一跳，跳进了妈妈的肚子里。就这样，那一天，一个小宝宝诞生了，这个孩子就是________。欢迎________，生日快乐！

提前几天，孩子们就会兴奋地跟老师“预报”：××号是我的生日。生日那天，我会不动声色地讲一个生日故事。这个故事非常简单，我想一年级很多孩子应该能够听出来它是一个故事。但是孩子们太享受这种美好的感觉了，所以我这个重复的故事讲了有半年的时间，却没有一个孩子说破。相反，他们都是或羞涩或期待或享受地在听……

趁着母亲节（5 月 12 日）快要到来的时候，借着这个故事，我又做了一个小小的续篇。“哎呀，不是每个孩子胆子都那么大，会奋不顾身地跳下来。有的孩子也很想跳下来，但会有些害怕，他的守护天使就会跟他说：‘不用怕，在那个蓝色的小星球上也有一个守护天使，她会爱你，一生都保护你，她的名字叫妈妈。’”

当我告诉孩子们那个周日是一年只有一次的母亲节时，孩子们一片欢呼，特别期待。当我把卡片发给孩子们时，没有任何的引导，孩子们自己就在卡片上写下自己想跟妈妈说的话。

平时写完东西，孩子们都是迫不及待地要给我看，或者分享给班级里的小伙伴。这一次，孩子们都盖着捂着，谁都不能看。哈哈，这秘密得有多甜啊！

最后，只有一个孩子愿意分享自己写给妈妈的话，这也成为我拍到的唯一一张作品。

如果一开始孩子们认识生命的方式和过程就是美好的，这种美好会带给孩子爱和安全感。爱和安全感，会让孩子拥有发自内心的自信、坚定和勇敢。在爱和安全感里长大的孩子，无所畏惧。

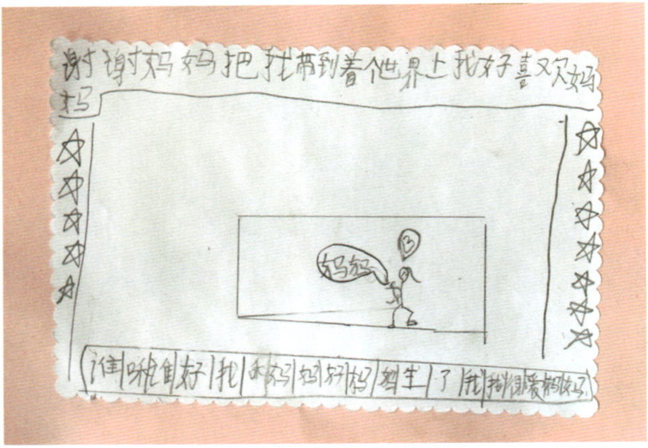

就在今天早晨，班里又有两个孩子跑过来跟我“报名”：“明天是我的生日！”“后天是我的生日！”

特别阳光，无比期待！

淘气其实是一个“中性词”

陈楚

“淘气”其实是一个相对中性的词汇。或许是背后潜藏的“难于管控”给成人造成了困扰，将其变成了贬义。当我们说一个孩子“淘气”的时候，可能同时表达了一种对于多元状态的不接纳。

亲爱的满天星班的大土豆们：

周末好！

周五晨会前就有小土豆盼着下雪，没想到今晚就实现啦！

冬天上学要穿戴 / 带的东西总是更加复杂，我们就更需要练习整理技能啦。除了继续根据整理标准和方法做自我反馈，兰老师还与大家分享了《乱扔东西的塔格叔叔》这本书。诙谐的语言和让人捧腹的情节，很快让这本书登上了班里的“畅销借阅榜首”。与其唠叨“你再不整理就太乱啦”，不如浸润在故事里，在潜移默化中感染孩子。的确，我观察到越来越多的同学们能自觉收拾桌斗，甚至是自己“田地”内的卫生。咱们继续坚持练习。

班会课上，我请大家“看图说话”，以自己的理解讲述了“两只骡子吃草”的经典故事。小土豆们说，这个故事让他们联想到了“合作”“四步走”“解决问题”等等这些与社会交往相关的词汇。

那么，什么样的搭档是好搭档？你想要什么样的搭档呢？

什么样的搭档是好搭档？/你想要什么样的搭档？

- 愿意和我玩
- 会用“四步走”（不打人、不打扰、不“淘气”）
- 为别人想
- 信守承诺
- 配合（团结）
- 学习好

大家七嘴八舌地说，搭档折射的既是自己的内心，又是成人世界社交规则的影子，都有自己的道理。既然说教的到达率低，学习活动场景中的搭档练习又一直在进行，那么团体游戏的方式或许更能帮助小土豆深度体验“搭档”的酸甜滋味。

于是，我们邀请到深受大小伙伴们喜爱的音乐老师 Joy 和陈老师、兰老师给大家展示杯子舞。示范看起来很有趣，练起来可有挑战了。经过半节班会课和两个晨会的时间，部分满天星已经初步掌握了杯子舞的精髓，可以从“自己”进阶到“我们”（两人配合）。

展望一下，或许我们能实现“大家”的团队级杯子舞吧！如果这两周孩子回家找您要纸杯敲敲打打，别见怪。就当作是孩子在有节奏地练习合作技能吧。

说回“好搭档”与合作练习的方法，实际上，没有什么比体育课和户外活动更好的教育场景来落实它们了。这周的体育课发生了一个小插曲：猫老师带着大家回班反思“与小伙伴相处”的底线问题，我也即刻顺着猫老师明确后的规则与满天星班的小土豆们探讨：“淘气”是一件好事吗？在讨论“好搭档”的时候，有同学就提到了“淘气”这个词。认为“好搭档”不该“淘气”。

一听到问题，许多孩子频频摇头。

“淘气会打扰别人，让人不开心、不舒服。我有时候就觉得很烦。”

“打人就更不好了！”不少人做出同意的手势。

“淘气真的这么不好吗？”我接着问。

“可是我觉得，淘气有时候可以，比如下课的时候，但是上课就不好了。”

“对，淘气太过分了就不好了！”

“我补充，有时候我只是想和他玩，所以淘气一下。但是有可能他会不开心，所以要和他说。”

“我觉得，其实淘气这个事情就和‘四步走’一样。”

又有不少人同意。

嗯，这些情景咱们在“四步走”技能学习的时候的确都接触过。然而，罐子装满石子不代表技能学习的完美与结束。

猫老师补充道：也许有的同学当面并不敢说出他不喜欢这样。我们一方面要注意“淘气”的度，另一方面更鼓励大家遇到问题要和老师说出来，才能解决问题。

“淘气”其实是一个相对中性的词汇。或许是背后潜藏的“难于管控”给成人造成了困扰，将其变成了贬义。当我们说一个孩子“淘气”的时候，可能同时表达了一种对于多元状态的不接纳。

六七岁的孩子尤其是男孩子正处在内心寻求力量感、成就感的阶段，其身体素质和语言能力与之同步的程度参差不齐。小“淘气”的表现即是遵循身心发展规律的外显现象，老师和同学们在一定范围内都可以接纳，可以与这样的小“淘气”互动。

然而，“淘气”也是有底线的。一些小“淘气”恐怕会造成长远的大“麻烦”！这需要作为教育者的老师把握尺度，及时干预，把住“淘气的底线”。而这些底线，正是生成另一部分孩子说出“停”的基石。

老师们一直都尽力地在课内外给予孩子合适的个体成长支持，并兼顾年龄、班级整体的方方面面。特别是体育、戏剧、美术、音乐老师，他们需要支持的孩子数量大，质量要求也高，非常不容易。常常我也会反思：如果时光倒流，我能更好地处理这件事情吗？怎么做才能更合适地帮助这个孩子？或许有时做法并不是最完美的，但请您相信，老师们一定是真诚的。

孩子
爱磨蹭的七个真相

陈楚

没有一成不变的解决方案，只有在现实中不停平衡尺度的智慧的父母。

亲爱的大土豆们：

今天咱们来聊聊最让家长头疼的问题——孩子爱磨蹭。有 40% 的家长表示对“孩子磨蹭”忍无可忍，一触即爆！

磨蹭，时髦的称呼叫拖延症。也许小朋友们觉得这应该是一个很好改的毛病，可是大人们为什么总对小孩子的屡教不改气急败坏？

通过我的观察，我发现了关于孩子爱磨蹭的七个真相。

真相一：气急败坏只能让磨蹭更磨蹭

对于磨蹭，我们的原始本能就是“爆”，为什么爆？一方面这可能是我们从上一代自然习得的应对方法，另一方面更重要的是，孩子是镜子，经由孩子的磨蹭，我们看到了那个不想看到的磨蹭的自己，于是新愁勾旧恨，一触即爆。

对于平时不怎么发脾气的家长，偶尔发个脾气，孩子大多是会乖乖合作的，这也是给平时情绪控制得当的爸妈的自然奖赏。但如果爆成套路，孩子们可是不会按套路出牌的。

依照自己的经验推演一下，如果孩子一磨蹭，家长就发脾气，接下来的剧情会怎样？要么就是孩子对我们的“爆”越来越无所谓，抗药性越来越强，到了青春期，干脆是一拍两散的劲头。要么，孩子会依赖上我们的“爆”，你不动怒他不动手，下意识把你的爆点当作最后通牒，在不得不做之前，就尽情磨蹭。显然二者都不是我们期待的结果。

真相二：心、脑、手，到底是谁不高兴？

作为成年人，一直以来对于磨蹭最大的误解恐怕就是，磨蹭是孩子可以简单控制的选择。所谓磨蹭，就是某个应该采取的行动迟迟不能进行。其实我们都知道，我们做出的任何一个行为都是全身统筹而来的结果，当一个行为迟迟无法完成时，我们就要看看，心、脑、手三个方面，到底卡在了哪一步？

所谓心，就是动机和意愿。脑，就是理解和认知。手，就是技巧和能力。一个孩子，对于一件自己根本不喜欢、不愿意做的事情拖延，或者出于其他原因带来的情绪影响到了这个行动，这就是在心的方面被卡住了。

如果主观愿意做，但并没有真正理解，没有足够的知识支撑行动，是在脑的层面被卡住了。

如果既愿意又理解，还有可能遇到在实际操作层面能力不足的局面，依然会影响到任务完成的节奏。

因此，表象上没什么差别的磨蹭，一千个孩子背后可能有着一千个不同的理由，还好万变不离其宗，无外乎心、脑、手三个方面。

这就用上了之前我们练习的内功——观察。如果您养成了观察孩子的习惯，就不会依照思维惯性去给孩子的表现想当然地乱下评判——懒、不专注、没毅力、老想着玩儿……用心观察孩子，找到磨蹭背后的卡点，才能有的放矢地帮孩子跨越障碍，改掉磨蹭的习惯。

真相三：我的 blue（蓝）我自己要懂

“心”这个层面触及的情绪问题，可能是磨蹭中最复杂的问题，也是最难三言两语说明白的问题。在一次与小月校长的角色扮演中，我说：“如果一个孩子说他有点 red（红），我会安慰他，请他深呼吸。”小月校长说：“那我今天有点 blue 。”我马上听懂了这句求安慰的“黑话”，给了校长一个拥抱。

这是一土人人都懂的“情绪象限”语言体系。在四个象限中，右上角的黄色代表开心积极的情绪，右下角的绿色代表宁静放松，左上角的红色代表紧张烦躁，左下角的蓝色代表难过沮丧。

每天的晨会中，老师会和孩子们专门用这四个象限练习表达自己的情绪，每个象限背后的情绪如果展开来，会有大量的词汇要学习，通过这个特别的语言体系，孩子们在练习认知自己的情绪并准确表达。情绪认知是实现自我管理的重要基础，通过情绪认知形成的自我认知是建立同理心的开始。

如果遇到任何冲突性或者其他激惹起情绪的事件，老师们会特意停下来，组织孩子们针对事件和事实，练习四象限的表达与使用。不仅要学会识别情绪，还要会识别带来情绪的原因，并讨论如何解决问题，以及规划下次同样情况发生时的处理办法。

“某某没拧干抹布就甩，把我衣服弄湿了，我觉得不舒服，很 blue。”

“当水甩到我脸上的时候我觉得很 red。”

“我以前没自己洗过抹布，没想到会造成这样的结果，我现在觉得又 red 又 blue。”

“没关系，这次你不是故意的。那咱们说好下次谁用抹布都要把水拧干，不可以甩，不然就少得一颗小星星，好吗？”

孩子们就是这样表达自己的情绪、理解他人情绪并处理问题的。这比直接告诉他们应该怎样做要多花费一些时间，然而对于在一生中都要面对自己与他人情绪的人类而言，这样的养育方法是在帮孩子珍惜生命。

在孩子学习描述情绪的过程中，老师会引导孩子认知到，情绪没有好坏，每一种情绪都是人类自然的情感反应和表达，他们不会为红色和蓝色的心情羞愧或焦虑，因为每一个侧面的自我都应该被接纳。

真相四：拖拉一点也无妨

这是斯坦福教授约翰·佩里作为一名拖延者发出的振聋发聩的呐喊，受到全球千万拖延者的含泪热捧。他传递了一个非常重要的信息，就是拖延可能并没有我们想象的那么可怕，后果也不是天崩地裂，何不试着调整期待，宽容一些？

面对“先写作业还是先玩儿”的千古难题，如果翻译成“作业和愉快哪个更重要”，是不是就比较容易做决定了？试着和孩子讨论出一个双方都舒服的方案，效果可能比自上而下的“法治”更好。而对于那些愿意先做完作业再玩儿的孩子的爸妈，你们值得被恭喜。没有哪个问题的解决方案是恒定的，只有对当时当地那个家庭最适合的解决方案。

真相五：化整为零

遇到很难的任务怎么办？小说家安妮·拉莫特在《关于写作：一只鸟接着一只鸟》里写道：“三十年前，我哥哥十岁，当他把一份关于鸟儿的作业拖到只有一天就要上交时，他面对着满桌子的参考书眼含热泪，工作量太大了，他无从下手。这时父亲坐到他身边搂着他的肩膀说：‘一只鸟接着一只鸟，孩子，先从一只鸟开始，然后是下一只。’”

当我们的孩子面对很难的任务时，要么把可怕的庞然任务分解成一只又一只鸟来攻克，要么把任务分解成一小段一小段时间来解决。比如全神贯注工作20~30分钟，然后休息，接着再来下一个20~30分钟。集中精力高质量使用时间的经历对于孩子而言，比叼着铅笔头坐在桌前游离一个晚上有成就感多了。

真相六：别用嘴巴铸就一个磨蹭的孩子

“我们的孩子会长成我们口中的孩子”，千万别小看了贴标签的强大力量，别总抱怨孩子磨蹭，甚至想也别想。孩子会向你认为的方向发展，如果天天把磨蹭的评价挂在嘴边，就会塑造出一个磨蹭的孩子。罗马不是一天建成的，习惯的养成需要时间和反复训练，量的积累会达成质的飞跃，而这个过程是螺旋式上升的，所以要耐心再耐心。

真相七：期待一个不磨蹭的孩子，先成为一个有执行力的家长

所有养育孩子的问题最终都会回到我们自身，别再为自己都做不到的事情气急败坏地难为孩子了。作为父母，“做孩子生命中的榜样”是重新成长的礼物和机会。一方面我们要学习观察孩子，与孩子沟通，适时地为孩子提供合适的脚手架支撑他们的成长；另一方面，我们给自己和孩子都多点耐心，耐心地等他们成长，耐心地让自己改变。没有一成不变的解决方案，只有在现实中不停平衡尺度的智慧的父母。愿我们借孩子这个天赐的礼物，修炼自身的智慧。

分享一个您家里的案例：孩子在某件事上的“执行力”令您不满意，分析原因（心、脑、手）并思考如何解决。

每个人的妙招都会帮到其他人，这时一个合众人之力的祝福，既能帮到别人也能帮到自己。

在家学习，其实我们可以这样做

祝玉娟

就像每一枚硬币都有两面，任何事物，我们也应该一分为二地去看待。

亲爱的大土豆们：

周五那天我去学校值班，兴奋地把教室重新收拾了一遍。挂上掉下来的相框，整理了杂物架和粉笔盒，摆好了 25 张桌子，贴好名签，给每个孩子都打印了一张新课表……就等他们叽叽喳喳地回来啦！

没想到，在回家的公交车上，就接到因为疫情反复，暂停复课的通知。

回到家后，我一直想，孩子们得多失望啊，周一我见到孩子们该说什么呀？想了一晚上。周六早上起来，又去了趟学校，给孩子们拍了个校园的短视频，还拍了几张教室的照片，安慰一下孩子们的小心灵，也安慰一下自己。

现在想想，就像每一枚硬币都有两面，任何事物，我们也应该一分为二地去看待。这次疫情，给我们和孩子们都带来了不小的挑战。

有的家长反映，孩子不愿意主动写作业，或者写作业时拖沓、效率不高、上课的时候分心、太贪玩等等。我特别理解家长期待孩子可以“保质、保量、保时”完成作业的心情。

但网课上了三个多月，连老师都有点到了临界点的感觉，得找孩子们聊聊天帮助缓解。孩子们愿意坐到电脑前面上课，可以完成作业，他们已经做得非常棒了。

在我自己的家里也是一样。网课刚开始时，我对孩子也有类似的要求，直到有一天孩子写完作业给我看时说：“可以不说我吗？”我才意识到这段时间里我把妈妈和老师的角色混淆了。当我放松下来之后，孩子的情况也并没有变得更糟，反而不管多晚他都依然愿意完成作业，愿意跟老师沟通的状态尤其可贵。

借这个机会，我跟大土豆们分享一下什么是孩子在家学习的正常状态。

孩子们在学校，学习的环境、学习的氛围、集体的力量等等，都决定了那是一个以学习为中心的状态；孩子们是清醒专注的，创建了一个共学的氛围；班级气氛友好，师生关系融洽，孩子们很愿意在各方面配合老师；师生关系的特点是相互尊重。

而孩子们在家时，师生关系变换为亲子关系，重点是享受家庭的安全、温暖和爱。在这样的环境中，大人都不免松懈，孩子们的放松也是很正常的。孩子们愿意上课，可以完成作业，已经难能可贵了。

所以，如果孩子在家上学的过程中，可以做到：

1. 在家长的提醒下完成作业；

2. 不讨厌学习。

那爸爸妈妈们就可以安心啦。

与此同时，面对可能随时反复的疫情，作为父母，我们怎样才能更好地成为孩子自主学习和自我管理的支持者呢？

下面分享几个小体会，希望对大土豆们有所帮助。

• 培养孩子的独立能力是教育工作中很重要的一部分。但是我们需要认识到，孩子走向完全独立是一个循序渐进的过程，不是一下子“让”他独立，他就可以“独立”了。

作为父母，需要放低期待，了解孩子的变化是一个长、慢而稳的过程，我们需要把死盯在目标上的眼睛，挪到孩子的每一次进步上。

• 在这个循序渐进的过程中，需要家长的陪伴、引导和提醒。过度干涉、全部包办固然是错误的，但是甩手不管、放任自流也是另外一种极端。

• 根据自己孩子的具体情况，把握好陪伴的度和方式，是我们每个做父母的人都需要去揣摩和实践的。举一个小小的例子，孩子上课没有听到作业是什么，家长可以跟孩子一起学习怎么从网络上找信息，怎么从找到的一堆信息中锁定今天课程的信息，怎么从今天三四张学习单、预习单中查找到对自己有用的信息。

• 这一步一步的脚手架，需要爸爸妈妈的带领和陪伴。多带领几次，孩子才可以慢慢学会。如果第一次就把孩子扔到茫茫信息的海洋中，非但不能锻炼孩子的独立能力，反而有可能打击孩子的自信和学习兴趣。

• 我们做到我们该做的，搭好脚手架（带领、提醒等），如果孩子在脚手架的基础上，依然不愿意付出努力，这个时候再让孩子承担自然后果。因为知道爸爸妈妈已经尽力做好自己的那部分，孩子受挫后，就很容易反思自己这部分。没有任何脚手架，直接把孩子推到问题前，被要求“独立”的孩子受挫后，会有极大的挫败感、无助感，反而不能反思自己的问题，得不到真正的成长。

最后想和大家说的是，虽然这段时间孩子们只能线上相见，少了些（学生和老师、学生和同伴之间的）情感连接，社交体验和练习，人与人之间的互动、交流、启发，但大土豆们不用太担心，让我们用温暖的家、用无间的亲子关系给孩子们别样的滋养吧。

现在在家，让孩子们感受关系、感受爱，完成基本教学练习，开学后，经过短期调整，孩子们的状态会很快恢复，会更强劲地生长。

写给一年级新生——爱和规则

何烨

学校是集体生活，孩子们在其中要学会与他人友好地相处。这个年龄段的孩子以自我为中心是正常的，冲突、矛盾、闹别扭也都是正常的，他们正是在这样的问题解决中，不断摸索自己的边界，与他人相处的边界。

亲爱的大土豆们：

时光荏苒，开学以来，一个月的时间即将过去，10 月带着秋天的凉爽和收获的喜悦翩然而至。这一个月的时间，对于“西瓜班”的师生来说，都是充实、成长而难忘的一个月。每天与孩子们朝夕相处，从他们进校的第一秒到他们与我们击掌，目送他们刷卡离开校园，我们就这样一起度过了 23 天。虽然时间不长，但我们看到了孩子的成长与变化。

亲爱的小西瓜、小无花果们：

不知不觉，你们已经在一土一个月啦！这一个月的时间，你们在迅速地成长。你在哪些方面表现特别出色？哪些方面还需要努力，请给自己评价吧！

每天早上进班，我能把书、文具、水杯、书包放到正确的位置再做别的事情。	★★☆
我能自己用记事本记作业，回家按记事本完成作业。	★★★
在家里，我能自己准备好第二天要用到的书、文具。	★★★
上课的时候，我专注倾听，遵守课堂规则，尊重自己，尊重他人。	★★★
在户外活动时，我能注意安全，做到保护自己，保护他人。	★★☆

我是语文学习小能手！

我能每天坚持阅读。	★★☆
我觉得学语文特别快乐！	★★★
我很喜欢挑战，遇到困难会迎难而上。	★★★

哇，祝贺你们的成长，继续加油吧！做最好的自己！

▲这是孩子们经常会填写的自评表。我们不仅需要来自他人的评价与认可，更重要的是，要对自我有更好的觉察与认知。

开学第一天，有好几位小朋友哭着鼻子，说不愿意上学，我悄悄问他们，他们说："有点害怕，有点想妈妈。"于是以后的每天早上，我和李老师会在教室里等着孩子们，见面以后先给他们一个拥抱，然后拿着绘本给他们讲故事。最开始眼泪汪汪的孩子，现在每天都会来抱着老师，嘴里不停说着各种各样有意思的事情。

学校是集体生活，孩子们在其中要学会与他人友好地相处。这个年龄段的孩子以自我为中心是正常的，冲突、矛盾、闹别扭也都是正常的，他们正是在这样的问题解决中，不断摸索自己的边界，与他人相处的边界，所以需要成人的引导。

尊重是基础，而抽象的尊重有具体的表现，比如说尊重别人表现为：不打断别人说话，不做让别人不舒服的事情，如果真的影响到别人要学会说对不起。

每天我们都会处理很多这样的"事件"：谁动了我的东西了，谁碰到我了，谁打了我了，谁排队时挤到我了，谁在我的桌子上涂画了……不胜枚举。我们老师首先要做到的是耐心倾听，同理孩子们，然后引导他们尝试着用自己的力量去解决问题。这个需要的时间比我们老师强行介入来处理要长得多，老师们耗费的精力也要多得多，但我们认为这是值得的。

我们欣喜地看到孩子们从最初的互相不认识，到找到自己的好朋友、一起学习的小伙伴。有小朋友生病没来上学，会有孩子关切地问："他怎么了？是生病了吗？"会有小朋友看到我桌上堆满的药，心疼地问我："何老师，你怎么吃这么多药，你是不是很不舒服？"会有小朋友在李老师腿受伤以后，回家就跟妈妈说很担心李老师。这是我们身为一个班的老师最希望看到的场景，什么场景呢？就是充满了爱和信任的场景。爱是一切的底色，但是爱同时也包含着规则。

我们为什么要遵守规则呢？规则到底有什么用？孩子们通过讨论明白了规则其实是用来保护我们大家的，不是保护某一个人，是要保护所有的人。安全是我们最为重视的，但同时在孩子们玩起来时又是容易被忽略的。

我们会带着孩子们讨论各种各样的规则，也就是说，我们要遵守的规则，是孩子们自己讨论出来的，这是防患于未然。但孩子毕竟是孩子，说归说，有时意外偶尔会发生，我们第一时间要确认孩子们的身心安全，然后会带着孩子们进行复盘反思：下一次，我们怎样做得更好。

到现在，大部分的孩子知道了小学和幼儿园的不同，他们知道了上课的规则、活动的规则，知道要尊重自己、尊重他人和尊重环境。更重要的是要保护自己，保护他人！我们也努力地让孩子们知道，所有人都是在不断成长，但有时候会有人控制不住自己，这时他其实需要我们的帮助。我们能给予他的帮助是理解，并且用自身良好的言行去影响他。

孩子们良好的习惯在逐步养成，一年级是所有良好习惯的奠定时期，所以才尤为重要！

开学至今，我们需要养成的良好习惯包括：

1. 按照课表准备物品（书、作业、学具）；

2. 学会记事，并按照记事完成作业；

3. 按时上学不迟到。

语文学习习惯包括：用手指读习惯（左手扶书，右手指字，指读能帮助孩子训练手眼协调，能帮助识字）、读书姿势习惯（三个一）、写字姿势习惯。我欣喜地看到这一个月，许多孩子都努力用自己的行动践行着这些习惯。我能看到他们记事本上工工整整的记事，爸爸妈妈们除了签字还有各种各样的反馈；我看到上课找不到削好的笔或本子的情况越来越少；看到他们交作业越来越及时，把作业落在家里的情况越来越少……可以说，一年级养成的所有习惯会贯穿于他们学习生涯的全过程。请各位大土豆和我们一起持之以恒地帮助孩子们养成好习惯。

成人如何生活，孩子们就如何游戏。这是我带的第五个一年级，想象中应该是轻车熟路，信手拈来。但实际上，正如世界上没有一片叶子是相同的，世界上也没有一个孩子是一样的。面对不一样的孩子，我每一次带的一年级都是崭新的。所有的孩子呈现出来的问题，都是在发出一个信号：他需要我们的帮助。于是我们教育所有的出发点都是：我们如何能更好地帮助到孩子的成长？只要是对孩子们有帮助的，我们都愿意去做，去尝试。在我们的眼里，班里的这些孩子就像我们自己的孩子一样。每一个孩子，我们都会让他感受到：老师爱他，老师对他充满信任。

学校教育是家庭教育的延伸，没有好的家庭教育，学校教育的作用就变得渺小了。家校配合是优质教育的关键，我们把孩子当作成长中的人来看待。我们看到他们，我们听到他们，我们感受到他们。为他们的成长与点滴进步点赞，也发现他们的问题与困难，尽我们所能去帮助他们。

和孩子一起做好时间管理

郭小月

从你现在最急需解决的问题开始，一次次看见自己，觉察自己，再慢慢改变。

亲爱的家长朋友：

孩子的时间管理，一直是家长最头疼的问题吧。

其实，在指责孩子拖拉、磨蹭、不专注的时候，家长也可以换位思考一下，自己在这方面做得好吗？有没有问题？你做到坚持了吗？你能说到就做到吗？你就没有偷懒的时候吗？别人数落你，你还能乖乖听话吗？如果我说："你看，你这么多的毛病都得改，拿板子来！"那你一定吓跑了！

所以我们对待孩子，同样急不得，先慢慢来。从时间管理的一个问题入手，从你现在最急需解决的问题开始，一次次看见自己，觉察自己，再慢慢改变。

第一步，先描述你最急需改变的一个问题，需要具体场景的描述。

为什么？因为有时候我们真是有点懒，尝试几次解决不了，就直接给孩子贴个标签：拖拉、不专注、懒。好像在说："看吧，我尽力啦，他就是这样一个孩子，换你你也哭。"

可毕竟孩子是自己的，别人不会真哭，但咱们自己会。

所以不懒的第一步是仔细回想和观察孩子在这个问题上的表现和状态。比如做作业拖拉，是做所有作业都拖拉吗？还是只是他觉得难的作业才拖拉？不管自己写还是家长陪都拖拉吗？如果你能把他做其他事情的状态做一个对比，那就更好了。

在你详细描述这个问题的时候，不用别人再提问，你可能也已经看到了背后的原因。

奉上一土家长课堂中的一份作业：

普通描述	详细描述
孩子拖拖拉拉，需要老去提醒她，做完作业再玩。	姐姐在写作业，妹妹没事情干了开始玩，这个时候姐姐就分心了，很容易就加入妹妹一起撒开欢儿忘我地玩，经常玩得连上课时间都错过了。如果不去反复提醒就玩很久，到了晚上八九点钟才在妈妈提醒下去石墨看还有啥作业没有交。妈妈不去看，自己也不去看，今天都还有哪些作业没有完成。但是我催得多了，她们就说"我本来打算去写作业了，你一催我就不想写了"。所以很纠结到底什么样的催促是正确的。

第二步，让我们的语言、行动和养育目标保持一致。

你一定也不喜欢别人每天挑你的刺吧？假设你去上班，刚坐到办公桌前。

老板：“你今天必须按时完成，不能再像昨天一样拖到那么晚了！”（你的烦躁指数一颗星★）

要办的事情很棘手，不知道怎么开始，想求助一下。

老板：“这个你都不会，昨天开会的时候你都干吗了，自己好好反思一下。”（你的烦躁指数两颗星★★）

终于有点思路了，刚开始做。

老板：“这个标题不好，重新想一个。”（你的烦躁指数三颗星★★★）

刚憋出一半的文案。

老板：“怎么两个小时了你才做了这么点活，你就不能专注点吗？看看小王，每次写文案只用 1 小时。”（你的烦躁指数四颗星★★★★）

上交完成的文案。

老板：“你这个逻辑不清晰，这样别人根本看不懂。还有这句话不能这么表述，这个标点符号也没用对，还有错别字，balabala……”（这时你不烦躁了，觉得自己没用又不被认可的同时，也在心里把老板戳成窟窿眼了。）

有没有联想到自己陪孩子写作业的状态？你可能会说，我对孩子不这样。教你一个辨别真假慈母的好方法，咱们可以在辅导作业的时候打开手机的录音功能，听听从头到尾我们都说了些什么。（多试几遍更有效哦！）

当然测试不是真的为了辨别，而是看清我们的语言、行动是在帮我们实现目标，还是远离目标。我们的目标是什么？要帮助孩子完成作业还是对孩子进行全方位打击？

所以描述完问题之后，我们一起来写下孩子的特质，去发现他性格的特点和闪光点。记住让我们的语言集中在他那些美好的品质而不是问题上。

继续奉上一土家长课堂作业一份：

孩子的特质	我的转化（发现孩子的闪光点）
对自己的能力水平，对别人的评价极为敏感，有时会有激烈反应。	他能坚持自己的主张，并且期待能通过理由来说服我，为什么他做自己喜欢的事情是合理的。

读到现在，如果你开始信心满满，意气风发，觉得自己马上就能完成这华丽的变身，那你就高兴得太早了！因为咱们除了懒，还容易大步流星地踏进另一个误区——贪。

学霸家长们不但对孩子要求高，给自己的目标也高：从明天起绝对不吼不叫，保证给孩子必要的帮助，保证说正向鼓励的话，保证要……

别说这么多目标，就是不吼孩子这一项，也是需要循序渐进、分解成很多小目标的。

所以，每次只定一个目标，比如今天陪孩子写作业，对于常规“爆发户”来说，可能目标就是 10 分钟之内不发火不说负面词语就 OK，坚持几天，再把时间延长，再坚持几天，再开始学习如何在孩子不会的地方给他正面友好的指导。

改变的第一步，就是列出我们坚决不能说的话，再转化成我们可以怎么说的话。

继续奉上一土家长课堂作业一份：

我坚决不说	我可以怎么说
你怎么总是这样慢。 你给我快点儿。	**我相信你能又快又好地完成。**
不做就算了，我才不想管你呢！ 别让我再提醒你行吗？	**我知道做得更好一些需要很多努力，我相信你可以做到，我也愿意陪你，你愿意做得更好吗？**

试想还是之前的场景：列出来不代表能做到，还是之前说的，每次一个目标。因为语言的改变意味着思维方式的改变，先做到觉察，然后找一个提示词放在脑海里，随时提醒自己。

一时忘记了，没关系，下次我们接着提醒，每做一次，我们都在向正向循环前进一步。

假设你去上班，刚坐到办公桌前。

老板：“昨天工作到挺晚，今天咱们争取早点结束，如果有什么问题，随时来找我。”

要办的事情很棘手，不知道怎么开始，想求助一下。

老板：“这件事确实不容易，真是辛苦你了，来来来，我想先听听你在这个问题上都已经有哪些想法啦？你这些想法都不错，现在咱们再来一起看看还有哪些没想到的。这些方案中，你觉得它们各自的优缺点是什么？”（此处可以扩充2000字。）

终于有点思路了，刚开始做，此时，老板最好不要出现。

刚憋出一半的文案。

老板：“已经完成一半啦，加油加油，胜利在望了，今天咱们肯定能比昨天早结束！”

上交完成的文案。

老板：“这么难的事情你都完成了，真了不起，这个文案里有几个优点：优点1、优点2、优点3。如果你现在还有精力，我们再把这个地方小小地调整一下就更完美了。”

怎么样？这下心情是不是舒爽多啦？可这毕竟是个假老板，因为现在大部分的老板和爸妈一样恨铁不成钢。而且你可能会说，不不不，我们家孩子的作文，那当真是惨不忍睹，想夸都下不了嘴。怎么办？

其实，只要你肯鼓励，孩子一定会有进步，尽管这个进步是微小的，哪怕就是一个标点符号使用对了，也值得肯定。记住我们的期待与目标，不是眼前一篇完美的文章，而是在这个过程中让孩子获得自信和写作的能力。

当然，也有可能你就是那个老板，需要面对来自孩子和员工的双重考验。所以，人生那么艰难，一定要对自己好一点，想想同样一个熊孩子，你什么时候看他最顺眼，最愿意帮助他并耐心给他讲故事？一定是你心情愉悦、能量满满的时候。所以能量低的时候要先调整自己的状态，出去买买买，或者安静地读本书，或者偷空享受一个人的时光，等你准备好了，再撸起袖子收服“神兽”！

唠叨的最后，给各位家长奉上自省作业一份，做了治不了百病，但做了就是一个开始，你不试试吗？

欲练此功 必先自警省

壹

请描述您现在面临的问题，需要具体场景、状态。（千万别偷懒，越详细越赚到）

贰

孩子的性格特质

孩子的闪光点

请回忆孩子在这个问题上是否成功过，如果有，当时发生了什么，他是如何做到的？

叁

我的期待与目标

肆

我坚决不能说的话

我可以说的话

伍

留点时间爱自己吧，我想对自己说，想对自己做：

“整理”是重要的教育

祝玉娟

所谓生活无处不教育，每一个生活的细节其实都可以成为教育的机会，也是美好品格养成的基石。

各位亲爱的大土豆：

对于“整理是一种‘住育’”这句话，我能回忆起来的最早的解释是一张图片。那是一个非常整洁、整齐的学生的桌斗。图片下面有一句话，“能把桌斗整理好的孩子，学习一定好，因为他的脑子清楚。”

很多年过去，我对这张图片和这句话印象依然非常深刻。当时我对整理啊、教育啊，都还没有太多的想法，但这张图片我是记下了。

后来我自己有了孩子，当孩子的东西凌乱得找不到，玩具成灾，看着孩子乱丢东西的时候，我终于受不了，下决心要做整理。读了山下英子的《断舍离》，整理、住育的想法就更加清晰，当时就跟我爱人说“就算是为了孩子，也要把家整理干净”。

看到一个人把东西扔得乱七八糟时，我们会责怪他说，你看你怎么那么乱，那么不会收拾。这很可能是因为他的父母从小没有给他营造一个整洁的环境，没有给过他这样的支持。所以他长大后，当然养不成整理、整洁的习惯。这个真的不能全怪他。

我们做父母的，可以从自己做起，跟孩子一起把他的房间，或至少把他的书桌整理干净，给孩子做一个优秀的榜样。孩子的空间是干净整洁的，才能在此基础上，养成干净整洁的习惯。如果孩子小时候的生活环境是脏乱差，我们怎么要求孩子长大后“基因突变”，变成整洁有序的人呢？

孩子在一张宽敞、整洁的桌子上完成的作业，跟在一张堆满杂物的桌子，在杂物一角临时腾出的一块地方完成的作业，哪一份更加从容和用心呢？

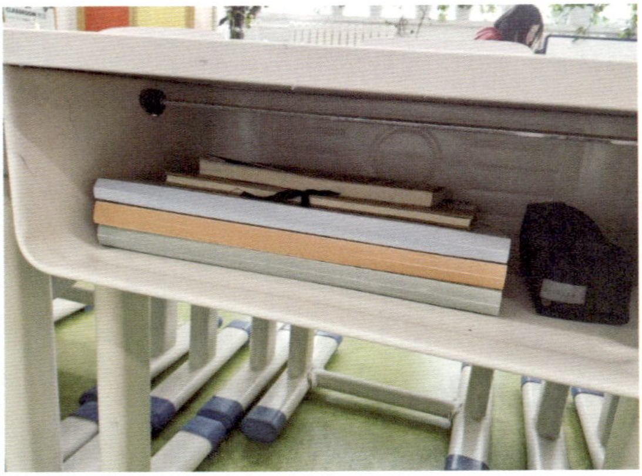

还有一件事情特别触动我。2018 年 4 月的时候，我去参加一个华德福学校的培训。培训室里有三张桌子，两张并排靠墙放着，一张叠放在右边那张桌子的上面。我们把三张桌子拉到屋子中间上课，使用完之后再把桌子放回去。放回的过程中，我想把第三张桌子叠放在左边那张桌子的上面，当时我就听到后面有老师说："那是放在右边那张桌子上面的。"

我没有在意，依然顺势放在了左边的桌子上。老师笑笑，过来跟我解释："刚才咱们是从右边拿走的这张桌子，所以还是应该放到右边去，这也是我们一直在教孩子们的，物归原位。"

这个事情对我简直太震撼了。一方面我惊讶于老师对于"物归原位"这个原则的深刻认识和坚定执行，另一方面我也特别感念那位老师这颗朴素的教育之心。

试想，如果一个孩子可以十几年如一日、几十年如一日地坚持把一件东西从哪里拿的，用完还放回到哪里去，这个孩子的内心是有怎样的一种力量啊！

这种力量难道不是很多家长都在迫切追求的"坚毅"吗？"物归原位"，教育就是在这样看不见的细微之处生发，集结成无穷的力量。

在这里给大家推荐一本书，金·约翰·培恩的《简单父母经》。现在还记得我初读这本书时的惊讶，我大声喊我爱人过来，"快来看呀，这本书简直就是教育界的'断舍离'！"贯穿整本书的思想就是“简单、简单、再简单”。

这位心理咨询师出身的作者利用各种故事、实例向家长们讲述了孩子的生活需要简单及其原因，建议孩子的生活不仅用品简单、玩具简单、日程表简单、衣物简单，就连饮食也不要太过花哨（可以根据自己的情况辩证理解）。在这本书举的例子中，我确实能看到很多焦虑、多动、注意力不集中的孩子的影子。

整理是一种“住育”。各位亲爱的大土豆，我们一起行动起来，跟孩子一起学习整理、收纳吧。一个干净、整洁的家居环境，是孩子温暖的起点和美好的原点。

自己规划期末测试

冯春

从每周计划到期末计划，让孩子学会时间管理，成为具有自我评价能力的、自主的、独立的学习者。

亲爱的大土豆们：

又到学期末，不管对“考试”有多少质疑和不满，我们还是绕不开“测评”，尤其是这个学期，马上就要告别“低年段”，走向三年级，那孩子们是否为下一阶段的学习做好了准备：能独立识字了吗？能熟练运用部首和音序查字典吗？能根据偏旁和字形推断字义吗？有自己识记汉字的方法吗？能够独立阅读了吗？学会默读了吗？能梳理清楚文章的结构，展示出对关键细节的理解吗？

其实，这些准备一直“隐藏”在我们梳理出来的学科能力标准之中，也都落实在我们日常的每一天每一节课之中。

所以，我们的书面测评从“独立识字”“书写”“字词意思的理解”“同音字的辨析”“词语的积累”，到“阅读理解”“看图写话”，尽量覆盖语文学习的各个方面（说起来比一张综合卷的量还要大些）。孩子们需要在两周内逐项、独立完成，其间自然有不同的感受和发现，或轻松或困难，还有努力后收获的欣喜（不见得一次就能过关得到“钻石”呢）。总之，我们的目的是希望这样的测评能帮助孩子们更清楚地看到自己的成就、进步，准确地找到自己需要努力的方面。

不过，既然终极目标是培养“具有自我评价能力的、自主的、独立的学习者”，那期末测试还能不能引发孩子们更多的思考，延伸出更多的价值?

进入 6 月，孩子们开始尝试制订自己的一周计划，想一想必须要做的事和想做的事，定目标以及安排每天的日程。这次期末测试，我们做了一张“测评钻石清单”（列出所有测评的任务）让孩子们自己来做测评规划，“每天保证 40~50 分钟的测评时间，根据你自己的情况来规划测评的内容，而且对自己的成绩不满意还可以申请第二次机会”。

看起来不难，但真正实施起来可就考验孩子们的时间管理、自律以及合理规划的能力了。第一次规划，大家都很轻松（虽然我把所有的测试题目都贴到了黑板上，但是认真去看的同学并不多，全都跟着感觉走啦）。有的同学冲劲儿十足，每天给自己都安排了两三项测评，还有的同学前几天超轻松，但后几天又安排得特别紧张……跟着感觉走的结果就是，第二天的实际测评之后，完成自己计划的同学没几个，为什么会出现这样的问题？

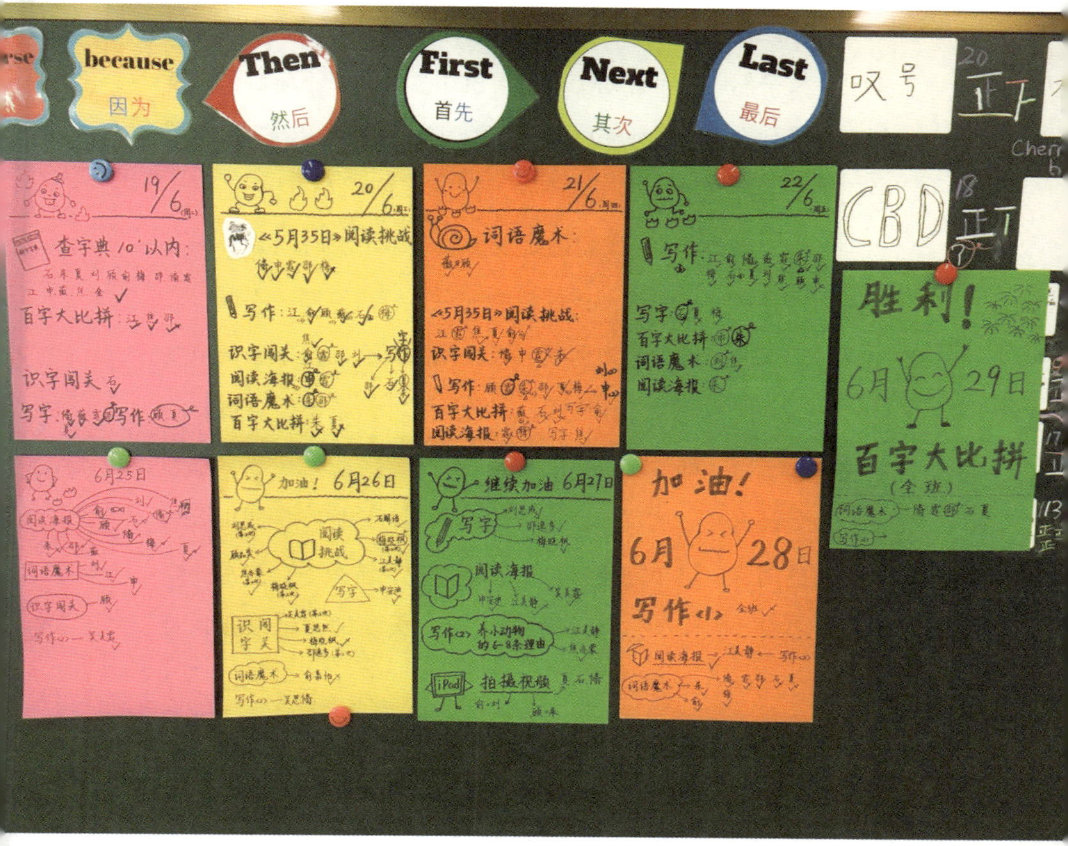

再重新审视自己的计划，孩子们自己就发现了制订计划时出现的问题：“我把写作想得太容易了，没想到刚开了个头就写不下去了。”“我应该把识字闯关和词语魔术安排到一天，因为一个简单一个难。”“我得好好再看看这些项目，估计一下每一项大概会花多长时间！”“我开始还能集中精力，后来就总忍不住想去看看别人都在做什么。”……

计划之所以是计划，就是要随时根据实际情况调整的啊，于是，孩子们调整了计划（这次可就认真多了，不单自己思考任务的难易程度，估计完成时间，而且还会主动咨询“有经验”的同学，“你做过这一项，难吗？需要多长时间？”

配合“做规划”，我们还给孩子们介绍了“时间象限图”，告诉他们在做计划时如何按照事情的轻重缓急排序（不过，对于孩子们来说最难的是如何客观地去判断什么事是紧急又重要的。“又紧急又重要的排在第一，但是为什么紧急但不重要的事排在第三个？都紧急了呀！”）

我们还介绍了“优化时间”的小例子，这原本是四年级数学学习的内容。这个沏茶（沏茶需要六步：洗茶壶、接水、烧水、洗茶杯、找茶叶、沏茶）的流程怎么安排才可以节省时间？几个同学立刻发现了：

“在烧水的时候可以同时找茶叶、洗茶杯！”

“对了，我们平时有很多等待的零碎时间，这些时间能充分利用起来吗？江江就是这样的，每次排队等着的时候她都会捧着一本书看！”

“俞俞会提前把每天的项目都写到记事本上，所以她抄记事特别快。”

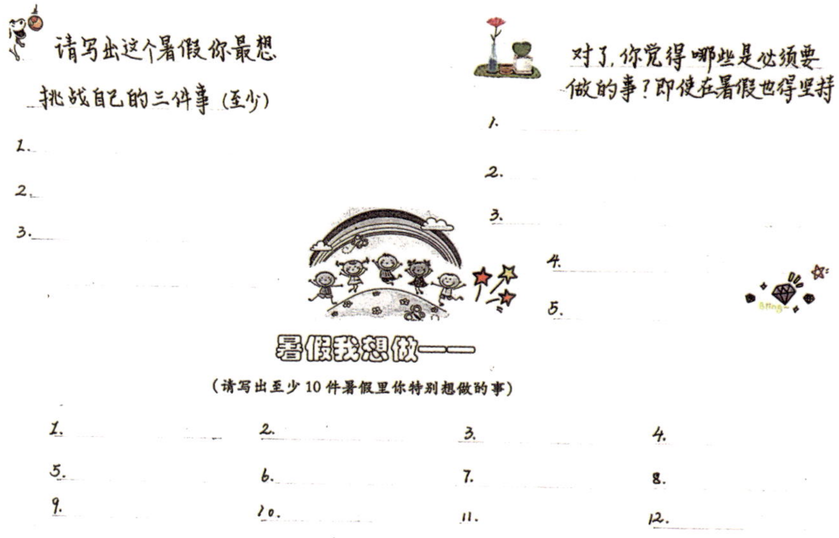

在开始测评之前我们就跟孩子们一起讨论过，这样开放式的测评更考验自己的规划能力、时间管理能力以及自律、坚持，我们也忍住了不去过多地干涉孩子，确认了他们的计划之后，就放手让他们自己来安排，同时，也自己承担后果。（所以，到

现在依旧没有集齐 10 颗钻石的孩子，下周还得再继续两天。）

集齐了 10 颗钻石，就可以自己来规划自己的暑假啦！

集齐 10 颗钻石——

查字典 （10 分钟内你能查多少字？）		**百字比拼** （这些字都是咱们写过的哟）	
写字 （观察字形，争取写出自己最漂亮的字）		**词语魔术** （这些词语不仅要认识，还得能识破它们的“伪装”）	
识字 （检验一下自己的识字量吧！）		**阅读挑战** （判断那些说法是否正确？读完《5 月 35 日》了，再检验一下自己的阅读效果吧）	
阅读海报（1） （这个学期你读了哪些书？认识了哪些书里的人物？）		**写作（1）** （看图编故事）	
写作（2） （如果可能的话，你想养哪种小动物？列出 6~8 条理由吧）		**写作（3）** （二十年后的自己会是什么样？会从事哪种职业……）	

——我就可以给自己布置暑假作业啦！

期中测评
其实是一个加油站

何烨

我们建立了多元的学生评估体系，一方面让孩子全面看到成长、理解成长，另一方面，也希望能让不同特点的孩子都有机会认识和发展自身的天赋。

亲爱的大土豆们：

期中测评之前，我和孩子们讨论了一下：好好的，为啥要测评啊？

他们是这样回答的：“让我们知道自己哪儿学得好，哪儿学得还不够好”“让我们知道接下来可以在哪些地方努力”。

孩子太优秀，以至于我都不需要说什么了，不过机智的我还是灵机一动，随口做了一个比喻：“大家都看过《汽车总动员》吧，闪电麦坤比赛期间是不是都要进维修站，看看发动机、轮胎等等，然后再加满油，继续驰骋啊？期中测评就是这样一个加油站！”

那么，对于语文学科而言，我们测评什么呢？

我们都听说过测试（附标准）、朗读测试（附标准，一对一进行）、阅读测试（包含阅读题及整本书）、写字测试和写作测试。这里值得一提的是，和一般学校的测评方式不一样，我们的测评让孩子知道评什么，并且知道评价的标准是什么（这一点非常重要）。我的一个目标是：假以时日，把小学语文课程标准（听说读写的目标）都装到孩子们心中。

关于标准，我们也会在使用中不断迭代，例如这次听的标准中，我们又增加了“听到指令，能执行任务”等。

期末测试依然是听说读写，另增加一项综合测试卷。

课程标准是我们的培养目标，需要培养什么，我们就评估什么；培养什么、评估什么，平时我们就学什么。就像珍珠项链一个珠子接一个珠子，中间那条线就是我们的课程标准。

那么，测评有什么规则吗？没怎么考过试，考试应该是啥样的啊？能不能商量啊？做完能不能讨论一下啊？有孩子提出疑问。

都说规则是用来保护自由的（这个我们一年级时讨论过），那考试有啥规则呢？

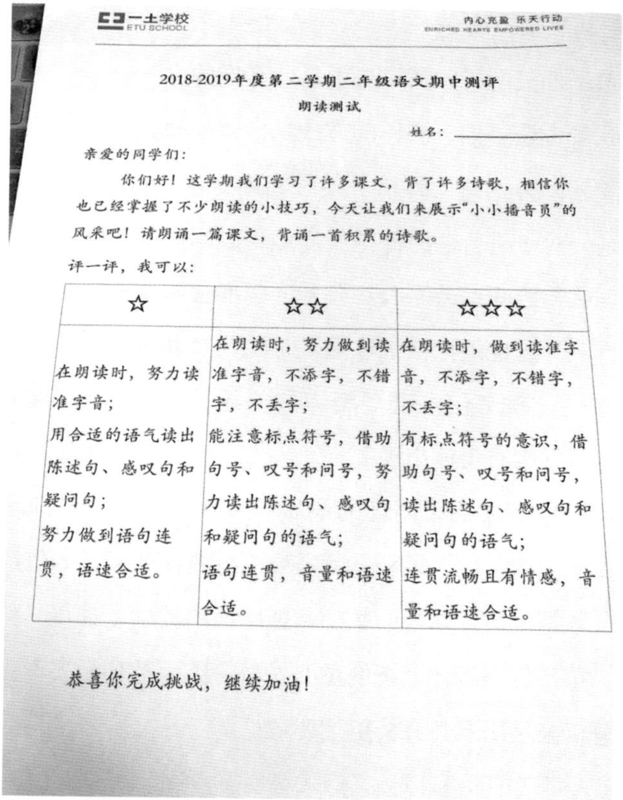

一土学校
ETU SCHOOL

内心充盈 乐天行动
ENRICHED HEARTS EMPOWERED LIVES

2018-2019年度第二学期二年级语文期中测评

朗读测试

姓名：________

亲爱的同学们：

你们好！这学期我们学习了许多课文，背了许多诗歌，相信你也已经掌握了不少朗读的小技巧，今天让我们来展示"小小播音员"的风采吧！请朗诵一篇课文，背诵一首积累的诗歌。

评一评，我可以：

☆	☆☆	☆☆☆
在朗读时，努力读准字音； 用合适的语气读出陈述句、感叹句和疑问句； 努力做到语句连贯，语速合适。	在朗读时，努力做到读准字音，不添字，不错字，不丢字； 能注意标点符号，借助句号、叹号和问号，努力读出陈述句、感叹句和疑问句的语气； 语句连贯，音量和语速合适。	在朗读时，做到读准字音，不添字，不错字，不丢字； 有标点符号的意识，借助句号、叹号和问号，读出陈述句、感叹句和疑问句的语气； 连贯流畅且有情感，音量和语速合适。

恭喜你完成挑战，继续加油！

第一个规则是诚信，测评是为了真实反映学习情况，如果大家互相商量，看别人的，不就不能真实反映了吗？所以考试的时候，只看自己的卷子，不交流。

第二个规则是安静，这是对自己负责（自己可以专注思考），也对别人负责（说话会影响到别人思考啊），要在心里读题、心算、拼拼音……

孩子们又问了，测评过程是什么样的呢？

我告诉孩子们，测评的方式是自评与师评结合。根据标准，孩子和老师分别进行评价。笔答卷如百字测试、综合卷师评，有的是一对一进行。另外孩子们是可以享受免考资格的，免考资格怎么得到呢？公平公正公开，标准透明，取决于孩子们平时的作业。这也能让孩子注重平时的课堂表现。

我也让孩子们知晓了测评的等级分别是：A/B/C/D（D只在笔答卷中有可能出现）。

测评结束之后，闭环的最后一个环节很重要，即测评分析。在一般的学校，只有老师需要进行测评分析。如班级整体情况、数据统计，以帮助教师调整后面的教学重难点。但在我们班，孩子们是测评分析的重要人员。因为教是为了学，所以学生分析当然比老师分析更重要啦！

那这个测评分析以什么形式呈现呢？就是以SLC（Student Led Conference，以学生为主导的家长会）的形式呈现。

我告诉孩子们，首先要设计一张SLC的思维导图，思考怎样给家长开这个SLC。

说到这里，优秀的孩子再次上线：要讲自己哪儿好（取得A的部分，除了说成绩，还要说说原因），哪儿不好（取得C或D的部分，要讲讲不好的原因是什么），我接下来要做什么，

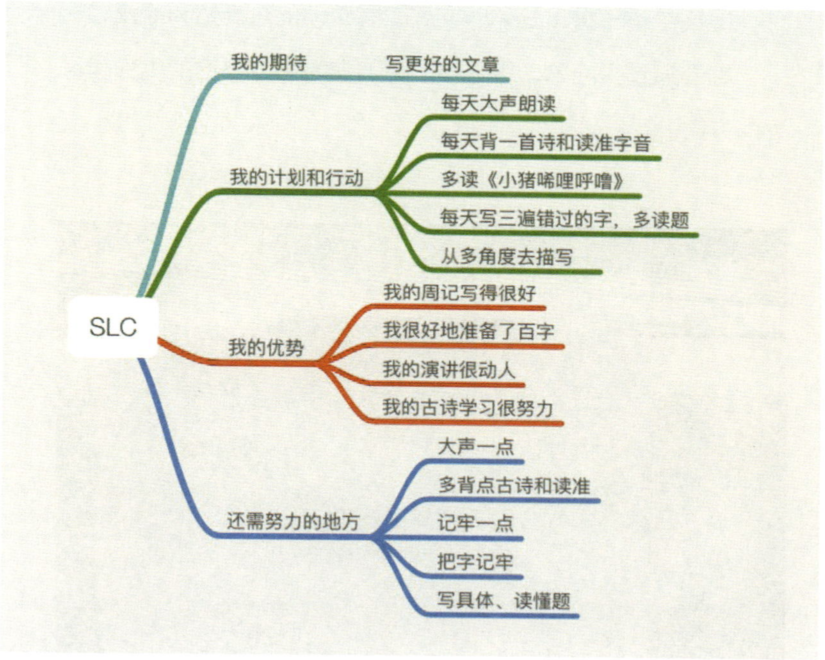

▲ SLC 思维导图

要准备什么（比如听写本之类的工具）。

我帮忙整理出一份导图（增加“我的期待”这一项），孩子们完成导图，然后在课堂上两人一组分别彩排如何给家长进行 SLC（这个互演家长的过程，在我们的项目展示中非常常见），最后就是孩子们回家跟亲爱的爸爸妈妈开会了，相信大土豆们是这样做的：

1. 会认真倾听孩子们的讲解；

2. 会给孩子提出具体、友好、有帮助的热反馈和冷反馈；

3. 会通过提问题，引导孩子更加深入思考自己的优势和努力的方向。

▲ SLC 上家长与观众给孩子们的反馈与评价。

第 2 章

追求美好

说起学习，中国有句俗语，“书山有路勤为径，学海无涯苦作舟”。学习真的是“苦”的吗？事实上，学习可以很美好、很快乐，有将每一个孩子都视为珍宝的老师，有美好的友谊，有体育课上的“荒岛营救”，有语文课上的数学诗，有收获多多、充满刺激的全班旅行，还有定制故事的生日会。教育不仅仅是为美好生活做准备，教育本身就是美好的。

午饭校长

冯春

午饭校长这个“职位”源于一个孩子的提问，但正是这种不起眼的小事，才让创新开始，因为那是一次“以孩子为中心”的最佳示范。所谓创新，就是真正地认识孩子，不忽略他们成长的每一件小事，然后用开放的心态去陪他们一起成长。教育本来就是一件细水长流的事情。

亲爱的大土豆：

今天的语文课我们花了 20 分钟开了个圆桌会议（现在桌椅的布置正好可以围坐一圈，大家可以看到彼此的脸，听到彼此的声音）。

为什么要开会呢？因为孩子们听到了一个超级新闻：小金跟小月校长申请当校长，校长竟然答应了，而且真的任命他当我们的午饭校长！是校长呢！孩子们对这件事太好奇啦，有好多问题，也有太多想说的话，所以，很奢侈地，我们决定不上课，先开会讨论讨论！

一看到我写下“午饭校长”这几个字，小伊就忍不住了：“我知道！小金是午饭校长！”

咦？

“他为什么是午饭校长？”

“那……午饭校长是干啥的？”

孩子们七嘴八舌地发言，圆桌会议当然不能各说各的，好，举手发言，一个一个轮流发表意见。既然大家心里都有好多小问号，那就先提问吧！

欣欣皱着眉头问：“什么是午饭校长？”

奇奇接着问：“午饭校长要干什么？”

迪迪补了一句：“他有什么权力？”

小伊憋了好久问：“怎么才能当上午饭校长呢？”

奇奇还有问题：“午饭校长可以有……就像副总统那样的助手吗？”

思思问：“午饭校长会轮流当吗？”

小美和小峰都关心任期问题：“多长时间呢？”“一周还是一个月？”

阿梓着急：“我还想当其他的校长呢！数学校长？可以吗？”

晨晨还会时不时地提醒大家：“别打断别人好吗？”

在一个个问题炮弹的轰炸下，小金不仅没有皱眉头，反而整张小脸都发光了，“嗯，我昨天晚上在家里想了一下校长要干什么……嗯……你不能剩菜，不，可以有一次……我还得找小月校长开会讨论呢！……对了，我已经画了一张表，就贴在多功能教室门后边，你们想去看看吗？”

在他的强烈建议下，大家排好队集体去参观他的那张午饭校长的表，嗯，看到啦！大家还很认真地提出建议：可以有点装饰，字能写得再大一点吗？回到教室继续讨论，一个同学依旧执着于这个问题：“为什么小金能当上午饭校长？”

是啊！大家先猜猜呗！

“我听到他昨天中午的时候问小月校长啦！”宁宁第一个发言，哦，要想当校长先得主动申请。“而且他一直问呢！”这才说明他很想当校长，有诚意啊！

还有其他原因吗？“我觉得他特别有礼貌！每次盛完饭都会跟老师说谢谢，声音还很大，我们都能听得见！”阿章说。

“他从来不倒饭！”“我也有过，但很少！”“每次吃饭他盛得不多不少，吃完饭碗都很干净，都不需要用纸巾擦了。”俞俞的话很有说服力，她就挨着小金坐，观察最仔细。

“那他是只有一天或者一周这样做吗？”

“不是的，他都连续坚持好几个月了！从开学到现在，他从不浪费食物！”

大家说着，自己总结着，每个人都点头赞同，小金确实有资格当上午饭校长！不过小金很谦虚，他补充说：“小铭吃得也挺好的，他也能当！”

于是大家纷纷给新上任的校长出主意：“盛饭的时候可以站在最前边，这样你就可以看到谁在排队的时候很安静了！”“你可以轮流去各个桌上吃饭，就可以观察谁吃得好，不剩饭剩菜了。”“他可以管蜻蜓班吗？”“当然啦！小月校长就可以去各个教室管全校的人！”“你会听我们的建议吗？”

小金还没说话，奇奇就替他回答了，“当然！他要听大家的建议，就像小月校长那样！”小金还拿了一张纸记录（画了一个圆眼睛，还有好几颗星星）。

“好了，我现在就去找小月校长开会！”小金已经迫不及待地要去找小月校长了，嗯，我们的会议也暂时结束了。

不过，奇奇和阿梓已经咬耳朵商量什么时候去找小月校长了，迪迪悄悄地问我，“我能当数学校长吗？”而中午盛饭的时候，小金已经认真地在维持秩序了（然然和小布在热火朝天地聊天，小金就去提醒他们了；小冰不服从管理，还吐了一下舌头，小金说这样的行为也得管）。大家猜猜，今天中午还有倒饭的同学吗？虽然没有统计，但好几个同学主动让小金检查自己吃得光光的餐盘……

第二天，很多同学都开始叫小金校长了，特别是中午盛饭的时候，连老师们见到他都亲热地喊声“金校长！”他还有点不好意思呢。盛饭时他主动站出来维持排队的秩序，还要求自己最后一个盛饭。（他说：“我今天不饿！”）

不过，可不是所有的同学都认可他当校长，他眨眨眼睛跟老师说：“有几个蜻蜓班的同学不听我的……”为什么呢？“我也不知道。”嗯，一定是他们还不知道你是校长，不知道你的职责是什么！“那怎么办？”先给自己设计一个名片呗！贴到衣服上，别人一看就知道你是校长！再写上拼音，他们认识拼音吧？好！小金认认真真地在小卡纸上写上了“午饭校长”和自己的名字。再装饰一下？画上一碗饭和一盘菜？这样看起来就更像样啦！然后呢？再画一张海报吧！写上校长职责！“我要找小月校长开会！”不过她现在很忙，干脆咱们一起讨论讨论，写出海报的内容吧！

好的，不过要把自己的想法整理清楚可不那么容易，小金皱着眉头一时想不出来：“我也不知道有什么职责……”那你中午都干了些什么呢？“让他们讲规则！对了，我中午还画了个表格让他们填！字我不会写，成成帮我写的字！”哦？填什么？“填自己喜欢吃的！我觉得要给她们加分！”那午饭校长的职责就得有一条啊！就是调查大家喜欢吃的，午饭校长就是得让每个同学吃得满意嘛！“我知道了，我把这些告诉做饭的叔叔阿姨，他们就能做得更好了！”于是我们一起边说边写，

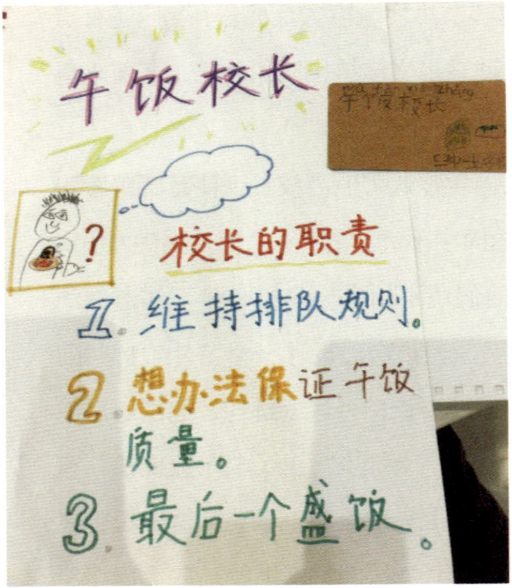

到了最后一条了，“校长要最后一个盛饭！”他坚持。为什么呢？他眨巴眨巴眼睛，“我一般中午都不太饿！校长就要最后盛！”不过，在写海报的时候，小金小声对我说：“我好饿啊！我现在能吃加餐吗？”

写在后面：

继午饭校长之后，学校在新学期又开展了一个新活动，叫作“班级小主人——I HELP”，老师带孩子们一起讨论，分享班级需要的一些职位，有延续上学期的岗位：班级小老师、餐前感恩小主持等等，也有新学期的新岗位：技术支持员等，目前暂时整理出 16 个岗位。

谁来承担这些岗位呢？有哪些原则呢？经过讨论，大家约定：

1. 认真思考自己想要申请哪些岗位；

2. 每人可以从中选出 2~3 个岗位；

3. 下周一自愿申报岗位；

4. 申报成功的同学，下周二正式上岗。

有的同学已经迫不及待要为大家服务了，奕奕看好了“迎宾”岗位和“图书馆馆长”的岗位，“技术支持”和“午饭校长”的岗位也比较火爆，还没有想好的同学也不要着急，距离下周一还有时间，期待！

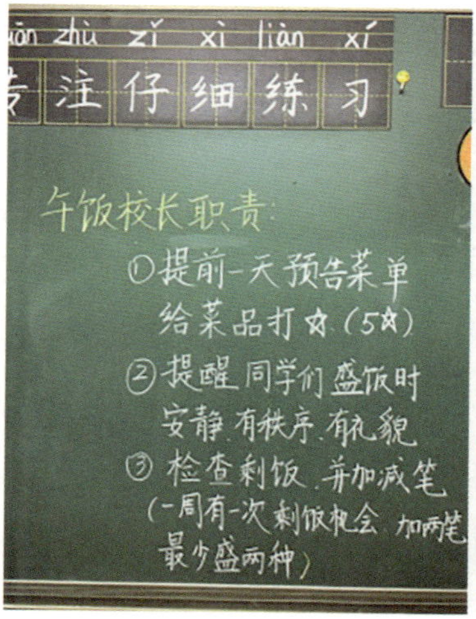

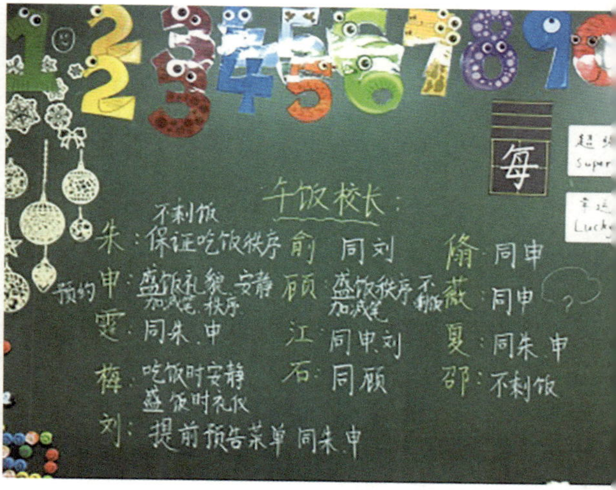

大问题和小问题

冯春

大问题很有趣，总是能引发我们不断地去追问，一个问题牵出一串问题。

每个孩子都是一本《十万个为什么》，不管什么时候他们都有一大堆的问题，“为什么有冬瓜、南瓜、西瓜、地瓜，没有天瓜？”（别问北瓜的事儿，他们知道河北人就把南瓜叫成北瓜！就想知道为啥没有天瓜。）

不过，我们现在说的提问，跟天南海北、四野八荒的随意提问还有点儿不一样。孩子们要学会利用给出的信息，经过思考去提问，从浅层次的“小”问题，逐渐能提出深层次的“大”问题。

那，什么是小问题？怎样的问题才称得上是大问题呢？正好结合课文《曹冲称象》来举例子。

小问题的特征首先就是：很快就能说出答案，很容易回答。比如曹冲称象的时候几岁？曹冲在哪儿称象？故事里明摆着呢，很容易就找到了！

第二个特征呢，是可以用非常简单的“是”或者“不是”来回答！比如孩子们开玩笑说，曹冲的爸爸是曹操吗？还有，曹冲最后称出大象的重量了吗？

这样的问题，答案都很简单，都是帮助我们了解怎么回事儿的。有了这些轻松的小问题，才会引出后面需要深入思考的大问题！

大问题很有趣，总是能引发我们不断地去追问，一个问题牵出一串问题。“曹操为什么要称象呀？”“因为大象太大了，谁也不知它有多重！”“可长颈鹿也很大呀，为什么不称长颈鹿？”“因为在古代大象可是吉祥的象征！”

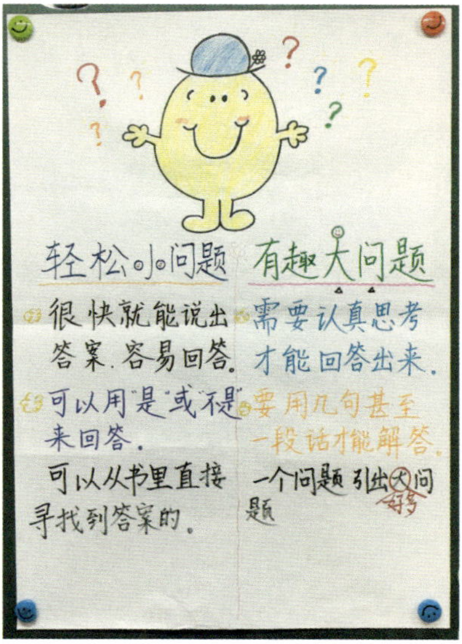

“为什么大象是吉祥的象征？”

“称象的时候为什么不一边赶大象上岸一边就

往船上放石头？这样不更快吗？”

唉！如果轻松的小问题可以用一个词来回答的话，那这些大问题至少要用一句话才能解释清楚呀！

正好，今天有一位特别的客人——顾明远老爷爷要来拜访，可给了我们实践一把的机会。

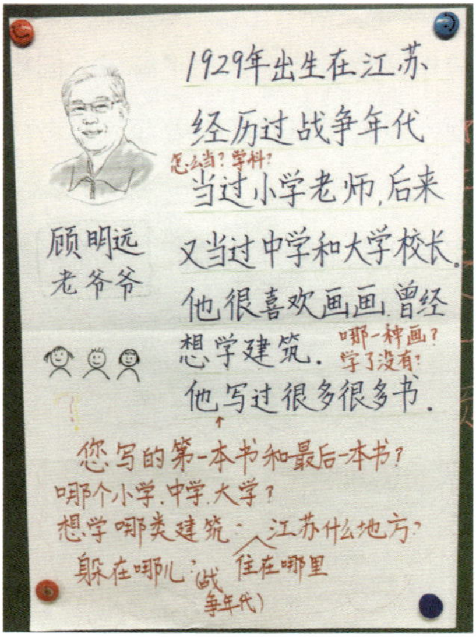

我提前把顾明远爷爷的经历简单列在了海报上，“他 1929 年出生在江苏，经历过战争年代，当过小学、中学和大学的校长，写过很多很多书，小时候很喜欢画画，曾经想当一个建筑师……”

根据这些简单的信息，你会提出什么问题？是轻松的小问题，还是有趣的大问题？

思考了一分钟之后，孩子们赶紧举手提问了。

“您住在江苏的哪里？”

“您写过的第一本书是什么名字？”

“战争（打仗）的时候您怎么办？”

“您在哪个中学还有大学当校长？”

“您怎么当上的小学老师？教哪一科？”

……

顾明远爷爷耐心地回答了大家的问题。

“顾爷爷，听说您参加过战争，您打仗时都躲哪儿呀？”

“洞里，山里呀。”

“您写过的第一本书和最后一本书是什么呀？”

“我写的最后一本书可（宏）大了。”

“有多大，地图那么大吗？”

“哈哈哈哈。”

“顾爷爷，听说您年轻时刚开始想学建筑，您想盖什么样的房子呀？”

“我想盖的房子，就是有很多孩子可以在里面开心地玩儿呀。”

提出特别宝贵的“金问题”可不容易呢，今天我们才刚刚开始，后面还会继续的。

在顾爷爷离开教室后，我又启动了总结和反思环节，带领大家将提出的问题进行了归类和整理：有哪些问题属于小问题，哪些属于大问题？哪些问题是友善的提问？如何在提问的时候注意考虑对方的感受？

一个孩子总结道：比起可以直接得到简单答案的小问题，“您写的第一本书和最后一本书是什么”，或许还可以引申出一个有趣的大问题，那就是“您的书更多是关于什么内容的呢”？

另一个孩子说：“冯老师说他写过很多的书，摞起来比他这个人都高。他已经88岁了，我为他感到非常骄傲！”嗯，也许以后你也会写很多很多的书呢，也能骄傲地把它们摞起来跟自己比一比。

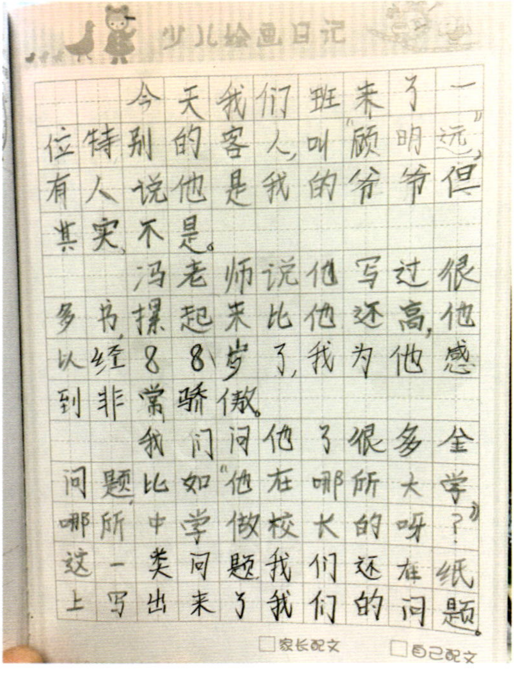
少儿绘画日记

今天我们班来了一位特别的客人，叫“顾明远”，有人说他是我的爷爷，但其实不是。

冯老师说他写过很多书，摞起来比他还高，他以经88岁了，我为他感到非常骄傲。

我们问他了很多全问题，比如“他在哪所大学，哪所中学做校长的呀？”这一类问题我们还在纸上写出来了我们的问题。

家长配文 自己配文

我相信，在这节特别的语文课上，孩子们从对顾爷爷的提问中，学到了更多课本不能教给他们的东西——不仅见识了教育泰斗顾明远爷爷走过的世界，还又一次学会如何把思考作为生活的习惯，并一直愿意这样提出更深、更有趣的大问题。

一个袋子改变的教育

赵明霞

既要保护孩子的内驱力，又要让孩子受到鼓励；既要让孩子能够看见自己的成长，又要帮助他们的内驱力自然生发。

▲“悄悄话”口袋

一土学校里的每一面墙壁、教室里的每一个角落，呈现出来的学生作品和老师设计，背后可都大有文章。

别小看这个挂在门上的袋子，里面装着的可都是秘密。

什么话，需要悄悄说？

我把脸凑近布袋子，仔细观察：每一个小口袋上都有一个漂亮的小夹子，夹子上写着不同孩子的名字。我试探着，把手伸进其中一个小口袋里，用手指夹出几张小卡片。其中一张上面写着这样的话：

“欣欣，每次晨读看到你专注地、声音洪亮地读，我立刻觉得浑身有劲儿！”卡片的右下角还画了小小的笑脸，写了日期。

我又翻了两三张：

“阿蒙，谢谢你悄悄地帮同学搬椅子，你是整洁小天使。”

“小敏，你越来越像一个数学高手，善于思考、分享、倾听。期待听到你更多的想法。”

……

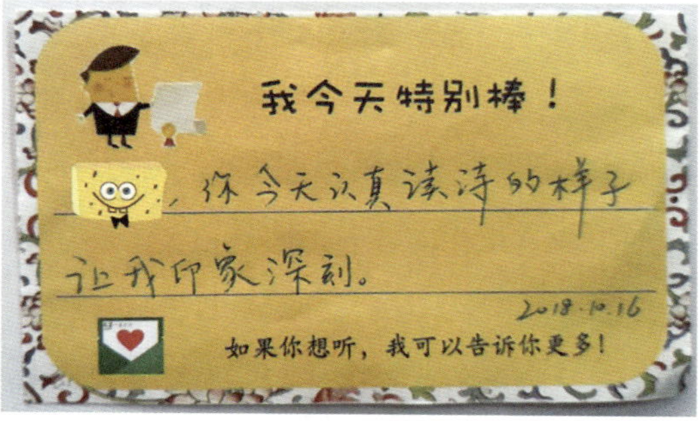

▲ 温暖卡

原本只是对这个布袋子忍不住好奇的我，在看到这几张小卡片上面的文字之后，变得更好奇了：这些都是表扬的话，为啥需要悄悄说？我决定从这个布袋子开始，开启我的解密之旅。

于是在周末结束后的第一天，我约了该班的主班老师祝老师。

原来，对于一年级的小朋友来说，很多行为习惯可能还需要规范和注意，尤其是在细节方面。比如在学校里、在学习中应该遵守的规则、纪律，和同学之间的相处模式等等，孩子们经常摸不着头脑。

但是如果口头提醒或者纠正他们不好的行为，他们可能会觉得厌烦，而且效果也不好。这一点让我不由得想起自己小时候，被唠唠叨叨的妈妈数落得烦不可耐的情形：

“每次给你指出作业里的错别字，光说‘知道了’，就是不改！”

“你长点心吧，别总是丢三落四的！”

……

最后的结果经常是：我选择充耳不闻，妈妈只能对牛弹琴。

那么，如果想真正帮助孩子们有所进步、有所习得，应该用什么样的管理方法呢？

寻找这个最合适的方法可不是件十分容易的事情，祝老师和数学陈老师可谓费尽周折。

首先被用来实践的方法是大部分人很容易想到的物质奖励。但是祝老师和陈老师很快就发现这个方法的弊端：物质奖励会让孩子把注意力放在物质奖品上面，而减少了对自己成长的关注；有时他们甚至还会对物质奖品产生依赖，忘了自己的初衷是什么。

“物质奖励是短期内非常有效的一种刺激手段，但是从孩子长期发展来看，我们觉得这对孩子并没有好处。”祝老师说。于是，物质奖励这种手段被果断放弃。

后来，祝老师和陈老师又尝试过画正字、用玻璃罐子装米等各种方法，目的都是为了给予这些低年级的孩子一种可以看得到的反馈，对他们的进步予以鼓励。

既要保护孩子的内驱力，又要让孩子受到鼓励；既要让孩子能够看见自己的成长，又要帮助他们的内驱力自然生发——探索最佳管理方法的过程，也是祝老师和陈老师一直在寻找这样一个平衡点的过程。

最终，祝老师和陈老师锁定了一个办法——把想对孩子们说的话写在一张卡片上，然后悄悄地放在属于每个孩子的小口袋里，也就是那个挂在教室门上的、激发我无限好奇的袋子。这种视觉化的（即孩子们可以看见自己的成长和进步），同时又能给予孩子们温柔刺激的鼓励方式，正是祝老师和陈老师一直苦苦追寻的方法。

实践证明，祝老师和陈老师这次的方法找对了！

孩子们在有时间的时候，会习惯性地看看自己的小口袋里多了什么新的卡片，读过后开开心心地放回去；有的孩子会跟相熟的小伙伴分享一下彼此的卡片，用小手摸一摸。

“我们觉得这个平衡点掌握得还是比较准的，孩子们就像我们期待的那样，既受到鼓励，内驱力又没有被破坏。”祝老师感觉到，这种温暖的、像一种问候一样的鼓励，就是“悄悄对你说”这个方法最有价值的地方。

更让祝老师欣慰的是，在这个方法的使用过程中，孩子们之间并没有发生横向比较的情况，诸如“我为什么比你少一张？”“我比你多几张？”之类的争吵。虽然也有孩子会凑上前去看看别人的，但这一动机主要来源于自己的好奇心或者单纯想要分享好朋友的进步的心理，孩子们会数自己获得的卡片数，目的只是想看看自己有多少进步。

于是，这种有趣的方式，在保证孩子们以他们愿意接受的方式来改变自己的同时，也开始凸显它的另一个优势：保护孩子们的隐私，即每个人的进步是大是小，是多是少，都和别人没关系。

那么现在这个方法的使用成果如何呢？

10 月底开家长会的时候，很多家长都反映，孩子越来越有自信了，“回家以后变得特别温和，特别懂事儿”，也是很多家长提到的孩子们的一个改变，还有就是他们会自己处理问题了。

“我们班的孩子确实是那样，他们不会为了外界的一个刺激而去做什么事情，而是做任何事情都是比较坚定地、发自内心地想去做。我觉得这是因为他们的内驱力被保护得好，同时激发得也合适。”祝老师不无自豪地说。

孩子们行为习惯的改变，需要时间。就像祝老师所说，好的教育是唤醒孩子内心的种子，给予种子所需要的阳光、雨露、空间，然后就是等待。

我也相信，这些温暖的提醒和鼓励，会在无形中帮助孩子们变得更好。

写在后面：

在一次与一诺的对话中，享誉全球的整合心理学导师托马斯·希伯尔说过：“如果你有一个自己信任的老师，一个你相信与自己同在的老师，你的大脑会产生某种化学物质，让学习变得更容易，简单来说，这种关系和爱的联结，对大脑来说是有营养的。”

北京大学教育学院副院长刘云杉老师也曾经说过：“最重要的教育其实是你所信任的人，用知识在教你的孩子，而不是教知识。”

可见，安全感是一切有效的学习得以发生的前提。

感谢这个看似平常的小袋子，给了孩子最大的安全感与激励。如果你是一位妈妈，今天你有什么悄悄话想对孩子说呢？

不论是袋子里的“温暖卡”还是“思考卡”，都是对孩子成长的一个记录，无关他人，更无关比较。孩子们既能记录成长，隐私又能得到保护和尊重。

在这里需要提醒家长的是，如果孩子回家主动跟您说起“温暖卡”和“思考卡”，您就做个好听众，听孩子们跟您讲背后的故事。

如果孩子没有提，请避免这样的人为刺激：“今天你得到几张卡呀？”“为什么别人都有你没有啊？”“明天争取再得一张好不好？”

▲温暖卡

▲思考卡

从一件小事学会对人生中的各种状况负责

张荔舒

在思考和讨论的过程中，孩子的自主性得到激发，孩子的声音被听到，孩子的想法被尊重。如此，才能慢慢地学会对自己的人生负责。

周五，我们发现《好饿的毛毛虫》立体书和杨杨带来的另一本立体书都出现了破损的情况，于是大家进行了一场关于“保护书籍”的讨论。

一、观察 + 讨论

我们先是观察了一下书籍的破损情况，大家发现“蝴蝶的翅膀断了”“叶子也断了”。

老师问：“每个人都会带自己的书籍来学校给大家分享，如果你带来的书籍被损坏了，你还愿意带

过来吗？”（同理心）

几乎所有人都摇头。

老师继续说：“希望以后能继续阅读图书的孩子请举手。”（解决问题的动机）

所有的孩子都举手。

“如果书籍毁坏了，我们便无法再进行阅读了，那么我们应该怎么保护书籍呢？”（解决问题）

“看完了就立刻放回书架上。”

“如果看到地上有书，可以帮忙放回书架上。”

“翻书的时候轻轻地翻。”

“翻书的时候一页页地翻。”

“不要抢。”

“如果损坏了，要承担后果。”

二、思考 + 表决

老师说：“大家的建议都特别好，我们以后都可以努力做到。那么，有的同学建议要制定惩罚措施，大家觉得如果损坏图书要承担后果吗？”

只有两三个孩子举手表示同意。

老师继续问：“每个人都有机会带图书来分享，仔细想一想，如果你自己带来的图书被损坏了，你希望损坏的人承担后

果吗？”（同理心）

这一次，超过一半的人举手表示需要承担后果。

老师继续引导：“每个人都有不小心犯错的时候，老师也会犯错。当损坏了一样东西的时候，我们是逃跑，还是勇敢地承认错误并承担后果？你们喜欢哪样的人？”（面对问题的态度）

这一次，几乎所有人都觉得应该承担后果。

我们的孩子都特别勇敢，这是一件值得骄傲的事情。所以，我们给自己奖励了十圈掌声。

有时候，孩子不愿意或不敢承认错误是因为觉得会带来指责和惩罚；当孩子意识到承认和承担是一件了不起的事情，能得到成人的鼓励和肯定时，他们就会变成我们所希望的诚实勇敢的样子。

当然，成人的言传身教是最重要的。小张老师曾经也不小心打碎了宁宁的汤碗盖，但是小张老师很真诚地道歉，给她写了一张道歉卡，还送了她一个可以绘画的小本子。

三、建议 + 决策

老师问：“大家都特别擅长思考和解决问题，对于需要承担的后果，大家有什么建议呢？”（解决问题）

“取消一件喜欢的事情。”

“完成目标的小太阳贴纸就不能得到了，或者帮忙把书粘好。”

“赔一土币。”

“那一整天都不许看书。”

“买一本新书，或者不许看别人分享的书。”

“赔那本书的钱。”

“请家长来一起把书修好。”

接下来，我们对以上建议进行了投票表决。（做决定）

其中，一票支持“取消喜欢的事情”，三票支持“取消小太阳贴纸”，两票支持“赔一土币”，一票支持“不许看书”，两票支持“买一本新书”，七票支持“赔那本书的钱”，两票支持“请家长一起修书”。

但是这里面，“买一本新书”和“赔那本书的钱”性质是一样的，所以这两个选项的票数相加是九票。那大家觉得是直接赔钱还是亲自去买一本更好呢？大部分孩子觉得亲自去买会更显示诚意。

四、区分 + 判断

已经讨论出需要承担的后果了，但还有一个问题：所有损坏的书籍都需要重新买一本吗？损坏的程度有没有轻重之分？（区分不同性质）

我们再一次观察了两本书，一本的其中一页被撕开了一个小口；另一本的立体折页全断了，已经不是它原来的样子了。“这本已经不能看了。那本可以拿胶条粘一下。”

有的孩子已经发现了损坏的差别。于是，我们最终确定了更为合理的自然后果：如果书籍的损坏程度不影响继续阅读，需要亲自对损坏的部分进行修补；如果书籍的损坏程度影响了继续阅读，则需要重新买一本新书作为补偿。

最后，老师提议要不要增设“图书管理员”，提醒和帮助大家保护教室里的书籍，大部分孩子都举手表示同意。所以下周开始，将会有新的班级助手上岗了。

写在后面：

对于这种讨论，过程往往比结果更重要。在思考和讨论的过程中，孩子的自主性得到激发，孩子的声音被听到，孩子的想法被尊重。如此，才能慢慢地学会对自己的人生负责。

怎么帮助孩子交朋友？

刘婷

友谊的四个法则和道歉的四个法宝，从知道到做到还有一些距离，我们要有意识地引导，帮助孩子们练习这些技能。

亲爱的大土豆们：

本周项目课围绕新主题“我的朋友”展开：我们将沿着“怎么交朋友，寻找共同爱好；在朋友需要的时候，合作互助；与朋友存在差异的时候，互相尊重；发生冲突的时候，怎么处理问题并修复和好”的思路展开活动。

以上内容被老师归纳为四大友谊法则，由我们的“好朋友仙子”代言推出。

在进入第一条法则之前，我们一起欣赏了一本关于“朋友是什么”的绘本《朋友》，接着老师还展示了平日里抓拍的好朋友瞬间：孩子们一起玩、互相帮助、彼此表达倾听的照片，孩子们一边看，一边用自己的语言表达“朋友是什么”，以下是孩子们的语录：

“朋友是和我一起玩的人。”

“朋友是可以帮忙搬东西的人。”

“朋友是一起分享作品的人。”

“朋友是可以一起露营的人。”

“朋友是在对方伤心的时候，一起玩的人。”

“朋友是一起挖坑的人。”

……

那么怎么交朋友呢？孩子们又分享了很多自己交朋友的秘诀，也有孩子提出了自己的顾虑：“万一对方不想跟你做好朋友呢？”

好朋友仙子此刻登场，先介绍一下：好朋友仙子是一对好朋友，所以好朋友仙子是两个小仙子，他们希望每个人都能有好朋友，所以为大家带来了神秘又宝贵的“友谊法则”。

友谊法则第一条：共同爱好

交朋友的时候，可以了解一下对方喜欢什么，找找你们的共同爱好。老师介绍了如何用双气泡图记录好朋友的共同爱好。

通过拼图的方式，孩子们被随机分配为一对对好朋友，虽然大部分孩子未能如愿跟自己最好的朋友分在一组，但他们很快就进入了交新朋友的模式。孩子们采用轮流提问和回答的方式来寻找共同爱好，并共同记录在一张双气泡图上：

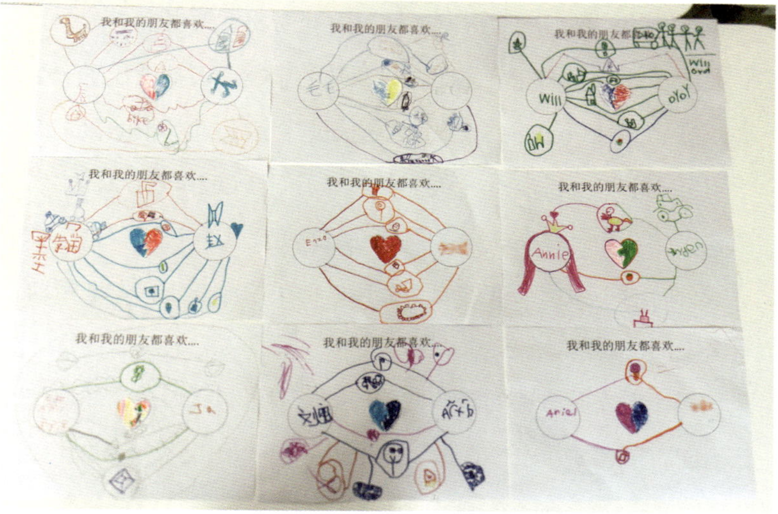

——“小瑞，我喜欢吃鸡蛋，你喜欢吗？”

——“嗯，我也喜欢吃鸡蛋。我还喜欢折纸，你喜欢吗？”

——“那你来画鸡蛋，我来画乐高吧。”

……

（提问继续）

孩子们兴奋地拿着记录图找老师分享，“快看，我们都喜欢吃棒棒糖、玩乐高、搭积木……”

孩子们成功完成了交友第一步，打开自己，了解对方。

友谊法则第二条：合作互助

孩子们都表示赞同，也忍不住分享了自己是怎么跟好朋友互相帮助的，比如一起搬东西啊、教好朋友折纸啊……

为了让孩子们充分体验合作互助的乐趣，老师设计了一个游戏挑战："盲人过河"。说明游戏规则之后，老师帮助孩子们学习第一个游戏技能：辨认左右。孩子们通过手印对照，找到了自己的右手，并在右手上戴上毛根，戴毛根的过程就是一个挑战，有的小朋友很难拧成一个环，孩子们就非常自发地帮助有需要的小朋友。

基于对左右方位的辨认，孩子们学习了指路口令，知道怎么用向右走、向左走、直走、慢慢走等指令来引路。

技能装备完成，就开始挑战吧！

孩子们按照上节课的分组继续两两合作，"盲人"小朋友要在引路人的帮助下躲过重重障碍，引路人一边牵着"盲人"小朋友的手，一边用指路口令描述前面的路况，好不容易终于到达目的地（孩子们自己的水杯），"盲人"小朋友睁眼一看，"哇！我拿到我的水杯了！"两人都欢呼庆贺，体验着合作互助和成功的喜悦。

挑战结束后，孩子们一起坐下来回顾了游戏过程，分享自己在游戏中的感受：

"我做盲人的时候，感觉很害怕，害怕碰到椅子（障碍）。"

“但是，小宁一直牵着我，跟我说怎么走，我就一个障碍也没碰到。”

……

孩子们表达了需要帮助和体验到帮助的感受，相信这样的表达会让他们更清楚什么时候自己需要向别人寻求帮助，也对别人的需要更有同理心。

分享结束之后，孩子们的游戏热情依然高涨。他们将刚才立体的游戏，画在纸上变成了平面的障碍图，又尝试了用手指玩“盲人过河”的游戏，还迫不及待地想带回家跟爸爸妈妈一起玩呢。

友谊法则第三条：相互尊重

本周我们继续上周未完成的朋友主题。老师先讲了一个绘本故事《两个好朋友》。这两个好朋友有很多很多不一样的地方，在两个好朋友出现喜好不同或者意见分歧时，他们还能做好朋友吗？怎么才能维持我们的友谊？这就是我们今天要讨论的议题，也是友谊法则的第三条。

想要揭开第三条法则，我们需要先完成好朋友仙子带来的几个挑战。

老师将孩子们平时相处中经常发生的问题表演出来，分三种情境。

第一种情境：喜好不同的方方和圆圆是一对好朋友，方方想玩积木，圆圆想玩乐高。可是圆圆就想让方方玩乐高，并且还将方方搭好的积木踢倒了，方方和圆圆都生气了。孩子们看着老师瞬间变成像他们一样的小孩子，都被逗乐了，同时，他们也自动转换为老师的角色，想出了很多解决问题的办法：

“可以商量一下今天一起玩积木，明天一起玩乐高啊。”

“可以找别的朋友玩啊。”

“可以一个用乐高搭飞机，一个用积木搭机场，然后放在一起组合啊。”

以上都是孩子们给出的解决方案，并且都指出了要用语言解决问题，而不是用肢体。

第二种情境：争抢玩具。依然是方方和圆圆一起玩，他们都想玩一个黄色乐高人（唯一的一个），方方先拿到了，圆圆也想玩，就一把抢了过来。多么熟悉的场景啊，孩子们几乎都有这样的经历。

他们给出的解决方案是：

“不能抢，要一起商量。”

“轮流玩，一人玩 10 分钟。”

“可以石头剪刀布，谁赢了谁先玩。”

第三种情境：说话不考虑对方感受。方方和圆圆一起画画，方方画了一只小狗，圆圆觉得这只小狗很奇怪，就对方方说“你画的啥小狗啊，尾巴像只松鼠”。设置这个情境的目的是，让孩子们在说话的时候有同理心，同样的话，我们可以换种方式来说。我们引入了热反馈和冷反馈，但因为孩子们都纷纷表示很喜欢方方画的狗，我们就只练习了热反馈，冷反馈在老师势单力薄的带领下没有特别深入。我们将在下周继续练习这个技能。

在三种情境演示完毕之后，孩子们完成了好朋友仙子的挑战，帮助这对大朋友渡过了友谊危机。我们也一起揭开了友谊法则第三条：相互尊重。

是的，人与人之间都需要相互尊重，好朋友也不例外，任何关系都是建立在尊重的基础之上。通过情境再现和冲突解决，孩子们对尊重的理解更直观更具体也更深刻了。

友谊法则第四条：修复和好

周一我们做了石头汤，这是一个体验关系中的正能量的厨房实验。接着，好朋友仙子告诉大家，每个人心里都有一个能量罐，当能量罐装满能量宝石，我们心里会充满快乐的力量。怎样才能让能量罐充满宝石呢？我们让孩子们来分享让自己开心的事情：跟爸爸妈妈一起去外面玩、跟好朋友玩游戏、吃到好吃的食物……

好朋友仙子又揭开了一个关于能量罐的奥秘：能量罐会跟

我们身边的人连接起来，一旦连接起来，我们的能量宝石会同步增减。就比如两个好朋友，一起玩得开心的时候，两个人的能量宝石都会增加，但是如果发生了不愉快的事情，都会同时减少。

第一步，我们先让孩子们画出自己心中的能量罐（各式各样，每个人的内心都是不一样的），然后想想能增加能量宝石的事情，同时为自己的能量罐添加宝石。孩子们一边画，一边告诉同伴或者老师：

“我喜欢蜗牛，看见蜗牛我的能量宝石就会变多。”

“我滑滑梯的时候能量宝石会变多。”

这是让孩子们认识自己的方式，把自己的心情状态可视化，看到我们的能量是流动的、受多种因素影响的，当然也是可以改变的。

第二步，好朋友仙子发出了最后一个也是最难的挑战——修复和好。当好朋友之间发生不愉快时，两个人的能量宝石都会减少，怎么办？

老师抛出一个引子：“当你心爱的玩具坏掉的时候，你的感受是怎样的？”

“难过！”“生气！”“不高兴！”

……

当孩子们表达着自己的感受时，唐唐小朋友提出：“为什么不想办法修好呢？”Bingo！我们现在要讨论的就是，像修好我们的玩具一样，两个好朋友发生不愉快的事情，怎么想办法修好我们的友情呢？

大多数孩子都说“要说对不起”“要说没关系”。顺着孩子们的思路，老师和唐唐一起表演了一个场景，我不小心把唐唐的水杯碰在了地上，我却只是敷衍地说了一句“对不起”，眼睛还在看着别的地方，也没等唐唐回复，我就跑开了。可爱的唐唐还非常友善地回答了“没关系”。但是下面的小观众看不下去了，一个个正义之士“谴责”起老师来：

“老师你都没有等唐唐说话，你就走开了。”

“并且你都没有把水杯捡起来。”

“你说对不起的语气很没礼貌。”

“你道歉的时候都不看着唐唐。”

……

老师心中窃喜，挖坑成功！

请一个孩子来帮助老师，演示一下应该如何道歉。

曦曦走上前来，捡起水杯，递给唐唐，看着对方温柔地说“对不起”，唐唐同学微笑而羞涩地回答“没关系”。

“如果给道歉打分，满分是10分，请你们为老师和曦曦的道歉打分。”

孩子们非常公正地给了老师0分，曦曦小朋友满分10分。

让我们来总结一下满分的道歉需要怎么做，老师画出了爱心、眼睛、嘴巴、手，孩子们都一一猜出了含义：真诚的态度、眼睛看对方、温柔的语气、用行动弥补。

有了这四件道歉法宝，我们就能更好地修复与好朋友的关系，将我们的能量罐重新装满能量宝石。从知道到做到还有一些距离，我们要有意识地引导，帮助孩子们练习这些技能。

孩子，也许我可以抱抱你

高静

孩子们总是需要不断地询问，去确认自己在对方心里的位置，对父母是这样，对老师也是这样。我们的心要足够大，能包容每一个不一样的孩子，对每个孩子的爱都是一样的。

上周四，孩子们很兴奋，很躁！上完课的彩铅、胶棒、铅笔、橡皮，都不收，说了好几次（那天至少两次是这样），就像没听见一样。有的孩子还在玩实物投影仪，把一些材料都堆在实物投影仪下，还有的在黑板上画画……

在这之前我已经和孩子们讨论过：

1. 关于投影仪，我很理解孩子们很好奇，我和他们一起商量，约定了投影仪的使用时间和规则：每天的探索时光，我都可以打开投影仪的白板功能，孩子们都可以在上面画画，但是一次只能一个人，不能用力地敲击。（孩子们就是好奇，禁止他们玩不如放开给他们用，只要遵守使用规则就行。）

2. 关于收拾上课用具，每一桌都有一个小盒子，用完后，约定所有材料都放在盒子里收拾后给老师。

但你知道，孩子的规则或习惯的形成，并不是一天两天、一次两次就能做到的。比如周四那天，英语课上完需要收拾材料，Mr. Dan 要给大家读故事，孩子们都很躁动，就没收拾。

于是，我让所有孩子坐下来，安静地坐到位置上。

首先，我带他们看看实物投影仪下的这些东西（铅笔、杯子、彩铅、遥控器、橡皮、转笔刀），讨论这些东西是给谁用的，怎么用更合理？如果你们不会使用这些东西，那我们继续学习怎么使用，怎么归位，如果还不会，那我们可能暂时不能用它们了。（相信我，孩子们必然知道怎么做。）

我："我现在特别特别伤心！（两只手臂张开，比了一个伤心的程度。）你们能想一想怎么让我开心起来吗？"

孩子们："我们应该把东西收好！"（于是有好几个孩子就主动去收拾投影仪下的各种物品，桌子上的也都收拾好归位了。）

我："谢谢你们，我的伤心少了一些。（两手距离减少。）但是我还是很伤心，怎么办？"

孩子们："我们下次再也不这样了，我们会好好收拾。"

我："嗯嗯，我的伤心又少了一些。（两手距离继续减少。）但是我还是很伤心。"

孩子们："你可以到外面自己哭一会儿。"

我："好的。"（转头假装哭了一下，但心里已经被他们的语言惊讶到了，看来平时学习的情绪管理法运用到位。）

我："我哭完了，伤心少了一些。（两手距离继续减少。）但是我还是有点儿伤心，伤心还有这么多。"

孩子们："你可以到外面平静一下，深呼吸。"

我（继续惊讶，但内心觉得我的孩子们真是太可爱啦！继续镇定）："我现在没有生气，所以不需要平静。我的伤心都是来自你们的行为。"

孩子们："我们可以坐好。"（调整目前歪歪扭扭的坐姿。）

我（欣喜，继续淡定）："谢谢你们，我的伤心只剩一点点了。能不能把我的伤心全部消灭掉呢？"

孩子们："也许我们可以抱抱你！"

我（感动 + 惊讶 + 欣喜）："如果能这样做，那就太好了。"

于是，全班孩子都扑上来，抱了抱我，抱了抱 Mr. Dan。

我："现在，我的伤心彻底没有了，我非常开心！谢谢你们，希望我们每个人都做一些让别人开心的事情。"

整个过程，我没有很生气地责骂孩子，也没有让他们失去使用的机会或者失去等会儿的户外时间，而是温和地表达我的感受，并通过他们的建议不断去提醒他们自己的行为。孩子们的回答真的让我好感动好惊喜呀！

突然想起当天中午，高年级的陈同学（我 4 年前从一年级带的学生，现在五年级了，我们俩关系很好）来找我，我给了她一个东西，恰巧被我们班的孩子看到了，她们就跑过来问："高静，你为什么要给她东西呀？"我说："因为我爱她呀。"孩子们问："那你不爱我们吗？"我说："当然也爱呀。"她们又问："那你到底爱她多，还是爱我们多？"我说："一样多，你们和她，我都很爱！"

然后我抱了抱来问我的几个小女孩。

孩子们总是需要不断地询问，去确认自己在对方心里的位置，对父母是这样，对老师也是这样。我们的心是否足够大，能包容每一个不一样的孩子，对每个孩子的爱都是一样的，调皮淘气的我们也爱，内向沉默的我们也爱，需要帮助的我们也爱。

中午吃饭的时候，一个老师进来，看到我和秀秀都坐在孩子们的桌子边一起吃饭，说："感觉特别像妈妈在陪孩子吃饭。"很温馨，我想，这就是我和秀秀想要达到的境界吧！

孩子们每天吃饭，计算着我们俩坐每个桌子边的轮流顺序，然后早早地为我们俩准备好小凳子，发好汤碗。

孩子们每天叫上我们一起踢球、玩滑梯、跳皮筋、踢毽子、玩怪物游戏，孩子们特别自然地叫我“高静”，叫 Sunny“秀秀”，就像朋友一样。孩子们每天早晨，无论在哪里看到我们，都会远远地热情地打招呼。

还有很多温暖的瞬间铭记于心，在每一天的生活中，构建着彼此的关系。最美好的记忆，莫过于良好的师生关系吧。孩子们因为喜欢你，愿意跟你一起玩；因为喜欢你，愿意去学习你教的东西；因为喜欢你，所以完全信任你；因为喜欢你，孩子们喜欢这所学校。这就是我们想要并且努力追求的！

当孩子说“我想跟你结婚”

祝玉娟

老师看到孩子们写的日记，除了喝彩之外，最多的还是欣慰和感动。欣慰于孩子们的内驱力被完好保护，欣慰于孩子们那颗勇敢的心还在，感动于孩子们鲜活的生命状态。

亲爱的大土豆：

这周发生了好多事情呢，待我慢慢道来。

周一分享日记的日子总是有诸多欢乐、诸多期待。孩子们眼巴巴地，希望下一个抽到的是自己的，真正抽到自己时又不好意思地边笑边捂住眼睛……

良好的关系是教育的开始。孩子们学习写作也是这样。过早教授写作技巧，或者在写作技巧方面要求过高，会一下子桎梏住孩子的思维，还有可能打击孩子的写作热情。因此，我们一开始对于日记的切入就是“在一个属于我自己的本子上写我想说

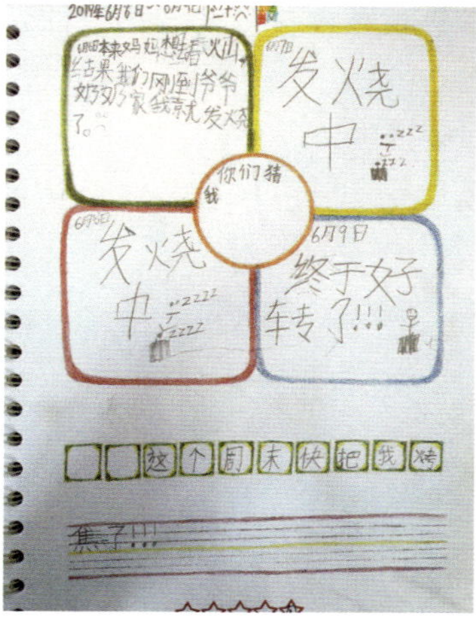

的话”。除去最基本的日期、天气、开篇空两格之外，没有其他明确要求。分享时以找亮点、找有趣的点为主。发现有潜力可以写得更好的地方，也是以“如果……就更好了”的方式给予鼓励。

孩子们一开始写就鲜有畏难情绪，这一学期中更是精彩不断。（见图。图片中只是老师随手拍的几张已经批改过的日记，没拍到的不代表不精彩哈！）

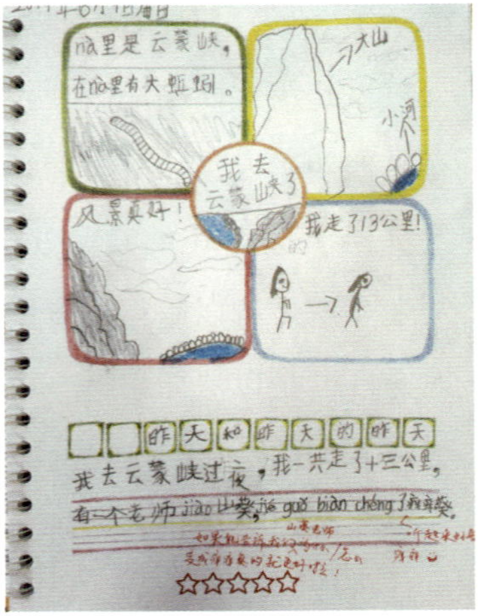

老师看到孩子们写的日记，除了喝彩之外，更多的还是欣慰和感动。欣慰于孩子们的内驱力被完好保护，欣慰于孩子们那颗勇敢的心还在，感动于孩子们鲜活的生命状态。

周二有孩子跟老师反映说，在气膜馆玩儿的时候，想让旁边一个同学让一让，以免一会儿碰到她。那个同学的反应是“你眼睛瞎呀”。嗯，问题就是最好的时机。上课前老师模拟表演了这个场景，一表演完孩子们就知道哪里说得不合适。老师又请孩子们想一想当自己忘记交作业、一道题错好几遍时，老师有没有说过“你没脑子啊”，孩子们都笑着说“没有”。

那怎么才是合适的表达呢？那个孩子主动举手，说可以说

“我先站到这儿的，你们可以去那边玩儿”，其他孩子补充，还可以说“你们一会儿小心点”，老师也补充，“没事，我们让一让、挪一挪也是没有问题的”。

话说开了，孩子们也都释然了。（老师全场都不会说是哪个孩子，更不会点名，请家长放心。）

第二天有接力比赛！孩子们特别兴奋。正好也借此机会跟孩子们一起预演了一下自己班同学赢了时，什么反应是合适的，怎么对待输了的班级；自己班同学没有赢得比赛时，什么反应是合适的，怎么对待比赛失利的同学。

孩子们说得好，第二天做得也特别好。男子组取得第三名时，孩子们没有抱怨；女子组取得第一名时，全班孩子都沸腾了；男女混合比赛，孩子们自主安排队员，全力合作。第一次比赛就在小小的孩子们身上看到大大的体育精神，怎一个感动了得。在这里再次感谢为班级荣誉奋力奔跑的孩子们，和虽然没有上场，但代表着我们的精神力量的啦啦队的孩子们！有了你们，我们才叫“集体”。

周五老师看见几个孩子围着一个孩子说“×××，我想跟你结婚”，之前也有孩子在班里大叫“×××，我爱你”。机会又来啦！

下午的课上，老师先给孩子们讲了一个神话故事。讲完故事气氛暖暖的，好适合沟通啊。老师问孩子们：“故事里公主跟三王子结婚了。什么是结婚呢？”

孩子们这时候的表情很有意思（不用语言一一描述了，实在微妙又可爱），说“遇到一个人，两个人一块做事情”“一个男的遇到一个女的”。

老师总结，“总之是遇到爱的那个人。遇到自己喜欢的人是特别美好的一件事，那么可以向对方表达多么喜欢她/他吗？”大部分孩子说“可以”，个别孩子说“太早了，不应该想这样的事情”。

老师跟孩子们分享说喜欢一个人是一件美好的事情，想要表达也是没有问题的，但确实有几种表达方式是不合适的。

孩子们这时自己就说“不应该大喊大叫”。哈哈，是啊！

又有孩子说“要看那个人是不是喜欢”。说得太好了！

老师最后总结，喜欢一个人是美好的，轻轻地、柔和地表达是没有问题的。但一来要注意大喊大叫不合适，二来要注意观察对方的感受，如果发现对方不喜欢这样说，那就需要停止。话说开了，“爱”“结婚”这样的字眼，孩子们也释然多了。

那节课结束的时候，孩子们脸上都挂着甜甜的笑。

成人应该更严厉一些，才是坚持原则吗？

祝玉娟

温和不代表没有底线。严肃、严厉也是儿童教育中需要使用的教育手段，但是什么情况下严厉，对谁可以严厉，对谁不能太严厉，需要细心观察，辩证使用。

亲爱的大土豆：

这周班级里两个孩子在美术课上发生矛盾，我们深深理解并能体谅双方父母的心情和纠结。老师们也无比心疼受伤的孩子，对这件事感到非常抱歉。我希望通过这一案例的分享，理解孩子教养过程中需要我们成年人一起和善而坚定地帮助孩子们成长的正面管教的方法，以及此类事件的沟通流程。

重新写下这次事件的过程，对我也像是再次揭开伤疤，心里非常难受。两个孩子都有错，但又都是受害者。作为他们的老师，我心里也百般不是滋味。但问题已经发生，我们能做的就是：

1. 帮助孩子意识到自己哪里做错了；

2. 帮助孩子练习、学习正确的处理问题的方式；

3. 联系家长，家校配合帮助孩子强化练习。保护自己，尊重他人。

面对“是不是因为老师们太温和了”“如果再严厉些孩子们就不敢这样”的质疑，我希望通过这一案例和大家交流几点：

1. 首先，温和不代表没有底线。孩子们在社交冲突中的错误需要温和处理，但整个过程中要让孩子明白，要对自己行为造成的后果负责任。

2. 严肃、严厉也是儿童教育中需要使用的教育手段，但是什么情况下严厉，对谁可以严厉，对谁不能太严厉，需要细心观察，辩证使用。

比如说，对于清楚规则、明知故犯、故意挑战底线的孩子，就需要干脆利落、严肃严厉地跟孩子说明做出这一选择的严重后果，第一时间制止挑战行为的再发生；但是对于由于安全感、存在感缺失而引起行为异常的孩子，就需要下很深的功夫，通过多种渠道对孩子进行帮助和干预，单纯依靠“严厉”给孩子施压，最后的结果是更严重的爆发。

3. 作为成年人，我们可以换位思考一下，这个问题可能更容易理解一些。一年级的孩子能自己独立用语言解决问题的不多，很多孩子都会多多少少地在初期使用肢体语言。试想，如果您的孩子在某次相处中没有处理好力度，对别人造成了伤害，您是不是也希望自己的孩子依然可以被“温柔以待”呢？

一年级的孩子越来越有力量感。这种由内向外的力量感在逐渐增强，同时孩子们又还没有完全掌握处理矛盾的理智的做法，所以发生矛盾在所难免。零星出现或在某一时期集中出现一阵也是正常的事。还请各位家长不要焦虑，不要轻易下结论，欢迎跟老师及时沟通。

没有人生活在绝对安全的真空环境中。问题出现之时也是我们成年人跟孩子一起反思、成长的时候。让我们一起互相鼓励、互相帮助，跟孩子们一起全力以赴，做最好的自己。

再次对这次事件中的两个家庭表示问候和深深的歉意，同时也特别感谢其他家庭对这次事件的包容和理解、耐心与支持。

孩子们的成长有的时候是慢慢的，有的时候是一瞬间的，希望我们一起用和善而坚定的态度陪伴他们慢慢长大。请相信慢的力量，也许能最有效地帮助我们达成心中的目标——让孩子们成为可以对自己和他人负责的自律的人。

这件看起来最容易的事，90% 的家长都没做好

郭小月

在越来越大的学习压力面前，为什么还鼓励孩子们玩？玩有什么好处？玩和学的关系是什么？在孩子玩的时候，家长要做些什么？

亲爱的大土豆们：

假期快要结束了，你的孩子玩爽了没有？

也许不少家长看到自己的孩子玩得不亦乐乎，乐不思蜀，开始有些担心了，担心他们会玩过了头，开学的时候，没法收回心思学习，或者觉得孩子怎么一个假期什么都没有干，什么都没有学。

就着假期的大好时间，我想和大家分享对玩的理解：

· 在越来越大的学习压力面前，为什么还鼓励孩子们玩？

- 玩有什么好处？
- 玩和学的关系是什么？
- 在孩子玩的时候，家长要做些什么？

为什么要玩？有句话说："生活即教育，教育即生活"。玩即教育，教育即玩。孩子的主要工作就是"玩"，他们会从玩中学习。

玩耍有助于孩子探索新事物

玩是孩子犯错并学会从容应对失败的第一次机会。错误和失败让孩子们学会相互扶持，再来一次，解决问题。反复试错对于发展适应性来说至关重要，它是获得成功的关键因素。

玩耍帮助孩子提高创新力和创造力

孩子在玩耍中需要观察、提问、实验、社交和交际，这些都是培养全商的关键活动。

玩耍帮助孩子应对新的挑战

玩耍时孩子需要想象、沟通、解题、实验、合作、试错、创造和解放思想，帮助孩子发展在 21 世纪生存和发展所需要具备的能力。

玩耍锻炼孩子的社交能力

“自由玩耍”对于培养孩子的社交能力、应对压力的能力以及解决问题的认知技能都至关重要。很多研究都发现：无论是人类还是动物，如果幼年时“没有玩够”，社交、情感和认知能力的发展都会受到影响。

孩子们在玩中会碰到很多冲突，他们不得不退让，不得不坚持，想尽办法，彼此帮助，解决矛盾。比如团队里有孩子没有遵守规则，其他孩子就不愿意和他玩了。家长会抱怨：为什么孤立我的孩子。其实，孩子们会自己一起讨论不遵守规则的后果，老师不去干涉，而那个孩子也会认识到自己的问题。

正是这种磨合试错，让孩子们开始了解要遵守规则。这种体验更真实，更有切肤之感。

痛快地玩，才能痛快地学

孩子玩够了，就愿意安静读书了。有研究表明，5 岁以下的孩子，每天应该有 3 小时的运动量，5 岁以上的孩子每天至少保证一个小时的运动量。

很多家长碰到一个问题，说孩子上学后注意力不集中，希望老师给补课。但在老师看来，倒是应该带他多玩，通过玩找到问题的本质。注意力不集中，不是他们不愿意集中，而是孩子还没有这种能力。通过玩，专注地玩，深入地玩，才能逐渐将这种能力迁移到学习中去，在玩中将这种专注度升华到学习中去。玩其实是很主动的过程，孩子好奇心很强，在玩的过程中不断试错，孩子才能找到规律，而这也有助于对学习的不断探索。

玩要让孩子感受自然，感受美

诗人席慕蓉说：“如果一个孩子在他的生活里没接触过大自然，譬如没摸过树皮，没踩过干而脆的落叶，就没办法教他美术，因为，他没第一手接触过美。”

这几年日本出了很多艺术家、获得诺贝尔奖的科学家，这和他们从小热爱大自然，对未知世界进行探知有很大关系。

大自然是孩子最好的老师，美学、生命艺术都在里面。当孩子以自然为师的时候，家长就是陪伴者、聆听者、观察者。

那么在陪玩的过程中，家长的角色是什么呢？

1. 陪伴者和记录者

家长应抛掉成人的期待，顺着孩子们的心意去玩，在旁边陪伴着，守候着，有问题的时候，及时引导，提升他们。除了自己记录，还应该鼓励孩子们用各种方式（绘画、写字，甚至造字）记录，不要批评孩子看似无厘头的语言，而要鼓励他们把这个过程再现。回忆的过程，本身就是孩子对自己的觉察。

2. 提问者

通过一些提问，让孩子们在讨论的过程中不断深入地思考，这样孩子会有成就感，变得更加自信，也更能培养他们解决问题的能力。

3. 观察者

在观察孩子玩的过程中去发现他的长板。

美国的进化生物学家马克·贝科夫认为，“玩耍就像个万花筒”，具有无限的随机性和创造性。也有人说，玩耍是人生的彩排期，没有经过彩排期的童年，成年也不会精彩。

带孩子尽情玩吧，足够的体验，主动的思考，足够的关注度，足够的兴趣，满满的驱动力，一切学习要求的能力，在玩中都得到了。孩子玩痛快了，激素、多巴胺释放了，自然心就收回来了，这样他们才会为学习准备好能量。

除了上课、写作业，孩子们在学校里还干些什么呢？

冯春

这是两周以来孩子们的学习生活记录，学校里无非就是那几件事，但是学校是比家大一点的地方，几件小事情也可以认认真真、开开心心地做。

亲爱的大土豆：

这两周孩子们在学校里都干了些什么？会有爸爸妈妈好奇吗？

习惯了孩子慢慢长大，渐行渐远，“就像我们上班一样吧，上课、写作业、运动、玩……不就固定那么几件事？”

嗯，差不多，但好像又不太一样——“学校是比家大一点的地方”。对，孩子们在校园内、教室里、同伴间认认真真地生活，实实在在地过日子。

1. 端午节编绳结

端午节前我和孩子们一起编“五彩续命缕”绳结，几个男孩头凑在一起，仔细研究五彩丝线怎么搭配才能编出最漂亮的绳结，女孩子们嘴不闲着手也不停，炫耀着已经编好的那一截。“啊！我要崩溃了，又错了！”燕燕黑着脸丢下编了一半的绳结。“可是，你可以这样编啊！”一个声音轻轻地接了下去，燕燕又皱着眉头咬着牙继续。

2. 穿越唐朝

为了跟牛爸一起穿越唐朝，几个女孩精心装扮，披上了长长的丝巾，坐下的时候都要慢慢地，举手投足自然有了几分优雅。虫虫还特地穿了一套刚买的唐式裙子，她坚持用古人的方式说话：“此乃扇子！此乃披帛！”不过，课上了一半她就噘嘴了，“我知道很多唐朝的事儿，我也能上去演啊！”

3. 阅读故事书《玛蒂尔达》

《玛蒂尔达》是世界奇幻文学大师罗尔德·达尔的经典作品，一本孩子们不能不看的趣味童话故事书。它通过小神童女孩玛蒂尔达的故事，把孩子们带入一个个奇幻而又快乐的美妙世界。

孩子们一起读着达尔笔下那段活灵活现的描写，分析令人生畏的特朗奇布尔小姐：

> 她有一个固执的下巴、一张冷酷的嘴和一双傲慢的小眼睛，至于她的衣服——它们起码是极其古怪的。她一直穿着一件棕色的布罩衫，用一根宽皮带紧束着腰，皮带前面用一个大银扣扣住。从罩衫下露出来的粗大腿用与众不同的裤子裹住……总而言之，她看上去更像一个跟着猎狗捕鹿的嗜血怪人，而不像一所为孩子设立的美好小学的校长。

教室里的空气似乎都凝固了，孩子们紧张地呼吸着，既害怕又愤怒：

“她太可怕了，我不想读了，她怎么会是个校长？”

“她还说她从来没当过小孩子，这怎么可能？！”

“她都是厉声尖叫，从来不会好好说话！”

……

“幸亏我们有小月校长，小月校长多美啊！”

4. 加餐大讨论

“为什么加餐总是玉米、红薯、酸奶，来来回回那么几样？”

“咱们来个加餐大排名吧！”

“排在第一的是派！”

“我最喜欢牛角包了！”

“你还想吃什么水果？”

“杧果？”“桃子吧！”“西瓜！”

……

“对了，老师你别擦白板呀，你要跟食堂的老师转达，一定！”

临放学前，不知道是谁引发了加餐大讨论，每个人都积极加入了。现在加餐的种类增加了，孩子们都觉得是自己的意见起了作用哟！

5. 一次危机化解

下了体育课，大家都对“他”有一肚子的火，纷纷投诉：

“这么基本的规则还需要老师再说吗？”

“谁不知道自己踢出界的球要自己捡回来呀！”

“本来就出界了，他还又踢了一脚，更远了！”

火药味儿越来越浓，“他”的脸也越来越黑，有点儿挂不住。

这时，热爱表演的小夏上场了，“我看到小怡是这样的……”她模仿小怡噘着嘴去捡球的动作和沉重的步子，有点夸张，孩子们被逗得哈哈大笑，刚才就要爆炸的“紧张气球”一下子漏了气，“他”绷着的脸也放松下来了。

下次上课，“他”应该不会这样了吧？

6. 给爸爸的卡片

孩子们在埋头画送给爸爸的父亲节暖心卡，绞尽脑汁地思考爸爸身上那些有特点的元素：

“手机！”

“我爸爸整天捧着手机！”

“他有两个手机呢，所以我设计的就是手机 ×2！”

“这也是手机吗？”

被大家看来看去，小汪既得意又有点紧张，捂住不想让大家看了，“你们要是也画一样的就是山寨！”

安迪说：“模仿也不行？”

“复制就是山寨！”小汪回答得很肯定。

“可是，有的人就是一边学习一边创新啊，那就不是山寨！”美美不服气，过了一会儿，她也画完了，大家凑过去看，禁不住为她鼓掌，果然是在小汪基础上的创新，“这就是迭代！比山寨高级多啦！”

7. 密码传情

提到给爸爸的卡片，不得不提孩子们使用的一种特殊语言：密码。孩子们在数学课上学习了凯撒密码，并已现学现卖啦！

下面这张图里，一个孩子在用神奇的密码给爸爸传递消息呢！你知道是什么信息吗？猜猜看。

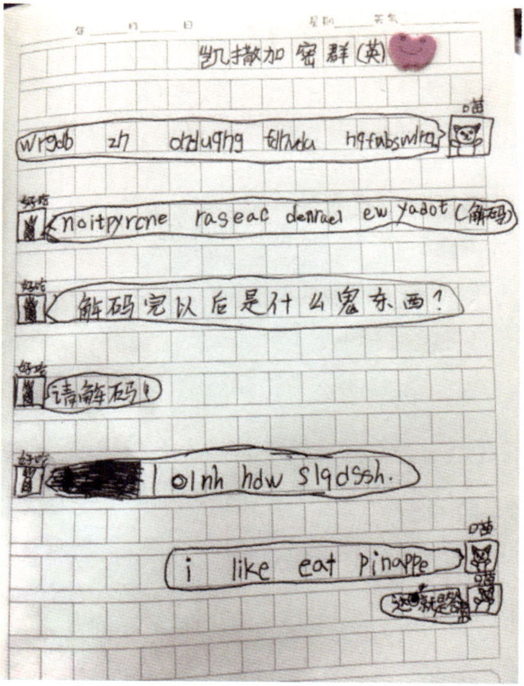

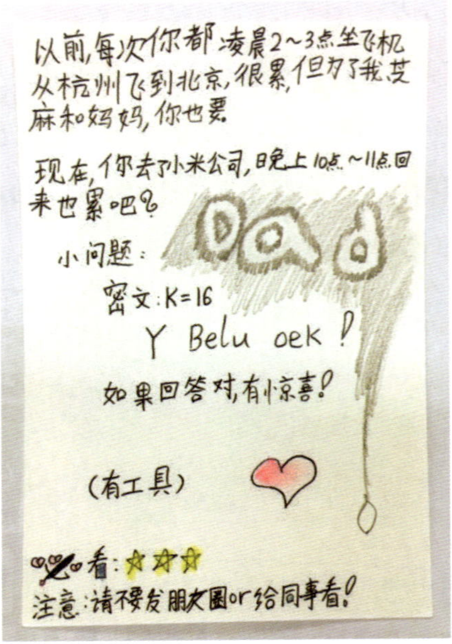

总结

这两周语文、数学的学习都在继续，是的，老样子，按常规，但并不是无聊地重复。只是，孩子们在按自己的节奏和计划学习，像海绵一样吸收着新知识、新内容，也在努力挑战着自己的毅力和耐力，并努力面对困难，跟爸爸妈妈们一样，孩子们也在认真地生活，过日子。

我原本想总结这几周的语文学习，可是……闭上眼睛，都是孩子们在校园中、教室里的那些点点滴滴，怕忘记，索性记下来，因为，时间走得太快啦！

独一无二的生日课

许玲玲

在班级里，一个孩子的生日是怎么过的？分享蛋糕？赠送礼物？做生日海报贺卡？唱生日歌和送祝福？在小柳班里，老师会为每一个过生日的孩子安排一堂独一无二的生日课。

从上周开始，同学们就知道今天的这节课是小雨的生日课，小雨自己从上周就开始期待，今天终于可以和大家如期见面了。

当《我和小鸟和铃铛》的歌声响起，教室里跟着唱歌的声音也渐渐多了起来。今天的生日故事是《小真的长头发》。

故事的开始，老师偷偷做了一个名字的替换，迎迎还是很快就识破了这个故事，按照规则，读过的人不能直接给出后面的情节。大家都跟着故事不断猜想，小雨和小真的长头发原来是这么神奇，孩子们的猜想也同样神奇，当自己的猜想和故事不谋而合，乐乐开心地笑了。当发现还有更美的猜想，思思、京京也自信地笑了。

故事很美好，故事里的女孩很美好，而今天得到这个故事的女孩也一样美好！当我们一起唱完生日歌，拍完大合照，再来说一说小雨的美好时，大家都有点迫不及待了。

“小雨热情，友善，聪明，学习好，而且很有担当，会维护班级的秩序。”

迎迎、宁宁、瑞瑞、玲玲都给了不同侧面的热反馈。

迎迎说，小雨给别人的热反馈很多，得到的热反馈也多，给别人冷反馈时，特别详细具体，能给人实际的帮助，所以听了也不觉得难过，小雨还特别容易和别人相处。

玲玲和瑞瑞分享了和小雨一起玩的趣事。

瑞瑞特别热情，说，小雨这么优秀，看她写期中测评卷那么认真地奋笔疾书的样子，就特别羡慕。

好真诚可爱的赞美，瑞瑞也是一样积极努力的孩子啊。看到别人的好，我们可以学习。相信瑞瑞选择的这个榜样会给她更多动力，因为瑞瑞说小雨是她的好朋友。

同学们的热反馈之后，老师也有热反馈：热爱学习，也特别会玩的小雨，爱写作并且诗歌和童话故事都写得特别棒的小雨，还有那一手清秀整齐的铅笔字，对数学的热爱，对英语的投入，小雨真的棒棒的！

而同时，许老师也要给小雨一句叮咛：

这个世界从来没有绝对完美，所以，感谢每一次的小失误，就像昨天期中小测中我们写错的字，它会提醒我们，下次不再犯类似的错误；就像故事中的小真，虽然没有长头发，但是她用那么美的幻想让所有人都对长头发充满了向往。月亮也有圆和缺，我们都有优势和不足，我们不一样，但是我们都很棒！

说到小雨会编故事这个细节，玲玲马上想到教室里的童话书有60多本，她在周二的阅读课上整理好了，她希望大家都能看完书及时归位，让大家阅读的时候方便查找。说到这些珍贵的书，它们给我们的童话故事创编带来了很多的灵感，而这些书都是宁宁默默捐赠给班级的。从开学初到现在，宁宁从不提起，宁宁爱阅读，也大方分享，这些书其实也代表了宁宁对大家的关爱。当她需要大家帮助的时候，大家也给予了她很多支持和包容。

现在看每个孩子，他们都会自觉地看向长远，看到改变和未来的可能性。玲玲分享之后，宁宁迅速去教室后边整理平板电脑箱子。思思小组今天值日，于是思思积极去洗酸奶盒，大家也都低头静静整理起自己的桌面。

我们的生日课就这样安静而又温暖地结束啦！

停下来，关注美好的瞬间

郭小月

当你学会关注生命最美好的瞬间的时候，当你可以和你自己相处，去找到你自己生命中美好状态的时候，你就有了转化的能量。当你可以快乐地投身于学习或者工作时，原来那些不得不的状态，也变成了享受生命的时光。

亲爱的大土豆：

身为父母的你，是不是有过同样的烦恼？和孩子一起做的计划表总是完不成，或者计划表在墙上挂了两天就形同虚设；在家办公 + 做饭家务 + 陪孩子，忙得晕头转向，“阵亡”在各条战线上；总担心孩子无所事事，虚度光阴，一看见孩子放松就焦虑紧张；一到孩子自主安排学习时间的时候，自己就方寸大乱，百爪挠心……

说到时间规划或管理，相信大家一定给自己和孩子做过计划表，做计划表之前你可能是意气风发，斗志昂扬，可是实行没几天，估计大部分人就都泄气了。为什么那么多用来进行时间管理的工具，到我们这里就不管用了呢？因为我们在制订计划的时候很容易陷入两个误区。

第一个误区，是对自己、对孩子要求得太狠，期望太高，把时间安排得严丝合缝。其中一项做不到，就很容易影响其他计划安排，做不到和受影响的次数多了，就很容易对自己失去信心而放弃了。

另一方面，时间安排过满，即便孩子还很愿意配合，也不是太好的事，因为过早地严格要求，让孩子没有放松的机会，有时候，孩子会有莫名的坏脾气或者怎么都改不了的坏习惯，因为人的自控力是需要有张有弛的。

第二个误区则是走向了另一个极端——松散。紧张的时候安排得很满，全是赶时间，一旦放松下来就可能完全打乱之前的状态。事情的安排如果总处于一个临时状态，没有恒定的要求，那就不能形成自己的节奏和规律。

那到底我们该怎么做呢？

我们可以分三步走：看清全局、找一个突破点（目标）、用一个套路来解决（刻意练习），不管解决什么样的问题，其实都是这三步。

第一步：看清全局

爸爸妈妈和孩子们都爬过山，看全局，就是说遇到问题，先别急忙扑上去，而是站在高处看一下，这样能使分析问题更准确，解决问题更高效。

在时间管理方面，我们先站在高处看看我们的生活有哪些事情需要花时间。

其实我们生活中的事情大致可以分三类，分别是投资、消费和享受（浪费）的时间。这三类时间对应的三个关键词是生存、生活和生命。

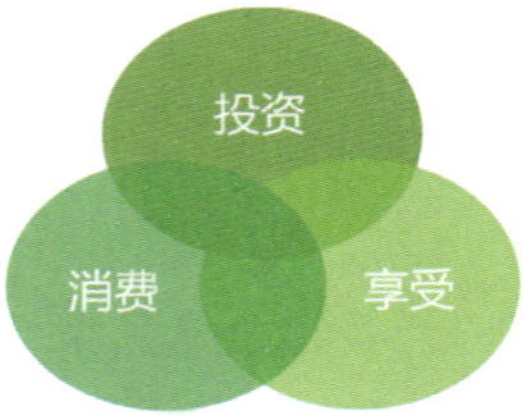

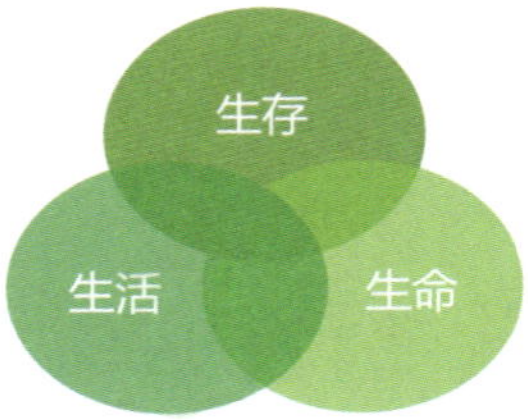

第一类是你不得不做的事情，是关于生存类的事情。

比如家长们要去工作，孩子们要去学习。这部分时间可以看成是投资。

第二类是你必须做的事情，是关于生活的。

每一个人都需要花掉这些时间。如吃饭、睡觉、陪伴家人等，这部分时间叫消费类时间。大家最近尤其觉得这部分时间紧张。

第三类是我们享受生命当下美好的时间。

比如玩的时间，去大自然里玩耍或放空的时间，做你最喜欢做的事情的时间，留给自己的时间。当你做这些事情的时候，常常会忘记时间。这部分时间如果管理不好，就容易被看成在浪费时间，但生活中如果没有给自己留白，也容易出现脾气变坏的现象。

全家的计划表

成员	6:30-8:00	8:00-9:00	9:00-10:00	10:00-10:20	11:30-13:30	13:30-14:00	14:00-15:00	15:00-16:00	16:00-17:00	17:00-19:00	19:00-20:00	20:00-21:00
爸爸		工作	工作		工作 **吃饭**	自由时光	工作	和爸爸一起阅读	工作			
孩子	起床 洗漱 早饭	运动 课前准备	学习	休息 阅读	和妈妈一起做饭	自由时光	学习 阅读		课外任务	全家一起做饭 吃饭	音乐 整理 阅读	洗漱总结一天的安排
妈妈		工作	工作		**吃饭**	自由时光	工作	休息	工作			

分析了我们的时间都花在哪儿了，我们才可以做时间管理。大人们经常把生存类和消费类时间占得满满的，留给自己的部分，越来越少。这时候，当你看到孩子们用大把大把的时间，只关心眼前的美好事物，对于不得不做的事情却总是不情愿、不自觉的时候，你对自己的懊恼会转化到对孩子的愤怒上，最终转化为亲子矛盾。

安排好时间，就是做好生存、生活和生命三部分时间的平衡。每一个家长都希望孩子成为一名自主的时间管理达人，那么首先需要我们以身作则。先改变自己，再影响他人。

第二步：找一个突破点，定一个目标

既然不是你对我错，是大家都要成长，我建议爸爸妈妈和孩子一起，分析时间都花在哪儿了。看了全局以后，再给自己找一个成长的突破口：找到给自己定的目标。注意，不是给孩子定目标，是给自己定目标哦。

这个目标最好也是对方希望你改变的行为，这样容易形成彼此的督促；目标要具体，一听就懂，可以操作。比如，爸爸的目标是，放下手机，专心陪孩子玩；或者是爸爸妈妈给自己一点独处的时间。

第三步：用一个套路来解决

分析了时间管理中的误区、分类和突破口寻找，就可以用套路来解决问题了，这个套路，有三个法宝：

第一个法宝是固定。

时间管理的目的是要养成良好的生活习惯，以便我们能更加高效地利用时间。想要形成规律，生活中就应有一些事情是相对固定下来的。

比如对于孩子而言，需要固定的事情有很多，建议你先从他每天生活必需的事情开始。如每天起床、运动、学习、吃饭和睡觉的时间都可以相对固定。当孩子能够相对固定地去完成这些事情的时候，恭喜你，你的孩子已经完成时间管理中非常重要的一步了。

第二个法宝，叫记录。

你可以找到一张行事历或者在一张白纸上画格子，请记录你在什么时间，要做什么事情。因为人是常常容易遗忘的动物，把时间表贴在墙上，让我们的目标变得可视化。

这张时间表最好是以月为单位的，这样你能看到你的成长。一两天忘记记录了，没有关系，把整个时间表完成之后，你会发现你的进步。

第三个法宝，就是及时的激励体系。

想想我们那些宏伟的目标，比如练出 6 块腹肌，比如一定要早起，比如明天开始再也不吃甜点，常常是三天打鱼两天晒网，坚持不下来。

这是为什么呢？因为目标是需要时间实现的，而我们的大脑，总是希望我们可以得到即时的满足。所以，及时的激励非常重要，在时间管理这件事上，如果你及时给你的孩子热反馈，这就是孩子改变的加速器。

许多朋友都觉得时间是有限的，可以利用的时间很少，但其实在我眼里，时间是一个变量。

回到我们说的三类时间，投资、消费和享受，也就是生存、生活和生命。

当你学会关注生命最美好的瞬间的时候，当你可以和你自己相处，去找到你自己生命中美好状态的时候，你就有了转化的能量。你会把原来用于消费或者投资的时间，也就是消耗的时间，都变成充电的时间。当你可以快乐地投身于学习或者工作时，原来那些不得不的状态，也变成了享受生命的时光。

大道至简，但想要回归初心并不容易，如果，你想在纷繁世界中找到属于自己的简单频率，就不要只是在山下努力踮起脚尖，也不要一个人闷着头困苦前行，和我们一起去面对，去找到并欣赏属于自己的那片美好！

1. 看看您正面临的问题，具体描述场景。

2. 了解孩子的特质和状态，写下“特质关键词”“我觉得存在的问题”“别人眼中的您的孩子”“我的转化”。

3. 写下我们的目标与行动，包括自己的期待和目标，以及孩子曾经成功完成的事情。

4. 问问自己，当孩子再次面临问题时，应该怎么做？反思自己现在经常说的话、坚决不能说的话和可以说的话。

5. 最后，给自己一段爱的赞美吧！

“老师，我不喜欢观鸟了！”

冯春

如果我们鼓励孩子表达真实的自己，那就要接受他们表达出来的真实，哪怕这真实不好不美。这些真实的表达，也是培养孩子成长型思维的契机。

亲爱的大土豆：

今天是孩子们在厦门游学行程的第四天，兴奋劲儿逐渐在消退，天气的闷热更消耗了他们的精力和体力。

在张埭桥水库，没有任何的遮挡，大太阳下我们站了一个多小时观鸟，也等着看这里最有名的紫水鸡。可惜，紫水鸡迟迟没有出现，或许就是在我们看到的瞬间躲进了芦苇丛中，孩子们只好拿着望远镜，看看远处的黑水鸡或者小 PT 鸟（名字太复杂只能用代号）。

30 分钟后孩子们开始抱怨起来：

“天太热了，我都要热死了！”

“还得挂着那么沉的望远镜，你替我拿吧！”

“老师，我要吃冰激凌！”

“我们为什么不回遇书房住？”

“太热了！”

终于有一个声音冒了出来：

“我根本就不喜欢观鸟！”

听了这话，不知道一旁的风野老师会有怎样的感受？不过，他很平静，也许爱鸟的他已经听过太多这样的声音，他能接受更多的人不会像他那样喜欢鸟。

确实，在书里“观鸟”，在舒适的教室里看鸟儿的视频，会让孩子们对“观鸟”产生很好玩很轻松的错觉。

来之前，我们听到最多的话就是：

“哇！鸟儿多漂亮啊！”

“好可爱的小鸟！”

可是现在……从孩子们垂头丧气的表情中可以感觉得到，最初的兴趣很难持续下去了。

昨天在总结的时候，也有孩子说受不了红树林，太臭了，像个垃圾场！

是批评孩子们，说他们吃不得苦，欠缺磨炼，身在福中不

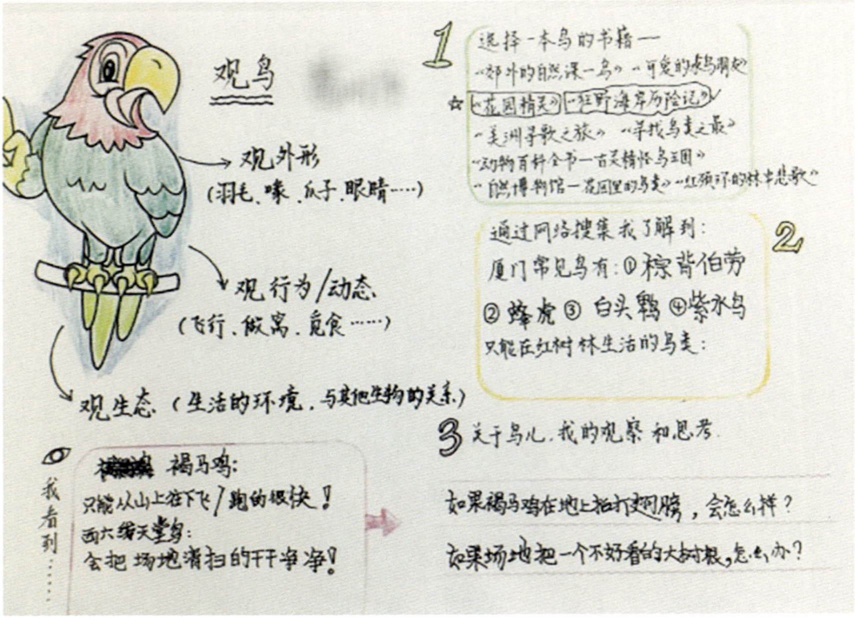

▲观鸟指导

知福？还是硬要他们掩饰自己，说很喜欢红树林，红树林一点也不臭？

昨天一直在为红树林的保护付出努力的黑米老师同样很平静，她说：“孩子们，你们中肯的评价我接收到了，但这里变成一个垃圾场，跟我们每一个人都有关系……”

如果我们鼓励孩子表达真实的自己，那就要接受他们表达出来的真实，哪怕这真实不好也不美。

只是，一个拥有成长型思维的人会怎么面对遇到的困难或者不如意呢？

我们一直希望孩子们拥有成长型思维，能够换个角度看问题，所以，面对这次孩子们的沮丧，我们也希望通过讨论、交流，让孩子们能在抱怨、表达之后勇敢地拥抱困难，能够好好思考一下：

为什么我之前对鸟儿有兴趣，而现在没有了？

如果我是因为遇到了一点困难，那我能不能想出克服困难的办法？

即使确定了自己就是对观鸟不感兴趣，那我还能发现什么乐趣，把后边几天坚持下去？

说实话，这也是我们每一个人的成长功课呀，一起加油吧！

体育课上的一次“荒岛营救”

赵明霞

体育能够强身健体、锻炼品格，你的体育课是怎么上的？枯燥的体能训练，还是老师扯着嗓子的鼓励？在这节体育课里，你将看到老师设计的一次有趣的营救活动，孩子们在完成任务的同时，锻炼了身体，培养了沟通协作的能力，并愉悦了身心。

“大家好！我是 S 营救队的张队长，刚刚从总部接到一个营救任务：我们需要迅速组建一支营救队，去往一个荒岛，营救一位被坏人抓走并丢在岛上的探险队员。”

莫慌，这可不是现实中的社会热点新闻！当然，也不是好莱坞大片中的场景，而是发生在一土 K 班（5~6 岁）体育课上的一幕。

孩子们表情专注，认真地听着张队长的指令，像在等待自己人生中的一件大事发生。

“不过加入我的营救队，可没那么简单，”张队长继续发话，“你们需要先通过我的选拔测试，要跑得足够快、爬得足够快、收集到的弹药足够多，还要跳得足够高和远。现在，有谁想要加入我的营救队？”

“我！”“我！”……一双双小手高举过头顶，每个孩子都跃跃欲试，而且信心十足。

毕竟张队长是“玩真的”！

为了加快营救速度，跑步测试即刻进行。

孩子们排成一队，一个接一个地开始环绕学校操场，完成跑步测试。大概是因为有营救任务等待完成，每一个孩子都竭尽全力。

“11.8 秒！”

“12.9 秒！”

……

张队长一一报出到达终点的孩子的成绩，“我觉得你们还差一点点达到我的要求。我们再来一次吧！”

队首的孩子在接到“开始”指令后，这次更像一阵风一样冲了出去，后面的孩子也一个接一个出发。在第一轮跑步测试中那些嘻嘻哈哈的、比较松懈的孩子这次都认真了起来，毕竟张队长是“玩真的”！

“10.9 秒！”

“12.1 秒！”

……

张队长宣布：“所有人都通过了跑步测试。”

孩子们明显兴奋起来，有的还不自觉地拥抱自己身边的人。

“跑步，首要的一个功能就是锻炼小孩子的心肺功能，其次是练习身体协调性。而且，跑步是所有运动项目的基础，比如未来要学习的足球、篮球技能等，都需要以跑步为基础。”一旁的体育课主课老师王琪老师，趁着孩子们围着助教张老师，也就是“张队长”欢呼雀跃的间隙，说起了跑步运动中包含的大道理。

一关刚过，一关又来。接下来，想要继续接受挑战的孩子，就要进入到爬行测试环节。“荒岛上石头遍地，还需要爬到高处去侦察坏人的情况，摸清被困探险队员的位置和周边环境。所以，我现在要测试你们的爬行水平。有人想放弃吗？”张队长大声确认。

“没有！”这声回应来得有点震耳欲聋。

没过多久，小操场外围全都是撅着屁股、四肢着地的“爬行动物”。

我本来被这欢乐的场景逗笑了，不过还没回过神儿，操场上就换了一幅场景，即四肢着地、面朝天的“倒着爬”方式。按照张队长的说法，这是“蜘蛛爬”，掌握这项技能的目的是为了收集弹药——蜘蛛的毒液，用来与坏人决斗。

“爬，可以锻炼小孩子的四肢力量、腰腹力量以及身体协调性。”王老师抽空站在我旁边，再次向我解释这些运动里的门道，“我们发现有些孩子上肢力量不足，但是我们不能等到他们需要投球的时候，再开始练，那样太被动。所以，我们根据五六岁儿童的身体和心理特点，提前通过这种上肢、下肢等全身性的练习，来整体提升他们的四肢力量。”

“黑寡妇蜘蛛，出发！”

“变形金刚蜘蛛，出发！”

“搞笑蜘蛛，出发！”

……

王琪老师认为，“我们经常强调个性化，强调自我意识，但是这不能停留在口头上：‘你应该有个性’‘你应该有自我’‘你应该有自己的选择和意见’，这是很空的！我们把它对接到游戏环节里：孩子们想着自己喜欢的偶像，把他想象成自己想要成为的样子，并在这段时间里享受自己设定的角色。其实，这也是一种自我意识的加强：‘我们都是蜘蛛，但是我们不一样’。”

转眼间，选拔测试进入到第四环节：跳高和跳远。

“荒岛上毒草丛生，还遍布小水塘，所以我们需要像兔子一样跳得高，而且跳得远。”张队长告诉孩子们需要“跳”这一技能的原因。

孩子们这次排成两列，每列的孩子一个接一个开始跳着走。虽然我已被这可爱的画面迷住，但是透过自己笑成缝缝儿的眼睛，我还是发现了他们跳得与普通的跳跃动作有点不太一样：踮着脚尖跳。

“这样跳，主要是为了发展脚踝和小腿的力量，也包括上肢的配合和协调性。有的孩子容易崴脚，其实就是踝关节力量不足。而且跳对于练习小孩的爆发力，也有很大好处，跳跃动作主要是增加下肢力量。”还没等我问，王老师就抽空主动和我聊起来，解答了我心中的疑惑，“小孩子的训练原则是全身性的训练，上肢、腰腹、腿部需要全面且均衡的练习。如果他们带着游戏的角色去做，是很容易做到的；但如果让他们单纯去练习，他们真的做不到。这也是让孩子借着玩游戏，无形中让自己变得更有力量。”王老师说出了游戏设置背后的小心机。

选拔测试结束，所有孩子雄赳赳气昂昂地组建起了营救队，并出发执行任务：跑过小路、爬过高山、越过毒草……为了避免坏人发现自己的踪迹，他们还不得不悄悄地钻过一个山洞。

孩子们弓起身子，一个紧挨着一个，搭起山洞的样子。某一边的最后一个孩子要爬着钻过山洞，并在另一边迅速弓起身子，像其他孩子一样变成“山洞”的一部分。

山洞在孩子们的接力中不断延伸，孩子们也一点点靠近被困的探险队员。

孩子们这样撑着的时候，肚子在使劲，所以还是锻炼腰腹力量。同时，这个环节也增强他们团结协作的观念：有的孩子撑着撑着就累了，会趴下，但是他不能光想着自己，因为趴下的话，钻山洞的队友就过不去了，这样整个前进速度就会受到阻碍。所以，孩子们再累也必须撑着。

“救命啊！救命啊！”这边，传来了被困者（许老师扮演）的呼救声。

“你们可别那么坚持努力，累了就趴下！”那边，传来了坏人（王老师扮演）的干扰声，阻碍队员们前进。

“加油啊，我们不能让坏人得逞，我们要加快速度，营救探险队员。”另一边，张队长揭穿坏人的阴谋，正在给队员们加油鼓劲儿。

对于设置“坏人进行干扰”这一环节的意义，王老师这样说：“我们想通过这个游戏，告诉孩子们坏人的心理是什么。在这里更高级的想法是，慢慢发展孩子们捕捉他人意图的技能，了解他人在这个行为背后的动机。因为在我的观察中，真正的社交断档，都是因为不知道别人想要干什么，只是自己一腔热血地做自己想做的事儿。所以，只有彼此知道对方的想法，然后互相商量，甚至在这个过程中发生吵架和磨合，最终慢慢达成一致，才能发生良好的社交。”

探险队员得救，和孩子们一一握手、拥抱，表达感谢。

“我觉得这也是一种奖励，是对他们品行的一种奖励：赞美他们做了很多事情。这对孩子们以后继续保持这样帮助别人的行为，是很好的引导和鼓励。而且孩子们从中可以获得一种成就感：我完成了任务，我可以做到。”王老师说。

整个过程没有任何强制，就是通过游戏环节的设置，自然地去引导孩子们。就像王老师在课后所说，“我不希望我的课堂是大家以往熟知的那种课堂，老师高高在上，告诉孩子们‘你们必须得练，必须得爬’，这是一种压力，但这种压力在我看来是一种负压力。因为这种压力强加在孩子们身上，他们会觉得这是老师让我做的事情，不是我自己要做的事情，长此以往，会磨灭他们的积极主动性。”

通过游戏的方式潜移默化地引导孩子进行身体基础能力练习，润物无声，育人无痕。

王老师在晨犀里的记录

自由地奔跑，愉快地游戏，认真努力地练习，是每一个孩子的天性，学会了什么是自然得到的结果，而在过程中激发出来的每个孩子最好的状态，才是我一直追逐的教学目标。

第3章

沟通协作

社会情感学习中最重要的部分，当属沟通协作的能力。但这个能力从来都不是可以“教”出来的，而是孩子们在尊重、包容、平等、友善和协作的环境中自然生长出来的，甚至是和老师一起，在真实的问题解决过程中碰撞和总结出来的。不妨试试一土版本的“如何说，别人才会听”，一起学习用智慧守护我们的孩子。

怎样让孩子在没有压力的状态下把饭吃完

祝玉娟

对于低幼年龄段的孩子来说，没有压力、愉悦、轻松地享受吃饭应该更重要。如果一上来就刻意采取某种形式，“要求”孩子必须不剩饭，孩子会对吃饭产生畏惧心理。

亲爱的大土豆们：

这学期开学时我跟孩子们简单讨论了为什么要尽量把饭吃完，但一直没有实行“光盘行动”。因为考虑到把饭吃完不浪费固然重要，但对于低幼年龄段的孩子来说，没有压力、愉悦、轻松地享受吃饭应该更重要。如果一上来就刻意采取某种形式“要求”孩子必须不剩饭，孩子会对吃饭产生畏惧心理。吃吧，实在吃得太饱 / 不爱吃 / 吃不下；不吃吧，担心诸多“后果”“标签”“说教”。所以我们希望在开学初期，在吃饭这件事上先让孩子有足够的安全感。

现在到了将近学期末，孩子们各种安全感和归属感建立得差不多了，正好借助课本中的《悯农》一诗，我们再次来讨论这个问题。

我先给孩子们介绍了诗的第一句“春种一粒粟”，孩子们学过形声字，从“粟”的字形中，有孩子猜出是跟粮食有关，随即又有孩子在此基础之上，根据前面的“种”，猜到这是粮食或者种子。

果然，第二句“秋收万颗子”，让孩子们即刻联系上一句，猜出这两句诗的意思。

第三句“四海无闲田”听起来也是一片丰收富饶的样子，孩子们表情甚是轻松。

第四句我卖了个关子，提醒孩子们下面的情况有重大转折。孩子们立刻紧张起来，有猜发洪水的，有猜绝收的……好奇极了。当第四句“农夫犹饿死”出现时，孩子们都不说话了，能看出来孩子们这时的惊讶已经大过好奇。

安静片刻，孩子们又叽叽喳喳互相议论，怎么在“种、收、无闲田”的情况下，农民还会饿死。“都给交上去了”“是给别人干活，自己没有吃的”“浪费粮食，农民没有吃的”，孩子们的想法都非常有道理。

第二首《锄禾》，孩子们都已经背得滚瓜烂熟，意思也早已不言自明，没等我引导，孩子们自己就说“我们以后不浪费粮食”“我们以后要把饭吃完”。虽然孩子们的表达都很“向上”，但我还是先进行了一下同理，坦诚地跟孩子们说，老师不想强迫大家必须一粒米都不剩，因为知道每个人每顿饭不太可能把握得那么精准。果然，我的话还没说完，就有孩子迫不及待地“吐槽”：“啊！我妈妈非让我把饭吃——完——”“老师你知道吗？我之前的幼儿园很不好，我不吃完饭老师不让我睡午觉，还不让我玩儿……”

我一一聆听，对此表示同情和理解。孩子们的情绪得到安放后，在我提出“我们有没有好办法可以全力以赴地吃饭，尽量避免浪费”的时候，孩子们都真诚地想办法。有的说“打饭时少打一点”，另一个马上补充说“不够可以再去打”，还有孩子补充说“吃饱之后再吃三口”……这个问题就这样被孩子们自己发现、自己解决了。

这两周我观察到，孩子们果然按照“多次、少打”的原则去打饭。还有孩子特意来问：“老师，上次咱们讨论的第三种不剩饭的方法是什么来着？”看到孩子们没有压力地享受吃饭，全力以赴地吃完，剩饭量明显减少，我感到很欣慰，这是我们的一个大进步吧！

冲突可以避免吗？

何烨

我们对他人的判断中都带有自我判断的成分，孩子们可能理解不了这个道理，但没关系，其实我们大人也在学习，所以我们和孩子们一起努力。

上周我们用了两节课时间来讨论“友好和冲突”。

第一节是语文的口语交际课，孩子们先是观看了何老师和兰老师的情景剧表演（日常语言冲突）。

情景一：两人抢书

何：你干吗？我要看这本。

兰：我先拿到的！

何：明明是我先拿到的！

兰：明明是我！

情景二：一个人从另一个人身边走过，不小心打着他了

何：你干吗？

兰：没干吗！

何：你没看到你打着我了吗？

兰：对不起可以了吗？

何：你怎么这样！

兰：我都说对不起了，还要怎样？

观看完两个情景剧表演之后，孩子们提出这节课的核心问题：如何用友好的语言表达自己？

他们讨论了在日常生活中，比较容易产生语言冲突的场景，比如排队的时候、游戏的时候……然后大家一起讨论解决方案。最后大家得出一个话术：描述事情（不带情绪）+ 请求 + 谢谢。

而第一步，不带情绪描述事情这一点最难做到，所以在课堂上，我们还原真实场景，让孩子们练习这个话术。

第二节课是关于“肢体冲突”。孩子们讨论了三个问题，以下都是孩子们自己说的。

第一个问题是：肢体冲突产生的原因

1. 意见不统一；

2. 游戏中对于规则的判断不一样（关于输赢问题）；

3. 没有考虑别人的感受；

4. 挑衅、闹着玩；

5. 生气（本来就情绪不好）；

6. 玩某些游戏时失去分寸。

第二个问题是：肢体冲突有可能产生什么后果

1. 有人受伤；

2. 打人者遭到还手；

3. 被提醒、被骂、被投诉到老师或校长那里；

4. 失去朋友；

5. 赔偿（金钱、时间、人力）；

6. 停学。

第三个问题是：如何避免肢体冲突

1. 动手前先想一想。想动手的时候肯定是情绪比较激动的时候了，肯定想不了长远，那我们可以想什么呢？一个孩子说：可以想“有必要吗”。于是我们练习了几次抬起手或者伸出脚的时候问自己“有必要吗”；

2. 不主动挑衅；

3. 如果发生冲突，需要有人喊停（有人来调解）；

4. 想到后果；

5. 置之不理（变棉花）。

关于第 5 点，我给孩子们讲了苏轼和佛印的故事。

有一天，佛印问苏轼："在先生眼里，我是个怎样的人呢？"苏轼答道："你在一般人眼里好像很有本事的样子，但那是因为他们见识浅薄，实际上你只会故弄玄虚，没有真才实学，是个骗子！"佛印听完，只是微微一笑，默不作声。

苏轼看到他这个样子，更加得意起来，于是追问道："那么，在你眼里，我苏大学士又是个怎样的人呢？""你是个很有学问、很有修养的人，我自愧不如。"佛印答道。苏轼听后非常高兴。

回到家后，苏轼得意扬扬地把早上如何说服佛印和尚的事说给自己的妹妹苏小妹听，苏小妹听后笑得前仰后合。苏轼不解，连忙问："小妹为什么发笑？"苏小妹回答说："你贬低了佛印和尚，他不仅没有生气，反而赞扬了你一番，你说是谁比较有修养呢？没有学问哪来的修养？你还自以为比别人强！难道不感到羞愧吗？"苏轼听后恍然大悟，顿觉惭愧。

之后，苏轼经常去拜访佛印，两人一起参禅打坐，渐渐成了好朋友。佛印老实，经常被苏轼"欺负"。有一次，苏轼一时兴起，问佛印："你看我像什么？"佛印回答："我看你像一尊佛。"苏轼听了非常得意。佛印又问苏轼："那你看我像什么？"苏轼想为难一下佛印，就故意说："我看你像一堆牛粪。"

佛印听后什么都没说。

苏轼便自以为又胜了佛印一筹，回去后很得意地把这件事告诉了苏小妹。苏小妹听完摇了摇头，叹着气对苏轼说："哥哥，这是你输了呀。佛印大师因为心中有佛，所以看世间万物都是佛。哥哥你心中肮脏，才会看佛印大师像牛粪。"苏轼听了苏小妹的话，羞愧万分。

这个故事蕴含的哲理是"我们对他人的判断中其实都带有自我判断的成分"，孩子们可能理解不到，但没关系，通过这个故事，我们尽量都去友好表达，但如果遇到别人不友好表达的时候，可以像佛印一样去回应。这个学问很深，很难，我们大人也在学习，所以我们和孩子们一起努力。

拳头和拳头相遇，两败俱伤。但如果拳头与软软的棉花相遇，就会化干戈为玉帛。把自己变成棉花是一种境界。我也在学习。

不要让孩子承担他能力还没达到的责任

王琪

无论多急于让他们成长，我们和孩子始终保持联结才是第一位的。有联结，孩子才会获得安全感。有了这份安全感，孩子也就有了面对麻烦的力量。那是内心的力量。

那天，在学校气膜馆上完体育课，我领着孩子们将上课用的垫子和器材往 10 个器材箱里整理。我把 10 个铁箱子的钥匙直接交给了孩子们，便于他们归置。结果连 10 分钟都不到，就有孩子炸毛儿了，慌里慌张跑来说，钥匙传来传去开箱子，现在不见了。

事儿不大，但我不想放过调理他们的机会。

我冷着脸把大伙儿都喊过来，问最后见到钥匙的人是谁？没人吭声。一个个小脸汗津津的，紧张惶惑。

“那这样，甭管在谁手里弄没的，大家都有责任。你们就一起合计合计，想出几个解决方案！”

接着就有人提议去配钥匙，也有人提议再找找。更多的是七嘴八舌地互相推诿抱怨。

“行了，先去吃午饭，吃饭回来再商量。”

一个个汗湿的小脑袋耷拉着，灰溜溜地走了。

还没等我召集他们集合“议事”，就收到了班主任春天老师的微信，告知我，孩子们把丢钥匙的事情告诉她了，他们很慌乱不知道该怎么办，她就帮孩子们配了几把新钥匙，放到了办公室里。

这个春天老师！轻轻挥挥手，没让我带走一丝云彩！

第二天早上我再次见到这个班的孩子，他们一反昨日的沮丧，抱团给我摆臭脸：我们冯老师（春天老师）领我们配钥匙了，你不要再凶我们了！

嘿！憋好了招儿，没放出来不说，还成了他们的敌人，郁闷。

我去问春天老师，她只轻描淡写地说，本来也不该把钥匙交给他们，这是大人该担的责任。

我如鲠在喉啊。倒不是把这当成老师之间的个人恩怨，是觉着教育理念差异太大。我这儿刚举起“棍子”，她就把孩子轻轻抱走了，让我无的放矢。

最近追正在热播的电视剧《少年派》，发现里边林大为的做派跟春天老师简直如出一辙。孩子惹麻烦，他总是一副护犊子的态度，还跟女儿林妙妙站在一个阵线一唱一和的，吐槽她严厉的妈妈。好人都让他做了，恶人都是妙妙妈。

我跟一个朋友吐槽这个剧情，她却说，都是一家人，啥阵线不阵线的，跟孩子过不去不是目的，别让麻烦把孩子绊倒爬不起来才是最要紧的。只不过，遇到问题，妈妈总是站在孩子的对立面，声色俱厉地指指点点，是惩戒者、是判官。爸爸却选择搂着孩子的肩膀，并排走在一起，总是保持“让我们想想办法看看”的态度，这才是真正的支持。

正好最近一期的游戏力公号发了一篇文章：《孩子打人了，比道歉更重要的是什么？》，读后，我茅塞顿开。

文章提到几个观点，结合我的具体案例，总结如下：

1. 老师作为成人，要对一些情况做出预判，防止出现问题；

2. 一旦出现状况，安抚孩子的情绪是首先要做的（我基本是刺激了孩子的情绪，让他们更加紧张了）；

3. 干预的方法是，把孩子的问题，变成孩子和老师共同的问题。

进一步说，安抚孩子们的情绪比解决事件本身更重要。

当他们负面情绪严重，互相攻击埋怨的时候，我心里其实对他们很不满，换句话说，是潜意识中把责任推给了孩子们。

“当孩子产生很大的负面情绪时，大人必须承担起解决冲突的责任。”说得多好！简直就是说给我听呢！

春天老师呢，就是在孩子们负面情绪满贯的时候，主动介入承担了责任（她去配了钥匙），这样孩子们“感觉到是安全的，是被理解的”。情绪得到安抚了，“孩子也能从中体验到：问题难免，但我们能解决它”。这不正是我最初想要达到的目的吗？

无论多急于让他们成长，我们和孩子始终保持联结才是第一位的。有联结，孩子才会获得安全感。千条妙计都应围绕着不破坏和孩子之间的亲密关系。

联结不断，即便实施惩罚，他们仍然会觉得，自己是被喜爱的，被接纳的。有了这份安全感，孩子也就有了面对麻烦的力量，那是内心的力量。

与其居高临下的“你你你”，不如站在孩子身边，成为“我们”。

春天老师，你才是四两拨千斤的高手啊。

放纵和放养的区别

祝玉娟

放养不是没有原则地放纵孩子决定任何事情，
而是智慧地平衡，遵守原则底线。

亲爱的大土豆们：

有一件事情想跟各位沟通。最近有家长跟我们反映孩子在学校跟同学之间有自己解决不了的问题。首先特别感谢家长信任我们，跟我们沟通；其次，这类事情老师们是有观察到的，与其说一直不出手，不如说我们等的就是“这一刻”。

为什么这样说呢？这就好比“放养”和“放纵”的区别。“放纵”是无规则、无底线、无分辨地纵容，“放养”是在一定的界限和底线之内给孩子尽可能多的自主和自由。

孩子们最近在班里玩“以物易物”，甚至还创造出了“会员制”。大概意思是说如果你以某样东西加了我的会员，下次你在我这里就可以以更“优惠”的条件换取物品。我们三位老师一直在暗中观察，甚至还暗暗赞叹过孩子们的“智慧”。我们没有出手阻止，一来想看看孩子们的游戏会朝什么方向发展，能玩到什么程度；二来在每次孩子们的“交易”中，能观察到孩子们最真实的各种能力、心理和情绪；第三，对于孩子们之间的矛盾，我们有一个原则是“不求助，不帮助”（在我们确保了解事件且孩子们都是安全的情况下）。

孩子们虽然遇到困难，但是既然他们没有求助（在他们有能力求助、知道向谁求助的情况下），说明他们愿意面对这个困难，或者有信心自己去解决困难，或者能够接受不太开心的结局，又或者可以完全不放在心上。老师们从孩子处理/面对这些事情的方式可以观察到很多很多的问题。

那么，什么时候是最佳介入时机呢？

首先，老师们观察到孩子们的行为/事件，快要触及安全/道德底线的时候；其次，孩子来求助的时候；第三，孩子没有求助，但老师观察到孩子已经承受不了的时候。这样，一来可以观察到大量真实的信息，二来矛盾升级快到顶点的时候，正是最能触及孩子们内心的时候，孩子们真实感受最深刻的时候，这个时候的讨论/辩论，最能触动孩子，最能说清楚，也最能让孩子们服气。

试想，如果这次以物易物一开始就被制止，或者由老师制定“公平”的规则，教室里会安宁很多。但孩子们的创造性、人性的真实探索、底线触碰就都没有机会发生了。老师和家长的存在，就是帮助孩子们画好道德和安全的底线，在这个底线内，让孩子们尽量去触碰、去磕碰。

当然，孩子们来求助了（他们知道可以向老师求助，但确实很多情况下孩子们更愿意跟爸爸妈妈倾诉，所以很感谢家长们可以第一时间跟我们沟通），老师就一定会帮助（老师甚至有时候还要演一演，佯装对孩子们反映的问题很惊讶或者愤怒，以示老师的重视或者支持）。

周五，张喆老师跟孩子们一起讨论了最近班里发生的事，有什么开心的地方，有什么问题和困惑。讨论完，孩子们同意取消会员制，也答应“以物易物”的游戏不能扰乱学习秩序。张喆老师和陈楚老师也在商量下一步是不是有可能把这个交换活动放到市场活动里进行，既维持了班级秩序，又给孩子们一个易物活动的宣泄口。

再次感谢各位的信任，保持沟通。

爸爸妈妈，我想对你们说

李雅琪

别看孩子们平时都是一脸笑容，但是他们心中也藏着自己的小心思、小情绪。他们非常懂事，也非常爱爸爸妈妈，孩子们需要我们更多地去了解，而不是指责。

我们的班会课上，有一个“重头戏”就是：爸爸妈妈，我想对你们说……

孩子们说，从这周开始，一对一家长会开始了，每次家长会都是老师和爸爸妈妈聊，他们就好奇地扒着窗户偷听偷看，但还是不知道老师和爸爸妈妈在说些什么，他们想让爸爸妈妈听听自己的心里话。

今天，我就给了孩子们这样一个机会，虽然有些孩子仍旧不敢写，担心老师会把这个东西拿给家长看，回家就会被家长批评，但是你不说，爸爸妈妈又怎能了解你，怎能帮助你呢？爸爸妈妈也需要你的冷热反馈呀！

孩子们终于放下心来，开始做出反馈。

热反馈

谢谢爸爸辅导我学习；谢谢妈妈给我做饭；通常你能接受我对你的意见；谢谢妈妈让我来一土；我喜欢妈妈给我做的饭；可以不报我不喜欢的课外班；爸爸妈妈平时很会为我着想；很会理解我；谢谢你们在我需要帮助的时候帮助我；谢谢你们会尽力满足我的愿望；我喜欢你们每次生气后能进行反思；能够听取我的建议；我喜欢你们有问题不慌张；你们很爱我；你们培养了我。

冷反馈

对我要求太多；对我期望太高；不懂我；总是管理我；不要因为我

去伤害自己的身体；总是没有商量的余地；在我学习时总会发火，追求完美；如果你以后能控制你的情绪就更好了；有一些时候我被冤枉了；对我的希望如果可以低一些就好了；如果能在表扬我或批评我的时候说明原因就更好了；在我做题的时候不要对我喊；如果爸爸妈妈可以一起在北京的时间长一点就更好了；如果爸爸能多陪我玩就更好了；如果妈妈能别太冲动就更好了；如果爸爸能别打游戏就更好了；如果爸爸能不再骂人就更好了。

打完这些字，我的心情也有点儿沉重，别看孩子们平时都是一脸笑容，但是他们心中也藏着自己的小心思、小情绪。他们非常懂事，也非常爱爸爸妈妈，孩子们需要我们更多地去了解，而不是指责。

好孩子都是夸出来的，今天你夸他了吗？

解决矛盾冲突的四步走

祝玉娟

孩子们不需要我们时，我们是安静的守护者；
孩子们需要我们时，我们是孩子坚强的后盾。

亲爱的大土豆：

星期三下午放学以后，在孩子们已经签离但还未被家长接走的时间里，发生了四个男孩子“围攻”一个女孩子的肢体冲突事件。老师当天晚上知道这件事时非常震惊，一直深深信任的孩子们怎么会发生这样的“恶性事件”呢？

第二天到学校，老师第一时间就请当事的五位同学坐下来梳理事件的全过程。让老师感到欣慰的是，在老师刚进教室正在放书包的时候，就有孩子主动过来跟老师解释昨天的误会，并表达歉意。老师请大家不要着急，按时间来梳理，按我们的“矛盾四步走”来梳理，一定可以梳理清楚。

果然，第一步、第二步、第三步、第四步……事情的过程一步步清晰，那些过程中的误会和孩子们还需要帮助、还可以做得更好的地方，一步步浮出水面。

随后，老师再次逐个环节跟孩子们“重演”，每个环节停顿一下，请孩子们反思这一步正确的做法应该怎么做。最后，孩子们都意识到自己做得不足，还可以做得更好的地方，真诚地表示下次一定全力以赴做到最好，同时诚恳地向那位女同学道歉。她也接受了道歉，并坦诚地提出了自己对他们今后行为的期望，其他同学表示理解和接受。

“围攻”和“恶性事件”虽然是误会，但我们老师、家长和孩子们可以从这次事件中学习到什么呢？有家长提出：“老师可不可以明文规定制止打闹行为？”我在这里再次解释一下三年级班级规则的形式和背后的理念。

走进三年级教室，您可能会发现教室里没有一条一条的课堂规则，比如“不许上课说话，不许打人……”。这样的课堂规则，拟定十条，可能会有第十一条你没写进去的违规行为出现，一百条都不一定够用。今天你定了“不准拽帽子”，明天可能出现踩鞋子的；今天定了“不准踩鞋子”，明天可能出现扯衣服的……这样的规则，定多少条都是不够的。背后原因是这样的规则只限定行为，没有帮助孩子们理解

▲当时三年级“清水班”的一角，五条“根植于内心的修养”张贴在教室墙面上，润物细无声地影响着孩子们的言行。

规则；只捆住了手，没有解开心。

所以在三年级教室里，只有五条“根植于内心的修养”：尊重、负责任、好的选择、有帮助的和全力以赴。老师不会告诉孩子们说“不要打断我说话”或者“上课的时候不要打闹”，只要告诉孩子们“等老师说完你再说，这是对老师的尊重，也是对你自己的尊重”；老师不会对孩子们说“教室里禁止大声说话”，老师会告诉孩子们“提醒自己在教室里用室内声音说话，是你自己对自己的行为负责任”。同时，老师以身作则，用心聆听每个孩子，静心跟每个孩子说话。慢慢地，孩子们从心里懂得了什么叫尊重，懂得了自我管理。

同样的道理，老师没有给出一条班规叫“禁止打闹”，首先是因为孩子们的成长需要犯错的空间。孩子们会从错误中学习和成长，说教只会引起逆反。如果一个老师因为怕承担责任和风险，强行限制孩子们正常的社交探索行为，就意味着很可能会剥夺孩子们宝贵的学习和成长机会。

试想，如果孩子们完全无打闹，他们怎么学会在被触及底线时如何表达、如何求助；如何学会既可以亲密玩闹，又保持安全距离？当然，在允许孩子们打闹的同时，老师不是撒手不管、放任自流。老师这个时候的任务其实更复杂，老师的任务是在旁边细心观察，保证孩子们的打闹在安全范围之内，同时观察孩子们个性、性格上的特点及需要帮助的地方。当老师观察到某种玩闹行为即将触及一定的界限时，老师会喊停并单独请学生过来，辅导解决问题之道。

开学第一周跟孩子们一起讨论出来的“解决矛盾四步走”，无疑是解决矛盾冲突的“利器”之一。这四步好像给满心愤怒、摸不到头绪的孩子一个脚手架，一步步把孩子们送往解决问题的大门。

四步的第一步就是遇到任何自己不喜欢的事情，第一时间喊：“停！”及时制止伤害行为。第二步，简单解释原因。因为不喊停的情况下，对方难以判断你是否喜欢这样的游戏，很难把握分寸。如果孩子在这两个层面上解决不了问题，他就会走向第三步，向在场的老师或者是成年人求助。我一般解决问题的原则是“不求助，不协助”，因为孩子不来求助要么是因

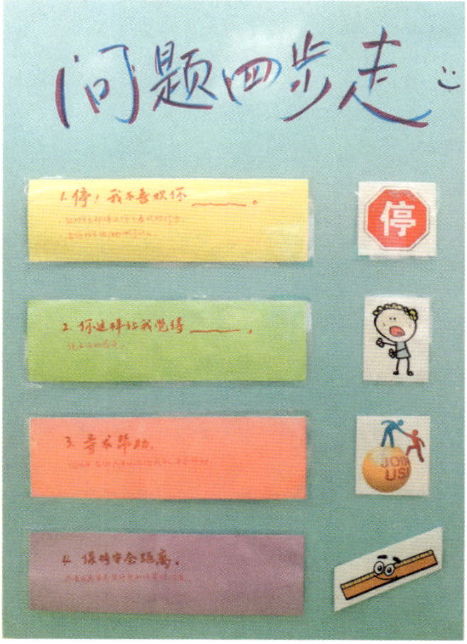

为他自信目前可以自己解决问题，这时候大人何必多此一举破坏孩子学习自己解决问题的机会呢？要么是孩子还没有学会求助，这时候让孩子在安全范围内吃点小亏，有了切身体会，下次一定能记住喊停或者求助。

原则如此，但另一原则更清晰，那就是“当孩子来求助时，大人一定要帮助！”孩子来求助一是说明孩子对大人充分信任，二是这个问题真的已经超出他的解决能力范围了，他真的无法独立面对。这时候，成年人对孩子真诚的帮助会让孩子既有安全感又可以学会解决问题之道。千万不要用什么“坚强”“小事儿”之类的理由把孩子往外推。孩子们不需要我们时，我们是安静的守护者；孩子们需要我们时，我们是孩子坚强的后盾。

也有孩子说：“老师已经批评提醒过他了，可是只要趁老师不注意，他还是会（惹麻烦）……”在这种没有成年人在场、得不到外界帮助的情况下，老师建议孩子们远离可能发生冲突的人，也就是“四步走”里的第四步——“保持安全距离”。

我们是一所创新学校、一所培养孩子个性化的学校，但我要特别指出的是，个性化不等于没有规矩，不等于放纵。恰恰相反，以规则为前提的个性，才是真正的自我主宰。个性化的教育，对孩子的自我意识、自我觉察和自我管理的要求会更高。把自主权交给孩子，“不管”比“管”更考验老师对教育的笃定和功力。

我们为什么来学校？

高静

孩子们真的不是一张白纸，他们已经在先前的生活中积累了最基本的善恶价值观，我们要做的，就是不断帮助他们去积累，让它有效地指导他们的行为和生活。

上学期期末的时候，我们要对孩子做评估，有很多的维度和方式，其中一个是一对一表达。有一天，英语老师对我们班的宋同学进行一对一测试，他俩在教室的最后面，桌子旁边，外教老师坐一个椅子，宋同学坐另一个椅子。

我进教室的时候，发现宋同学一边回答外教老师的问题，一边手里拿着桌子上的燕尾夹玩，弄掉了几个，就用脚踩着玩，在这样的情况下还继续测试。我看到这个情景，很礼貌地打断了外教老师，经他允许后，我和宋同学进行了以下对话：

我：“你觉得你这样合适吗？”（指一指手里和脚下。）

宋同学：“不合适。”（他看着我，特别认真，不好意思。）

没有害怕，也没有紧张，或者畏惧权威的恐惧（因为我和孩子们建立的关系还不错，他们知道什么时候老师是认真的），他默默地捡起脚下踩着的燕尾夹。

此时，外教问我：“他在你的课上，也是这样的吗？”我还在思考他说的“这样”是指拿着东西玩，不尊重老师，还是指宋同学的学习水平很高，这时宋同学立马说：“Yes！我的语文数学都是最好的，我都会写很多字了，也能自己看书呢，数学我都会很多计算了……”（特别得意的样子。）

我说：“××，你觉得来学校仅仅是学知识吗？一个人来学校，学知识只是一部分，还要学会跟别人相处，跟环境相处，如果你都不会尊重他人，尊重这个环境，那么你学的知识就只是知识，你不会赢得别人的尊重。你现在会的，只不过是你先学了，别人通过时间学习，也能学会。你觉得刚才你的行为是尊重老师，尊重环境吗？”

宋同学摇摇头。我追问他为什么不是？他回答：“因为老师问我问题，我却在玩东西，还弄到地上，用脚踩。”

我说：“是的！高静老师为你点赞！你能看到自己哪里做得不合适。我相信你知道以后怎么做。”

就这样短短的、认真且温和的对话，我相信在他的小小心灵中，一定留下了一颗小种子。

当天又发生了一件事，高同学的皮外衣被宋同学用彩笔画了，而且是故意的。虽然宋同学道歉了，但是高同学不接受（你看，孩子们每天就是这些小事，但是就是在这些小事中习得如何跟别人相处，如何解决问题），于是他们找到我。

因为这不是第一次发生了，宋同学之前已经有过一次故意在别人衣服上、手上乱画的情况了，于是我临时决定和全班同学一起讨论如何解决问题。我跟大家说宋同学和高同学发生了冲突，宋同学道歉了，但高同学觉得他是故意的，不接受道歉，那怎么办？

同学们开始帮他们想办法。

"让宋同学拿回家帮他洗一洗。"（高同学立刻回应说这个洗不干净了，而且特别委屈地说："这是我最喜欢的一件外衣，如果弄不干净，我就再也不能穿了。"说着说着委屈得快哭了。）

"让宋同学认真看着高同学的眼睛再道歉，并且保证以后再也不这么做了。"（因为我跟孩子们说过，如果道歉要看着别人的眼睛。）

"让宋同学拿去专门洗皮衣的地方洗……"（孩子们太可爱啦！）

……

我感谢孩子们帮他们想办法，我问宋同学，“你打算怎么办？”他说：“我可以再给高同学道歉，并认真看着他的眼睛。”我说：“你试试看。”

认真地道歉后，我问高同学，“你打算原谅他吗？”他想了想，点点头，但补充道：“虽然我原谅了他，但是我希望他以后不要在别人的衣服上画画了。”

我跟孩子们分享，我们在生活中做错了事情，有时候不是仅仅说一个对不起、道歉就能解决的，有些对别人造成的伤害，即使道歉了，伤害还在。但是我们为什么还要选择先道歉，因为这是你意识到自己做错事之后，应该有的态度，然后再想一想怎么解决。如果你真的真诚给别人道歉，我相信对方是能原谅你的，但正如高同学说的，不要再做同样错误的事情，自己不喜欢，也不要对别人做。

然后我和孩子们讨论我们为什么来学校。

“来学习知识。”“来学习倾听技能。”（我转换为：让我们自己变得更好。）“学习让自己更独立。”“学会尊重别人。”“学会保护别人的东西。”“学会怎么让自己开心。”（因为当时我们正在做的项目主题为：如何做一个快乐的自己？）“学会怎么解决问题，怎么和他人相处。”

马上要上下一节课（我已经耽误体育老师的时间了），我们就没再继续讨论。我把“学知识”用红色圈起来，其他的用白色圈起来，请大家数一数，除了学知识外，还有多少我们要学习的。

最后总结时，我问：“我们来学校真的不仅仅是学知识，还有很多我们要互相学习的，你们愿意跟一个成绩很好，但是不好好跟别人相处，总是打扰别人、欺负别人的人玩吗？”孩子们一致摇头。

所以，孩子们真的不是一张白纸，他们已经在先前的生活中积累了最基本的善恶价值观，我们要做的，就是不断帮助他们去积累，让它有效地指导他们的行为和生活。

这些讨论不见得能够让孩子们的成绩提高多少、知识增加多少，但是我相信老师的这些点滴的浸润，会慢慢影响孩子对于他人、对于学习、对于解决问题的处理之道。如果在一个权威的环境，孩子会有紧张感，害怕表达，没有勇气去道歉，更没有安全感，也许会迫于老师的权威去道歉，但是心里留下的印记是害怕，是担心。

我庆幸自己是主班老师，能够在事情发生的时候，抓住教育契机，和孩子进行最有意义的讨论，而不是被迫赶着一个一个的课；我也很幸运能和秀秀搭班，她对孩子也是如此耐心和温和。

我想，我们班的孩子是幸福的！好的教育要看师生关系，

“亲其师，信其道”，一个孩子会因为喜欢一个老师，愿意去学一门课；会因为喜欢一个集体，愿意上学；会因为喜欢这里的安全感和自由，去爱上一个集体！

教育，在每一天，在每一件小事上！

当孩子忍不住带糖果到学校

高静

作为老师，要去观察、倾听、了解孩子行为背后的需求，然后采用温和的方法，才能收到很好的效果。

有一次课间，我们班一个孩子悄悄过来告诉我："高静老师，小美又在那里吃糖了。"不一会儿，又有孩子来说："小美带糖了。"因为学校暂不允许孩子私自带糖到学校，担心这些食物对其他孩子不合适。之前，我们就在班会中一起讨论过这个问题，为什么不能带，什么时候能带……每个孩子都知道所谓的道理，但你不能期待孩子一下子就能做到。

我们班级里贴着我写的"知行合一"，我跟他们分享：把你知道的有道理的事情，真正地做到，是一件很不容易的事情，很多时候大人也做不到，但是我们也要努力去做。孩子对于糖果的爱，是天生的，几乎没人能拒绝，特别是低龄段的孩子。所以让他们能够克制住自己，不往学校带糖，确实挺难。

下课的时候，我悄悄去找小美，特别小心且好奇地说："小美，听说你带了特别好吃的糖，我也很想吃，跟我分享一块吧。"小美特别开心地说："好呀，好呀。"带着我来到她的书包柜旁边，小心翼翼地拿出了一颗大白兔奶糖给我。那一瞬间，我内心是五味杂陈的，一方面孩子那么信任我，把我当成一个好朋友，分享奶糖（即使她知道学校是不允许的），我对这份信任特别感动；另一方面，我这样做的初心是想让她自己拿出糖来，从而意识到不应该这么做，我却利用孩子的这份信任，让她"不打自招"，我感到很愧疚。

我跟她说："高静老师特别感动，你愿意跟我分享糖，我很想很想吃这颗奶糖，相信其他同学也特别想吃，因为它真的很好吃。但是如果同学们都抢着吃，你看，有的人边吃边玩边跳，可能发生什么？有的同学会把糖含在嘴里，去上体育课，还跑步呢，你觉得会有什么危险？你希望你的同学发生这些意外吗？”

“不希望……”

故事继续……

我们继续在班会上讨论这件事，都是老师发问，孩子们讨论：那如果大家就是很想很想吃糖，什么时候能吃呢？

“跟爸爸妈妈商量时间，一起出去玩，就能分享。”

“忍住，等到放学的时候再跟同学分享。”

“圣诞节的时候可以带来分享。”

……

继上次万圣节后的各种特殊日——“多胞胎日”“睡衣日”“故事人物日”之后，孩子们一直很喜欢节日，我和秀秀就说，与其让孩子们偷着吃东西，还不如给他们一个机会，光明正大地分享呢，满足他们在学校和同学们分享的快乐和兴奋感。

于是，我们班会讨论班级的“特殊日”，但是每次需要抽签，我们讨论了好多，有“Monster Day”（怪物日）、“Help Day”（助人日）、“Animal Day”（动物日）、“Foreign Language Day”（外语日）、“Share Day”（分享日）、“Music Day”（音乐日）……我真惊叹孩子们的想象力呀，一打开就收不住了。

我们就从分享日开始，选择一天，可以分享吃的、玩的、看的……那一天班会，每个人说一说你为什么分享这个。有分享书的，有分享糖果的，有分享自制的手工、画的画，还有分享饼干、零食的……我们一起看电影，分享各种美好。孩子们兴奋极了。

我们后续还抽到了“Help Day”“Foreign Language Day”，也一起过了这两个特殊日。从那以后，孩子们私自带糖果来学校，悄悄躲着吃的现象越来越少，孩子们渐渐知道，在我们班是可以的，但是需要一些特殊的日子，我们是有机会一起分享美食的。

其实，有的孩子是不想吃的，有的孩子是好奇，有的孩子是为了交朋友，有的孩子是为了好玩（打破规则）……不管为了什么，作为老师，要去观察、倾听、了解孩子行为背后的需求，然后采用温和的方法，才能收到很好的效果。

有一个小男孩，之前也经常带东西（吃的、玩的，各种小东西），这已经影响他上课的状态了，因为他总是会想着去书包里拿东西，也会在同学们面前特意炫耀，自己带了什么。

我跟他聊了几次，特别让我受触动的一次是他说：“我很想让其他小朋友都开心，我想让他们跟我玩。”说着眼泪就出来了。

我拥抱他，拍拍他的后背说：“高静老师特别理解你，每个人都需要小伙伴，你想让他们开心，特别特别好！那我们来一起想想，除了带吃的给他们，还有什么方法能够让他们开心？”

他说他想不到，我就给他建议：比如帮助别人，关心别人，别人也同样会开心的，并且还会感谢你。这样的快乐，是“长长的快乐”（配上手势），而“带吃的分享给别人”这个快乐，可能是“短短的快乐”，这个东西吃完了，可能快乐就消失了（配上手势）。因为我们最近的项目主题是“如何做一个快乐的自己”，刚好谈到什么是长长的快乐，什么是短短的快乐，刚好用上！再后来，我们也一直关注和帮助他，在社交方面，他的进步真的很大！

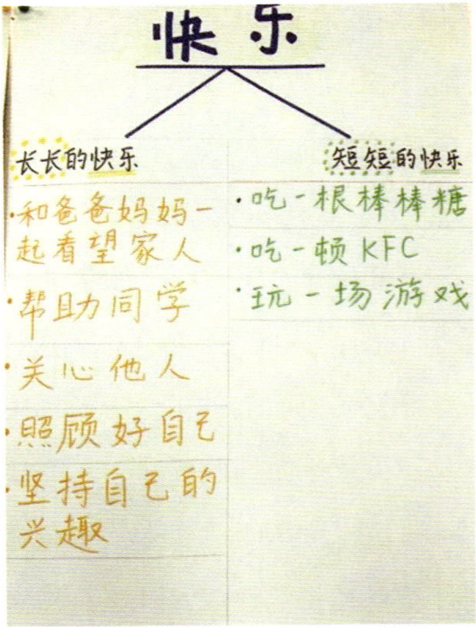

每个行为背后的需求，都应该被看见！而不是一概而论，用同一种处理办法。这样虽然短期内有效果，但是孩子不见得能从这个行为中获得什么，而看见需求，才能够真正帮助到孩子。

教育无小事，事事需用心！

有些话为什么像刀子一样伤人？

祝玉娟

孩子们一些本能、不加思考的东西，有了引导，有了练习，一定会往更美好的一面觉知和发展。

亲爱的大土豆：

周一是例行的日记分享时间，碰巧音乐老师换课，周一的两节语文课本来是可以圆满完成日记分享工作的，但是第一节课下课后，有孩子过来倾诉："老师，××× 说如果我怎么怎么样，她就再也不跟我做朋友了。"

孩子的问题就是最好的机会。第二节课老师坦诚地跟孩子们说，本来这节课是开心分享日记的时间，但咱们班里发生了一件更加"重大"的事，重大到让我觉得哪怕不教你们读书写字，哪怕你们不会写日记不懂读古诗，这件事情也一定要学会。

孩子们好奇极了。老师没有点破，而是跟孩子们一起重新看了几周前他们一起录制的“一土新闻”——“尊重他人，善意表达”。孩子们依然清晰地记得视频里说了三件事情：

1. 善意的表达；

2. 正面的语言；

3. 合适的音量。

老师告诉孩子们，视频录制过之后，我们再没有完整地看过，是因为老师太相信孩子们知道怎么做，并能做到。但最近发生的几件事情却让老师非常意外。

说到这里，孩子们都想知道是什么事情。老师也没有直说，而是给孩子们看了一幅图：一张嘴里吐出一把尖刀，上写“伤人以言，甚于刀剑”。孩子们纷纷举手想分享自己的所感，几个回合过去就有孩子准确地说出：“这张图表面上是嘴里吐出一把刀子，实际是想告诉我们，我们说的话也会像刀子一样伤人。”

是的。老师请孩子们想一想，咱们班里有没有过这样像刀子一样伤人的话。“你们又输了吧。”“你快一点，都是因为你，我们组拿不到分。”“我再也不跟你做朋友啦！”“你要是跟他玩儿，就别跟我玩儿。”“你们傻啊！”……老师一句句把这些话说出来，孩子们边听边低头……

老师接着说：“以前可能老师没有说清楚，你们也还小，不太懂得什么才是更好的表达。过去的我们就把它忘记，从今天开始，每个孩子都提醒自己‘善意表达’，记住‘伤人以言，甚于刀剑’。”

老师也提醒孩子们，以后遇到语言伤害自己处理不了的，请第一时间找老师帮忙。红景天是一个温暖、安全的集体，伤人的话，再也不能出现。

这节课进行得很顺利。从孩子们的眼神中，能够看出他们之前也并无多大恶意。孩子们一些本能、不假思索的东西，有了引导，有了练习，一定会往更美好的一面觉知和发展。

下课后，刚刚因为言语受了伤害的两个好朋友重新抱在了一起。

孩子们的成长必定是螺旋式迂回的，一起努力吧！

帮助孩子自己去理解言语产生的伤害

王雨轩

每个人都会犯错，每个人都可能无心地伤害到对方。作为成人，与其居高临下地去要求孩子做什么，不做什么，还不如选择相信孩子，相信他们有能力在讨论中自我反思，并做出明智的决定。

亲爱的大土豆们：

今天之所以利用放学时间还要紧急处理这件事情，是因为在学校，我们在全心地接纳着每个孩子。每一个孩子能够身心健康地长大都是一件特别不容易的事情，每一个孩子都不同，他们各有优缺点，有值得我们骄傲的闪光之处，也有需要我们所有人耐心地给他时间去成长的地方，这些好与不好构成了最真实可爱的他们。然而社会仍处于“趋同”

的价值观主导之下，个性与不同很容易成为被攻击的原因，当我们真正凑近了看这个问题的时候，会发现一个孩子身上所携带的问题，往往产生的原因并不在于孩子，可是幼小的他们需要用最大的勇气去承担和面对这些问题所带来的伤害。

作为老师，我们能做的实在太少，建立安全、包容、接纳不同个性的班级氛围是我们一直在努力的。这样的前行路上离不开各位家长的支持与配合，因为家庭教育是他们成年之前教育因素中至关重要的一部分，言传身教，以身作则，相信我们这些陪伴他们长大的成年人所有的用心付出，都会成为他们变得温暖善良的内在养分。

问题背景

今天的戏剧课临近结束时，有人在老师要求集合成圈的时候拒绝坐到老师和一个同学身边，并说“他身上有味儿”，其他同学纷纷效仿。戏剧老师带着大家反思了这个问题，可是还是有人说他很臭，因为这个问题很紧急且严重，因此放学的时候我们严肃讨论了这个问题，虽然有些拖堂，但是孩子们都做了深刻的反思。

问题解决过程

问题一：言语是否会伤害人？

我在黑板上写下了一个问题：言语是否会伤害人？

每个人需要安静思考一分钟，然后给出观点和理由。

瑞瑞：友好的不会，不友好的会。不友好的话比如说骂别人神经病，这种就会伤害别人。

大家七嘴八舌地说了很多自己认为不友好的词语，有人提到傻 × 算不算？老师非常严肃地告诉大家傻 × 这个词已经不只是不友好的词语了，而且是不文明的、粗俗的语言，在学校是被禁用的语言。如果有人说，我们就需要和家长沟通。

莹莹：友好的言语但不好的态度也会伤害到人。比如你跟别人打招呼说早上好，但根本都不看别人一眼，说完就走，别人也会觉得你很不友好。

欣欣：有的人会说很绝对的话，比如：我再也不跟你玩了。这样的话也会伤害到别人。

我们又一起讨论了那些绝对的话，大家都认为这样的话是会让人很难过的。因为当你告诉一个人说我再也不跟你玩了的时候，你也失去了交到一个新朋友的机会。你的无心和随意在别人看来并非如此，别人可能很认真地对待这句话，并因此而伤心。

问题二：轻微的身体伤害和心理的伤害，哪个好得更快？

大家都认同言语会伤害到人，尤其是随意、绝对的话语，话题因此延伸到了伤害上。一年级我们就曾讨论过这个问题，大家深刻地知道言语虽然不会造成直接的身体伤害，但是会在一个人的心上留下伤痕。因此当老师问大家“轻微的身体伤害和心理的伤害哪个好得更快？”的时候，大家异口同声地回答“身体伤害更容易好”。

可是为什么呢？

晨晨：心理的伤害好得更慢，因为心牢牢记住了那些伤害。

是呀，我们每个人的心都很柔软敏感，任何伤害都会留下伤痕，深深浅浅，尤其是当这个伤害是你身边的朋友造成的时候，你每次见到他可能都会提醒你曾经的言语中伤是多么难受。

问题三：请反思自己是否用言语伤害过别人？

唐唐第一个举手。她说：我想反思我们班大多数同学今天用语言伤害西西同学的事情。除了小昕之外，其他人都说了西西头发臭。我们伤害了西西。

其他同学也纷纷点头，意识到了自己的错误。

“谁现在能换位思考说说，如果你是西西，听到这么多人说如此不友好的话，会是什么样的感受？”

大家都忍不住脱口而出：会很难过，很受伤，觉得大家不喜欢他。

“小昕一直是一个非常有同理心的人，他今天没说，我们来听听他当时怎么想的。”

小昕：“因为我知道这个世界上有很多国家，每个国家的人都不一样，大家的身上有不同的体味，这不是谁能改变和控制的，我们不能因为这个去伤害别人。因为我来一土之前也被别人嘲笑过，我很理解，被嘲笑的人会有多难过。”

小昕的一番发言感动了很多人，尤其是带头用言语伤害西西的同学。大家都纷纷主动站起来去跟西西道歉。每个人都会犯错，每个人都可能无心地伤害到对方。作为成人，与其居高临下地去要求孩子做什么，不做什么，还不如选择相信孩子，相信他们有能力在讨论中自我反思，并做出明智的决定。

当孩子觉得“这不公平”

祝玉娟

尊重不仅仅是蹲下身看着孩子的眼睛说话，更是心与心的平等。蹲下身易，俯下心不易。重视、理解、帮助孩子们对物质之外世界的探索和认知，也是尊重的一种。

亲爱的大土豆们：

大家好！这周三年级的孩子们和老师一起进行了一个小小的阶段调整。孩子们年龄虽小，世界却不小。他们和成年人一样观察、体验、思考、质疑、争辩、捍卫，同时也学习认识自我、同理他人，学习什么是尊重，什么是安全距离……尊重不仅仅是蹲下身看着孩子的眼睛说话，更是心与心的平等。蹲下身易，俯下心不易。重视、理解、帮助孩子们对物质之外世界的探索和认知，也是尊重的一种。

“这不公平！”您是不是也经常听到孩子们情绪

饱满地喊出这句话？当我们听到这句话时该怎么跟孩子们沟通呢？告诉他公平的定义？这是说教。告诉他这世界上没有绝对的公平？孩子不会理解。李老师借用了一个政治学上很著名的博弈实验，让孩子们在亲身实验和感受的基础上，讨论实验的规则是否“公平”，从而在讨论的过程中自己领悟什么是“绝对公平”，什么是“相对公平”。

李老师用锡箔纸把棉花糖卷成一个长卷，用笔当作鼠标缓慢地自左向右移动，规则是所有的孩子都随时有权利喊“停”。鼠标移动时，第一个喊停的孩子可以得到鼠标以左的所有棉花糖；剪去这部分棉花糖，鼠标继续移动，其余的孩子们依然随时有权利喊“停”，第一个喊停的孩子可以得到鼠标以左的所有棉花糖……

清楚规则后，孩子们开始摩拳擦掌，跃跃欲试，眼睛里放着光，紧盯着李老师手里的那支笔。这时候，孩子们的心里恐怕都不会思考这个规则是否公平的问题，每个人心里牵挂的都是自己要得到最长长度的棉花糖吧。

“三、二、一，开始！”鼠标缓缓移动，孩子们心里都在打小鼓，喊停，担心棉花糖不够多，不喊，又怕被别人抢了先……终于，鼠标移动到最顶端，游戏结束。每个孩子都得到或大或小的一段棉花糖，心理活动却各不相同。于是孩子们就“这种分糖方式是否公平”展开了一场讨论。

他们以“公平”和“不公平”两个相反观点分成了两个小组，分别阐述自己的观点。

有人觉得这种分糖方式不公平，“平均分多好啊，每个人的都一样”；有人觉得这种方式公平，“很公平啊，没有人强迫你喊还是不喊，你喊得对就有可能得到最大的那块”……

辩论如火如荼，有对自己的观点坚定不移的，有被对方说服的，也有说着说着跑题的……最终孩子们没有达成一致意见，老师也没有“标准答案”。思考即学习，经历即学习。我思故我在。相信这次活动已经在孩子们心中种下思考的种子，总有一天会发芽。

最近一段时间孩子们在午饭时争抢座位，矛盾不断，都想跟一位“德不孤，必有邻”的同学坐在一起。“德不孤，必有邻”是我们周末背诵中的一句话，孩子们都能脱口而出，但当老师问“为什么大家都愿意跟这样的同学坐在一起，自己怎么也能变成这样的人”时，孩子们的沉默表示他们还需要时间成长。然而，现实情况还是需要解决的，讨论一个解决方案吧。

群策群力，大家一共提出 4 个解决方案：

1. 老师规定，固定座位；

2. 抽签决定座位，一周抽签一次；

3. 完全凭自觉，不争不抢；

4. 一个一个地进入餐厅。

在大家还不能就一个方案达成共识之前，我们选用了最原始的决策方法——投票。有些孩子对“投票”这个貌似相对公平的方法也提出了质疑，虽然我们没有时间讨论“投票”到底是不是一种公平的方式，但还是非常高兴听到了不同的思考的声音。

最终投票结果是 2 号方案胜出，抽签决定座位，一周抽签一次。有不少同学对 3 号的自觉方案也非常自信，于是我们来了个中和，周一到周四按抽签结果坐，周五自觉自由选位子。如果周五的自觉方案执行成功，下周就自动执行大家其实一直都向往的自觉方案。

如何说，别人才会听；怎么听，别人才肯说

李如玥

倾听首先是获取信息的方式，它最直接的作用是能够帮助孩子在学业上做得更好。倾听同时也是跟他人建立关系的基础，懂得倾听可以使孩子成为尊重他人的人，并帮助孩子交到朋友。

亲爱的大土豆们：

6 月的第一周主题是专注倾听与坚定表达。别看这听起来再简单不过了，怎样才能真正做到呢？做到这些又有什么作用？在学习倾听技能的两天内，老师们做了双人对话和课堂发言两种场景下的不同倾听表现的演示，前两种是一些不合适的表现，最后一种是正确的倾听。同学们都表示喜欢最后一种，因为其他方式让他们感觉不好，之后我们一起讨论了正确和错误的做法都有哪些特点。

那么怎么做到“正确的”倾听呢？怎么能够让对方感受到你在认真倾听他们？老师问了一个有趣的问题：“要做到倾听，你需要使用到哪些器官？”

“要把脸冲着发言的人。”

“眼睛看着他。”

“嘴保持安静。”

……

是的，还有最重要的，用“心”聆听，才是代表你真的在交流呀！

最后老师提了一个问题：为什么要倾听？请大家思考一下刚才的几种场景，想一想在学习过程中，与他人交往的过程中，倾听对我们有什么好处呢？

有同学说：“在练侧手翻的时候，如果听不见涵涵在旁边指导我，我就会一直做原来的动作。”“有时候老师突然叫到我重复，听不见会很尴尬。”“如果同学跟我说话我没有听，他可能就不会想跟我玩了。”

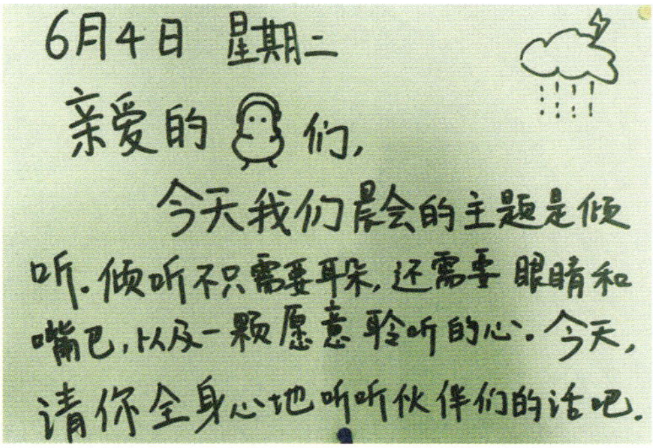

是啊，倾听首先是获取信息的方式，

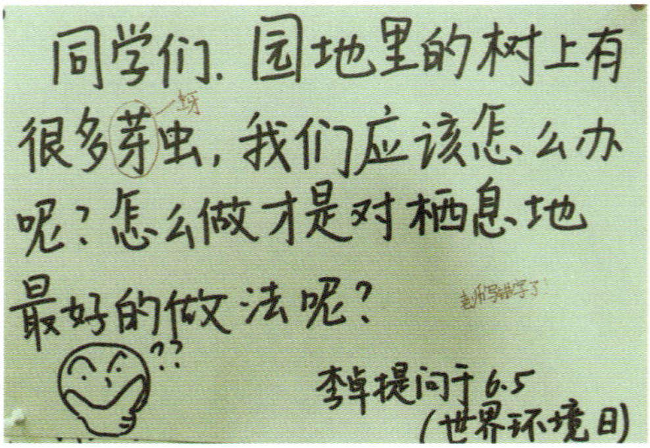

它最直接的作用是能够帮助你在学业上做得更好。倾听同时也是跟他人建立关系的基础，懂得倾听可以使你成为尊重他人的人，并帮助你交到朋友。

第二天正好是世界环境日，老师借此机会给大家分享了一个环保漫画小故事《柯基的离开》，并提醒大家用上刚刚学过的倾听技能。随着同学们轮流朗读，所有人都专注而安静。

懂得倾听，吸收他人的观点和感受，更要知道如何恰当地表达自己。“坚定而和善”是老师们一直奉行的行为宗旨，在孩子们当中也同样适用。老师首先抛出这样几个问题：为什么有的时候明明表达了不喜欢对方的做法，但是对方还是持续对你这样做？为什么别人不能接受我说的“停！我不喜欢你这样做”？他看不出来我不高兴了吗？我可以拒绝好朋友吗？

莹莹：“有可能对方觉得我在开玩笑，他们没有意识到自己的问题。”

老师：“那为什么有的时候我很严肃，对方却接受不了我说的‘停！我不喜欢你这样做’呢？”

青青："有的同学可能会拿这句话作为玩笑，而没有用在合适的地方。"

小华："有人会以恶作剧的形式说这句话，应该有其他的话术回应这种情况。"

老师还是用了两组情景演示，来展现两种典型场景，供大家讨论：

情景 1

方方和圆圆打闹，用手拍打圆圆，并胳肢圆圆，圆圆笑着说"停！我不喜欢你这样做，不要挠我"。

同学们点评说："圆圆是笑着说的，对方可能以为就是在跟她玩。"也有同学提出了质疑："我觉得被挠痒痒这种情况，没办法保持不笑呀！"

"是的！那么这时候有没有什么好办法呢？"老师暗暗指向解决问题四步走。

"先跟她分开！然后也要控制表情。"

因此，表达自我的第一个准则，是要坚定。明确地给对方传递你的信息和感受，才能做到不混淆模糊。

情景 2

方方不小心碰了圆圆一下，圆圆回应："你干吗啊！你有病吧！”方方回骂，两人冲突升级。

同学们点评：“老师，我觉得这非常好地重现了我们经常发生的情况。”

老师提问：“这样的表达，你们会接受吗？”

“不会，因为我不是故意的啊。”

“那如果，用一种冷静平和的方式，你会接受吗？”大多数同学都说会感到抱歉，而不会觉得自己的人格受到冒犯，事情也就很平稳地解决了，大家心情都很好。

坚定而和善地表达自己，有利于最快速地澄清事实，解决问题，达成和解。很多时候孩子们之间的冲突是由于沟通技巧的缺乏。这一技巧不只适用于那些较为内向的孩子，也同样能够帮助社交受挫的孩子改善与他人的关系。

解决问题不要光讲道理

李雅琪

当我们想解决班里的一件事情时，可以先找一个生活中的案例，让他们先辩一辩，说一说，然后再迁移到我们的问题中。

亲爱的大土豆们：

昨天是我们的外出日，回到学校后还有一段时间，我就带着孩子们进行反思。首先我分享了一个小故事：有两个人，方方和圆圆，方方不爱吃鸡蛋，但每天早餐都有鸡蛋，正好圆圆喜欢吃鸡蛋，于是方方每天就把她的鸡蛋送给圆圆吃，刚开始圆圆很感谢，久而久之便习惯了。突然有一天，方方把鸡蛋送给了宽宽，圆圆知道后很生气，便与方方大吵一架。

故事讲完了，我问同学们：“你们觉得这其中是谁的错？”全班都说是圆圆做得不对，我追问：“为什么？”有的同学说：“鸡蛋是方方的，她给不给圆圆都没有错。”有的同学说：“圆圆不应该对方方发脾气，因为方方是在做好事，她可以给宽宽。”

总之，我们不应该把别人对我们的好当作理所当然。那么，在我们的旅途中，有没有类似这样的事情发生呢？很快就有学生说了“棒棒糖事件”，于是，我们就复盘，然后分角色说明了应该如何处理比较恰当。全程气氛融洽，学生很快就明白了正确的处理方式。

PS：欣欣竟然用今天中午的时间，把这个故事做成了一本小书，可见它给学生留下的印象之深，也让我颇感意外。

今天晨会，我的主题是：守时。因为平时孩子们太留恋游戏时间了，怎么叫也不回来，甚至要和我讨价还价，差一秒钟也说没到时间呢，即使回来了又要擦汗，去接水，严重影响了下一节课，所以，我必须要明确地讲清楚这件事情。

首先，我假设了一个生活场景，抛出问题：如果你和朋友约了早 8 点见面，你打算几点到？

孩子们有说 7：45 的；有说 7：55 的；有说 7：30 的……理由呢？因为要早一点熟悉环境啊；看看安全出口；去个卫生间；怕堵车呀；不能让对方等我呀……

我心中窃喜：你们都好有时间观念啊！但是，你们发现每天早上我都在班里等着你们吗？如果你踢完球回来要洗手，要喝水，要擦汗，你是不是应该早 5 分钟回来呢？

当我今天这样追问的时候，我发现他们没有任何反感，但这要是之前，有的同学一定会和我争论的。此刻的他们很平静地就接受了这件事情，而且我能从他们的眼神中感觉到，他们很认同我的观点，发自内心地愿意这样做，而不是被迫接受老师规定的时间要求。

果然，当我今天再去提前叫他们回班时，我可以感到他们心中多了一份平和。

这两件事给我的最大的一个感触就是：当我们想解决班里的

一件事情时，可以先找一个生活中的案例，让他们先辩一辩，说一说，然后再迁移到我们的问题中。首先，面对一件与他无关的事情时，孩子们非常敢说，也愿意说，他们已经有了较强的分辨是非的能力，可以把道理讲得头头是道，而我们要做的是：相信他们触类旁通的能力。他们不是不懂道理，只是他们会说一套做一套，尤其在关系到自己的问题上，他们就无法客观地看待整个事件了。

以后，我会多带着他们分析一些社会上的事情，多做一些辩论题，借此建立正确的是非观，当他们有了评价事情的个人观点，能够从多种视角看待一件事情的时候，他们的同理心也就逐渐生成了。未来，当他们自己遇到类似的事情时，就可以触类旁通地独立解决了。

你说我画

李雅琪

老师总觉得自己讲得很明白，但是学生却一头雾水。描述者的语言一定要具体，多细节描述；绘画者要及时提问，可以帮助他解决困难，多交流问题就解决了！

亲爱的大土豆们：

昨天，我们用班会课的时间做了一个游戏：你说我画。

首先需要老师提前画好一张简笔画，然后任选一名同学，用语言来描述他看到的画面，底下同学要保持安静，不许提问，只根据描述者的叙述来画画。这样反复几次，看看有没有同学可以画得像原始图案一样。

第一次我们画了一个“小太阳”，这是一个很简单的图案。好几名同学轮流上来描述，却发现好像怎么说大家都画不像，底下同学更是十分躁动，嘴里嘟囔着要提问，却又不被允许。

随后，我做了个示范，语言要明确画面的细节，比如：纸要横着用，圆在正中心，线段有 8 个方向，每段 2 厘米左右。于是他们一边修改一边懂得了该怎样描述，便纷纷举起手要求下次来描述。

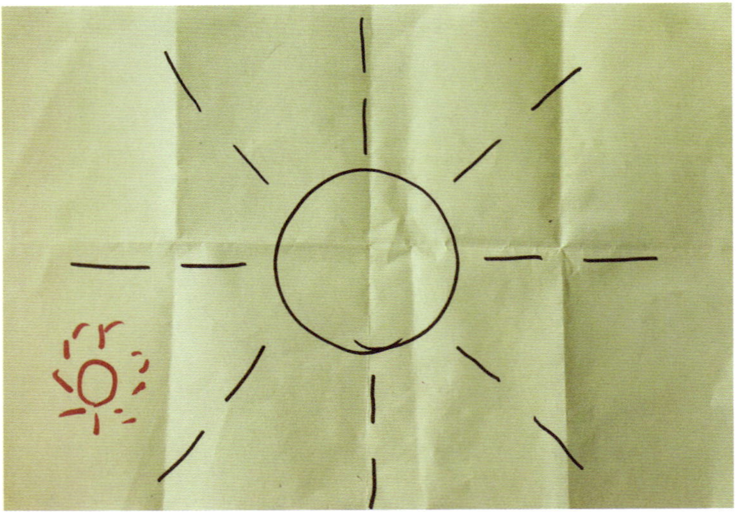

第二次，我随手画了个“字母小人”，果然，有了刚才的示范，描述者开始注重细节，底下很快便出现了大量仿制品，已经非常像了，但是大家困在了三根 S 形的头发上，描述者语

言表达不出来，着急；绘画者找不准位置，也着急。最后，描述者用“穿过脑袋”一词，让大家恍然大悟，我们也终于找到一模一样的画了，很开心。

第三次，要做一个对比实验。这次只要绘画者举手，是被允许提问的，描述者也可以具体回答。我画了一个比之前复杂的“小房子”，欣喜的是：经过一番描述者与绘画者的提问—回答—提问—回答，有同学画得简直是一模一样。

最后，我带着孩子们思考：在游戏过程中，你有什么体会吗？由于时间关系，很遗憾没有太多的发言，但是我觉得，有这样一番亲身体验后，他们一定会有所感知的。

把这件事情引申到课堂即是：老师总觉得自己讲得很明白，但是学生却一头雾水。描述者的语言一定要具体，多细节描述；绘画者要及时提问，可以帮助他解决困难，多交流问题就解决了！

其中，还有一个小细节：有几名同学觉得画不出来，中途便放弃了，表示不想玩了。我尊重了他们的想法，多正常呀，当我不理解描述者的意思，画不出来的时候，还被限制不能说话，我怎么能画对呢？这不就像让我安静地坐好，不被允许开口，还要被动地接受知识一样吗？我怎么能明白！

不知道孩子们对这个游戏领悟了多少，但我相信日积月累的力量。道理很简单，但是不尝试、不亲身体会，是难以感知的，也推荐您在家可以多和孩子玩类似的游戏。

申请少布置些作业可以吗？

冯春

虽然孩子们的申请书格式并不规范，但大家都喜欢上了写申请，因为它传递了孩子们内心深处的想法："请听我说说心里话吧！"

"圆梦行动"——写申请。

咦？"圆梦行动"和"写申请"能有什么关系？根本不沾边嘛！别急，这可有故事……

两周前大家就都知道成成国庆节要去美国玩了，他逢人就念叨，对这场"说走就走的旅行"充满了期待。不过，他也有一个小担心："如果假期作业太多，哪儿有心思玩呀？"于是，他认真地把"国庆节假期作业少一点"写到了自己的梦想小手上，并把它选为"9 月梦想"。要实现梦想就得制订详细的"圆梦计划"，唉！怎么开始第一步？想想容易，做起来怎么那么难！晨会的时候，成成捧着大脑袋皱紧了眉头："我要崩溃啦！"

▲ 梦想小手

幸好，我们还有一个小伙伴之间的“圆梦计划”助力行动，其实就是把一个同学的“圆梦计划”摆出来，然后大家七嘴八舌给他支招提建议（目前已经支持了4位同学的梦想计划）。于是，老师把成成的这个“梦想”写到了黑板上，大家看了都笑起来，“你可以直接跟老师说呀，说你想少写作业！”“不行，老师肯定不同意。”“我觉得你得写申请！”“申请？什么是申请？”“就是请别人同意你做什么呗！”这时候，老师使劲点头，“写申请表示你很认真，是很正式地提出你的想法，那别人当然会郑重考虑喽！”

可是，成成依旧一脸茫然：“申请里面写什么呀？”

“你得写写自己的日程安排，自己每天都要干些什么。”

“对，你每天都很忙，所以才写不了很多作业呀！”

“是写每天要去哪儿去哪儿吗？”成成赶紧追问。

“可是，在飞机上在路上你也能写作业呀，每天出去玩你也总有休息的时候……”

“你得再想想写不了那么多作业的原因。”

就这样，大家你一言我一语出了不少点子，于是，成成决定把写申请作为圆梦计划的第一步，那第二步就是“交申请”，接下来呢？就是等着老师们的回复喽！

“说者无意听者有心”，虽然这是成成的梦想，但有好几个小伙伴也心痒了：“我们也想写申请……”

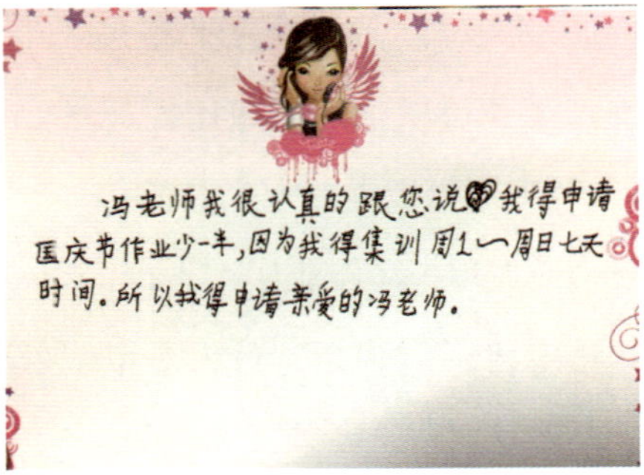
冯老师我很认真的跟您说❤我得申请医庆节作业少一半，因为我得集训周1一周日七天时间。所以我得申请亲爱的冯老师。

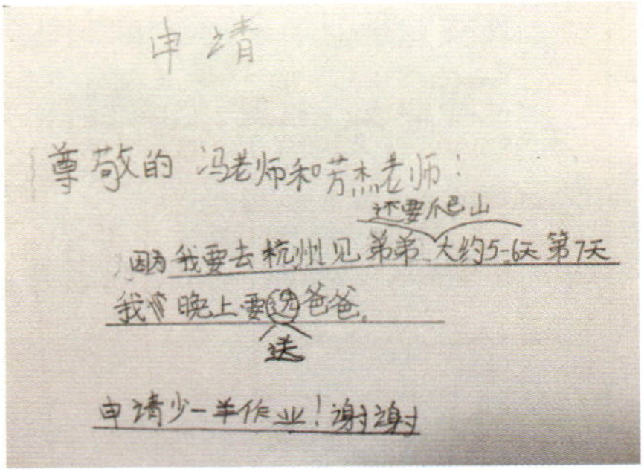
申请

尊敬的冯老师和芳杰老师：

因为我要去杭州见弟弟还要爬山大约5-6天第7天

我要晚上要送爸爸。

申请少一半作业！谢谢

这就是几个同学的第一版“申请”：

“冯老师，我很认真地跟您说我得申请国庆节作业少一半，因为我得集训，周一到周日 7 天时间，所以我得申请。”

“亲爱的冯老师，我觉得这个假期我会很很很忙……”

“我要去杭州见弟弟还要爬山，大约 5~6 天，第 7 天晚上还要送爸爸，申请作业少一半，谢谢！”

嗯，老师说这还不能算是正式的申请，今天早上又带着孩子们学习了“申请”的基本格式，瑞瑞还提供了一个金点子，“要从头到尾读一读，看通不通顺，有没有写清楚。”

这次，加入成成的梦想计划写减少作业申请的小伙伴们就更多了，而且在申请里面，大家都绞尽脑汁摆出各种理由：“我每天都得去景点，回酒店吃完饭洗个澡就得睡觉了，所以我觉得没有时间完成所有的假期作业。”“在贵阳我有很多亲戚，如果他们有什么聚会的话，我和妈妈是一定会去的，就算没有聚会也会去某个亲戚家，然后又会去某个地方吃饭。”“我要上一个从早上到下午的学习营，我不知道要上几天，但时间会有一点紧张。”

……

虽然这还不是那么严格的申请书，但大家都喜欢上了写申请，因为它传递了孩子们内心深处的想法：“请听我说说心里话吧！”

最后，老师说：“10 月可是一年中最美好的月份，灿烂但并不灼热的阳光，清爽的空气，这一周的时间用来亲近大自然，读几本一直想读但没有时间读的书，或者就是听听音乐、晒晒太阳也都可以呀！作业其实也不多，阅读、写字，估计每项作业的时间不会超过 30 分钟，小土豆们的心里话老师都听到啦！”

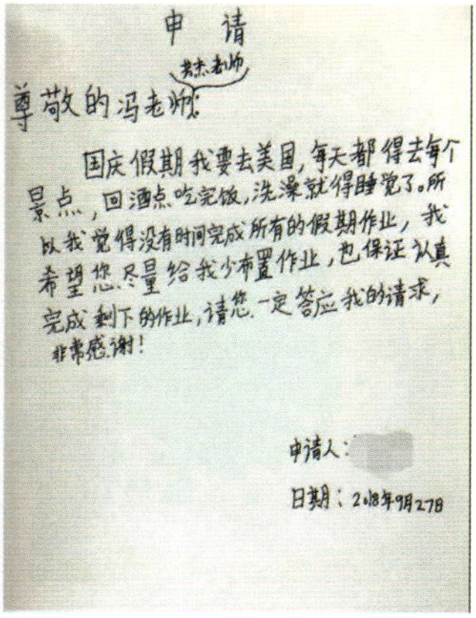
申请

尊敬的冯老师（芳杰老师）：

国庆假期我要去美国，每天都得去每个景点，回酒点吃完饭，洗澡就得睡觉了。所以我觉得没有时间完成所有的假期作业，我希望您尽量给我少布置作业，也保证认真完成剩下的作业，请您一定答应我的请求，非常感谢！

申请人：

日期：2018年9月27日

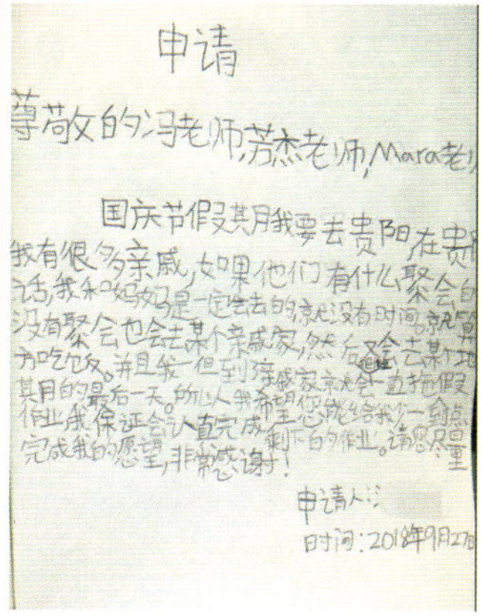
申请

尊敬的冯老师，芳杰老师，Mara老师

国庆节假期我要去贵阳在贵阳我有很多亲戚，如果他们有什么聚会的话，我和妈妈是一定会去的，就没有时间，就算没有聚会也会去某个亲戚家，然后会去某地方吃饭。并且我一但到亲戚家就会一直拖假期的最后一天。所以我希望您能给我少一点作业，我保证会认真完成剩下的作业。请您尽量完成我的愿望，非常感谢！

申请人：

时间：2018年9月27日

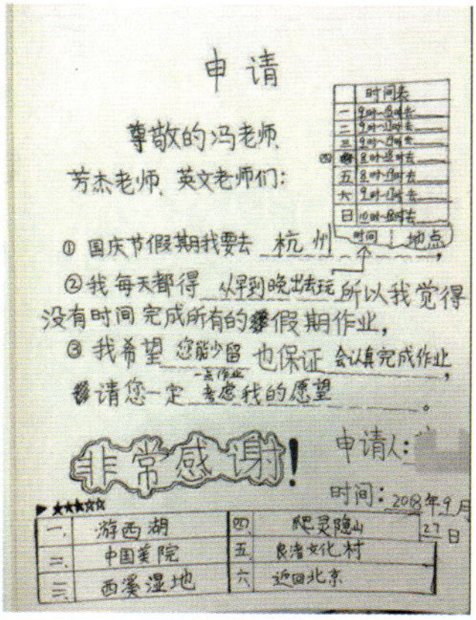
申请

尊敬的冯老师、芳杰老师、英文老师们：

① 国庆节假期我要去 杭州 （时间 地点）。

② 我每天都得 从早到晚出去玩 所以我觉得没有时间完成所有的假期作业，

③ 我希望 您能少留一点作业 也保证 会认真完成作业，请您一定 考虑我的愿望。

非常感谢！

申请人：

时间：2018年9月27日

	时间表
一	9时~8时去
二	9时~11时去
三	9时~8时去
四	8时~8时去
五	8时~8时去
六	9时~8时去
日	10时~8时去

一、	游西湖	四、	爬灵隐山
二、	中国美院	五、	良渚文化村
三、	西溪湿地	六、	返回北京

保护孩子的秘密角落

冯春

孩子们都喜欢秘密角落，除了空间里的秘密角落，还有精神上的秘密角落。允许孩子有自己的小秘密，允许孩子有“小恶”，不要总是像直升机一样盘旋在孩子的上方，随时准备“提醒”“教育”“指导”。

记得加拿大教育学者范梅南·巴斯曾经在《儿童的秘密》一书中写到：

在我大概四五岁时，我在一堵凸出的墙边的一个储藏箱底下找到了一个狭窄的秘密空间。我有时会一个人在这里坐上好几个钟头，根本不管外面发生了什么事情。在这里，我可以做白日梦，也可以想象另外的世界在发生什么。我愿意躲在这里，为什么呢？我自己也说不清是什么把我吸引到这个地方来的，或许是那一堵墙后的秘密空间，或许是我充满童趣、好奇和幻想的内心世界。

有一天，我又坐在那里。妈妈突然喊我的名字，虽然她离我不过几步之遥，我的第一反应是想从底下走出去，但不知为什么，我却没有说话。或许是我不想暴露自己的这个秘密地方，而且我也想检验一下我这个秘密之所的力量，突然我觉得这个带给我幻想的秘密之所变成了一个令我兴奋的藏身之处。

听到妈妈一直叫着我的名字穿过整座房子，我有一种莫名的激动，因为我把自己隐藏得如此不露痕迹。最后，我很快离开了那个地方，跑到妈妈身边，妈妈当时已经上了楼，但我并没有告诉她我刚刚在哪儿。

（选自范梅南·巴斯《儿童的秘密》，教育科学出版社）

几乎所有的儿童都曾在某一时期对自己的秘密或隐秘空间格外保护，即使成年人并不喜欢这样。

还是加上之前跟同事交流过的这一段吧（她说的，我很喜欢，印象特别深）：实际上，隐秘的空间是孩子的众多秘密中的一个。拉丁语中，秘密（Secretus）意味着“分开、分离、区别”，宗教和诗歌给予了西方人关于秘密的原初经验。在每一个人的生活史中，都有一些独自或者说只愿意与某些人分享的东西，有可能是秘密的藏身之所，也可能是秘密的物品、宣言或者发现等。这样的地方之所以能成为一个人的秘密之所，就是因为它神秘、朦胧、可变，人们在这里体验了秘密，体验了自我。在这里，人们的内心世界和外部世界融为一体，这是一个独特的私人空间。在这个秘密之所，人们觉得安全、隐蔽，人们在无限地接近心中真实的自我。秘密空间能够给儿童带来庇护，在年幼时获得本体性的安全感和对周围世界的信任感，因此我们需要更加审慎地对待儿童的私密空间。

除了空间里的秘密角落，还应该包括精神上的秘密角落吧？允许孩子有自己的小秘密，允许孩子有“小恶”，不要总是像直升机一样盘旋在孩子的上方，随时准备“提醒”“教育”“指导”……离得远一些，远远地守望，发现他们靠近“悬崖”的时候再成为那道保护的屏障。

用爬山模型一起解决问题

祝玉娟

过于清晰的目标导向之下，我们往往容不得孩子“按照自己的节奏”成长。孩子们天生向善、向上的心通常不被我们看见和信任。

今天，祝老师有问题向孩子们求助。

老师周末的时候，一时没忍住吼了儿子，事后后悔，后来反思对学生们说话也有音量不合适的时候。怎么办呢？老师很苦恼，向孩子们求助。

孩子们热心极了，恨不得比老师还着急，七嘴八舌地帮老师出主意。有的说“下次生气的时候想想开心的事”，有的说“请身边的人提醒”，有的说“找个人说说”把情绪表达出来。最后，孩子们一致同意采用“手势法”，即每次老师音量起来时，孩子们会用手一张一合提醒老师降低音量。击掌！老师欣然接受。还别说，这办法太好使了！刚好那时有孩子走神玩橡皮，祝老师提高音量提醒，霎时间眼角余光瞥见数十双小手冲着老师一张一合……哎呀，一下子把老师逗乐了，什么情绪也没有了！

这里要说的是，这次孩子们跟老师一起解决问题，使用的是“教练式教师”中的“爬山模型”。老师诉说苦恼时，是在山脚下；老师诉说自己的期望时，是爬到山顶上，打开视觉脑展望美好景象；孩子们出谋划策帮老师解决问题的过程，就是一步步下山的过程。问题解决了，也从山上下来了。

“爬山模型”从视觉和逻辑上都简单明了，孩子们不费力就能理解（一个孩子下课后还画了“祝老师爬山图”，哈哈），而且整个过程都是在积极解决问题，双方没有任何说教，孩子们非常容易接受。

时机成熟。是时候用爬山模型解决下一个问题了。

老师又向孩子们求助：“老师我忘了带铅笔”“老师我忘了带橡皮”“老师我带了铅笔盒，可是里面没有铅笔也没有橡皮”……这些都是每天早上老师最怕听到的声音（山脚）。老师好希望有一天孩子们进教室的时候不光有阳光的笑脸，还可以从容有序地拿出所有上课需要的东西（山顶，展望美好未来）。

有什么解决办法吗（下山）？孩子们再一次热心地开动脑筋：“写完作业就把东西放到书包里。”“每天睡觉之前都再检

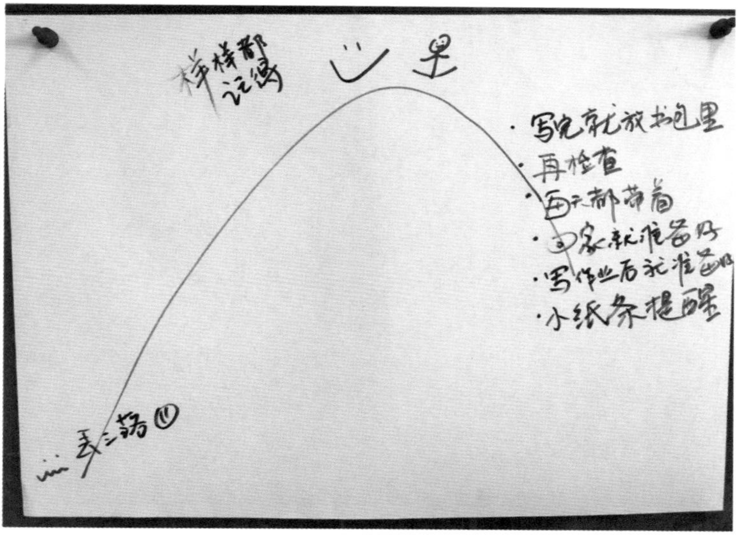

▲爬山模型

查一遍。”“所有东西每天都带着。”最后有孩子提出“每天写小纸条提醒”时，很多孩子都做出“同意”的手势，于是孩子们决定采用“清单法”来帮助我们“出门不忘”。（一个孩子不同意，理由是清单也会忘了看，想采用自己认为有效的“自我提醒法”。老师尊重孩子的想法，同意试一试，但建议“自我提醒法”三次忘东西之后，再试试“清单法”，孩子也欣然同意。）

对于早晨出门之前需要带的东西，孩子们列出清单，大致做了分类。祝老师基于此做出一个教室版的“出门不忘”。

跟孩子们分享了我的整理思路和设计思路之后，还跟孩子

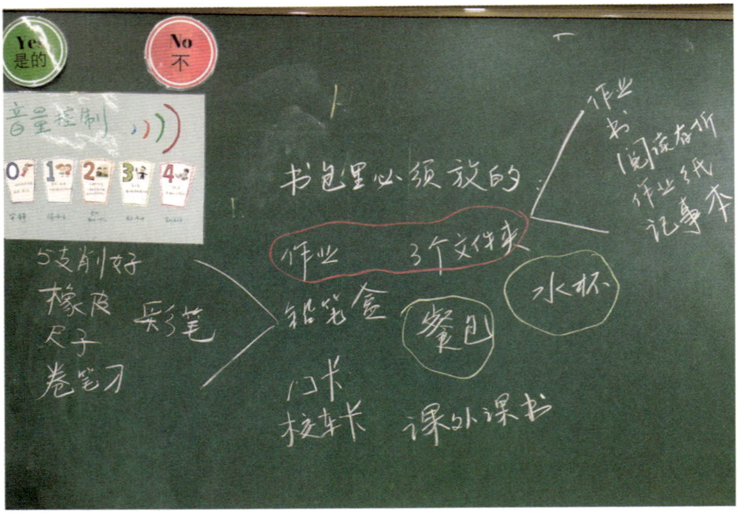

▲ 教室版“出门不忘”

们一起看了一些清单的设计样本，给孩子们一些启发。之后，陈楚老师帮孩子们整理出两份最常用和容易理解的清单框架。孩子们可以选择使用陈楚老师的框架图，也可以自行设计。至此，形式有了，内容有了，思路理顺，动机十足，孩子们已经迫不及待了，一领到纸就一言不发地开始设计和写画了，专注到让人感动。

课程之外，跟大家分享一个祝老师自己的成长。上周开始，老师在班里招募“小小领读员”，带领晨会朗读。全班只有一个人报名。耐心地等到这周三，还是只有一个孩子报名

（老师之前设想的“群起而攻之”的场面并没有发生，哈哈）。老师有点沉不住气了，暗想要不要使用一些手段“刺激”一下（虽然不是物质刺激）。犹豫不决之际，老师还是想先跟孩子们聊一聊，为什么不报名呀？孩子们倒是坦诚，说“怕字认不全”“从来没有站在前面过”“紧张，发抖”……原来如此啊，老师还以为是什么过不去的坎呢。

祝老师于是郑重发誓，向孩子们保证，老师一定会站在孩子们后面，无条件随时给予帮助，不用怕。话只说到这里，还没有什么高明的策略呢，好几个孩子已经举起手来啦！老师注意到还有很多纠结、尝试着举手的。老师写下举手孩子的名字，同时宽慰还没有准备好的孩子们，“不用急啊，更不用害怕，你们先准备着，等你们什么时候准备好了，老师也把你们的名字加上去。”这话说完，明显看到孩子们的表情更自如了。

这次小小的事件让祝老师暗暗庆幸，庆幸用了理解和等待而非外部刺激。大人们往往嘴上说把孩子当朋友，实际上并不会完全信任孩子。过于清晰的目标导向之下，往往容不得孩子“按照自己的节奏”成长。孩子们天生向善、向上的心通常不被我们看见和信任。为了在我们计划好的某一时间达到我们计划好的目标，我们很容易给孩子“催肥”。

好的教育是唤醒孩子内心的种子，给予种子所需要的阳光、雨露、空间，然后等待。有的孩子第一个星期就报名，有的孩子第二个星期报名，有的孩子四个星期以后才考虑报名。但，这有什么关系呢？四个星期的等待貌似不短，但四个星期相对于孩子一生的征程来说又算什么呢？如果四个星期的等待能等来一个自信成熟的心灵，信心满满地喊出“我想领读！”这难道不值得吗？这次成长感悟分享给大家，互勉、共勉。一起学习用智慧守护我们的孩子。

感谢你做班级的守护者

李雅琪

下一学年，四五年级就要拆班了，有老同学转走，有新同学转入，到时我们会分别给五年级和六年级再起一个新的班名，因为我想把“清水”这个班名留给 25 个人在一起的那个班级。

作为班主任，我曾一直对“代币制”这样的小伎俩不屑一顾，觉得孩子们不会在意这些东西的，多幼稚啊。但是后来听了很多专家的讲座，都推荐这个“小伎俩”，我就忍不住想试一试了，看看到底会有什么效果。

于是，在 6 月 11 日，我们正式开启“清水守护计划”，把当时最突出的 3 个问题列举了出来，分别是：晨会迟到；中午人员不齐；违反 ETU3（由孩子们一起讨论制定出的一士行为规范），并且，由孩子们制定出他们希望得到的不同层次的奖励。

没想到，此计划一公布，前几天效果出奇地好，我着实有点儿惊讶：这小伎俩这么好使呀。然而，别高兴太早，随着时间推进，孩子们明显懈怠了，一开始的兴奋劲儿没有了，抱怨声也出来了，失望的情绪也加重了。刚到中期，数一数就发现：我们已经得不到最大的那个奖励了。不过相比之前，迟到现象已经有了很大改善，我还是及时鼓励了孩子们的表现，如果可以得到第二个大奖也是不错的呀。

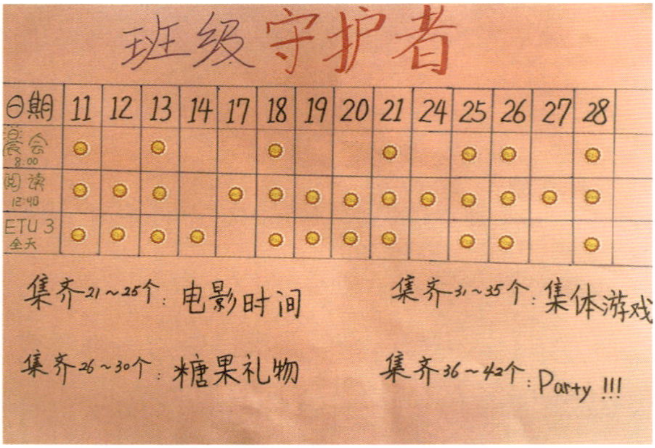

就这样每天坚持着，每天反馈着，在大家共同的努力下，最终刚刚好达到集体游戏的奖励，可喜可贺。所以，要感谢你们之前对班级的守护，才赢得了今天的集体游戏（撕名牌）。

下一学年，四五年级就要拆班了，有老同学转走，有新同学转入，到时我们会分别给五年级和六年级再起一个新的班名，因为我想把“清水”这个班名留给 25 个人在一起的那个班级。

有一天，一位同学知道要起新的班名的时候，他提议说：“六年级叫氢气班，五年级叫氧气班，因为氢气 + 氧气可以生成水。”

那一刻，我真是为这个孩子的想法拍手叫绝，同时也十分感动，即使分开了，但是那份感情仍在，那份友谊长存！

第4章

敢想敢做

谁说只有大人才能搭房子、种菜园、做饭、出书、开工作坊？谁说改变世界必须是成年人才能做的事儿？

小土豆们的故事就是最好的答案。在这一章里，我们聚焦一土的项目制学习的 8 个故事，看看孩子们是如何实现做中学，通过沟通协作，完成与项目相关的知识与能力的构建，最终学会在知识迁移中解决真实世界的问题，并收获满满的自信。

永远不要低估孩子的能量！好的教育，不是教会孩子什么，而是赋能孩子，让孩子看见和感受，改变世界其实可以从每一件小事做起。

如果每个人都做一些努力，这个世界就可以变得更好。

五六岁孩子运营的电影院，你见过吗？

王雨轩

项目制学习并没有我们想象的那么复杂，关键在于如何围绕孩子们感兴趣的问题，来激发他们发挥自己的创造力和协作力，来试图将自己所学的知识，甚至是生活经验结合起来解决问题，并给予具体的反馈，最终实现高质量的亲子时光。

这是一群一土创校小土豆的故事。

2017 年春天，一土参加法国大使馆的“种植吧，小园丁”项目，在校园里种植各种蔬菜瓜果。本着激发孩子内驱力、打通学科边界、培养孩子沟通协作及解决真实世界问题的能力的初心，我们将这个项目变成了第一个一土的跨学科项目制学习的项目。

我至今还记得孩子们在几平方米的小菜园测量、开垦、播种的身影，记得他们在 3 个月里记下的每一页植物观察日志，还有和小伙伴们一起创作完成的用无数冰棍棒搭起的菜园指示牌。而在项目展示日，由 K 班 5~6 岁的孩子们独立运营的“蜻蜓影院”“蜻蜓餐厅”，依然是那个夏天留给我们的最美好，甚至惊艳的记忆。

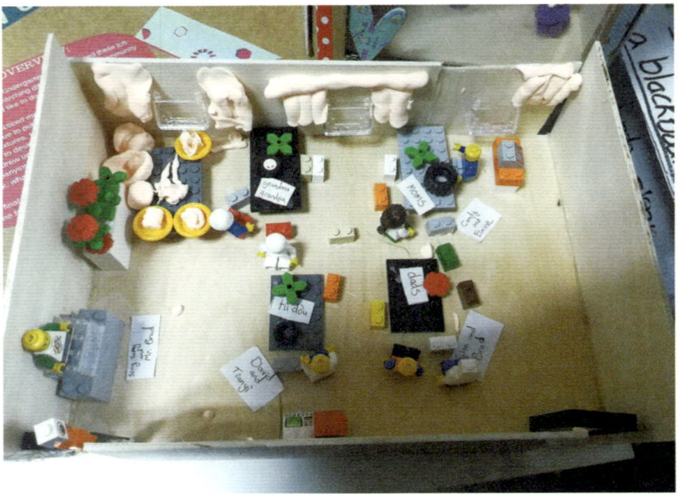

▲蜻蜓餐厅乐高设计模型

项目开始阶段，孩子们通过讨论来决定要通过什么样的方式，向家长汇报自己一学期的学习成果。最后大家通过了三个提议：一是制作一段视频，并在“电影院”中播放；二是制作美食，把小菜园中生产的蔬果给爸爸妈妈尝尝；三是建一个小市场，把自己种的有机蔬菜卖给爸爸妈妈，请他们回家品尝。

看，三个大项目就这样确定了。

接下来说说孩子们在创建电影院这个项目中的小细节吧。

从拍摄视频到运营电影院——这个听起宏大，操作起来的确也很宏大的项目，全部都是以孩子为主体进行讨论，然后亲自执行制作的，整个过程简直就像个传媒学院的迷你版视频项目。

有一次视频头脑风暴后，一个小男孩从教室中走出来，头发揉得蓬乱，一眼看上去就像个小小爱因斯坦，绞尽脑汁即视感，可见我们的课程实在是够烧脑。

在搭建电影院的时候，孩子们给我们的电影院命名为蜻蜓电影院。我们先用一张大海报梳理了孩子们对一个电影院的已知的印象，又讨论了还需要知道什么，可以让我们把一家电影院做到更好。

一个电影院应该有什么呢？

孩子们根据平时看电影或看演出的经历画出了剧院的草图，还根据座位的位置与舒适程

▲ 由学生设计的电影票

度区分了票价。在设计门票的时候，大家一起讨论一张门票需要包括什么信息。

孩子们回家搜罗各种门票，最后确定了要有时间、地点、票价，还要有观影须知（这是连老师都没想到的呢）。孩子们在写观影须知的时候强调：拍照不能开闪光灯、手机要静音、

▲电影票设计思维导图

请爸爸妈妈看好自己家的小孩子（弟弟妹妹）。真是生活经验的完美迁移。

差一点，大家就都忘了，影院门票上还需要印上座位号呀！幸好一位同学想到了，因为他记得以前看电影的时候要对号入座。因此，在项目制学习中，切记要给孩子机会，去挖掘

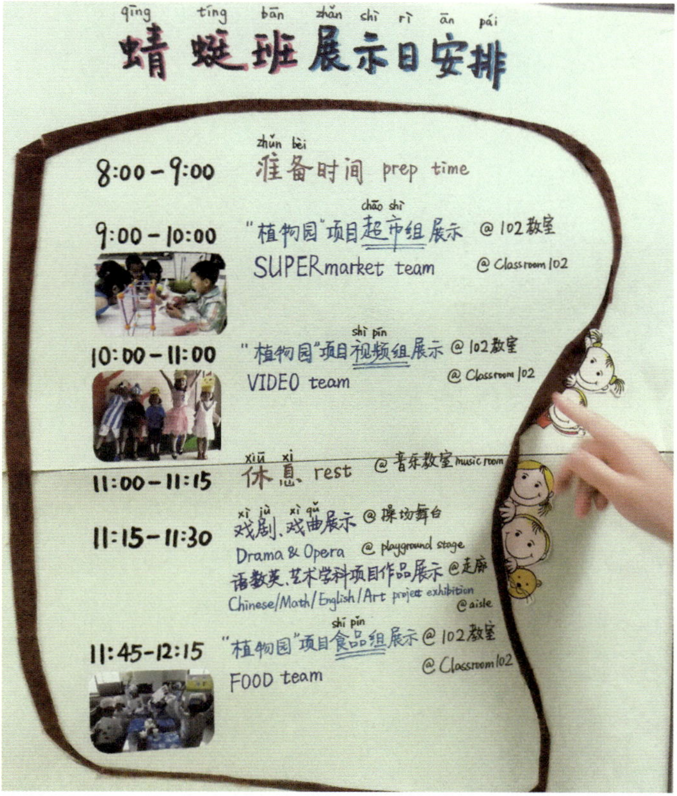

生活中的已有经验。

在最终方案里，孩子们还给我们的电影院配套了引导讲解员、负责查验门票的人，以及卖爆米花的同学，整个商业生态很完整呀！

在这个过程里，首先是以孩子为主导，孩子有发言权，也有做决定的权利。孩子们从最初的讨论草图，中间通过无数的反思、迭代、优化，到完成最终的方案，迭代是项目制学习中特别重要的一步。

最后总结一下：项目制学习成功三要素：

1. 公开展览（分享给他人）；

2. 多版草案（不断反思、优化、迭代）；

3. 评论反馈（自我反思，他人反馈）。

为了避免孩子们自大自负，在项目过程中，团队以外的声音也特别重要，孩子们要学会接收外界的评价和反馈，这样他们才能知道做得好的地方和需要改进的地方。所以我们会让小组间相互点评。孩子们都知道，只有会发现别人的亮点，才有利于自己学到东西，所以在评价他人作品的时候，都会先说亮点，再说改进。这点好多家长都还要向我们的小土豆们学习呢。

对于家庭而言，爸爸妈妈们也不妨在亲子时光中，进行各种项目制学习。无论是看一本书、办一场聚会、外出旅行、看几部电影……所有这些事都可以成为项目制学习的主题，这个一举多得的“买卖”，还不赶紧试试？

在家庭中进行项目制学习，要注意以下几点：

1. 给孩子高质量的陪伴；

2. 让孩子在玩中学；

3. 给孩子做决定的机会；

4. 让孩子真切地感受分享学习成果的喜悦。

那么，在家庭中带领孩子玩转项目制学习，要如何开始第一步呢？

也许，可以从一张愿望清单开始。

一张有创意的愿望清单，让我们有机会去发现孩子们想做的事情。不要把列清单这件事做得呆头呆脑缺乏乐趣，要玩儿起来！

一土的孩子们做清单，有做成双肩背包的，有做成大水桶

的，还有做成手提袋的……以快乐的基调，开始实现我们的愿望吧。

有了愿望清单，就等于挖了一个大坑，它告诉我们孩子的兴趣点在哪里，作为家长，我们需要做的，就是将这些愿望转化为一个个项目了。

在孩子自己动手动脑的过程中，难免会有“怎么办？我不会”之类的夺命连环提问，那什么时候我们应该施以援手，什么时候又要装傻充愣呢？或许以下的这些脚手架，可以帮助到您。

1. 孩子产生问题 / 家长根据孩子的兴趣提出他们感兴趣的问题；

2. KWL（Know 知道什么，Wonder 想知道什么，Learn 学会了什么）；

3. 思考解决方案和呈现的形式（成品 + 展示），制订计划；

4. 一步一步实现（加入迭代、反馈和反思）；

5. 评估（自我反思评价，他人评价反馈）。

项目制学习并没有我们想象的那么复杂，关键在于如何围绕孩子们感兴趣的问题，来激发他们发挥自己的创造力和协作力，将自己所学的知识，甚至是生活经验结合起来解决问题，并给予具体的反馈，最终实现高质量的亲子时光。

一本书是怎么做出来的?

布莱德利 · 沃什 （翻译：玥雯）

那些时刻，有样东西已经悄悄在孩子心中生根，只等我们的“看见”让其发芽，以及时光岁月的养料助它茁壮成长。

5 岁的小朋友也能出书吗？当然！

他们用了整整一学期的时间，从绘本、电影等各种资料中研究动物，并学习配色、制作拼贴插画、选择背景音乐……最后出版了一本名为《P 是那个宠物 Pets 的 P》（*P is for Pets*）的故事书，甚至还像模像样地举办了一场盛大的图书发布会。

要知道，这些孩子中，许多刚来学校时英文还是零起点呢！到底发生了什么，让这群孩子完成了这项看似不可能的任务？

表达你的爱

新学期伊始，老师们开始集体讨论 K 年级的学习目标。“表达你的爱”是一土的价值观之一，我们希望孩子们能在项目中学会表示爱，发展自己的同情心和同理心。既然很多老师都有养宠物的经历，所以老师们决定以宠物为项目主题，并结合这学期的英文课程标准开展教学。

在项目起始的阶段，我们首先围绕“给动物一点爱吧”展开了讨论。孩子们提出了各种想法：“我们要怎样去关心动物？”“人们为什么要爱护动物？”最终，孩子们总结出了核心的问题：我们怎样去爱自己的宠物？

项目制学习需要在学生主导和教师主导之间找到一个平衡。对于 K 班的小龄孩子来说，不可避免，会有教师挖了一个学习的“坑”让孩子们往下跳的情况，从而保证孩子们在有限的时间里得到最好的学习体验。因此，这种框架引导式的项目对于低龄的孩子来说，其实是最理想的模式。

也正因如此，在操作层面，对于 K 班的小朋友，我们会花更多的课堂时间来讨论一些和首要的驱动性问题相关的，或者不完全相关的子问题，以便更好地发挥孩子们的自主性。

外出日的时候，孩子们在朝阳公园和蝴蝶、松鼠、小鸟一起快乐地玩耍，我们便借此观察孩子们是如何看待动物朋友的，然后和孩子们一起用“过去我觉得……现在我觉得……”

这样的话术反思这些经历，并帮助他们把这些经历和我们的项目主题关联到一起。

拆解任务，从“输入”到“输出”

核心问题已就绪，怎么解决呢？

接下来，孩子们就正式开始做项目啦。其实很多孩子才刚刚开始接触英语，怎么能让他们在不到一个学期的时间里，从英语零输出到能造有意义的句子并且做成一本书？

我们把这个看似不可能的任务分解成了一个个小任务。

选出你最喜欢的宠物吧

首先，我们让孩子们通过头脑风暴来列举自己所知道的宠物，我们还设计了一系列有趣的拼读游戏，让孩子们通过宠物单词的首字母来给宠物分类，学习宠物的相关知识。要每个首字母都能拼出不少宠物单词来，孩子们通过班级交流、投票等方式选择了每个首字母下最喜欢的宠物。

认识常用词

接下来，我们就要做每页书的内容了，每一次关于宠物的讨论和学习都是收获满满。我们找出了一些孩子们熟悉的宠物，还有孩子们熟悉的句子和词语，比如

“eat”“have”“can”“likes”等高频词汇，用在书的句子里。

然而，并不是所有的孩子都能流利使用上述高频词汇，我们用数节课的时间，通过 Total Physical Response（TPR，肢体反应法）和 Teaching Proficiency through Reading and Storytelling（TPRS，基于阅读和讲故事的情境教学法）等方式教会孩子们这些高频词汇的意思、用法、语法等。当孩子们都有了基本的语言运用水平时，我们就进行更高一级的学习。我们还通过 MeTalks、PictureTalks、MovieTalks、One Word Images，以及 StoryAsking 等方法提高孩子们的英语流利程度，让他们有足够的能力为自己的书编写内容。

每个活动结束后，我们都引导孩子们用 KWL（K，我知道了什么？ W，我还想学什么？ L，我已经学会了什么？）的方式进行反思总结。

走一走，聊一聊

我们还设计了其他一系列活动帮助孩子们学习，如照顾班级的宠物（蝴蝶和仓鼠）；采访养警犬的警察；采访朝阳公园里养金鱼的工作人员等。

经过一系列准备之后，我们的项目就顺利开始了。通过制作这本书，孩子们掌握了基本读写技能，并融合了科学、技术和艺术知识等。

“以学习者为中心的学习”怎么学？

就像前面所提到的，“学生的声音”取决于最后的成果是学生主导的还是老师的选择。从项目的策划来说，我们认为孩子可以从出版图书中获益，并学会未来所需的技能，所以将孩子能自主出版作为项目目标。同时，我们也欢迎孩子们的声音——为项目提供的反馈和建议。如有些孩子提议做立体书，有些孩子说到了戏剧，所以我们在项目中加入一些立体模型搭建的活动，并让孩子们给动物制作歌曲和音乐视频加入书中。

我带着孩子们看了很多绘本，觉得书的内容形式可以参照《E 是那个蚯蚓 Earthworm 的 E》(*E is for Earthworm*)。

另外，书的插图形式，我们决定借鉴艾瑞·卡尔文的绘本作品，如《好饿的毛毛虫》中拼贴画的艺术形式。为了最大程度激发他们的想象力，我们鼓励孩子们用“我看见”“我想”“我想要”这样的句式（中英文）来表达自己的想法。老师会记录下孩子们的想法，并写上孩子们的名字，以待正式开始做项目的时候可以回头比较。

插图的形式是什么样的？孩子们的点子还真不少。“用对比色”“用相似色系”“用彩泥做动物”“用彩纸呈现”“做立体效果的书页”……能不能达到预期的效果呢？要知道所有的最终草图都是孩子们的创意体现，但最终的作品并不代表他们的最好水平。

首先是画草图，孩子们对草图不满意，一遍一遍修改迭代。我们教孩子选择取舍，孩子们在接受了同伴的反馈和意见之后，修改自己的草图。

然后我们把孩子画的宠物最终草图复印下来，让他们在上面设计拼贴画。拼贴时常常会遇到各种问题，如拼贴的纸片重叠了，出框或者凌乱拥挤，颜色搭配不合适等，有时候，底页还会因为涂抹了胶水而变得皱巴巴的。

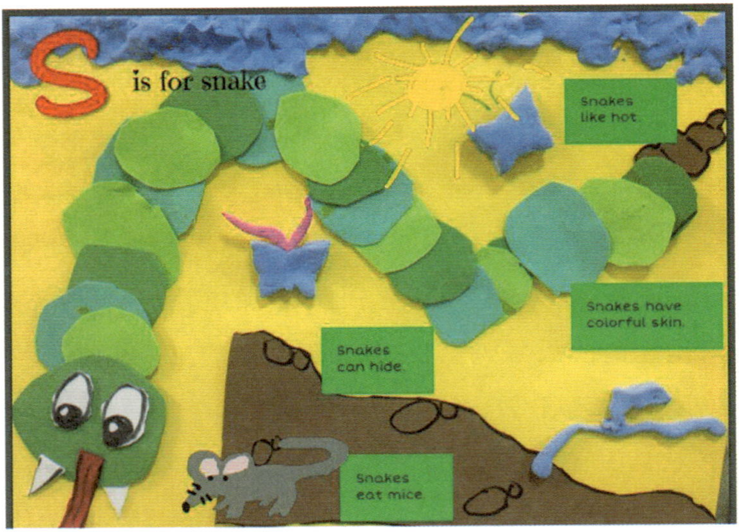

对此，我们特地上了一节颜色配对课，让孩子们了解到对比色和相似色的色彩搭配规律。我们用强韧且容易上色的海绵

纸作为拼贴材料，孩子们也逐渐熟悉拼贴的顺序和构图方式。

与此同时，艺术课老师教孩子们色调、选择颜色、给颜色加阴影等，让我们的第一本书看起来更赏心悦目。拿独角鲸这一页来说，我们选择用蓝色作为独角鲸的主要颜色，并用冰、海、溅起的水花、天空、鱼、云朵和太阳作为场景元素。

接下来就该设计我们的书啦。首先我们会让孩子熟悉一下 Book Creator 这个软件的基本功能，如下载图片、文字编辑、绘画、选择背景颜色、添加和删除声音或图片等。

值得一提的是，孩子们觉得加入音乐可以更好地学习单词，于是我们用了很多的时间来选歌曲、童谣，并让孩子们根据节奏唱出歌词，于是就诞生了很多可爱的歌曲。我们也认为音乐部分是对这本书的补充，可以帮助大家更好地理解书。

在图书正式出版之前，我们给孩子们介绍了出版流程和形式。比如如何制作盲文版，如何做书的封面和印刷，书号是什么等。经过各种考虑，我们决定在 lulu.com 上出版我们的书，希望孩子们可以把这个项目分享给朋友和家人，还可以利用这个机会募集资金捐赠给流浪动物或者我们班的宠物。

在我们对项目的创作、交流、合作和批判性思维成长反思时，让人记忆最深刻的就是一个小女孩的总结："现在看起来，书很有魔力。书可以帮助你分享你爱的东西，可以让我们更好。更多的孩子应该把自己的所爱出版出来。"

老师写给孩子的话

一个学期的PBL（项目制学习）课程结束了，真的是一场神奇的学习之旅。在其中，你们观察了毛毛虫和蛹，探讨生命和死亡；了解了蝴蝶的种类和构造，用画笔和彩泥重现它的美；并由对蝴蝶的爱和关照，延伸到对一切生命的爱和敬畏。

还清晰记得孩子们听到毛毛虫死讯时教室突然的安静和孩子由心而发的悲悯，也记得小家伙们自创的小诗《不踩虫子》里那句真诚的“虫子也是有生命的”和“见到动物不要去伤害他”。那些时刻，有样东西已经悄悄在孩子心中生根，只等我们的“看见”让其发芽，以及时光岁月的养料助它茁壮成长。

项目制学习的最后，孩子们自己制作了书、录制了歌曲，孩子们说这样能让更多的人关爱动物。听着孩子们的声音，脑海里浮现着朝阳公园的一个个午后，孩子们伴着吉他声唱歌，阳光照着他们的脸。

学习，本该是这个样子。

春天，我们一起学学种植吧

兰岚

差异必然存在，每个孩子的发展阶段和发展特点都不同，擅长的东西也不尽相同，可那就是他们最真实的样态呀，老师的包容与鼓励，足以让他们在强烈的安全感中慢慢突破自己，不断成长。

这学期的期末展示日，孩子们用自己的歌声开了一个惊艳的场：熟悉的《Remember Me》（记得我）旋律响起，爸爸妈妈跟着哼唱起来，咦？怎么歌词不一样？仔细一听不禁莞尔，原来老师带着孩子们根据这学期的“植物”主题进行了新的改编。

一场有预谋的活动

在基本定下今年的项目和种植相关后，接下来的问题，就是如何激发孩子们参与其中的兴趣了。

在几位老师不厌其烦地踩点过后，我们带领孩子们来到了中国农业博物馆，从原始人到现代人，原始农耕到机械化生产，从《齐民要术》到袁隆平院士的论文，一步步走来，技术的巨大飞跃吸引了孩子们的眼球。

除了听博物馆的老师悉心讲解，小家伙们还用 iPad 玩了一个团队合作游戏——“植物大搜查”。同学们 4 人一小组，在一位老师的带领下完成挑战，找到以下相关展品并与其合照：

1. 用植物喂食动物；

2. 用植物喂饱人类自己；

3. 用植物做工具来狩猎；

4. 用植物做衣物蔽体；

5. 用植物来搭建房屋居住。

通过这一回的“搜查”，大家发现：植物能做的事情这么多，它们对原始人很有帮助！斗笠、蓑衣、陶器、石斧和木屋，在这些最原始的工具和手工艺品前，小家伙们乐此不疲地合着影，并放出豪言：这些我也能做。

很好，这就开始上道啦。

一张顺利诞生的海报

我们总结了活动，再次提出了核心问题：植物是如何帮助古人生存下来的呢？接着，围绕这个核心问题，我们用 KWL

的结构，请小土豆们先回答“K”部分——我已经知道了什么。大家知道得可真不少，一言以蔽之，古人用植物满足了许许多多“衣食住”的需求！

顺着KWL逻辑往下走，你还想知道什么呢？即“W”部分，一轮的头脑风暴后，几乎写满了整张大海报。

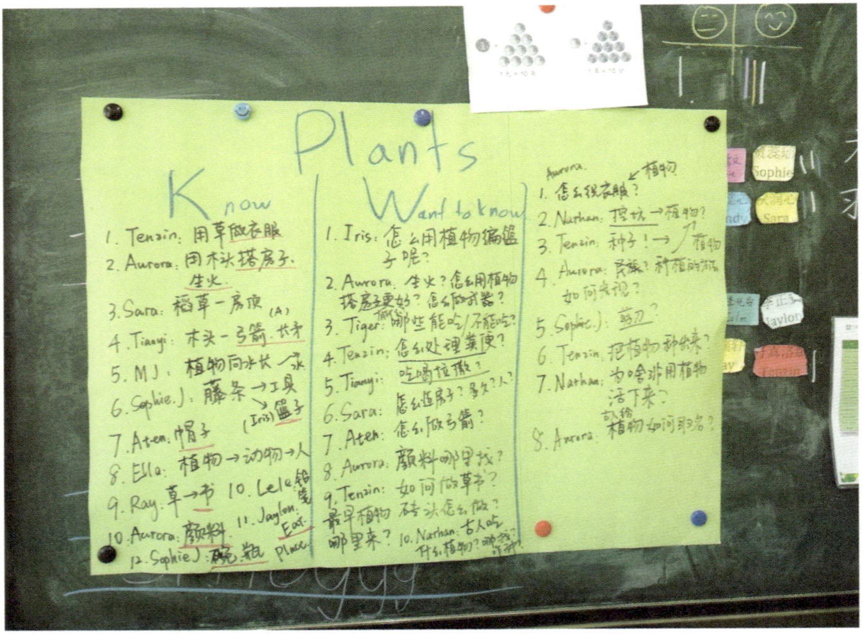

▲ 小土豆们种植项目的KWL讨论海报

最早的植物/种子是从哪里来的？

古人怎么知道种了它会帮助自己呢？

古人又是如何知道怎么种植物的呢?

(这些神奇的问题搞得老师们很想重新翻一翻《人类简史》。)

投票表达了对不同产品的期望程度后，我们发现，大家对于种植植物、用植物制造工具、搭建房屋或制造染料做衣服非常感兴趣，其次是用泥土制作容器、用植物编篮子和做书等。

更大的一步推进是，大家集体分配了种植小组(暂定了组长)并在阅读材料后选择了各自负责种植的植物，小小的人儿们极其认真地记起了账：用小组的无息贷款购买了种子，并对自己的种子的大小、形状、颜色和质感等进行了详细的观察。

整理好孩子们感兴趣的几个点，种植项目便正式开工了。

清明前后，种瓜点豆

我们从一个视频开始。短短的几分钟内呈现了植物从萌芽到收获的全过程，孩子们认识了植物的各个部位，感受到生命的神奇。在探讨过“种植需要哪些步骤之后”，大家便开始根据老师准备的植物卡片后面的信息，将“天”和“月”换算成“周”，填进自己的种植计划表；另一张表格上，老师提前在每组的表格上填写了不同的种子信息，大家通过交流，相互了解不同的植物每个穴中放几颗种子，根据穴盘数量计算需要的总数量。

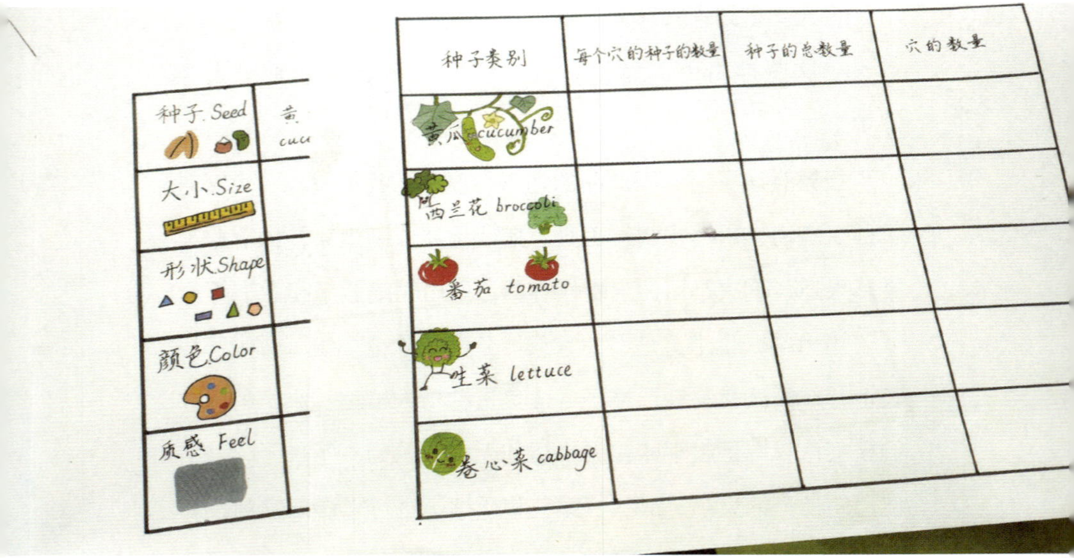

▲小插曲：手绘设计这些瓜瓜果果的表格也是难为了平日里的灵魂画手兰老师，毕竟玩游戏时的水平是这么的……惨不忍睹。

在育苗盘中填满营养土，浇水，撒种，盖上一层薄薄的土，用 iPad 拍下育苗状态，填写观察记录：我看到了什么？我想问什么？

“老师，种子会累吗？”

“种子会淹死吗？”

“种子什么时候睡觉？”

……

孩子们和瓜们就这样长大了。

▲ 和孩子们一起做大蒜辣椒水，尝试是否能驱虫。

日子慢慢走着，植物慢慢成长着，每天早晨都会看到一群辛勤的小园丁书包都还没放下便冲进菜园，查看过了一夜黄瓜又长长了多少，西红柿多了几颗；放学又迟迟不愿走，浇上一点水，再依依不舍地道别。当然，时不时地还有“火烧眉毛”的问题冒出来：

“老师老师，我的苗长得很高，然后就倒啦，怎么办怎么办？”

“老师，我的卷心菜要被虫子吃完了，可是我觉得打农药不好啊怎么办？”

“老师，种植箱不够了，我们能挖学校的地来种吗？”

“老师，植物没有营养怎么办？我们哪里有肥料？”

“老师啊。”

“啊？”

“育苗的育怎么写？”

……

如果可以，老师特别希望自己变成一本《十万个怎么办》。但比变成一本书还要厉害的是，在和孩子们一轮又一轮的讨论和实践中，这些问题都被我们自己神奇地解决了。更厉害的是，孩子们在期末展示日的时候，向每一位来访的家长介绍了自己这一学期的经历与收获，并将我们共同解决的问题从为什么到怎样做，清晰地讲解了出来，那一刻，我觉得身旁这些小不点并不是学生，而是共同协助完成挑战的合伙人。

种植的过程太漫长，就不一一赘述了，一学期过去，回头看看，通过这样一个项目，我们收获了什么？

知识与技能

学以致用，用以促学。不必对创新教育有任何偏见，我们毕竟也是按照人教版教材完成了每一个科目的教学，只不过除此之外，还有些更加接地气的尝试。

简单以国家语文课程标准（一年级）为例，针对听说读写及综合性学习的培养目标都做出了明确的阐释。在项目制学习的过程中，孩子们记录植物生长状态时笔头上的练习，探讨如何解决病虫害问题时的倾听、探讨和反馈，当小导游介绍自己项目时的语言组织与自信的表达，不难发现这些基础的技能和知识被自然地融入和提升。

当然还有基础数学知识的应用——测量、温度湿度的记录等；常用英文表达的练习；科学探究思维的培养，甚至像开头提到的，孩子们还用植物改编了一首歌，在期末展示的时候唱给大家听……

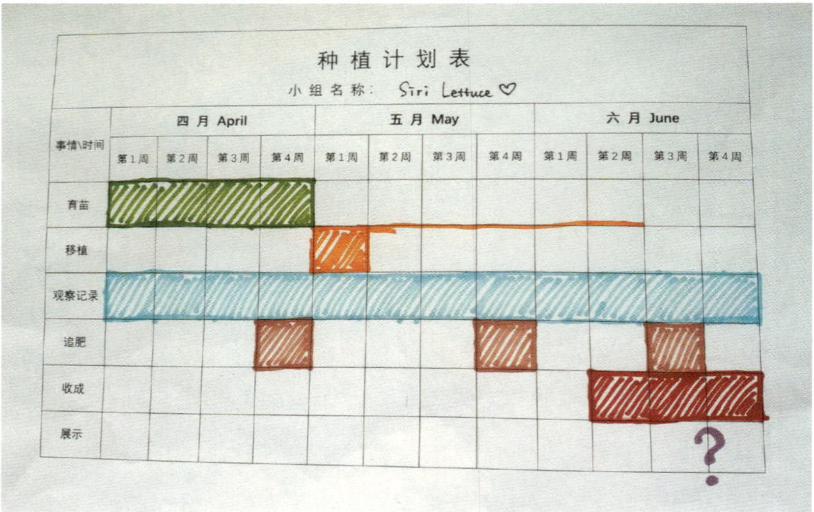
种植计划表
小组名称：Siri Lettuce
事情\时间
四月 April
五月 May
六月 June
第1周
第2周
第3周
第4周
育苗
移植
观察记录
追肥
收成
展示
?

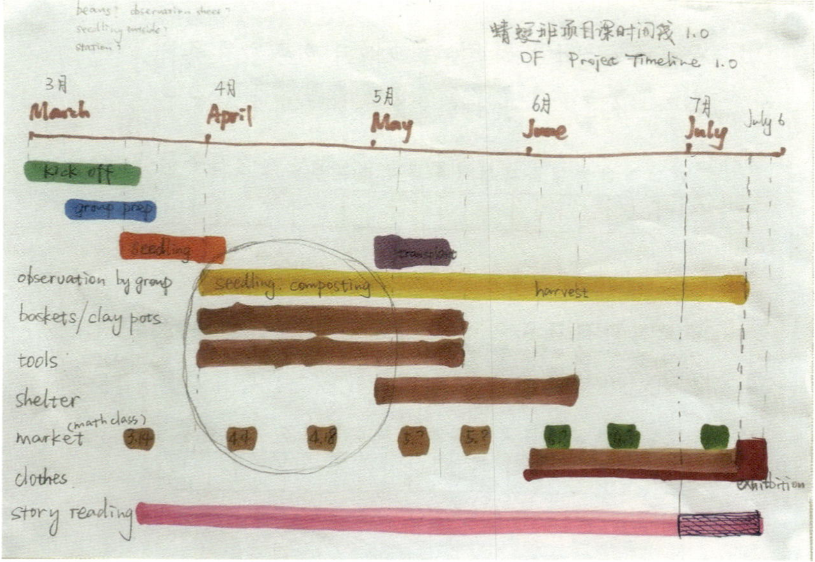
蜻蜓班项目课时间线 1.0
DF Project Timeline 1.0
3月 March
4月 April
5月 May
6月 June
7月 July
July 6
kick off
group prep
seedling
transplant
observation by group
seedling, composting
harvest
baskets/clay pots
tools
shelter
market (math class)
3.14
4.4
4.18
clothes
exhibition
story reading

挑战自我的精神

之前有朋友问，你们学校就不分优生差生，不去排名吗？我反问：把“差生”这个词安放在一个 7 岁小朋友的头上，你觉得公平吗？

差异必然存在，每个孩子的发展阶段和发展特点都不同，擅长的东西也不尽相同，可那就是他们最真实的样态呀，老师的包容与鼓励，足以让他们在强烈的安全感中慢慢突破自己，不断成长。

期末，孩子们分成了四大组，各自负责一部分内容，要在展示日当天向爸爸妈妈和到访的每位家长讲解。我们组里有一位小姑娘，由于害羞和紧张，在三次的小组练习时间里，都没有开口讲过一句话，于是索性放下了练习，我们坐在一起聊起天来。

小伙伴们没有埋怨，也不心急，认认真真地出谋划策：“你就当他们呀都是你种的西红柿，对着西红柿讲话就不紧张了吧。”“你要是害怕就不看他们呗，闭着眼睛讲应该也比不说话好一些呀。”“兰老师你也会紧张吗？”“会啊！”“你看兰老师也会紧张哎呀其实我也紧张，没什么好丢人的你别害怕。”“……”

半晌，小姑娘抬起头来认认真真地问我：“兰老师，你真的也会紧张吗？”

“兰老师去年冬天在老师们培训的某一天被叫上去发言，就觉得台下的老师都比我要厉害，生怕说错了什么，紧张到手都抖，讲完下来之后恨不得大哭一场。但后来慢慢就不害怕了。”

“为什么呀？”

“因为我知道其实并没有人嘲笑我啊，而且就算讲错了，讲得不好，得到的一定是帮助而不是批评。我不需要害怕。”

沉默。

“来的都是友好的爸爸妈妈，他们特别希望了解你这学期做了什么，而且你要是忘了要讲什么话，还有我站在你旁边呀。”

展示日那天，小家伙声音不大但十分清晰地给参观者们讲解了自己的项目，小脸一直红红的，或许这次不是害羞而是太阳太毒辣呢。

在与真实的成人世界的互动交流中，她慢慢找到了让自己舒服的模式。兰老师站在一旁险些“老泪纵横”。

竹子的探究之旅

王雨轩

学习不是无意义的重复与机械记忆，而是与我们的生活、生活环境息息相关的一件事，是真实的。展示更是如此，与考试拿高分相比，这样的方式更让人充满斗志与激情。

“天哪！老师，我好担心我晚上睡不着啊。”

“为什么？”

“因为我又激动又紧张，明天就是我们最重要的一天啦！”

橙子握着我的手不停地摇晃着。糖糖也跟着凑上来，两个小姑娘兴奋得手舞足蹈起来，仿佛明天真的就是她们人生中最重要的一天。可谁说不是呢？明天橙子的爸爸、妈妈、姥姥、姥爷都会来，糖糖妈妈几个月前就买好了回国的机票，爸爸也会带着哥哥一同前来，因为明天的意义早已超越了儿童节……

“这个名字是我取的”

6月1日，华南植物园竹园草坪上一片人声鼎沸，橙子最期待的时刻终于到来了。错落有致的白色帐篷尽头，签名墙上大大地写着：探究竹子之旅项目展示日。

今天是一土广州校区的孩子们第一次将展示搬到学校外，也是他们第一次向除了爸爸妈妈以外的社区公众“科普”自己探究了3个月的科学研究成果。橙子注视着签名墙，脸上洋溢着无限的满足，因为“探究竹子之旅项目展示日”这个名字是她取的。

展示日前的项目课上，老师让大家头脑风暴项目名称，橙子说“因为这个学期的项目就像一段科学的探究旅程一样，我们学到了很多东西，也很享受整个过程”时，孩子们似乎都被她打动了，纷纷投票给她。橙子是那么的自信从容，我恍然间意识到：这已经是她在一土做的第四个项目了啊。两年来，我几乎见证了橙子的蜕变，已然快要忘记两年前那个害羞、胆怯、害怕表达自我的她了（一年前，橙子和我一样，从北京辗转到了广州）。

“这个问题是我提的”

如果你参加了华美一土实验班六一的项目展示日，一定会听到所有的孩子都不约而同地提到了一个名字——小超人。因为如果没有他的好奇发问，便没有这个项目。

那是在开学时的寒假趣事分享会上，小超人讲了他的一段经历：寒假我和妈妈一起去动物园看大熊猫，天太热，我戴了一顶帽子，走到竹林时一阵风把帽子吹到了竹子上。竹子太高了我够不着，妈妈告诉我：竹子是可以压弯的！你把它压下来试试。结果我真的压弯竹子取回了帽子！我心想，竹子真的是太神奇了，竟然可以压这么低也不断。这么神奇的竹子，它的种子是从哪里来的呢？

竹子的种子是从哪里来的呢？孩子们七嘴八舌地讨论起来，可谁也没有答案。怎么办？经过慎重的考虑，老师们决定放弃原本的项目计划，大胆地实践一次更真实、更彻底的以学生为中心的项目制学习，最大程度将决策权还给孩子，让他们不断明确自己才是学习的主人，更大胆地去思考和探索。

“老师，这是我的猜想”

“我猜想竹叶是竹子的种子！”

“我猜想竹枝是竹子的种子！”

“我猜想竹节是竹子的种子！”

孩子们七嘴八舌地讨论着，老师并没有急于打断或否定。因为老师深知，这个项目是培养他们科学思维的绝佳机会。他们拥有奇思与妙想，敏锐地感知着万事万物，同时也不断地建构和修正着自己对这个世界的认知与理解。所以当我们探讨到什么叫科学、科学家是如何思考的，甚至科学家是如何解决问题的时候，孩子们如同着了迷一般，不舍得停下来。我们告诉他们，如果愿意，人人都能成为科学家。因为科学研究的最初大多都是“疯狂”的、“不着边际”的想象与猜想。孩子们这一下可炸开了锅，于是便有了上面这些可爱又可贵的猜想。

只有猜想可不行，我们还必须实验自己的猜想，再由实验结果得出自己的结论，有理有据才够严谨。

孩子们严格按照“问题—猜想—实验—结果—结论”的科学探究流程进行实验。大家将自己猜想的“种子”——竹叶、竹枝、竹节、竹鞭等，小心翼翼地种进了实验田里，并插上了自制的科学标签和保护它的标识牌。

实验的竹子甚至都是他们亲自写申请给校长，获得批准后从学校的竹林里挖出来的。

可是 10 多天过去了，地里却毫无动静，没有任何发芽的迹象。面对这个结果，小土豆们并没有放弃，他们将自己种下去的东西小心翼翼地翻出来，重新做了观察分析。孩子们发现种下去的竹叶全都黄了、干了、腐烂了。

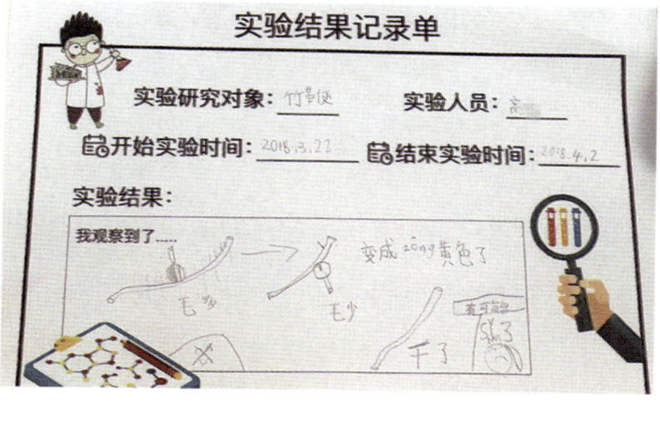

竹枝、竹节亦是如此。那竹鞭呢？第一次实

验等待时间，柯柯上网检索过，网上资料说竹鞭可以长出竹子呢，还有竹米。为什么我们的没有？大家拿出原来种下去的“竹鞭”再次观察，才忽然意识到，原来我们种下去的不是完整的竹鞭，只是一部分！这部分叫鞭根。

那么竹鞭是否能种出竹子呢？孩子们学习了如何在种植箱里使用营养土来种植竹鞭，这次的实验很顺利，10 多天后，竹鞭长出了竹子。于是大家再接再厉，尝试竹米是否能长出竹子。

为了搞清楚竹米到底是什么，大家打算从一般植物的种子入手。孩子们对比观察了不同的种子，从家里带来各色水果蔬菜寻找种子，发现原来植物的种子是从果实来的！那竹米应该也是从竹子的果实来的。

老师帮大家从网上买了竹米，将竹米和其他植物的种子进行了对比观察，进一步了解竹米的特征。大家发现所有的种子剖开后里面还暗藏玄机呢。于是就赶紧在自己的花盆中种下了竹米，经过耐心的浇水、培育，20 多天后竹米也长出了竹子！

“请问竹子的种子是从哪里来的？”

为了丰富学生的学习体验，增强他们的探究动力，同时联结相关领域的“专业资源”，老师们精心设计了一系列外出学习的田野旅行：去华南植物园，从五感角度学习认识不同种类的竹子，去华南农业大学实验室参观……

由于用竹鞭和竹米都种出了竹子，孩子们困惑极了：到底哪一种才是竹子的种子呢？

他们需要这个领域的专家的支持，于是我们便设计了华南农业大学科学家采访活动。科学家们告诉孩子们，竹鞭长出的是同龄竹，并非竹子的后代，而竹米长出的才是后代呢，孩子们恍然大悟。

最终，孩子们验证了全部猜想，找到了问题的答案。这个过程既是解决问题的过程，也是训练科学思维、培训实验动手能力的历程。孩子们体验到了科学家怎么思考问题，如何一步步去伪存真，经过一轮又一轮的实验，最终看到事物的真相。

至少，刚刚过去的六一展示日那天，他们已经称得上是小小科学家了！

“这个展板上的东西都是我自己做的”

有家长问：“小朋友，这些都是你做的吗？”

糖糖用力地点点头，说道：“嗯，这个展板上的东西都是我自己做的。我很满足，只要是我自己亲手做的，我都觉得好开心。你知道竹子的种子是从哪里来的吗？你想听我给你介绍吗？”

为了准备自己的项目展板，糖糖遇到了许多挑战，将3个月的探究过程清晰地呈现在展板上，对她来说是个巨大的挑战，然而每当她想到自己的探究成果有机会展示给公众的时候，她又继续鼓足勇气，噙着眼泪做了下去。最终她成功地设计出了房子造型的展板，并且在展示日当天获得了很多贴纸。

当他们勇敢地迈出校园，走向华南植物园的那一刻，这个展示日便不止于“教别人”这么简单了。这样的公开展示形式打破了学校的“孤岛”状态，联结了原本“割裂”的学校和社区，使学习真正产生了社会价值。这样的联结也是项目制学习的核心所指，学习不是无意义的重复与机械记忆，而是与我们的生活、生活环境息息相关的一件事，是真实的。展示更是如此，与考试拿高分相比，这样的方式更让人充满斗志与激情。

如同仔仔所说：“昨天小姨来我家，没想到，她都读博士了还不知道竹子的种子是从哪里来的！”他的脸上除了惊讶，分明还写满了自豪。我问：“那你怎么做的呢？”“我给她讲了一遍我们在项目课上学到的竹子的知识。”项目课虽然已经结束，可看起来仔仔小老师肩负着的重任似乎并未终止呢。

认识全部的自己

汤丽萍

认识自我是人生第一课，也需要终其一生去思考和探寻。孩子们在刚上一年级的时候就搞了一个如天问般的“我是谁”项目——如何看到全部的自己？

认识自我是人生第一课，也需要终其一生去思考和探寻。很多学校都会有“我是谁”的项目 / 主题，而一土的小土豆们，在刚上一年级的时候就搞了一个如天问般的“我是谁”项目——如何看到全部的自己？既不会因主题过深而流于表面，也能激发他们大量的创造力与表达欲。

也许一年级的孩子们从来没有想过自己的名字是什么意思，为什么自己有那么多头发，为什么刚来学校看不见妈妈就会哭得停不下来……也从来没有问过自己是从哪儿来的。直到有一天——

无法预演的真实事件

班里有一个孩子不小心很大力地撞坏了教室门上的玻璃，引发了其他同学对当事人的讨论：

“我觉得他有一点鲁莽，也有一点点暴躁。”

“我觉得他不粗鲁，因为他是不小心的。”

“我觉得他有些害怕，心情是黑色的。”

孩子们各抒己见，勇敢表达了自己内心对于他人的真实想法，然后他们有了一个重大的发现——原来我们看到的他都是不太一样的，我们看到的他都只是一部分的他；原来，我们都只能看到一部分的自己！

“可是我们想了解全部的自己呀！我们怎么才能看到全部的自己呢？”一个好奇的孩子提出了她的疑惑。

老师们尊重孩子的真实提问，于是就此开始了这次看到“全部的自己”的项目之旅。

通过别人和自己的眼睛了解自己

首先，是探究阶段，在老师的引导下，孩子们学会通过别人的眼睛和自己的眼睛来看自己。

孩子们通过采访同学、老师和家长，来认识“别人眼中的自己”。此外，他们还开启了“国王与天使”的游戏，在这个游戏中，国王每天要暗中计划，对自己的天使说温暖的话，做温暖的事，天使需要帮助国王找到他的亮点，放在属于他的亮点收集罐里。

“我发现我的天使跑步很厉害！”

“今天我给了我的天使一个拥抱。”

“我的国王上课很认真倾听。”

就这样，孩子们一边津津有味地玩着国王与天使的守护游戏，一边通过他人的眼睛看到更多的自己。

而从自己的眼睛里看自己，则是从头脑风暴中孩子们各种关于“我”的问题开始的。诸如：“我怎样才能长高？”“未来的我是什么样的？”“我哪里进步了？”“为什么我妈妈对我那么好，我还对她哭闹了？”每一次的头脑风暴，孩子们仿佛都要搞出十万个为什么方可罢休。老师们早有准备，带着孩子分小组通过 Think-Pair-Share（思考—配对—分享）的方式将他们想要了解的自己分类整理成项目探究的三个部分：成长，身体，情绪。

为了满足孩子们对自己身体的好奇，我们外出参观了广东科学中心。在人体与健康馆，孩子们了解了很多关于身体的“秘密”。外出回来后，我们又一起学习了“我从哪里来”“人的身体器官有哪些”“什么是隐私部位”，以及“如何保护隐私部位”。

接着，重头戏来了。还记得那个入项事件吗？情绪，无疑是其中最大的力量。

关于自己的情绪，孩子们在常规的晨会上已经能够用五种情绪颜色（红——愤怒；黄——快乐兴奋；蓝——忧伤；绿——平静；黑——恐惧）来表达自己的情绪。但是很显然，他们还想知道更多有关情绪的知识。

比如：

“我们大部分时候是什么情绪呢？”

“除了这些颜色，我们还有哪些情绪颜色？”

“当我是红色的时候，我应该怎么让自己变成绿色呢？”

要想学会调节自己的情绪，第一步是要认识自己的情绪。如何认识自己的情绪呢？首先，我在什么场景下，是红/黄/蓝/绿色？为此孩子们纷纷分享自己的生活经验和感受，并将这些场景和故事画了下来。

其次，当我是红/黄/蓝/绿颜色的时候，我的具体感受是什么？我们一起读了很多的情绪绘本，去感受和体悟每种情绪的样子，最后每个孩子都写了一首关于自己的情绪感受的小诗。这些一年级刚刚入学的孩子，用最最真实与浓郁的表达，肆意地倾诉内心的情感。连一众文艺青年出身的老师看着孩子们纯真浪漫的诗句都自叹不如——“最蓝的蓝，是小河掉入悬崖”“最蓝的蓝，是没有家的蒲公英”“最蓝的蓝，是妈妈离开的背影”……

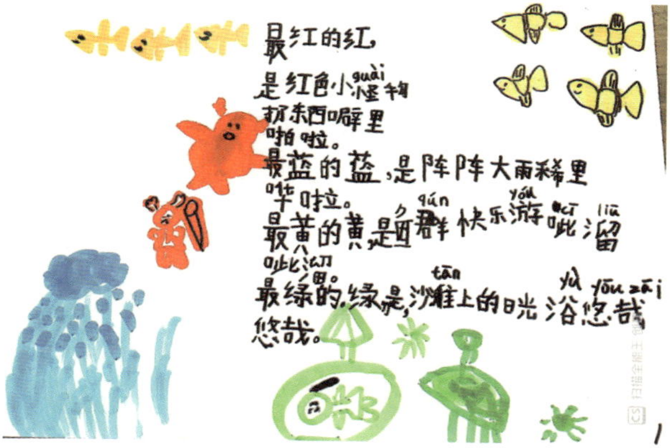

最后，当我很红 / 黄 / 蓝 / 绿 / 黑色的时候，我的表情又是什么样子的？孩子们摆出自己最强烈的情绪表情，用 iPad 自拍，并对照着完成了一幅自己的情绪肖像画，并有了 1.0 /2.0/ 3.0 各个版本，其间也是经历了每个人彼此的“画廊漫步（评判）+ 反馈”，不和别人比，就和自己比，浸润在自己的情绪世界里全力以赴！

在项目的探究过程中，我们渐渐明确了要从成长、身体和情绪三个部分去看到全部的自己，通过 Think-Pair-Share 的方式，孩子们确认项目的其中一个产品就是制作一本关于自己的书。可是，要怎么制作一本书呢？

通过观察图书角里的绘本、欣赏同学在家制作的绘本，孩子们了解了书的构成要素，对于自己的产品有了初步的概念，共同讨论出制作绘本的方法。制作完绘本，孩子们通过展览自己的作品、欣赏别人的作品，温暖地给别人亮点和改进点的反馈，同时收到亮点和改进点的反馈建议，更好地迭代或完善自己的作品。看看孩子们温暖的“热反馈”，以及具体友好有帮助的“冷反馈”：

“我有给艾米的亮点，我觉得她涂色很均匀。”

“我有给艾米的改进点，她的头太大了，感觉像是铁做的。我建议她画小一点。”

“我觉得阿晟画得很形象。”

项目到这里，就已经接近尾声了。整个项目的产品除了一本关于看到全部的自己的绘本，还有一个情绪肖像画大竞猜，结合情绪部分的学习，孩子们还排演了一部关于情绪的戏剧。

展示日到了！一年级的孩子为 100 多位观众表演了自己排演的情绪话剧后，略带胆怯地独自站在各自的桌子前，上面摆着自己绘制的项目书，马上会有一拨一拨的人听他们讲解这本小书里每个小心机；墙上挂着特意隐去姓名的情绪肖像画，等待着这些孩子去主持竞猜仪式。

爸爸妈妈们，你们是否能体味到每一幅作品背后孩子最柔软的情绪？

控制不了情绪怎么办?

林笑秋

这是多么奇妙的现实社会与孩子面临的真实问题的联结和知识迁移。面对困难时，只有认清问题、理性行动，才能改善我们的生活。

暑假之前，在木棉班讨论下学期想要做的项目内容时，有个孩子忧心忡忡地问：“我们班总是有人控制不了自己的情绪，怎么办？”以他们的年龄与前额叶发育的规律，控制不住自己的情绪十分正常。但老师们决定以认真的态度来面对孩子们的担忧，于是，一个项目有了起点。但考虑到情绪这个项目课题天然带有高伦理敏感度，三年级的孩子同一年级的孩子又不一样，更加在意自尊。那么，怎么让这个项目入项时不指向任何孩子，不在项目研究期间让孩子们无形分层，成为较真的老师们最为烧脑的问题。

契机来源于一次情感的分享。彼时，班里新旧交替，孩子们互相之间还在观察和试探，无法建立全然的信任，情绪化的冲突几度爆发。积累到了一定程度的时候，终于在项目课上，大家开始分享："别人情绪失控的时候，你的感受是什么样的？""你有没有情绪失控的时候，当时发生了什么？""你身边还有什么人有控制不了情绪的时候？"

大家发现身边有好多人都会控制不了情绪，自己、朋友、弟弟妹妹甚至是爸爸妈妈和老师！这些身边的例子能够说明控制情绪是一件很难很让人头疼的事情吗？没有调查就没有发言权！最终，孩子们决定调查一二年级的同学和老师有没有控制不了情绪的时候。于是，关于问卷调研的学习展开了。

孩子们参考其他社会调查问卷共同讨论，创作出了属于自己的调查问卷，并对投放与回收的细节展开了几轮讨论。

终于，在跟着数学老师统计分析完所有的回收数据后，孩子们发现，控制不了情绪的人几乎占了 90%！项目的核心驱动问题水到渠成——"那么多的人都控制不了情绪，我们怎样才能帮助他们？"

我有 38 种调整情绪的方法，却不管用！

在进行了关于情绪的 KWL 头脑风暴以后，孩子们众口纷纭地提出了解决情绪问题的各种方法，足足有 38 种，并为这些方法分类。考虑到这些方法还需要传授给一年级、二年级的同学，必须进一步精练，孩子们在班内进行了一个小型问卷调查，统计了每个人使用过且有效的方法，最终总结出了 4 种全班最常用、最管用的方法——

- 调整呼吸
- 可以给他讲笑话
- 伤心的时候可以大哭
- 可以看搞笑视频

经讨论决定，用做海报的方式把这几种方法宣传给一、二年级同学和老师。如果情绪问题能够如此顺利有效地被缓解，那项目其实到这一步就结束了。然而，人是复杂的，生活里遇到的问题也通常五味杂陈。孩子们殷殷盼望行之有效的方法，给了他们否定的答案。在本班的试用情况和其他班的反馈信息都说明——“当有人有情绪的时候，这些方法没人用，不管用！”

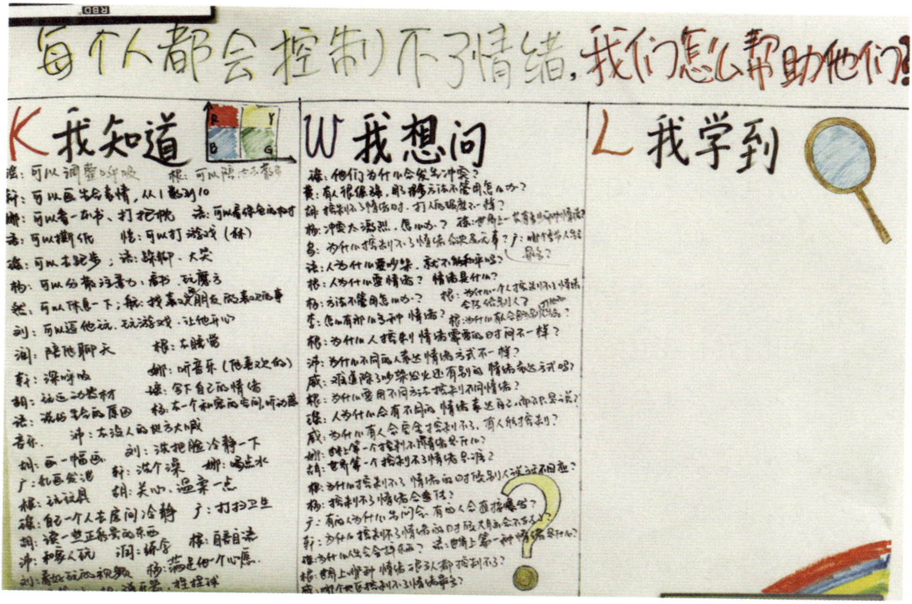

是不是还要保留情绪角？

怎么会呢？问题到底出在哪里呢？为了进一步找到问题的核心，孩子们进行了一次深入的试用体验分享。从情绪角开始，孩子们纷纷分享自己每次使用时内心深处的真正情绪是什么。原来去情绪角调整情绪这件事，本身就让他们带有比较强烈的情绪了！

“那我们还要保留情绪角吗？”老师问。

大家展开了激烈的讨论，面对多数裁撤派，少数保卫派中的一个孩子的发言扳倒了全局。作为深入参与其中的老师，现在回想起来他的发言依然觉得振聋发聩。

他说："我觉得要保留情绪角，虽然大家都不喜欢它，但我们可以改造它。就像这个世界上的法律一样，法律可以让我们的社会变得更安全更好，如果大家都不喜欢它，我们能不要法律吗？我们可以修改，让大家都喜欢它！"

这是多么奇妙的现实社会与孩子面临的真实问题的联结和知识迁移！我们在这个观点探讨的过程中，看到这些观点仿佛点点烛火，虽然微弱，但幼小的光亮开始生发，渐次笼罩深邃难辨的理性之夜。面对困难时，只有认清问题、理性行动才能改善我们的生活，一切不过如此。

谢谢 9 岁的他们带我们学会了这一点。

举一反三，接近核心问题

发现了情绪角的问题以后，结合其他班的反馈，面对 38 种方法，孩子们又和老师一起拨开迷雾，依次总结了调整情绪的方法没有针对性和这些方法的呈现方式过于单一这两个重要的问题。

之前还可以畅所欲言的孩子们很快就发现，解决这两个问题，自己也束手无策了，他们是穷尽了所有的想法才想出来 38 种方法呢！他们发现原来自己对于情绪，所知那么少！

解决现实问题的渴求让孩子们再次迸发了学习的动力。于是乎，搬运知识的老师们出场了，大家一起学习了解了大脑产生情绪的结构、常见的情绪和身体反应；感知情绪的温度，了解情绪的正负两面。但这样就足够了吗？每个人都在思考。

项目的终极意义

了解情绪的知识的确是这个项目最大块的内容，但是这真的是我们的核心所在吗？知识储备固然重要，但教育的核心是价值观。

对于这个项目的终极意义，老师们一直不断地探究、讨论、推翻、再重提，几番激烈的争论后我们最终达成一致，回到出发点——孩子们提出这个问题的真正担心。

孩子们是担心失控的情绪会给他人、给自己造成不好的影响。那么控制不了情绪真的是一件不好的事吗?

老师们不想让这件事背上过多的道德意义。作为成年人，以长远的眼光看待情绪控制这件事，这只是每个人都时时面临的小事，像每个清晨第一个懒腰那样平常。我们到底希望他们能从这个项目获得什么？我们希望他们，甚至每一个人，都能从这个项目获得一个祝福、一份新的眼光。这个祝福用感性的声音说，希望你包容自己也有控制不了情绪，造成不好影响的时候，接纳自己作为平凡人的思绪；用理性的声音说，情绪是身体发出的信号，它不分好坏，只是造成的影响需要区分性质并尽量正面引导。

达成一致后，在孩子们学完大部分的知识后，我们就把这个问题抛给了孩子们。“情绪有没有好坏？”

孩子们兵分两组，像煞有介事地开始了班级第一场正式的辩论。各方辩手相互用语言搏击，真理是越辩越明的，但我们这里并没有真理，只有观点，只享受观点搏击的快感。

设计一堂公开课

“如果情绪不分好坏，为什么我们还要控制情绪呢？”孩子们再次回到了初始，但在陆续学习了控制情绪的好处，以及对不同类型的情绪的不同调整方法后，他们已经学会区分情绪的失控程度，针对一般情绪失控和严重情绪失控有着不同的调整需求，学会先对自己的情绪做情绪类型的诊断，再根据正负面情绪的不同调整方法开始进行调整。

这些学习显然是让他们觉得新鲜的、急于分享的，以至于在讨论项目产品以及多元呈现方式时，孩子们受到二年级做的营养课堂启发，决定挑战自己，为家长和更多陌生人上一堂公开课。这个决定实在让老师们骄傲于他们已然内化的成长动力。

展示日上，三年级的孩子在自己的摊位上把一本情绪项目手册为不同的人讲了数遍，每遍都足足要讲 5 分钟以上，口干舌燥的他们又要迅速赶到讲座室迎接重头戏——情绪工作坊。他们化身小老师，底下是分好组、拿到闯关任务卡的家长们，以及黑压压站在后面蹭课的陌生人。他们轮流独立上台，拿着话筒与教鞭，讲解、提问、评点、互动、总结，行云流水，干脆利落。一屋子的大人都被这一队 9 岁孩子的落落大方镇住了，在小老师的引导下一关关地学习情绪的知识。这些孩子并非个个口才逆天的学霸，只是这些内容他们自己经过一学期的主动深度学习，记住了、相信了、内化了。

回看这一学期，对于这些三年级的孩子，知识的学习是即时的，但体味和内化的过程却是漫长的——原先想要帮助他人控制情绪的孩子们，在总结和反思时发现最终帮助的是自己；一个平时严苛要求情绪自控的孩子，终于发现了表达情绪的重要，体会了自己可以表达负面情绪的安全感；老师在面对关系改变的时候，可以既视其为波动亦可视其为转机……

不论是孩子还是成人，在情感的海洋里翻滚挣扎的我们，在这个项目里，最终给自己找了根浮木，爬了上去，坐得端正挺直。它就像一个起点，让我们眯眼看远处，看到地平线若隐若现。祝每个孩子最终成为自己安然停靠的岛屿。

吃加餐到底健不健康？

谭江明

展示日，已然变成了孩子们自己的节日，到处都是孩子自主学习的痕迹。

“为什么爸爸妈妈不让你们吃学校加餐了呢？”

“因为他们说加餐不健康！”

“那你们觉得什么是健康的食物呢？怎么吃才健康呢？”

……

上学期因为一篇在家长群转发的所谓的“健康科普”文，让家长们担心起了学校加餐的健康问题，突然间二年级翠柳班 20 个学生中只剩一两个被允许吃学校加餐发的果味乳制品。孩子们非常想吃但又不能吃，可把他们憋坏了，那学校加餐到底健不健康？就这样一个从真实生活生发出来的问题成为我们这学期项目课探究的方向。

你是一个健康饮食者吗？

“不是，每天吃饭的时间不一样，不吃晚饭，有些时候吃了一些不健康的，比如糖。”

“我是，我按时吃饭，加餐都是健康的，每样都吃。”

“不确定是不是。喝了鲜榨橙汁，吃了胡萝卜，有胡萝卜素。但打菜的时候，不够丰富。”

“不知道。晚饭没吃菜，所以觉得自己不太健康。”

“是，没有吃很多糖，没有浪费，鸡蛋米饭都吃完了。”

关于饮食是否健康，大家各有理解，孩子在思考时就在尝试为“健康饮食”这个概念下定义，大部分同学都非常自信地选择了“是”！评价健康饮食者是否有标准，大家都回答“有”！

食物的六大营养素

孩子们从营养素的作用、缺乏营养素会造成什么疾病以及我们可以从哪些食物中获得“六大营养素”这三个角度进行了深度学习，三节课后，他们已经学会了用每日饮食是否包含这六大营养素这个标准去评价自己饮食是否健康。

“你是一个健康饮食者吗？”

当第二次被问到这个问题时，孩子们都对自己的饮食习惯有了更清晰审慎的思考，一部分同学从“是”那一边默默地跑到了“否”这一边，也有同学兴奋地告诉大家，“我原来吃得很健康呢！”

“我们前面学习六大营养素的时候知道缺乏某种营养会造成疾病，如果我们吃太多了有什么影响吗？”

“老师，我知道油吃太多了容易长胖。”

“容易长痘痘。”

“糖吃多了还容易得心脏病。”

“这些营养不能太多也不能太少，吃多少合适呢？”

为了让学生更直观地感受每天应该吃多少，梁老师带着大家一起做了一次小组“食物称重”活动，让大家用眼睛亲自去看膳食金字塔中健康饮食的各种标准重量到底是多少，顺便也把数学课的度量实操了一把。

真实的体验才可能带来准确的认知，孩子们这才发现每天要吃 400 克的青菜原来有这么多，1200 毫升水需要装满满两大杯，20 毫升油原来就那么一点点！

“你是一个健康饮食者吗？”

第三次回答，很多孩子都把自己的照片放在了中间（表示不太确定），因为他们明白了健康饮食其实不简单，需要考虑很多因素，他们知道自己在某些方面没有完全达到要求。当他们把知识与自己的生活建立联结，深度学习已经开始发生。

学习健康饮食知识之后，孩子们已经懂得基于对健康饮食的理解，去分析自己一日三餐的营养价值，并尝试着改进自己的饮食习惯。生活老师反馈说，翠柳班现在几乎每个同学吃饭都会打蔬菜，而且顿顿光盘！此外大家从家里带过来的加餐也变得丰富了，不再只是饼干、面包、糖果和巧克力等，有越来越多的同学开始带水果、牛奶和坚果等，甚至还有同学到学校后因为发现爸妈没有给他的加餐里准备水果，直接在教室哭了起来，说“今天吃得不健康了”。仅仅 1 个月左右的时间，孩子们的饮食习惯发生了巨大的变化。

我们可以为别人的健康饮食做些什么？

随着对饮食健康的关注，翠柳班的同学们发现身边一、三年级很多同学都挑食，而且办公室老师们也总问到底什么该吃什么不该吃，应该吃多少，三年级的李老师还酷爱喝可乐！孩子们想到，这些健康饮食知识除了对我们自己有用，是不是也可以利用这些知识去帮助身边的人呢？也就是在这一刻，他们的“自我”开始外延，开始思考：我的行为可以对身边的人产生什么影响？

1. 海报大作战

这些孩子都是经历过三次项目展示日的老手了，马上有同学提议做健康饮食的海报，让全校的老师和同学都能学习到这些健康饮食知识！于是一天后，一、三年级的班里和老师办公室的各个角落就贴满了翠柳班同学们精心制作的“食物金字塔”。

2. 头脑风暴有效解决方案

贴完海报之后，大家都特别自豪，本以为大功告成，其他班的同学就此不再挑食，结果他们吃饭的时候发现这个问题依旧存在！该挑食还是挑食，怎么办？这就是真实生活，问题不断。于是孩子们一起头脑风暴：我们如何才能有效地帮助一、三年级同学或者我们班同学改善挑食的问题？

“让阿姨必须打蔬菜给学生。”

“他们可能吃蔬菜没胃口。”

“把我们学到的知识告诉他们，让他们明白蔬菜不吃不行，不吃就会生病。可以想办法让他们爱吃，就是让菜变得好吃。”

“早读课的时候给他们三年级的同学读食物的绘本。”

“把不吃蔬菜会得的病告诉他们。”

“我们给三年级的同学上一节健康饮食课吧。”

“我们可以做讲座，将健康知识传播到全校。”

“让他们也做一个健康饮食的作业。”

“可以把之前贴的食物金字塔海报上的信息再讲得详细

一些。”

经过充分地表达、激烈地讨论及最终投票表决，孩子们自己决定了我们这个项目努力的两个方向：

1. 给一、三年级的同学上课，教他们健康饮食的知识；

2. 把有营养但不好吃的东西变得好吃。

3. 他人即老师

一轮KWL后，同学们对如何做PPT给别人讲课还有很多疑问，比如挑选什么内容去讲，全班如何分工，如何在网上搜索需要的图片和视频等，除了老师给予直接支持，我们还让同学分享自己的PPT，其他同学一起找亮点和提温暖的建议。就是在这样的互助互学中，碰撞出了很多令老师意想不到的火花，比如加特效，加动态图片，说搞笑的语言，给一年级同学标注拼音等。经过一周时间两轮的迭代改进，他们带着自己做的PPT自信大方地走上了一、三年级课堂的讲台。

把有营养但不好吃的东西变得好吃

根据我们之前讨论的方案：一是给他人讲健康饮食的知识，二是把健康但不好吃的菜变得好吃。课上完之后效果如何呢？根据同学们平时观察的结果，已经有部分其他班同学开始学着荤素搭配了！只是孩子们觉得还不够，影响面可以更大。

还有同学反映说："放学的时候听到二（1）班和一年级的同学说打菜的时候从来不喜欢打蔬菜。"这怎么办呢？那我们就试试第二个方案吧。

在前期讨论的时候，同学们都说，不仅要把大家不喜欢的菜变好吃（通过调查木棉班和荔枝班的同学，大家发现他们最不喜欢吃的三种蔬菜是苦瓜、西蓝花和胡萝卜），还要把烹饪方法做成菜谱或者美食视频，在展示日那天让感兴趣的学生或家长带回家照着做。

问题来了，如何制作一份健康又美味的食谱呢？

1. 确定目标

首先，菜谱应该是什么样的？学生们通过观察分析老师提供的 High Tech High 学校（美国著名的以 PBL 闻名的中学，位于美国加州圣地亚哥的创新学校，因其成熟的项目制学习而著称）的菜谱案例，提炼出了一个好的菜谱应该具备的几大要素：图片、菜名、原料和步骤。那我们需要学习哪些知识和技能把这样的菜谱做出来呢（Need to Know）？孩子们七嘴八舌地讨论出了学习目标。

有了 Need to Know 海报的指引，孩子们开始分 6 组分别设计一道菜，并且尝试在家里自己把这道菜做出来并于周一带到学校。为了能够让孩子们对自己设计的食谱有更客观全面的认识，我们在班里举办了一场隆重的“食物品尝大会”，大家从外观和味道两个角度来评价食物，各小组根据评价再次迭代菜谱。

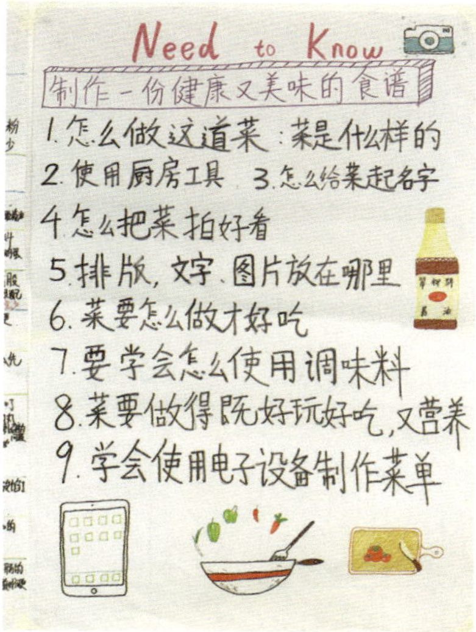

2. 小组外出做菜，迭代菜谱

不同的食谱口味各异，即便是一道设计相同的菜，做出来的味道都是不一样的，为什么会这样呢？我们如何保证菜品的稳定？集体外出做个菜！亲自在做的过程中寻找答案吧！

在指导老师的帮助下，孩子们分组合作，一起洗菜、切菜、做菜，经过两小时的“奋战”，每个小组都顺利完成了做菜任务。项目课讲究“做中学”，自评与反思就是一种最好的学习途径。为了帮助孩子们有根据有条理地反思，我们采用了评价量表来让学生自评。从“我全力以赴地完成了任务”“我们小组分工合理合作愉快”“我们基本按照写的步骤操作的”“我们做出的菜很好吃”四个方面，按 1~5 的等级展开自评。老师再根据评价表中一些比较特别的地方来询问同学们具体的原因，协助他们反思和完善菜谱。

老师说：“我发现大部分同学对自己的表现都很满意，把贴纸贴在了 4 或 5 分的一栏，但是有个别同学贴在了 3 分或 2 分的地方，请你们来说一说原因吧。”

“我觉得我们小组的分工有些不合适，因为我原来的分工

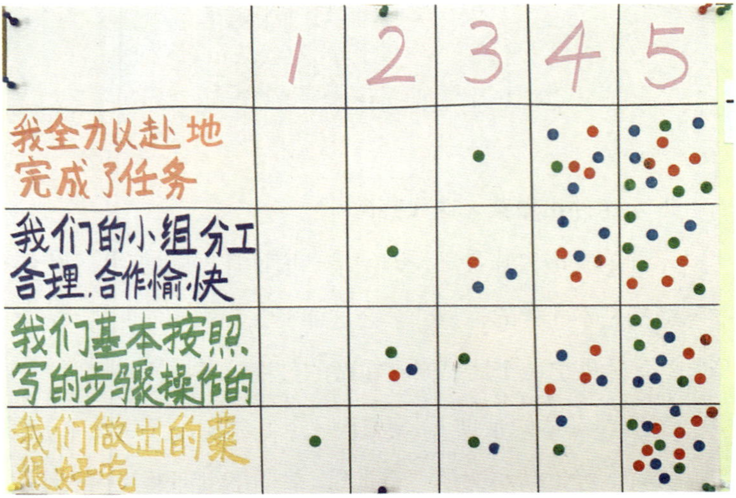

▲评价量表

是切菜，但是在现场发现我切菜的工作量有点少。”

“我们分工很好，每个人做两步，做完之后，再到下一个人。”

“我们分工也有点不好，切菜的时候不是很愉快，有的人在做事，没事做的时候很无聊。”

外出和反思之后，我们进入到制作产品的环节了。

孩子们总结了 High Tech High 的菜谱排版的关键内容，然后开始分组编辑。

1. 封面——题目，任务，地点，图片；

2. 人物介绍——编辑和特别贡献者；

3. 目录——页码和图片；

4. 项目文字介绍——目的 + 项目过程 + 希望；

5. 项目过程说明——照片 + 文字；

6. 各种蔬菜图片；

7. 蔬菜的营养价值——营养素 + 百分比；

8. 每道菜具体的制作方法。

3. 拍摄蔬菜创意照及美食 Vlog

菜谱里有文就要有图，所以孩子们打算给苦瓜、西蓝花和胡萝卜三个主角拍摄创意照，让我们的菜谱更吸引人，同时在菜谱之外把我们做菜的过程做成美食 Vlog。

为了完成创意照和美食 Vlog，孩子们非常兴奋地学习了必需的拍照和摄像技术。他们学会了从构图、角度、光线和造型等方面去拍好一张照片，也明确了拍视频过程中要关注什么。这就是项目制学习用高阶策略（解决问题）来带动学习的优势——老师在前面引而不需要在后面推。

怀着满满期待，经过一周的调整和学习，孩子们又第二次外出做菜，有了上次的经验，小组间合作更高效，各项工作都有了明确的目的与评估调整！

5. 最后冲刺

孩子们项目展示日要展出两个作品：美食 Vlog 和健康饮食菜谱。在后面的两周里，大家都铆足了劲准备着最后的冲刺。孩子们学着用 iMovie 剪辑视频，添加字幕，配音；分组用 iPad Keynote 完成了菜谱的文图编辑以及排版。

为了在项目展示日当天能让所有人了解整个项目的来龙去脉，老师还带着大家一起回顾了整个项目流程，回顾过程不仅是为了精准锁定最终产品——菜谱的内容，也是所有同学的一次珍贵的再学习，既能了解自己做了什么，还能知道自己哪里可以做得更好。时刻了解项目的进程会让他们觉得自己不仅仅是项目的参与者，也是项目的设计者。从孩子们的惊呼“哇！原来我们做了这么多事！”中，我们能深刻地感受到他们克服挑战的成就感。

最后，孩子们还写下了做这个菜谱的初衷——

“因为我们发现周围有人有挑食的习惯，我们想帮助他们，所以我们做了菜谱。”

“因为我们已经把三种不好吃但有营养的蔬菜变好吃了，所以我们把这个菜谱记下来，让别人也知道，这样别人就可以照着做。”

爱己，及人，这不正是我们一直期待的美好品质吗？看，孩子们做到了！他们记录下全班同学的发言放在菜谱前言中，看着这么朴实稚嫩的文字，发现不喊口号的他们这么帅，真的在把每一分好奇都幻化为了行动！

万事俱备，终于到了一展身手的时候了。展示日的摊位上，二年级的孩子按照之前在农场的分组，轻车熟路地拿起了菜刀与锅铲，把最“难吃”的三种蔬菜现场改造变身；边做菜，还要轮流跑到摊位上口水飞溅地兜售自己设计的菜谱书，一声声喊着，“我的份额卖完了！”厨房旁边，孩子们自己拍摄剪辑的美食 Vlog 一个连一个滚动播放，看得一众弟弟妹妹直流口水。

老师写给孩子的话

展示日，已然变成了孩子们自己的节日，到处都是孩子自主学习的痕迹。一年级的孩子自己创作的情绪肖像画制成的冰箱贴，不仅被抢空，现场新下的订单是原库存的三倍；二年级孩子设计的菜谱迅速售罄，孩子们自己画的餐券也被临时定价，依旧被抢空。三年级的孩子，不仅成为舞台的主角，连情绪工作坊证书的设计、奖品的设计，都是他们自己操办。

尽管一个学期的项目课落下帷幕了，但你们的人生刚刚启航。一学期一个项目，六年下来兼顾人文与科学的12个大项目的历练，究竟会在你们身上刻下什么痕迹无法预言。我们现在能看到的是，你们无一例外，与上次、上上次的项目展示日相比，更有条理更为自信更有主见，在单学科的课堂上也借着学习持续的兴趣推动着自我规划与主动学习，在社会交往上借着健康的自我认知有了更良性的互动与温暖的表达。

加油，孩子们！

信不信，这帮孩子正在改变世界！

梁春璇

孩子们在这里，并不是为了填满学习单上的空格，而是要让他们看到自己所在的社区，甚至是社区外的整个世界正因为他们的努力而发生改变。尽管这个改变很微小，但我们做到了。

小苗的“葬礼”结束了，孩子们释放完悲伤的情绪，回到教室，开始讨论怎么解决花坛中刚长出的小苗总被破坏的问题。我们都不希望惨剧再发生。

有人说：“去告诉阮校长，请她在广播里让大家不要再破坏小苗了。”

有人跟着建议：“也可以跟每个班的班主任说。”

甚至有人大喊：“我们安摄像头，把这些人抓住，惩罚他们。”

孩子们交流完，觉得可以试试，又有些踌躇。这一学期项目课的关键在于解决“总有人爬花坛、踩花坛怎么办”这个问题。花了 3 个月工夫终于种上新植物，一周之内又惨遭两次破坏。之前看到有人去踩花坛，孩子们也会上前制止，这次换成成年人去说教就真的有效吗？

关于惩罚大家也有点犹豫，惩罚是解决问题的好办法吗？被惩罚者也许会继续破坏小苗以寻求报复，触发惩罚—报复的恶性循环。

不过，语文老师李老师提供了一个新信息，破坏事件发生后，她偷偷在花坛旁蹲守，真的“抓”到了一个把小苗连根拔起的同学。上前追问，才知道他觉得小苗很可爱，想把小苗带回家自己养。

“我觉得他没有恶意，只是不知道原来小苗一离开土地就会死的。”孩子们立刻转变思路共情。

“他们也很可怜，没有小苗和他们一起玩，我们送给他们一些吧！”

“这些破坏小苗的同学不知道我们种这些植物有多辛苦，如果他们也种过，就会知道我们现在有多生气。”

讨论气氛热烈起来，有些孩子想给其他同学介绍自己绘制的植物成长地图，让他们通过照片文字了解原来将一个植物种到花坛里要经历这么多步骤。有些孩子想设计一个闯关游戏，让全校同学都参加，体验种植的辛苦与乐趣。还有些孩子已经开始讨论怎么把活动宣传出去并有效引导同学们报名。当午饭铃声响起，孩子们还沉浸在思考和讨论中，没有人离开教室。

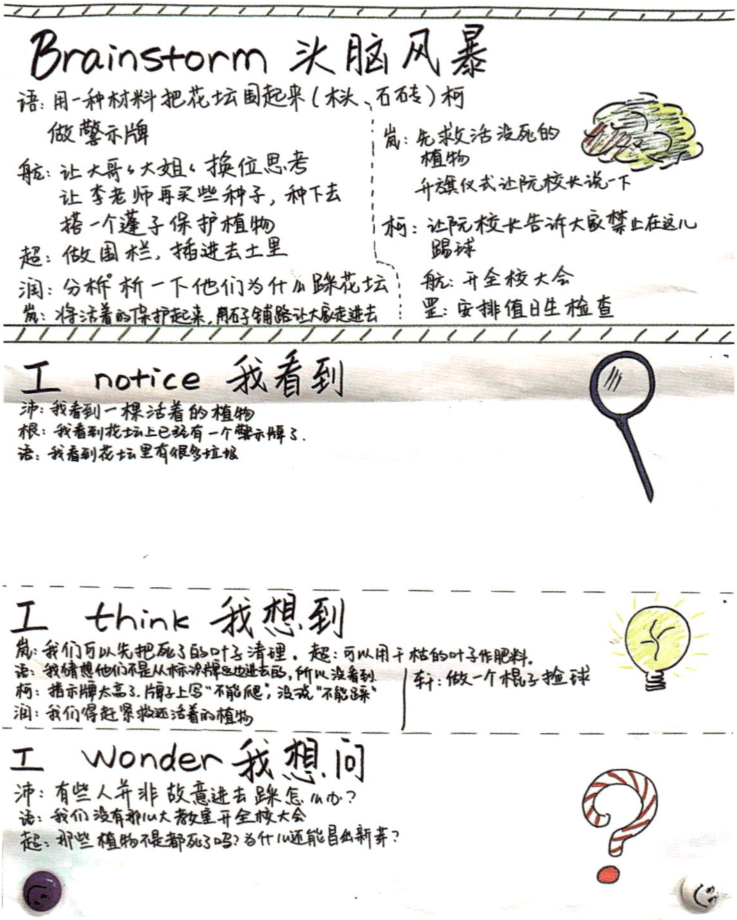

以上是一年级翠柳班这学期“拯救花坛”项目中的一节课。项目起源于教室旁一个大花坛，刚开学时还长满植物，可经常有人攀爬踩踏，花坛中原本茂盛的龟背竹不断死去……一、二年级的孩子们向老师求助，想要做些什么。于是，两个班共同决定，在本学期项目课上要解决“总有人爬花坛、踩花坛怎么办”这个问题。

为了解决这个由孩子自己生发的问题，我们索性引入了孩子们已经很熟悉的项目制学习，在其中各个阶段，孩子们都脑洞大开、集思广益、沟通协作，一起在真实世界中解决真实问题。

首先是项目发布阶段，孩子们用 Think-Pair-Share 的

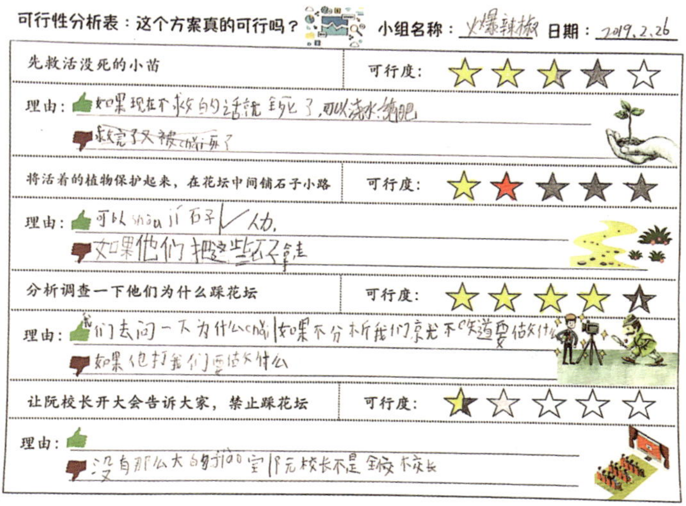
可行性分析表：这个方案真的可行吗？　小组名称：火爆辣椒　日期：2019.2.26

先救活没死的小苗	可行度：
理由：如果现在不救的话就全死了，可以浇水、施肥 救完了又被cǎi坏了	
将活着的植物保护起来，在花坛中间铺石子小路	可行度：
理由：可以shàu门石子 人力。 如果他们把这些石子拿走	
分析调查一下他们为什么踩花坛	可行度：
理由：我们去问一下为什么cǎi 如果不分析我们就不知道要做什么 如果他打我们要做什么	
让阮校长开大会告诉大家，禁止踩花坛	可行度：
理由： 没有那么大的jiào室 阮校长不是全校校长	

方式，进行头脑风暴，一口气提出6种解决方案：装摄像头、种新植物、浇水、安装围栏、立告示牌、养鱼。通过分析这些方法的可行性后，装摄像头和养鱼两种方式首先被排除。

万事俱备，只差行动。那就一个一个方案尝试吧！

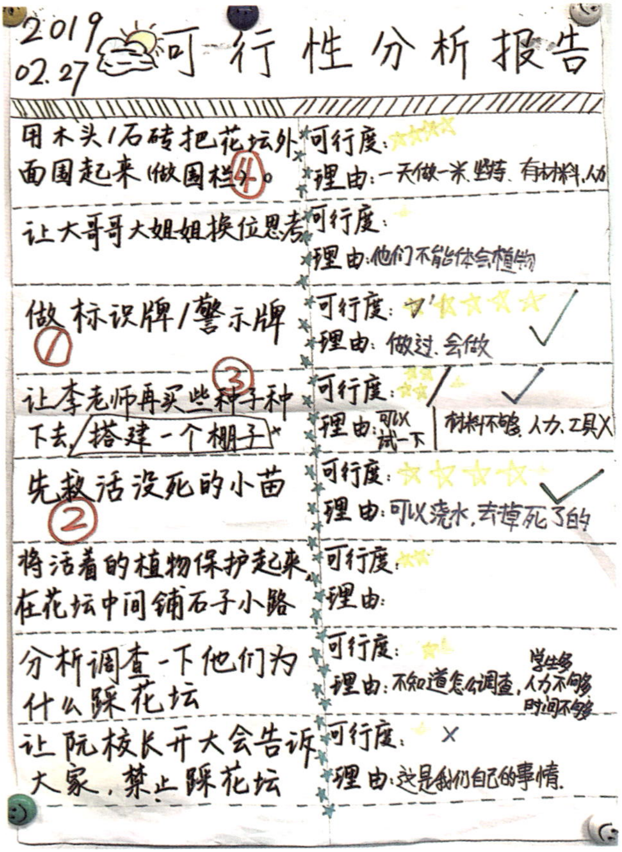

1. 浇水

浇水最容易执行，孩子们讨论出浇水方案后便开始轮流值日。

2. 立告示牌

我们在校园里找告示牌，发现“如果告示牌上的文字以植物口吻来呼吁，会更容易让人接受”的制作方向。几轮画廊漫步和产品迭代之后，成品很不错。

3. 种新植物

接下来尝试种新植物的方案。

a. 试种种子

我们并没有直接告诉孩子们方法，而是让孩子们先讨论，之后自己设计种植方案，然后我们再根据方案给孩子们提供材料，让他们通过实验来验证自己的方法是否正确。

b. 认识种子

一周过去，只有两个人的种子发芽了。孩子们迫切地想要学习种子的相关知识。

c. 第二次种子发芽实验

学习到种植种子的方法，重新再种一次吧，看看能不能成功。同时孩子们用观察日记记录下种子的生长过程。

d. 播种育苗

学会种植方法，我们开始学习使用大批量育苗工具——穴盘，并且开始在穴盘中播下种子。

e. 松土

种子在穴盘里生长期间，孩子们开始两人合作给花坛松土，清理土中垃圾，混合进新的营养土，让已经板结的土地变得适宜种植。最后我们用栅栏给每个人分出属于自己的一块地。

f. 移栽

穴盘里的小苗长大了，我们终于要将新植物移栽到花坛里了！

4. 安装围栏

只差最后一个方案了，我们一起设计制作保护花坛的围栏吧。

新的植物种好了，如何确保这些小苗不再被破坏，继续健康成长呢？孩子们觉得，呼吁更多的人来一起合力保护花坛才是最重要的。如何做呢？孩子们再一次显示出集体智慧的力量，讨论出以戏剧作为主要载体，让更多的人加入保护花坛的行列。

“邀请校长来看看我们做了哪些努力拯救花坛吧。”

于是就有了文章开头那一幕。大家一致决定在展示日上除了戏剧表演，还要加入种植体验活动，让更多人体会种植的辛苦，也可以让更多同学在花坛里拥有属于自己的植物，加入我们一起保护花坛。

曾经残败的花坛一角

小土豆们拯救后的花坛

老师写给孩子的话

学习是为了成长。我们作为教育者，往往会关注教学过程中“信息量”的增加，并通过各种教学设计来促成这个效果的达成，却较少去关注、设计如何促进学习者认知结构的转变。

在这个故事中，当语文老师从“破坏者”角度提供新信息，孩子们开始触摸到人性的复杂——有时，一个“坏”行为可能来源于一个“好”动机。孩子的思维结构也慢慢发生蜕变，他们意识到，负面的惩罚会激起反抗同时伤害他人尊严，当我们使用相互尊重、体谅和鼓励的解决办法时，对方会得到归属感，并发展出负责任的行为。

成长，即是“看到世界复杂性能力的增加”。

同样，关于合作，在很多课堂中，老师的普遍做法是，随机或按照成绩优劣分成小组，老师在活动开始前简单介绍一些小组规则，然后就放手让小组自己活动，把更多的时间和关注点放在“如何完成活动”上。而在这个故事中，我们在两人合作的松土环节，为小土豆搭建了一个脚手架。他们需要在行动前选择合作对象，并与之讨论签订一个合作协议。每组有一个大铲子和一个小耙子，怎样才能顺利松完两块地并让两个人都觉得舒服呢？有些孩子的合作模式是各自松各自的土地，每5分钟交换一次工具，用沙漏计时，非常公平；有些孩子则计划大家先一起松其中一人的土地，松完之后再集中力量松第二个人的。而面对矛盾，我们鼓励孩子们迅速找到“用语言解决”、“有情绪时先离对方远一点，平静下来再处理”以及“找老师评理”等方法。如此一来，我们的关注点不再是“如何完成活动”，而是“如何帮助学习者理解协作规则，提高协作能力”。

就这样，在一次次项目课里，孩子们学会了制定自己的学习目标，学会了在和他人协作的过程中实现自己的学习目标，学会了选择，学会了负责，有了终身学习的能力，从而享有了学习的自由。

现在你明白了，孩子们在这里，并不是为了填满学习单上的空格，而是要让他们看到自己所在的社区，甚至是社区外的整个世界正因为他们的努力而发生改变。尽管这个改变很微小，但我们做到了。

学校是比家大一点的地方（下）

李一诺 编

中信出版集团 | 北京

图书在版编目（CIP）数据

学校是比家大一点的地方：全2册 / 李一诺编. --
北京：中信出版社，2020.10 (2020.11重印)
ISBN 978-7-5217-2033-4

Ⅰ.①学… Ⅱ.①李… Ⅲ.①教育工作－文集 Ⅳ.
① G4-53

中国版本图书馆 CIP 数据核字（2020）第 121978 号

学校是比家大一点的地方

编　　者：李一诺
出版发行：中信出版集团股份有限公司
（北京市朝阳区惠新东街甲4号富盛大厦2座　邮编　100029）
承 印 者：北京尚唐印刷包装有限公司

开　　本：880mm×1230mm　1/32　　印　　张：11.75　　字　　数：107千字
版　　次：2020年10月第1版　　印　　次：2020年11月第3次印刷
书　　号：ISBN 978-7-5217-2033-4
定　　价：128.00元（全2册）

有这样一所很“土”的学校，叫一土学校，在这里上学的孩子叫作小土豆，他们的爸爸妈妈，就是大土豆。

一土学校的老师们，每周都会给大土豆们写一封信：

“我们希望孩子成为内心充盈的人，爱己及人，乐天行动……”

目录

第5章 学会学习

语文可以这么美

第5章

学会学习

面对不可知的未来，孩子们需要的不仅仅是知识，更重要的，是学会如何学习。

本章，我们用大量文字还原了真实的一土课堂，看老师们是如何带着孩子体会语文之美，构建语文素养，感受无处不在的数学，并在好玩有趣的项目课、科学课中，学会用独立的思考、知识的融会贯通来解决真实问题，从而赋能每一个孩子成为独立自主的终身学习者。

谈到未来，大家想到的是新技术、人工智能、科幻世界，但经常忘了一个基本的事实：未来都是从今天开始的。我们如何对待孩子，给孩子提供什么样的教育，一定程度上就决定了我们会拥有什么样的未来。

在知识技能层出不穷、迅速迭代的时代，一个不能被机器取代、能适应大规模的协作、有强大的学习能力的人必然能在未来立足。我们要让孩子们学会的是永葆探寻未知的好奇心、终身高效学习的内驱力和能力，并拥有成长型思维模式。

语文可以这么美

为什么要学语文？

冯春

关于学习，似乎我们成人总是比孩子更着急，得认识更多的字，必须要背诵多少首古诗，拼音很重要，独立阅读也不能放弃……可是，孩子们想学什么？他们认为最重要的又是哪些学习呢？

新学期的第二节语文课，全班同学一起画了一棵高高的语文学习树。

“你希望自己的这棵树上长些什么呢？”

听到这个问题，孩子们开始还有点懵懂，不过当迪迪喊出“我想认识更多的字！这样我自己就可以认识地铁的站牌，可以自己坐地铁啦！”之后，大家一下子就被“点燃”了，纷纷说出自己那棵学习树上想要长什么：

“我想写出漂亮的字。”

“我希望能读更多的书。”

“我想写好日记！”

“拼音，我想学好拼音！”

“我想学查字典！”

“还得会写字呢！光认识可不行！”

“那为什么要把字写漂亮呢？把字写出来写对不就行了吗？”听我这么说，孩子们反而摇头：“字写不好别人都看不懂！”“看到写得漂亮的字会觉得心里很舒服。”“别人夸自己的字漂亮会觉得很骄傲！”“考大学的时候也要考到，如果你的字写得不漂亮就不行！”……

就这样，一条一条地讨论下去，最后大家得出的结论是，

“学习树”上的每一根枝杈每一片绿叶都很重要，都很有用哦！我们绘制全班的学习树的时候，让每个同学选出两条自己认为最重要的，于是就听到瑞瑞感叹：“可是这些我都想要啊！”

不过没关系，每个

孩子都在本子上画了自己专属的“学习树”，希望在这个学期结束的时候，每棵学习树都能在孩子们内心深处扎根，而且不断向上生长，枝繁叶茂。有了目标，接下来就要制订能实现目标的计划啦！

看似很简单的一节一年级语文课，却藏着老师们巧妙埋进去的小心思。与其告诉孩子们我们的语文要学什么，还不如先去听听孩子们到底想学习什么。因为，任何高效的学习，一定是发自内心想学的，这就是内驱力。

内驱力不需要激发，内驱力其实一直在每个人的心里，如果能将内驱力与学科目标结合在一起，学习只不过就是一个自然而然发生的过程，不用催，更不用逼。

而一棵语文学习树背后，又何尝不是当下领导力培养的核心内容呢？一是如何设定愿景与目标，二是学会用画图的形式去展现和表达目标。除了教会孩子知识，教育更重要的，是让孩子学会一种全新的思维方式。

有趣的汉字——甲骨文

王雨轩

只要提起甲骨文，孩子们的眼睛就格外明亮。因为那一个个隐藏在汉字背后的灵动鲜活的故事，让他们与汉字有了感性的联结。

二年级要学习的东西太多啦，所以我们有好一阵子没有玩味甲骨文了。今天的识字课文是《田家四季歌》，虽然是一首简单的识字儿歌，但可以延伸的空间真的很大呢。

从农耕文化，到“春夏秋冬”的字理演变，再到蚕桑文化与前段时间我们所学习的三皇五帝之黄帝的联系，甚至是仓颉造字的故事，这背后的中国文化意味很是浓郁。于是今天我们干脆将重点转移到了中国文字的文化上。

我一直坚信，低龄段的孩子有着非常敏锐而独特的视角，一个是个体的童年时期，一个是人类的童年时期，他们对世界的感知与认识自然便产生了许多奇妙的共通之处。所以只要提起甲骨文，孩子们的眼睛就格外明亮。因为那一个个隐藏在汉字背后的灵动鲜活的故事，让他们与汉字有了感性的联结。

今天在谈到“夏”的时候，我一出示甲骨文，大家立马就看出来那是一个人侧身站立，拿着锄头/耙子。那为什么偏偏用这样的形象描绘夏季呢？因为夏季是农忙时节，万物生长，人们不得不日出而作，戴月而归。陶渊明的《归园田居·其三》中“晨兴理荒秽，戴月荷锄归”描绘的便是这样的场景。只可惜我们的汉字在漫长的历史演变过程中有许多的“错误”和“错位”产生，因此今天当我们看到“夏”的楷体字形时，已经难以瞥见古人那浪漫的笔触与有温度的思考了。

大家因此便问我：“老师，那很久很久以后，会不会未来的人也会搞错汉字，导致很多汉字都面目全非了呢？”

听到他们这样的发问，我忽然心生感动，一年多，能让他们感知到汉字的生命与时光相遇交织，发展演变，看到这些方块字背后的故事和可能性，真是欣慰啊。

我说：“是呀，这是语言文字演变过程中的必然，就像很多字的读音和词语的意思也一直在悄悄地改变一样。也许，很多很多年以后，几百年、几千年以后，汉字早已经不是我们现在所书写的样子了，也许我们的后代在书写的过程中因为不理解也犯了一些错误，许多字因此而改变了字形，谁说没有可能呢？”

讲到这里，我在黑板上写下了“到”这个字，大家立马想起了去年我们讲到这个字时的无奈，因为到达可跟“刀”没关系呀，就是因为“刀”和“人”的甲骨文太像啦，所以古人才犯了这样的错误，真令人哭笑不得呀。

▲ 孩子们用菜泥捏出的甲骨文，填满了教室门口的墙面。

后来我们又讲到季，讲到春，讲到春回大地，万物复苏的时节，一颗小种子落地生根，破土而出的美好与“春”这个字千丝万缕的联系。讲到秋天的“秋”原本只是一只蟋蟀的模样，躲在秋夜的草丛里，趁着点点星光和明亮月光鸣叫不已的情景。而冬天是最寒冷的，结冰的湖面，记完一个主题的事情在两头打结的绳子，还有这个时节与“终”结的关系……

这些美丽的汉字故事，真是令人心动又着迷。

这周我们正式进入了本学期第三个主题单元——藏在大自然里的秘密！

放假前大家集中预习了这个单元的所有课文，周一的时候

每个人都提出了自己觉得理解困难或者好奇字理的生字。今天上课，我们就通过甲骨文、金文、小篆的字理演变让大家两人合作做了一回汉字小侦探！

我原以为这样的学习单很有难度，大家估计只能做对一半，可是没想到孩子们经过近两年的汉字故事的学习，已经能够很有逻辑地借助甲骨文基础汉字部件和汉字构字原理去猜测这些甲骨文对应的简体字啦！几乎所有人都做对了 80%！

* 分享推理过程 *

【烂】

老师：“烂”字你们是怎么猜的？

瑞瑞：观察字的结构和写法，就可以知道它们当初是怎么写起来的。

老师：四点底和火字旁是什么关系？

小威：能在底下煮也能放在旁边。

糖糖：好像火字旁是底下烧着留下的一点火苗。

陈陈：火字旁是煮烂了，四点底是刚开始煮。

莉莉：左右结构的用火字旁，上下结构的用四点底。

老师：典型的形声字，火代表意思，声代表读音；“烂”还有一个意思，光线散射。

【顾】（小篆）

莉莉：页是代表圆的一个东西。

糖糖：页是代表头，头脑发热就是火字旁，就是“烦”。

小科：可以感觉一下自己焦躁的时候是哪里不舒服。

莹莹：右边是页的小篆，页是人的头和脸。

老师：“顾”，用脑、用心照看；观看、访问；回头看。一开始造字的时候没有右边的页，没有强调用脑。只有前半边。

【商】

小威：用下面的口字叫卖。

老师：“商”，远古造岩而居，或穴居于大型溶洞的部族，称为“商地”，是进行买卖活动的地方；商也表示数学中两数相除的得数 。

【昆】

瑞瑞：上面是太阳的日光，下面很像刀。

老师：“昆”，烈日下辛勤劳作的奴隶们，小篆错以为下面是“比”，引申，众多的、大量的。

【样】（小篆）

莹莹：羊的四只脚和尾巴。

老师：“样”，本义指的是树木的年轮。

【集】

糖糖：我觉得是鸟妈妈收集了食物给鸟宝宝吃。

小尹：有一只鸟降落在树上。

阿梓：很多鸟。

老师：“集”，指的是集合、聚合。

孩子们组词：“集团”“采集”“聚集”“集体”。

瑞瑞：我身体里的细胞也是个集体。

【笨】（小篆）

莹莹：像一个人傻笑的样子；竹子里面本来是空心的，指脑袋里面也是空空的。

老师：“笨”，本意是竹子的内层，内层的竹膜完全没有弹性，延伸出来没有弹性的、不灵活。

瑞瑞：笨拙先生。

老师：拙的读音是第一声。

【泉】

小禾：像那条河。

莹莹：我猜想是泉水在流动，外面是河岸。

阿梓：把旁边去掉，里面像流动的水，外面像泡温泉的岸边。

糖糖：山的旁边，泉水从这里流下来。

小谷：旁边有大大的石头，泉水从缝隙里流下来。

老师：“泉”，甲骨文的边缘，是石头的缝隙；小篆其实是有一个错误的。

糖糖：它把下面的水字变成了小字。

老师：上面突然也变成了“白”字，楷体的时候恢复了一下，但“白”字还是保留了。

莹莹：这个白好像船似的。

语文课里的春天

冯春

比起背了多少首古诗，更重要的是那些诗是否能触动孩子的内心，给孩子们多一双观看世界的眼睛。

在绘制我们的语文学习树的时候，有孩子提到看过央视的《中国诗词大会》，说想要背更多的古诗，哈哈，真的跟老师不谋而合呢！想想，如果我们能引领孩子们以活泼之心去与古诗碰撞，不知道能擦出多么灿烂的火花呢！所以，这个学期每周四，向荣老师都会给孩子们带来一首古诗，或唱诵或表演或涂鸦……反正会用各种好玩的方式带着孩子们跟古诗相遇。而且我们都认为，比起背了多少首古诗，更重要的是那些诗是否能触动孩子的内心，给孩子们多一双观看世界的眼睛。

今天的古诗学习，我们先从为什么要读古诗聊起，孩子们是怎么认为的？

“背古诗可以参加《诗词大会》！老师，怎么才能参加《诗词大会》呢？”

“背古诗可以跟好朋友玩‘你知道这首诗吗？’这样的游戏，可以当小老师教他背！”

“考研需要！”（这个脑洞开得实在有点大。）

“读古诗多了就能学会写古诗了，还能用很多好词。”

“读古诗能让我认识更多的字，还能让我知道古代人是怎么想的。”

对啊，很多时候我们读到的古诗会让我们感觉跟古人距离咫尺、心意相通，于是向荣老师敏锐地抓住这个切入点，前天下的是春雪，我们在雪中痛快地玩耍的时候其实跟一千多年前

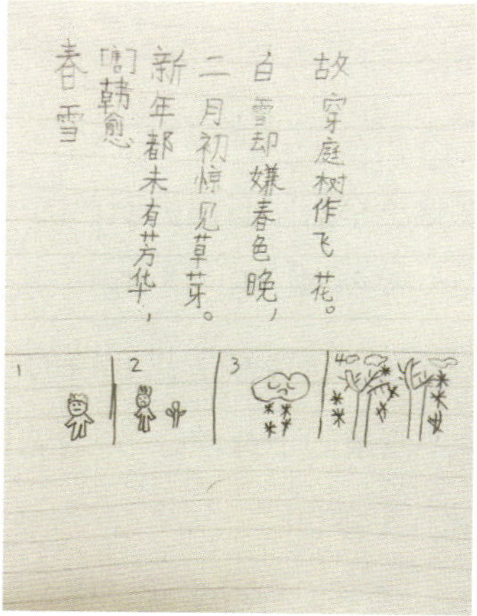

的诗人可能有一样的心情和感受呢！

向荣老师今天带来的是唐代大诗人韩愈的《春雪》，很应景吧？孩子们看到《春雪》这个题目也有些兴奋，毕竟刚刚经历过，究竟表达了他怎样的心情？

“新年都未有芳华，二月初惊见草芽。”向荣老师介绍了诗人的经历，因为以前在南方生活，诗人韩愈对春节过后依旧见不到鲜花的北方颇有点埋怨，“白雪却嫌春色晚，故穿庭树作飞花。”可白雪比诗人还心急呢，既然没有花，那就飘洒雪花吧，而且雪花还穿过庭院中树上的枝杈，飘飘然就更像随风吹落的花瓣啦……孩子们是不是真的理解了这首诗？哪一句诗是最能打动我们，让我们喜欢、难忘的？

小威最喜欢的是《春雪》中的最后一句“故穿庭树作飞花”，因为感觉雪花飞舞就像花一样很美，而瑶瑶最喜欢的是这首诗的上一句“白雪却嫌春色晚”，能感觉得到诗人盼望春天早点到来的那份焦虑，欣欣说喜欢“二月初惊见草芽”，感觉小草刚刚长出来萌萌的……

果然是“知音”呢！

喜欢《咏柳》这首诗的同学也不少，小美刚说完自己最喜欢“万条垂下绿丝绦”，迪迪就在下面喊：“我也想说这句呢！”两个人喜欢同一句多好呀，赶紧击一下掌呗！

莹莹说自己喜欢“拂堤杨柳醉春烟”的“拂”字，冬冬一

直默默等待，最后才举手发表意见说喜欢“儿童散学归来早，忙趁东风放纸鸢”这两句，因为很羡慕那些小孩子可以在风中痛快地玩，放风筝，“羡慕”这个词用得真好啊，大好春光里，谁不想像那些小孩子一样痛快地在风中奔跑、玩耍呢？

分享之后，孩子们用水墨颜料画出自己最喜欢的那首诗的诗意，果然，淡淡的水墨颜料最能表现古诗的意境，寥寥几笔，春意就氤氲出纸面了，唉，醉春烟……

最后，动手给这首古诗配上一幅画试试？没想到，孩子们笔下的画让老师惊喜，你看，多多的画中不仅有雪花还有亭子和茶壶呢，他想象中诗人是品着茶赏着雪才诗兴大发的吗？

晶晶的画是两幅连环画，第一幅是诗人站在光秃秃的树前纳闷：“怎么没有花？”第二幅则是看到漫天雪花欣喜若狂的模样。

这首诗今天只读了两遍，明天我们会继续朗读，读熟了之后会让孩子们联想着画面再尝试背诵。春天就要到来了，我们准备好要去读更多写春天的古诗，希望在春暖花开的日子我们能在开满花的树下，邀请各位爸爸妈妈们来赴一场诗的约会。

古诗可以这样学

刘梦瑜

古诗学习需要感知，而孩子天生就拥有非常强的洞察力，他们对于音乐、绘画的热爱仿佛是与生俱来的。将古诗与音乐和绘画充分地结合，帮助他们从古诗韵律与意境两个视角去感知古诗的魅力，体会诗人的心境，是非常好的尝试。

开学的时候，一张空白的中国地图出现在黑板上，在孩子们期待的眼神中，老师问道："大家都去过中国的哪些地方呢？"

"新疆，湖南！"

"河南，福建！"

"四川，甘肃，云南！"

……

教室里一下子涌现了数不清的答案，小脚印出现在了祖国大好河山的各个角落。虽然孩子们在很多地方已经留下了脚印，可是还有很多美景是未曾了解和发掘的。中国那么大那么美，有什么方式能代替旅行，让我们领略这么多美好风光呢？

教室里顿时响起了七嘴八舌的答案：“上网查资料！”“看书！”没错，阅读和文字可以带我们徜徉于祖国的任何一个角落。于是，带着空白的大地图，新学期的语文学习就从“跟着课文去旅行”开始啦。

唱诗

伴随着教室音箱里响起的音乐，小土豆们一个个摇头晃脑，跟着音乐配着诗歌唱了起来。孩子们对唱诗的喜爱在每一次唱诗前都会体现出来，每当老师放配乐，总有细细小小的声音在底下说：“耶，又要唱诗啦！”

有一天早读唱诗结束后，教室里仍然停留着一个沉迷于唱诗的身影，一个人默默地复习。唱完《古朗月行》之后，他跑来找老师分享，“老师，我好喜欢这首诗，我刚才又唱了一遍！”

就连英语课也“难逃”唱诗的环节。英语课过后，英语老师悄悄问其他老师，孩子们在做英语任务时似乎一直唱着什么。原来大家在英语课上都忍不住哼唱几句，怪不得英语老师感到奇怪呢！

学习《题西林壁》的时候，伴着清晨新鲜的空气，落过雨的操场上出现了一排孩子，手里拿着诗词，一个个摇头晃脑走在操场的步道上。

《题西林壁》

苏轼

横看成岭侧成峰，远近高低各不同。

不识庐山真面目，只缘身在此山中。

恰巧，操场上有一个放跳高器械的长方形大箱子，它吸引了大家的注意力。大家发现，从各个方向看大箱子都是不同的，这时有人一拍脑门："这就是'横看成岭侧成峰，远近高低各不同'呀！"

唱诗结束，操场上的一片落叶提醒孩子们，广州的秋天，已经不知不觉地来临了。于是，我们顺便采集了落叶，做了一幅幅秋天的画。

画诗

仅仅阅读文字似乎不能完全感受到诗歌的美，但绘画可以让我们有更深的体会。收到"画诗"指令后，教室一瞬间沸腾了起来，桌子前围着一个个沉浸于画作的身影。

关于画中的《登鹳雀楼》，孩子们描述道：有黄河还有海，我们把鹳雀楼画得很高，因为诗中写了“欲穷千里目，更上一层楼”，我们觉得登得高才能看得远。

关于画中的《夜宿山寺》，孩子们这样说：我们画了夜晚的天空，因为诗人是晚上住在这个寺庙里；他说“手可摘星辰”，所以我们又画了许多的星星；但并不是真的摘到了星星，所以我们的星星和楼还有些距离。

对于这幅画中的《望庐山瀑布》，诗画评论家评论道：作品非常细腻生动，还将诗人李白放进了画卷之中，就连“日照香炉生紫烟”的“紫烟”也画出来了，翻腾的瀑布激荡在山石上，溅起了许多水花。

除此以外，孩子们还用水墨画诗，和古人来了一场跨越时空的对话。追寻过去的最佳方式是回到过去，既然无法和伟大的诗人们交流，那我们就通过和古诗相映成趣的写意国画山水来追寻古诗的踪迹。

理解了诗意之后，大家从五首喜欢的古诗中选择了自己最喜欢的诗进行水墨创作，伴着悠扬的古乐，一幅幅动人的古诗画卷徐徐展现在眼前。

赏诗

鹳雀楼与“白日”

有人问：“白日依山尽”在哪里？比起白日，大家更熟悉红日和赤日。那为什么是“白日”呢？

赞成白日的孩子说：“我曾经看到过即将落山的红日，非常刺眼，看一眼便不敢直视，仿佛是泛着白光的。”

还有人自告奋勇上台给大家演示了什么动作叫作“依”。而对于诗歌的最后一句“欲穷千里目，更上一层楼”的理解，大家联系在镇海楼举行开学典礼时的寓意——登高望远，真切地体会了一番王之涣触景生情的人生慨叹。

瀑布中的“紫烟”

有人问，为什么是紫烟呢？

有人答道："因为山里的瀑布蒸腾的水汽在太阳照射下呈现出紫色，像烟雾一样，我见过三次瀑布，那些雾气真的很像是烟雾呢！"

外出火炉山脚下的时候，有的孩子学以致用，惊喜地说："老师你看，远处山上的雾气真的有点泛紫呢！"

风与牛羊

孩子们在画诗时涌现了很多疑问：

"敕勒川是什么意思？"

"阴山是说天气很阴，有山的地方，还是一座山的名字？"

"天似穹庐，穹庐是指火炉吗？"

"天苍苍野茫茫到底怎么解释呢？"

重读诗歌，大家边读边思考，诗歌的前三句到底是写远处的风景还是近处的？认为是近处的孩子说着说着突然发现，阴山下，天空好像蒙古包一样笼罩着草原，这样的景色应该是远景的描写。大家都表示同意。

画中的一个细节同样引发了大家的讨论，有人把风用蓝色蜡笔画了出来。有的孩子认为其实不需要真的画出风的样子，只需要画出草被风吹低了，高高低低的样子。原来是最后一句将整首诗变得动了起来。

无论是小组合作用油画棒、水彩笔去画诗，还是每人一张宣纸，拿起毛笔正襟危坐，用笔墨与古人来一场跨越时空的对话，抑或是漫步校园，去寻找和体验诗人彼时的视角，大声唱诵出婉转动听的曲调，这些无一不是在帮助孩子们寻找一切可能的契机，去同理、去共情，进而领略中国文字乃至中国古典诗歌的无限魅力。

诚然，他们的画作尚稚嫩，难以尽显诗人的深意，他们的唱诵也早已偏离了古人吟诵的技法，可将文字同绘画、音乐等艺术形式再次联结，打破古诗带给人的孤独感与距离感，调动所有感官去欣赏、感受美的心境，实在是一件美好而有益的事情。

关于诗歌的提问

何烨

知识可以传授，能力可以培养，但情感却只能浸润。

今天，我们学习了关于“月亮”的一组诗歌：叶圣陶的《小小的船》、李白的《古朗月行》和《静夜思》。

第一首是现代诗，后两首是古诗，但都有共通之处：中国人对于月亮的无限遐想和美好的寓义。我们的阅读将围绕着“提问”来展开。

今天早上有个孩子和我说：何老师，我读的故事特别短，所以我没有问题。因此在今天的课上，我给大家演示了一下，不论多短的文章都可以引发我们的思考，进行提问。而这次孩子们提的问题，真的非常非常好，几乎就是我们课堂学习的线索。

两首古诗的学习也让我很惊喜。读《古朗月行》时，小金和小跃说出李白把月亮比作了玉盘和镜子，这时莹莹问：为什么《小小的船》里月亮是小船，到这里变成盘子和镜子呢？

这个问题将大家引到了月相的话题上。

读《静夜思》时，瑞瑞问："床前明月光"里的床是我们现在睡觉的床吗？

凯宁补充：古代没有玻璃，月光怎么进来的？

他们提出这个问题，简直不能再妙了！因为大部分人可能就是理解成睡觉的床，而实际上李白这首诗的"床"指的是天井，这和他另一首《长干行》中的"绕床弄青梅"是异曲同工之妙。这样一理解，诗的意境就不同了。

说到"低头思故乡"时，昕昕说：李白在思念自己的老家。

悠悠说：那叫家乡。

小金说：不仅思念家乡，还思念家乡的亲人。

思思说：还会思念曾经在家乡的美好时光……

晶晶说：读着这首诗，我好像也有了和李白一样的感受，我也开始思念我的家乡了。

一直有人问，我们为什么要读诗。这些孩子的回答就是最有力的答案啊。诗歌穿越千年的时光，如今被读起，被唱起，却能让我们产生这样的情感共鸣。我和孩子们说，只要人类继续存在，这些诗歌，就会被一代又一代的人读起，唱起。他们也会产生和李白一样、和你们一样的感怀与共鸣。这就是诗歌的魅力，文学的魅力。

课上，我们还听了两首诗的吟诵。“平长仄短，依势行腔”，悠长的吟诵中，莹莹听出了忧伤，小金听出了思念，宁宁听出了嫦娥的故事，悠悠、晶晶、思思听出了想念家乡……

知识可以传授，能力可以培养，但情感却只能浸润。

我们班的诗歌课

向荣

愿这些温暖的文字陪伴着孩子们的童年，给他们一生的力量。无论未来的世界有多少艰难坎坷，他们也有勇气去面对。

本学期孩子们的诗歌之旅，在9月中旬正式开启。让老师备感吃惊的是，孩子们并没有出现预想中的抱怨，比如“我没有喜欢的诗”“我不喜欢诗”之类，而是很快就找到了自己喜欢的诗并请老师来读。

《致艾莉森》（节选）

坎宁安

愿上天保佑所有读这本书的孩子

都能找到一个爱他们的阿姨；

愿育儿室里的每一个孩子

都能在温暖明亮的炉火前，
聆听那吟诵诗歌的温柔声音，
就像重温我童年时的欢欣！

教室里很安静，孩子们虽然没有完全读懂诗人经历了些什么，但却从诗中感受到了传递出的温暖和爱。

孩子们能意识到诗歌内在的节奏，这真让人惊喜。

不过，诗歌带给孩子们的东西可不仅仅是一生的力量。某一周的诗歌课上，有个孩子推荐了《再见，农场》这首诗。

在推荐者自己朗读、老师朗读、孩子们分组轮流朗读之后，老师带领大家进入讨论环节。

老师：诗歌描写了一个什么场景（或者什么事）？

孩子们很快就说出来：诗歌写孩子们离开农场的情景。

老师：孩子们离开农场时是什么心情？

孩子们也很快说出来：恋恋不舍。

老师：你从什么地方感受到这种恋恋不舍？

这次孩子们的答案就多了：有的找到了“道别的话儿好像说不完”；有的找到了“田野和草地，房屋和花园”；还有“绿树和秋千”；还有“看那蜘蛛网，挂在干草间”……

通过讨论，孩子们有一个巨大的发现：只笼统地写“我非常非常非常不想离开农场”，说了很多个“非常”，大家也感受不到“恋恋不舍”。可是，当诗人写“田野和草地，房屋和花园，被摇来晃去的牧场门板，水泵和马厩，绿树和秋千，再见，再见，一切都再见”的时候，他没有一个字提到“我舍不得离开”，可是，读者都感受到了。

11 月初，毕业于北京大学的语言教育专家、《谢尔·希尔弗斯坦作品集：阁楼上的光》的译者叶硕的到访，为诗歌课堂注入新的活力。这个故事里面还有个小插曲。

上个学期，孩子们一直在读谢尔·希尔弗斯坦的诗集。今年 9 月诗歌课启动的时候，老师告诉孩子们可以联系到诗集的译者，孩子们兴奋得不得了：

“译者是男的还是女的？”

“会到我们学校来吗？”

“他有孩子吗？”

“他小时候就喜欢诗吗？”

……

这么多的问题！老师表示自己可记不住，灵机一动想出一个好办法："你们自己给叶硕老师写封信吧！"

于是，孩子们把想问的问题都写在了信里，不过初稿并不是很理想。老师把孩子们的信展示出来，孩子们通过研究其他人的信件，发现一些好的地方，比如有小土豆写道"感谢您在百忙之中阅读我的信，期待您的回信"，其他小土豆认为"这样可以表示尊重"。除此以外，大家还一起看了《亲爱的汉修先生》中的信，学习了信的格式。

不过，孩子们最后没有等来叶硕老师的信，却等来了叶硕老师本人。在叶硕老师的口中，谢尔·希尔弗斯坦是"这哥们儿"，还是"谢尔大叔"，所以他也给自己起了个笔名叫"叶尔大叔"。叶尔大叔认真地记下了孩子们的问题，耐心地一一解答。

"他居然初中才开始学英语。"

"他小时候的梦想居然是当棋手。"

"他小时候只读过唐诗，因为唐诗是押韵的，而谢尔的诗也是押韵的，他在翻译时也尽量做到押韵。"

……

孩子们听到答案非常吃惊！

此外，孩子们还提了好多跟诗有关的问题，比如"什么是扣？"叶尔大叔坦率地说："我猜是一种游戏，一种我不知道的游戏。”并且拿出英文原诗来谈了自己翻译时的考虑，包括选择词语、押韵、句子顺序等等。

孩子们发现，要翻译好一首诗可不是件简单的事呢！

孩子们的诗歌课还在继续……老师还有个好主意：让孩子们每周选一首最喜欢的诗录下来，找个合适的平台发出去，给更多的人听！

愿这些温暖的文字陪伴着孩子们的童年，给他们一生的力量。无论未来的世界有多少艰难坎坷，他们也有勇气去面对。

三年级的孩子，在泰戈尔的诗歌中读出了寂寞

王雨轩

三年级的孩子，对于泰戈尔的诗歌有何感悟，如何解释自己处于人生的哪个季节，他们的回答让人惊叹。

今天早上我 7:50 到学校，就发现细心的陈老师已经在带着大家朗读啦！能朗读、阅读优美的诗歌，能凭借所写事物体会诗人情感，是三年级语文能力标准之一，也是我这学期希望重点培养的目标。这个目标看起来很窄，可借由朗读的切入口，孩子们阅读理解能力、写作能力的提升其实水到渠成。不仅如此，朗读能力的提升对于孩子们的公众演讲与表达也会有很大帮助。

借着这个切入口，我们将尝试“木棉电台”这一语文项目制学习。

今早孩子们朗读了泰戈尔的《飞鸟集》的精选片段。三年级的孩子已经可以尝试体会相对细腻的情感表达了，因此连语文书中也收录了一首泰戈尔的诗歌。唯美与哲思并存的诗歌，孩子们又会如何解读呢?

朗读：整体感知

在大家自由朗读和齐声朗读几遍之后，老师问谁想挑战一下示范朗读，子然高高地举起了自己的手。她朗读了“夏天的飞鸟”第一段。

老师：我们一定是首先发现亮点再提出建议，大家发现她朗读的亮点是什么?

林林：她读得很轻快，像飞鸟一样轻盈。

老师：对，她还有一个和你们齐读的时候完全不一样的地方。

阿梓：她读得语速更快一些，没有拖沓。

老师：所以读的时候，不是一定要拖拉着读，完全可以像我们说话一样，带着自己真实的情感，而不是假的，为了抑扬顿挫而提高音调。

子然带读后，大家似乎找到了自己真实的语气，每个人都给自己鼓掌，又接着朗读了第二段“秋天的黄叶”。

诗文探究：体会作者的情感表达

老师：秋天黄叶的姿态和飞鸟相比有什么不一样呢？黄叶之所以黄是因为它失去了什么？

阿梓：失去了水分。

糖糖：失去了生命。

瑞瑞：飞鸟有动作，在歌唱夏天。说明它没有失去生命。

老师：你们说它的姿态很轻盈，那它的状态是什么样的？一只轻盈的飞鸟在怎样歌唱夏天？

小杰：欢喜。

林林：快乐。

岚岚：欢快。

老师：嗯，你们说得都很对，不过欢快似乎更加准确，岚岚把欢喜、欢乐两个词结合了。飞鸟在欢快地歌唱夏天，那落叶呢？哪个词表明它的状态？

糖糖：叹息。

老师：准确！那黄叶是怎样叹息的？

林林：失落。

莹莹：忧伤。

陈陈：难过。

阿梓：悲伤。

子然：绝望。

老师：这些词表达的情感都很相近，你们觉得哪个词比较合适？

小杰：我觉得是绝望，因为这个词更生动。

莹莹：我觉得绝望这个词（程度）太深了。

林林：那是它生命的最后一次叹息，所以我觉得是绝望。

老师：你们的理由似乎也很有道理，我尊重你们的想法，虽然我个人觉得可能用忧伤来形容这个程度就够了。

老师：作者写飞鸟在歌唱夏天，而落叶却在秋日里叹息，一个是轻盈地欢快地歌唱，一个是忧伤地绝望地叹息，这是什么写作手法呀？

孩子们：对比。

老师：大家去诗里找找线索，泰戈尔通过对比到底是要表达什么？

安娜：因为夏天的时候花都开了，树上的叶子都是绿色的，作者很高兴，所以写飞鸟在唱歌。

老师：安娜有自己的理解，她刚才所描绘的夏日风景谁能用四字词语形容一下？

瑞瑞：我想应该是绿意融融、鸟语花香。

小杰：万物复苏。

老师：万物复苏这个词非常好，但你们觉得哪个季节更合适？

孩子们：春天。

阿梓：生机勃勃。

老师：嗯，生机勃勃也不错，还有一个词和它意思相近，是什么？

瑞瑞：生机盎然。

老师：刚才说了夏天生机勃勃，作者的心情十分明快，所以看到飞鸟也觉得轻盈，欢快。那秋天为什么不歌唱？

阿梓：秋天树叶掉落了很多，满地都是落叶。

老师：满地落叶，还可以是满地什么？

孩子们：满地金黄。

瑞瑞：秋天的太阳，我觉得秋天的太阳就像夏天即将落山的太阳一样，淡淡的。

小杰：秋天的道路，（铺满了落叶）全是金色的。

老师：那你们觉得作者看到落叶一片片凋零时的感受是怎样的？他用的是叹息，他甚至说这片树叶没有什么可唱的，生命似乎到了尽头。

孩子们：他感到忧伤。

写到这里，必须要说明一点，现代诗的解读向来都是焚琴煮鹤，出力不讨好之事，因为可解读的空间过大，一千个人心中有一千个哈姆雷特。生命的飞逝孩子们尚且不能深刻地感知，他们眼中的时光大多都停留在当下，而非过去、现在与未来的线性时间里。所以在这首诗的探索中，我没有刻意去挑明夏天的飞鸟虽欢快却匆匆飞来又倏忽飞走的流光易逝，而是更多地尊重他们最真实的感受，和他们一起尝试去体会我们人类对自然的感受和赋予自然的价值意义。诗歌本就是个人化的、主观情感的产物。

朗读的最后，我问孩子们，如果用春、夏、秋、冬来形容人生的话，他们觉得此刻的自己身处哪一个“季节”？

子然说是春天，因为他们现在才刚上三年级，夏天应该是成年了，秋天是生了孩子老了以后，冬天是即将老死了。小杰却说此时的他身处冬天，因为他真的不想住宿，可是却被家人要求住宿，内心寒冷如冬。瑞瑞说春天是小孩子，夏天是成年人，秋天是中年人，而冬天是老年人。

莹莹感叹了一句：我觉得我们读出了寂寞。

好一个读出了寂寞，或可说是读出了生命淡淡的寂寥吧！

我不小心踩了春天一脚

徐奕欣

让我们不要做那些“奇怪的大人”吧，让我们拥抱孩子们的诗意，不管是春天的花鸟鱼，还是大雨滂沱里的精灵，都是无法重现的柔软与美好。

北方的春天才刚刚开始，广州的春天却已经停驻很久。2月份，一土学校广州校区开学时，雨水就带来了春天。与春天一起来临的不仅有逐渐回升的气温，还有孩子们蓬勃的诗意。

这学期，二年级木棉班语文课的第一个主题单元就是“春天与诗”。如果让孩子们说说春天的感受，他们可真能说出不少呢！

“春天有时很暴躁，有时很可爱！”

“我补充一下，可以说有时春暖花开。”

“有时万物复苏。”

“有时柳绿花红。”

“有时风雨交加，倾盆大雨。”

“有时生机勃勃。”

“有时电闪雷鸣。”

“有时鸟语花香。”

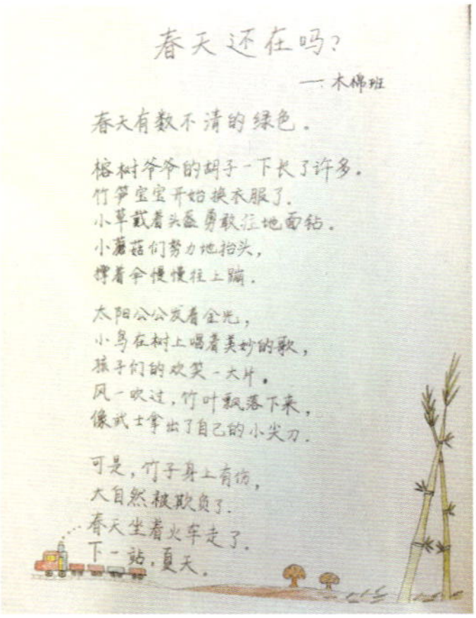

春天还在吗？

——木棉班

春天有数不清的绿色。

榕树爷爷的胡子一下长了许多。
竹笋宝宝开始换衣服了。
小草戴着头盔勇敢往地面钻。
小蘑菇们努力地抬头，
撑着伞慢慢往上蹦。

太阳公公发着金光，
小鸟在树上唱着美妙的歌，
孩子们的欢笑一大片。
风一吹过，竹叶飘落下来，
像武士拿出了自己的小尖刀。

可是，竹子身上有伤，
大自然被欺负了。
春天坐着火车走了。
下一站，夏天。

“有时草木茂盛。”

“有时花开草长蝴蝶飞。”

“春天就像鸟语花香的一幅画。”

这些短而小的句子听起来真像一幅幅春天的画，可是它们距离成为诗还有点远。诗歌，不仅是描述，更在于文字后面的巧思，那些跳跃着的诗歌精灵，在哪儿呢？

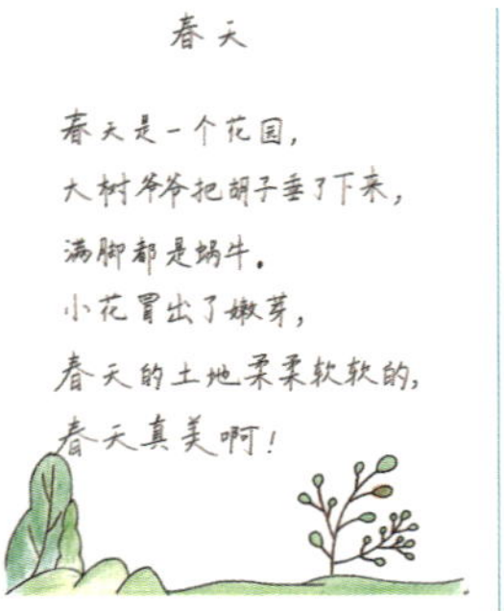

春天

春天是一个花园，
大树爷爷把胡子垂了下来，
满脚都是蜗牛。
小花冒出了嫩芽，
春天的土地柔柔软软的，
春天真美啊！

云

云是
雪白的棉花糖。
飘过树林，
飘过小溪，
穿过珠穆朗玛峰。

柔软的棉花糖，
飘过的地方，
一点糖水都没有。

2019.2.20

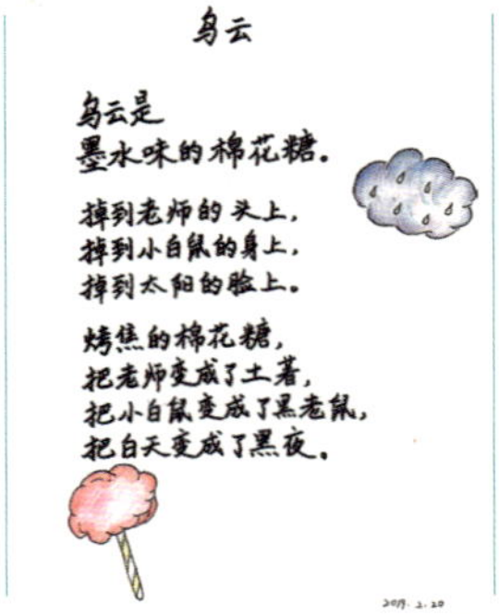

乌云

乌云是
墨水味的棉花糖。

掉到老师的头上，
掉到小白鼠的身上，
掉到太阳的脸上。

烤焦的棉花糖，
把老师变成了土著，
把小白鼠变成了黑老鼠，
把白天变成了黑夜。

2019.2.20

我们在寻找春天

春天在阳光下生长，
我不小心踩了春天一脚。
有人砍掉了春天，
很多乌鸦在游荡。
停车场肯定没有春天。

诗歌来自阅读

晨读的时候，杰克给大家推荐了一首充满童趣的诗。

云是
行走的鞋子。
走过高山，
走过大海，
走过很多地方。
轻飘飘的鞋子，
走过的路，
一点痕迹也没有。

这首诗充满了童真的想象，激发了孩子们自己创作的欲望。

老师："云像什么呢？"

孩子们："像棉花糖！"

老师："什么样的棉花糖呢？"

孩子们："雪白的棉花糖！"

老师："棉花糖该用什么动词呢？"

扬扬："飘过！"

雪儿："滚过，或者弹过！"

莉莉："跑过！"

阿声："跳过！"

经过一番商议，大家决定先用飘过，因为棉花糖很轻柔。

老师："飘过哪里呢？"

月月："飘过树林！"

小吉："飘过小溪！"

小威："飘过珠穆朗玛峰。"

林子："可是我有个疑问，珠穆朗玛峰不是都高耸入云了吗？就不能说飘过了，应该用穿过更合适！"

老师："那下一节怎么写？再选一个词描述棉花糖？"

小真："柔软的棉花糖！"

迪迪："柔软的棉花糖，飘过的地方，什么也没有呢？"

科科："糖水！棉花糖化了就变成了糖水。"

……

于是一首小诗诞生了。

"老师，刚才说的是白云，那乌云岂不就是黑色的棉花糖？"

"哎，那我们可以说乌云是某种味道的棉花糖。"

"蓝莓味的。"

"墨水味的。"

大家一边哈哈大笑，一边被墨水味的棉花糖带来更多灵感！

“墨水味的棉花糖，如果掉下来会把人变成非洲人那么黑！”

“掉到老师的身上！”

“还能掉到哪儿呢？”

“掉到小白鼠的身上！”

“掉到太阳上，白天就变成了黑夜。”

“掉到太阳的表面吗？”

“掉到太阳的脸上吧！”

这不，另一首小诗又来啦！

诗歌来自观察

春天可不就是个观察的好时机吗？孩子们和老师一起到校园里寻找春天，不经意间说出的字字句句都是春日的诗歌。

“我不小心踩了春天一脚。”

“停车场肯定没有春天。”

“蒲公英妈妈准备好了降落伞。”

“春天让枯萎的植物快速复苏！”

“大树爷爷正在摸着胡子大笑。”

“春天让树穿上了白裤子。”

“春天让小动物和昆虫有了新的家！”

“春天多了些外来入侵者。”

“有人砍掉了春天，很多乌鸦在游荡。”

……

孩子们在春天的包围下，都捕获了诗歌小精灵。这些或生动、或含有哲思的句子拼组，又成了新的诗篇。

有了阅读和积累，有了细致的观察，有了共同创作诗歌的经验，木棉班的孩子们开始慢慢懂得诗歌的含义，开始自己写诗了。春天的痕迹可不就是最好的创作源泉吗？

不只是春天呢，当海风在高速上飘过来，大海就成了诗；

在路上看到烟雾，烟雾就成了诗；

学了绘本《爱心树》，爱心就成了诗；

学了诗歌《如果》，幻想就成了诗；

在课上学了《七彩下雨天》，大雨瓢泼里的梦幻就成了诗。

这不，我们还创作了一首组诗呢！

外出的时候，孩子们一到植物园就遇上大雨。噼里啪啦的雨声里，大伞下的孩子们开启脑洞，又捉住了诗歌的小精灵。

随着诗歌的感觉越发敏锐，孩子们的诗意拓展到了各类抽象的语境。他们眼里的世界吵吵闹闹，没有人永远安静，总是有人说说小话；他们想象中的困难是坚硬的墙，跨过这堵墙，一箭中靶，目标就能实现。

孩子的童真是最富诗意的，他们不经意间说出的句子或有诗意，或有哲思，这是未经加工的质朴与真实。

孔子有言："《诗》三百，一言以蔽之，曰'思无邪'。"何为无邪？无邪即是孩子这种未经文明驯化的质朴，就像《小王子》中的宇航员，他能画出蟒蛇腹中的大象。作为大人，我们再难画出那只大象。我们能做的，是让阅读带领他们感知诗歌，让观察带领他们发现世界，直到诗歌开始在他们心中有了剪影，直到世界开始在他们眼中有了轮廓，他们的想象力就可以化成诗篇，带我们看到那只大象。

让我们不要做那些"奇怪的大人"吧，让我们拥抱孩子们的诗意，不管是春天的花鸟鱼，还是大雨滂沱里的精灵，都是无法重现的柔软与美好。

循着春天的脚步，孩子们的诗意正在路上。就让孩子们天马行空，骑上诗歌的小精灵，带领我们畅游四季吧！

孩子的灵感都像一首诗

王雨轩

学习《雷雨》这篇课文，然后引导孩子们思考，
没想到，孩子们即兴的灵感也成了一首诗。

老师：昨天上午我们在学习《雷雨》时有了一个什么灵感？

孩子们：如果地球变成我们的头。

老师：头还可以叫什么？

孩子们：如果地球变成了一颗脑袋！

回忆之前的灵感

彩虹是地球的嘴巴，珠穆朗玛峰是地球的鼻子

继续头脑风暴·出口成诗

太阳和月亮是他的眼睛。

圆月。

弯月也行。

我觉得地洞是他的眼睛。

我的想法是，小山是他的鸡皮疙瘩。

山丘。

泥土是他吐出来的东西。

草是他的头发。

是树，花草树木。

水波是他脸上的皱纹。

老师：水还可以叫什么？

孩子们：涟漪。

白雪是他的面膜。

人类是他头上的细胞。

大脑的细胞。

大海是他的肚皮，小岛是他的肚脐。

老师我补充一句，他的肚皮大得出奇。

可是我们就不光是头了。

老师：那我们就把它补齐。

我觉得耳朵像倒过来的山似的。

我之前看有些人身上画的，我们中国地形。

地心是地球的大脑。

金字塔是他的耳朵。

老师：他不一定需要长成和我们耳朵一样的。

小溪是他的胡子。

我觉得沙滩是他流出来的血。

老师：沙滩是他的血液吗？

他天天在流血吗？

我想小山丘是他被蚊子叮的包。

我觉得大海应该是他的眼泪。

我对陈陈有个质疑。

老师：应该说有个疑问。

有个疑问，难道他脸上都是肚皮吗？

我想加一句：涨潮的时候它就哭了。

我觉得耳朵是人类制造的大喇叭。

人类排的烟是他在放屁。

老师：是工厂排的烟。

我有一个结尾，他有很多宇宙里的朋友。

每一个星球都是他的朋友。

不断推敲·梳理顺序

我觉得小溪和山丘可以放在一起。

老师：按画画的顺序想一想？

先画头。

老师：我们还缺眉毛。

云。

乌云。

正好乌云挡住了月亮，挡住了太阳。

人类是他的细胞就行了。

最后一个，地球就是跟我们不一样。

我觉得还要加一个。

人类是他的清洁工。

我知道了，玻璃是他的眼镜。

加一个，哎忘涂驱蚊水了。

树的液体。

乌云下下来的雨可以帮他止痒。

无比滴。

老师：雨水是他的无比滴是吗？现在给诗加个题目吧。

古怪、奇特。

地球人、地球的形状。

我的世界。

想象。

老师：我觉得古怪是最好的。这整首诗一句都没有提古怪，但整首诗都很古怪。

《古怪》

如果地球变成了一颗脑袋

太阳和月亮是他的眼睛

珠穆朗玛峰是他的鼻子

彩虹是他的嘴巴

花草树木是他的头发

乌云是他的眉毛

小溪是他的胡子

大海是他的眼泪

山丘是他被蚊子叮的包

雨水是他的无比滴

水波是他脸上的皱纹

白雪是他的面膜

宇宙里

每一颗星球都是他的朋友

哦，差点儿忘了

他的耳朵是人类制造的大喇叭

当我安静下来

冯春

先学会捕捉自己听到的声音，再学着让自己的小耳朵越来越灵敏，能捕捉到更多的细节，能够试着表达得更细致、丰富。

上周我们读了谷川俊太郎的《朋友》，孩子们也像作者一样，用“朋友就是……朋友还是……”这样的句式写出自己心中的朋友：“朋友就是别人都走了，他还留下来等你，有好东西会跟你分享的人 / 朋友还是总跟你玩，会给你灵感的人”。

而读了朱赢椿先生的《虫子书》，小虫子们在叶片上留下的那一条条弯弯曲曲的痕迹，也让孩子们的小脑袋里涌出无数个新鲜有趣的想象，写出：“小虫子爬过的痕迹是虫子世界独一无二的画 / 小虫子在给我们写一封信 / 我猜，它想告诉我们 / 那是它的地盘”。

其实现在对孩子们来说，尽可能地用眼去观察，用心去感受，自由自在地去想象并写下来，就是最美的诗句啦！

这周我们又读了一本新的绘本《当我安静下来》，天气燥热，孩子们也都有点浮躁，希望这本有美丽画面和温柔词句的小书，能带着孩子们安静下来，用心倾听，发现自己周围的世界。

这一次，我们是把小书里的诗句写到了黑板上：

“当我安静下来，我能听见……/ 也能听见……/ 夜晚，我能听见……/ 早晨，我能听见……/ 用心聆听，我能听见……”

孩子们思考片刻就七嘴八舌地分享自己听到的：

“我能听见小鸟在歌唱！”

“夜晚我能听见爸爸的呼噜声！”

“早晨我能听见校车启动的声音！”

……

还真的都是自己生活中感受到的呢！ 那《当我安静下来》这本书里作者听到了什么呢？也许跟我们一样，也许还会给我们更多启发。于是，我们一起打开书：

当我安静下来，我能听见浪花的欢笑。

也能听见风儿和我的风筝玩闹。

夜晚，我能听见星星和我说话。

早晨，我能听见鸟儿对我歌唱。

用心聆听，跳舞时，我能听见我的双脚；

用心聆听，奔跑时，我能听见我的心。

游泳时，我能听见我的双腿；

静下来时，我能听见自己的呼吸。

春天，我能听见蜜蜂对花朵的爱；

夏天，我能听见大树的低语；

秋天，我能听见叶子的飘落；

冬天，我能听见雪花的飞舞。

安静下来。用心聆听。你能听见多少美妙的声音？

读到“夜晚，我能听见星星和我说话”这一句的时候，明明特别遗憾地说：“哎呀，这一句跟我想得一样，我就想说这一句呢！”

其实，后来读到孩子们写的小诗的时候，真心觉得鑫鑫的那句“秋天，我能听见小朋友跳进叶子堆的声音”，还有迪迪的那句“安静下来，我能听见大海坏笑着把船掀翻的声音……用心聆听，我能听见蚂蚁打喷嚏的声音”更有童趣。

果然，读完小书中那些温柔的句子，给了孩子们更多的灵感。那就赶紧试着动笔写一写吧！

窗外下雨的声音是怎样的？大雨是哗哗哗，小雨呢？滴答滴答！海浪的声音？海浪拍打在哪儿发出的声音？海浪冲刷礁石发出的声音！

先学会捕捉自己听到的声音，再学着让自己的小耳朵越来越灵敏，能捕捉到更多的细节，能够试着表达得更细致、丰富。

嗯，下周，我们还会继续“绘本和诗”的读写之旅。

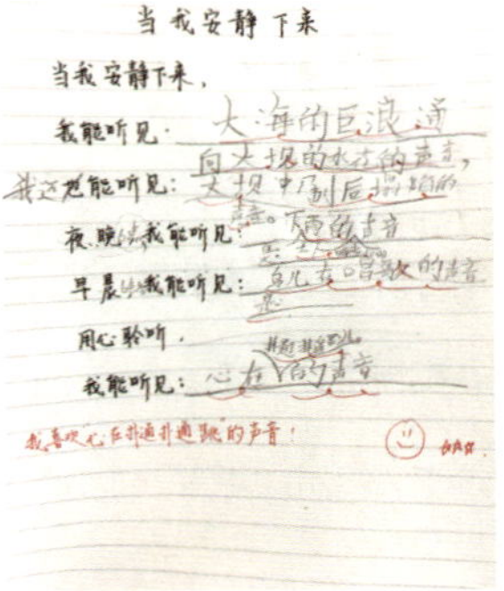
当我安静下来

当我安静下来，

我能听见：大海的巨浪涌向大坝的水流的声音，

我还能听见：

夜晚，我能听见：下雨的声音

早晨，我能听见：鸟儿在唱歌的声音

用心聆听，

我能听见：心在跳的声音

我喜欢心在扑通扑通跳的声音！

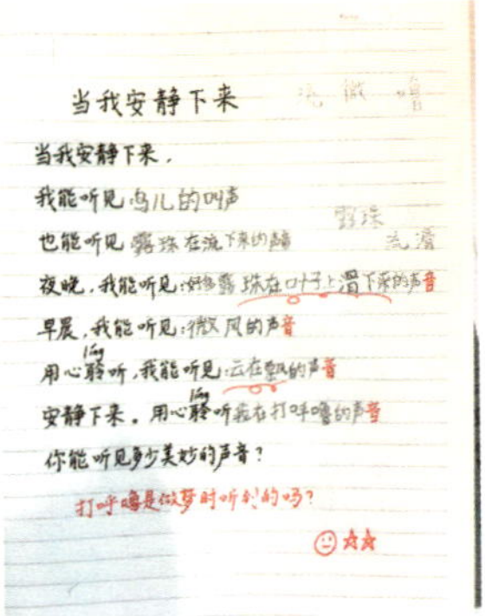
当我安静下来

当我安静下来，

我能听见鸟儿的叫声

也能听见露珠在流下来的声音

夜晚，我能听见：

早晨，我能听见：微风的声音

用心聆听，我能听见：云在飘的声音

安静下来，用心聆听

你能听见多少美妙的声音？

打呼噜是做梦时听到的吗？

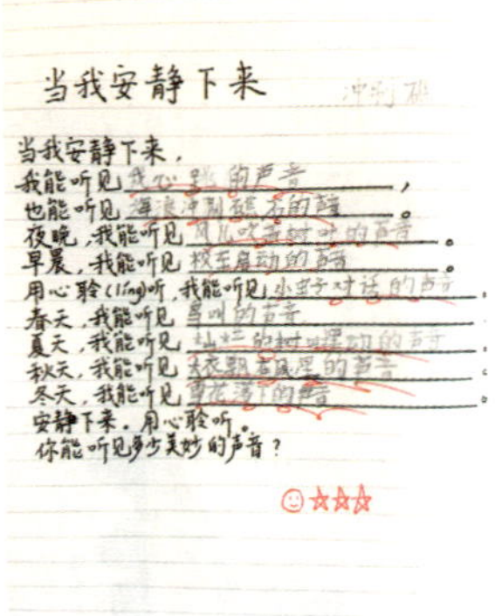
当我安静下来

当我安静下来，

我能听见 ，

也能听见海浪冲刷礁石的声音。

夜晚，我能听见 。

早晨，我能听见 。

用心聆(líng)听，我能听见小虫子对话的声音。

春天，我能听见鸟叫的声音。

夏天，我能听见 。

秋天，我能听见 。

冬天，我能听见雪花落下的声音。

安静下来，用心聆听。

你能听见多少美妙的声音？

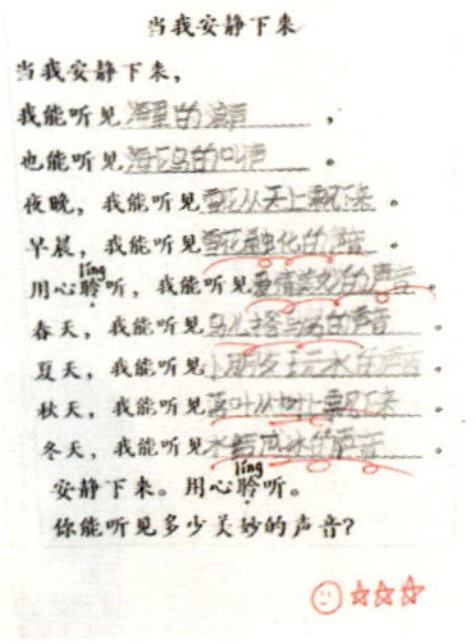
当我安静下来

当我安静下来，

我能听见 ，

也能听见 。

夜晚，我能听见 。

早晨，我能听见雪花融化的声音。

用心聆听，我能听见 。

春天，我能听见 。

夏天，我能听见 。

秋天，我能听见落叶从树上飘下来。

冬天，我能听见 。

安静下来。用心聆听。

你能听见多少美妙的声音？

二年级孩子的中文，可以有多好？

何烨

下雨了，一群小诗人就出现了！

一场春雨，就是绝好的灵感源泉。

“下雨啦！下雨啦！”望着窗外润如酥的小雨，孩子们就像萌动的草芽，小脑袋争先从窗口、门口冒了出来。我索性放弃了之前准备好的课程计划，“走，我们去听雨，看雨，玩雨！”

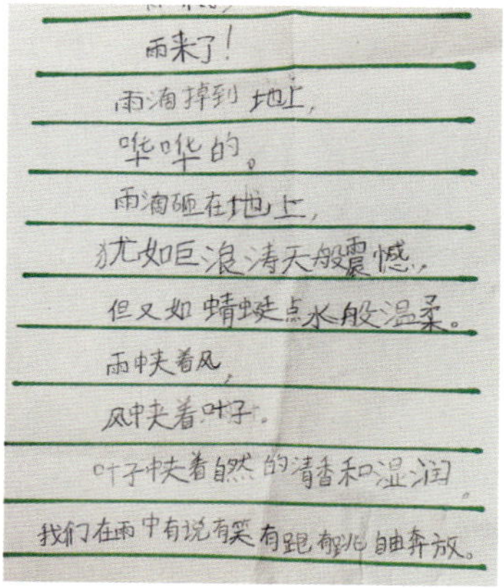

小精灵们在小雨中跳啊笑啊，回到教室后，一群小诗人便诞生了。快来欣赏一下吧！

《雨》（上）

明明

哗啦哗啦
雨打着树叶
滴滴答答
我骑着车
穿过水泥地
穿过灌木丛
走进地里
发现小苗满身是水低着头
好像在说：“别下了！别下了！”
但我觉得这样对它们很好。

《雨》(下)

我又伸出舌头
冰凉的雨水从天而降
掉到了我的头上
这时
小宇大喊雨淋不到我
我嫣然一笑
慌忙跑进庇护所里
滑梯里干干的
滑梯外湿湿的
我想小宇点子可真多

《雨》

瑞瑞

下雨了
雨下得真大啊！
外面的树开始摇摆，
外面的雨发出沙沙的声音，
我就像一滴水站在雨中。
哇，真美啊！
雨从天上飞下来，
滴到眉毛上，
真像眼泪啊！
雨滴到了地上，
真像海洋的浪。
风轻轻地吹过树叶，
发出奇妙的声音。
同学们去玩水，
同学们一个一个跳到水坑里，
我们的鞋都打湿了！
空气中充满了快乐的味道！

《春夏之雨》

小崎

下雨了，
雨滴滴答答地往下落。
我戴上了帽子，
跑出了教学楼的大门。
我变成了一把伞，
飞到了学校的滑梯，
我听到了风和雨的交替；
我又变成了一滴水，
和大地拥了一个大大的抱，
发出了大地光芒，
我好高兴呀！

《雨纷纷》

辰辰

我是一滴雨，
我和伙伴掉下去。
我来到了房子
花
鸟
——身边。

和他们交朋友。
交了好多朋友。
突然，我掉到了树上，
然后我又从叶子的一边到另一边，
最后我来到了一个小芽身边，
等着早晨再次飞行，
就在这时，
我觉得有人在说：起床啦！
原来是个梦啊！

你有没有从小诗人们的诗里，感受到雨天的幸福、雨滴的温柔?

孩子们与诗结缘可不是一时半会儿的事儿了，就在刚刚过去的4月，我们还专门开启了“每日一诗”活动，每天背一首诗。

而在4月初，在草长莺飞，有着千条万条的绿丝绦，还有着千朵万朵压枝低的百花盛开的初春，我还要带着孩子们到海棠花溪举行本班“第二届诗词大会”。

所谓良辰美景美诗，真是人生一大幸事！日积月累，积少成多，愿古诗伴我们幸福每一天。请家长们和孩子们一起，闲暇时间读一读、背一背诗，让孩子给您讲讲诗，那该有多美好呀!

雨天是什么颜色呢？

王雨轩

在孩子的眼里，雨天不是压抑和阴暗的，而是充满了丰富的颜色和想象。

过去的这个周末充斥着雨水的味道。周六整日的雨下得整个世界似乎都变得压抑阴郁了起来。今天借着绘本《七彩下雨天》，我们开启了一场关于雨的即兴创作与想象。

我：你们觉得，下雨天是什么颜色的呢？

莹莹：下雨天是彩色的！

我：为什么呢？

莹莹：泥土是黄色的。雨是蓝色的。小草是绿色的。楼房是灰色的。滑梯是彩色的。

瑞瑞：我觉得是红色的，因为地上的瓷砖被雨水冲洗得很干净。

小禾：小草是黄色的，金黄的，我感觉下完雨后，太阳照射下来小草会发亮。

陈陈：我觉得雨是白色的，因为冰冰凉凉的，我觉得冰冰凉凉的东西就是白色的。

我：陈陈把触觉和视觉结合起来了，这是通感。

周周：我觉得雨是红色的，雨打在身上啪啪响，像生气这种情绪，是红色。

我：陈陈说了雨的感觉，周周说了雨的情绪，太棒了！

莹莹：打雷是他叹气，闪电是他生气。

《七彩下雨天》里的小姑娘因为雨落个不停，也开始天马行空地想象。她说如果下起红色的雨，那可真是全身鸡皮疙瘩。大家一定会害怕得尖叫！那如果下起橙色的雨呢？

小禾：橙色是天上的神仙，鲜花里的汁液。

陈陈：天神不小心把橙汁打翻倒在了地上。

小禾：天上的蜜蜂不小心把蜂巢弄倒了，蜂蜜流下来了。

周周：天神正在吃加餐，给牛奶倒蜂蜜，不小心洒出来了。

欣欣：天神把橙子一个个砸下来了，要来砸我们。

瑞瑞：天神要用橙子榨汁的时候，榨汁机突然爆了。

莹莹：有一个天神把橙子放在椅子上，另一个天神坐下来。

晶晶：有一群天神在聚会，有一个天神剥橙子太用力，橙子被捏爆了。

小禾：有一个天神去买水果，他买了榴莲，然后整个榴莲掉下来了。

欣欣：他们聚会的时候，有一个天神在喝蜂蜜，有一只蜜蜂来蜇他，他太疼了，一下就把蜂蜜扔掉了。

陈陈：天神打鸡蛋的时候，蛋黄流出来了。（眼前一亮！）

莹莹：天上的一个大洞，旁边有一个滑梯，天神把云放进去，把橙色的云放到洞里。

瑞瑞：天神有一个大的金矿，准备熔化了做一个器皿，熔化金块的机器被一个调皮的小精灵打翻了，熔化的金子就流了下来。

周周：天上有一个云朵工厂，天神不小心把一个橙色颜料打翻了，云朵就变成了橙色，哗啦一下把雨洒下来。

大家的想法太多了，根本分享不完，于是我们趁着下课前赶紧记录了下来！明天我们将继续想象彩色的雨！

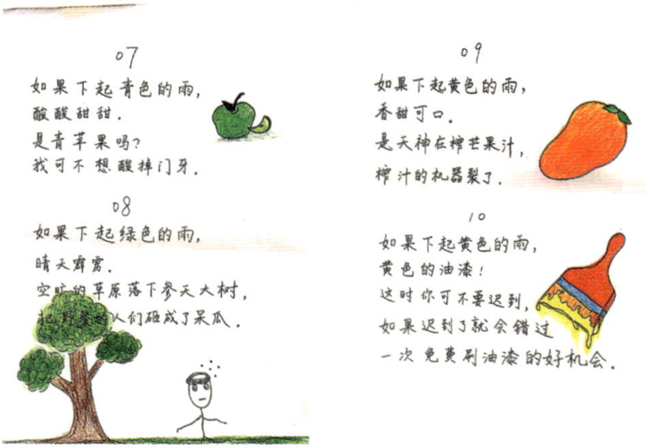

猫捡落叶 + 松鼠收集松果 = ?

冯春

雾霾天，写一首数学诗吧，语文课堂上，也可以用数学的加减法来写公式。

昨天是大雾霾，没办法出去撒欢儿，憋在教室里的我们都无精打采的。于是，我建议："我们写首数学诗吧！特别好玩！"

"什么是数学诗？"

"是列算式，然后 1+1+1+1+……这么循环下去吗？"

"是用数字写吗？可这怎么写呢？"

……

大家猜来猜去都摸不着头脑，老师只好揭晓谜底——原来这是一本充满创意的绘本呀，在飘满了红叶的画面中写着：

枫叶 + 水塘 = 红色的小船

秋天 ÷ 风 = 落叶

……

原来，文字 + 数学算式 + 丰富的想象 + 精彩的创意 + 季节的特点 = 数学诗！一页一页读下去，我们跟着画面“活”了起来：

“鸟窝 − 鸟儿 = ？鸟儿跑了，只剩下了一堆羽毛、树枝、树叶！”

"苹果里有了虫子，它一路啃出弯弯曲曲的小路，这就是甜甜的隧道呀！"

这样的数学诗，我们也能写呀！

寒风 + 羽绒服 = 冬天的信号（寒风吹在干燥的皮肤上，好冷呀！）

南瓜 - 籽 = 空心南瓜 + 刀 + 火柴 = 南瓜灯

雪花 × 冰 = 雪花图案的地毯

蜜蜂 + 太阳 + 惊蛰 = 春天

树 + 大树 + 阳光 = 树荫

太阳 + 树荫 + 猫的薄毛 = 夏天来了

夏天 - 化掉的冰激凌 = 太热的夏天

巨浪 + 小船 = 沉船；沉船 + 巨浪 = 尖叫

……

看完孩子们的作品，有没有觉得手心直痒痒，迫不及待去创作属于自己的作品呢？

写数学诗其实也是让孩子们换一个角度看世界，更有创意地去表达自己的一种方式。孩子们都超级开心：原来还可以用数学公式的方式来观察世界写诗，真的超有想象力！

当然，那天的数学诗创作还有一个重要的作用："写诗真好，让我们暂时忘记了雾霾。"

当世界年纪还小的时候

冯春

语文课本上的一篇课文《当世界年纪还小的时候》，让大家想象力爆棚，想想很远很久之前的世界会是什么样的。

“当世界年纪还小的时候，每样东西都必须学习怎么生活。太阳开始学发光，学着怎么上山下山……月亮不知道自己该学什么，学发光吗？白天它觉得这主意不好，晚上它又觉得这主意不错……水开始学习流动。它很快就学会了，因为只有一种方式，那就是：一直往低处流，往低处流，往低处流……

那时候，生活就是这么简单。每样东西只要弄明白自己做什么最容易就行了。世界在慢慢变化，万物在自由生长，雨从云里落下，滴进泥土里……

只要万物都做它最容易做的事，这世界就很有秩序了。这世界还相当有秩序……”

我们的语文书里竟然有这篇《当世界年纪还小的时候》，大家读了一遍又一遍，喜欢极了，虽然这只是节选，但我们依旧想象着胖乎乎的太阳努力学习上山下山的情景，笑个不停。

那……这个世界刚诞生的时候呢？不，这个世界没生出来之前呢？一片黑暗吗？

大家都不说话了，一个声音突然冒出来："我知道宇宙大爆炸！"

"啊？世界是爆炸出来的？"

"老师让我们阅读一篇关于宇宙和星系的文章，可是，读完之后我们都愁眉苦脸，字倒都认识，就是凑到一起怎么也读不懂！"

"200 亿年前，黑洞、星云、暗物质……我们怎么也想象不出来，于是，老师又给我们看了介绍宇宙、星系的短视频，嗯，螺旋状的不断旋转着的银河系可真漂亮，那么多那么多的大小星星汇聚在一起，我们觉得无比广阔的地球看起来竟那么渺小。"

不过，我们爷爷的爷爷的爷爷的爷爷……他们小的时候可不知道什么宇宙大爆炸，古代的人们是怎么想象世界诞生的模样呢？于是，就有了神话传说，有了一代一代流传下来的《盘古开天辟地》《女娲造人》《羿射九日》《女娲补天》……我让孩子们试着自己读这几篇神话传说，把自己感觉最神奇的地方标出来，虽然有点儿长，但读的时候孩子们依旧沉浸在神话的魔力之中，而且，在分享的时候大家又冒出很多问题呢。

“我觉得最神奇的就是盘古能随着天地不断生长，还有他死了之后眼睛变成了太阳和月亮，他的头发变成了天上无数的星星……”

“女娲觉得太寂寞了所以才想造出跟自己一模一样的人，不过我以前看过的故事里，女娲捏出小泥人之后对着它吹一口气，它就活了……”

“我最喜欢看女娲找五种颜色的石子放到大锅里煮那一段。”

“女娲好厉害呀，可是，她造人之前不是已经有盘古了吗？”

“羿呢？羿算不算人？”

“我觉得不算，他们都是神！”

“女娲造人应该在羿射九日之前，因为羿射九日的时候已经有人了，他就是因为十个太阳让人活不下去才要射太阳的嘛。”

“女娲是个很好的神，杀死黑龙，还有用草木灰堵住了洪水，人们就能幸福生活了。”

“可是，既然盘古是神，那他为什么会死？”

“世界上真有神吗？”

是啊，世界上真的有神吗？你相信有吗？你希望有神吗？反正这些关于世界源起的神话传说一代代流传至今，而且当我们的爷爷的爷爷的爷爷……他们年纪还小的时候也很喜欢，也问过跟我们一样的问题。不同国家不同民族也都有类似的神话和传说，因为我们人类一直都对自己生活的这个世界有无穷无尽的好奇。

年纪还小的时候，我们生活在神话、传说和童话中，它们像一颗颗种子，种下去埋在心底，有一天它们就会长出……

“长出什么？”

“我也不知道，不过，爱因斯坦有一次在解释自己的研究工作时说：‘有时我问自己，为什么创立相对论的人是我？可能正常的成人绝不会停下来思考有关时间和空间的问题——那是小孩子所想的问题，当然，我可能比小孩子想得更深入一点。’”

你觉得呢？

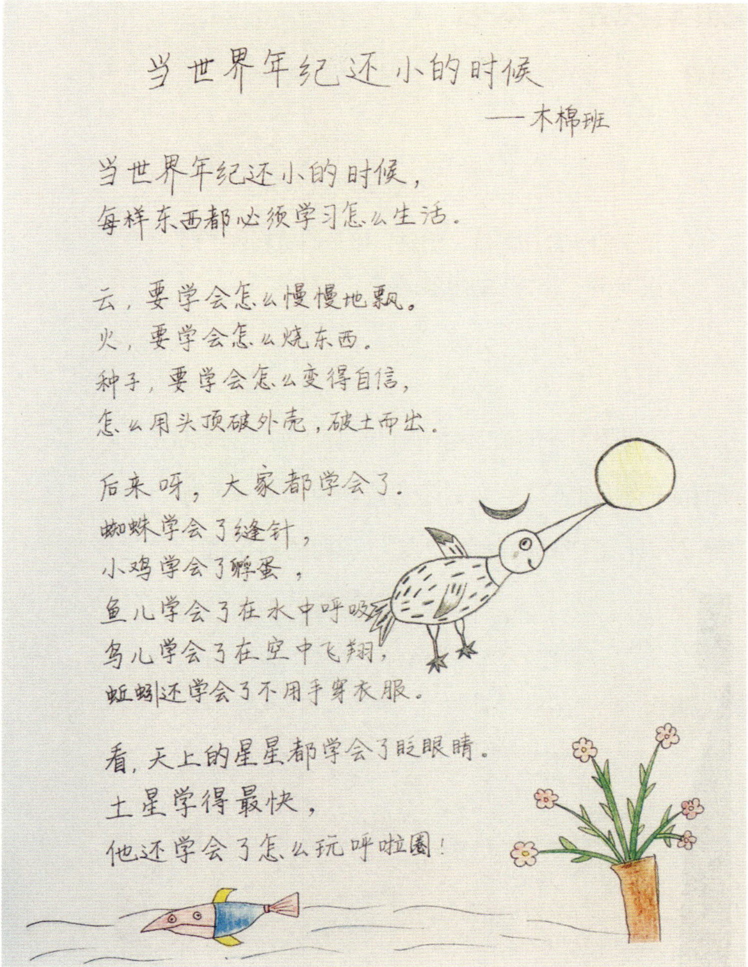

当世界年纪还小的时候

——木棉班

当世界年纪还小的时候，
每样东西都必须学习怎么生活。

云，要学会怎么慢慢地飘。
火，要学会怎么烧东西。
种子，要学会怎么变得自信，
怎么用头顶破外壳，破土而出。

后来呀，大家都学会了。
蜘蛛学会了缝针，
小鸡学会了孵蛋，
鱼儿学会了在水中呼吸，
鸟儿学会了在空中飞翔，
蚯蚓还学会了不用手穿衣服。

看，天上的星星都学会了眨眼睛。
土星学得最快，
他还学会了怎么玩呼啦圈！

如果我是一本书

冯春

孩子们一直在阅读，于是，孩子们做起了“如果我是一本书”的想象……

这两个月一直在跟孩子们读书，刚一起读完《查理和巧克力工厂》，嘴里还留着巧克力的香甜呢，接着又开始了“我和动物朋友”系列的科学阅读。这

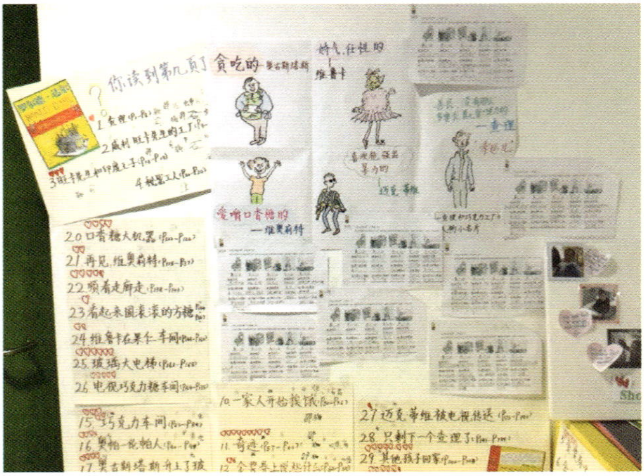

周一 4 月 23 日正好又是“世界读书日”，就想借这个机会继续亲近书，我们去泡书店，晒自己跟小书架的合影，给喜欢的书列排行榜，还坚持“阅读马拉松”……反正孩子们是越来越享受跟书在一起的时光了。

我很喜欢葡萄牙作家何塞·雷迪亚的《如果我是一本书》，奇幻的图画配上简单诗意的句子，适合静静地翻阅，也可以大声地朗读，而且“如果我是一本书”是一个具有魔力的句子，一定能引爆孩子们的奇思妙想，所以，我决定用这本书来为一周的读书庆典画个小句号。

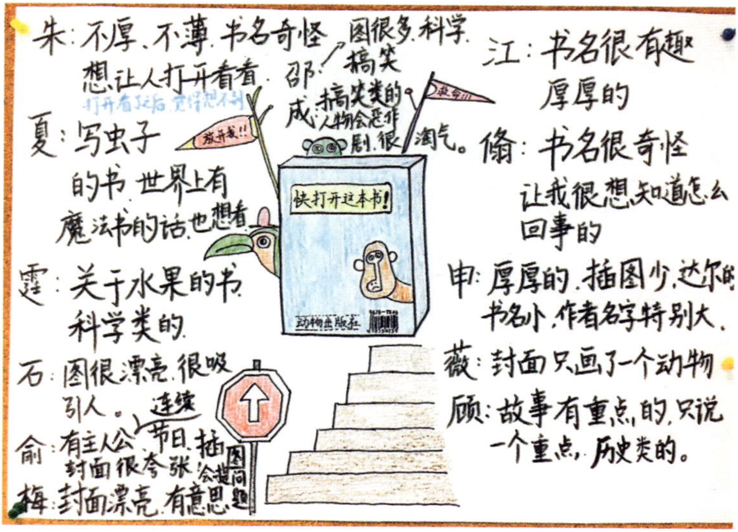

果然，打开书读了几页，孩子们的眼睛就亮了起来，“如

果我是一本书……”他们忍不住像作者一样开始天马行空地想象：

“我会是一本特别特别厚的书，永远也读不完。”

“我不，我就要当一本小小书，只有一纳米！”

“如果我是一本书，我希望别人读我的时候总是很快乐，我就喜欢读让自己开心的书。”

“我全是知识，读了我你就能变成学霸！”

……

等合上这本书，孩子们已经急着要动笔了，写作的过程非常快乐，他们一边写一边笑，每当写出自己感觉精彩的句子，还会得意地大声读出来，都想写出自己的想法。

下课的时候，数学老师正好走进教室，孩子们一下子兴奋起来：“如果芳杰老师是一本书呢？里面肯定写满了数字、符号，还会有好多数学题！”

而薇薇写完之后，又跑到黑板前捧起那本《如果我是一本书》，投入地放声朗读起来，她是有多爱这本书呀？

在电脑里翻到一年级时孩子们写的句子，还记得那会儿他们写东西像挤牙膏，字也有点儿歪歪扭扭，可是现在，他们开始逐渐享受用笔“说话”的乐趣啦！

如果我是一本书，我希望我是一本让人欢乐的书。

如果我是一本书，我希望自己是一本让每个读过我的人都从不好的情绪里走出去的书。

如果我是一本书，我希望是一本很厚的书，可以成为最厚的书，让别人惊讶。

如果我是一本书，我希望每天都被人看。

如果我是一本书，我要让读者永远看不完。

如果我是一本书，要是读者读完我，我不希望被当成垃圾扔掉。

如果我是一本书，我希望这本书会让读者喜悦，脸上永远挂着笑容。

如果我是一本书，我想让鲨鱼吃了我，然后我就可以睡大觉了。

如果我是一本书，我愿意带你周游世界，陪伴你一生。

如果我是一本书，我希望我是一本比手掌还小的一本书，我希望读者只看这本书。

如果我是一本书，我将带你来到书的王国。

如果我是一本书，这本书很小，人会用放大镜看，没有字只有画，人看了会笑。

如果我是一本书，我会带你走进知识世界，你会改变你不好的习惯。

如果我是一本书，我可以给你带来很多知识和快乐，但我不希望你只是翻翻而已。

如果我是一本书，我希望你能发现我的秘密。

如果我是一本书，这本书很厚，里面是一堆字。

如果我是一本书，我喜欢让读者看着我笑开了花，而不是严肃地看着我。

如果我是一本书，我会更开心，因为我很爱看书。

我希望我是一本永远看不完的书。

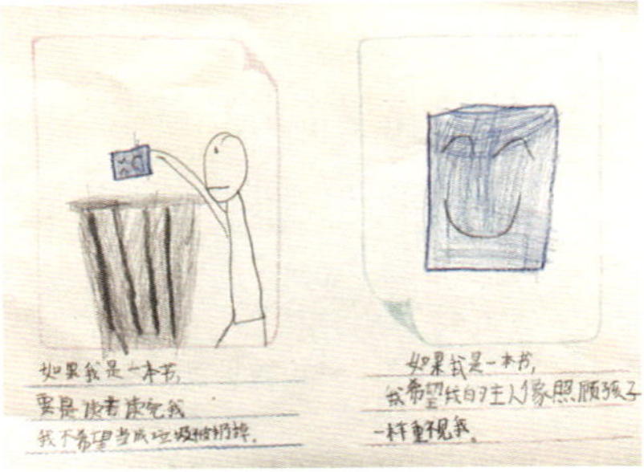

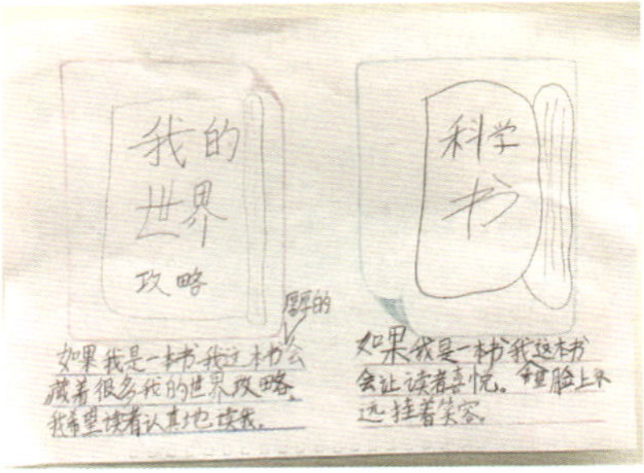

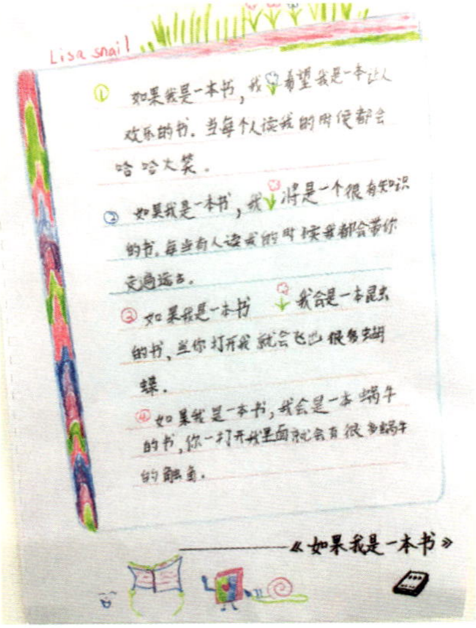

你这样学过二十四节气吗？

向荣

节气离城市里的孩子越来越远，如何把节气引入课堂，让孩子们在自然中感受季节变化，并形成自己独特的感受和体验呢？

春分一过，还没来得及感受“乍暖还寒”，北京的花仿佛突然在一夜之间竞相开放了。古人的智慧在节气上可谓表现得淋漓尽致，凡事“看天”的古人十分讲究节气，天气变化、自然交替以及古人的耕种、作息、生活等都和节气息息相关。然而节气离城市里的孩子越来越远，如何把节气引入课堂，让孩子们

在自然中感受季节变化，并形成自己独特的感受和体验呢？

我对节气的感受源于自己的童年。我父亲小时候曾学过一句农谚：大旱不过五月十三。好奇的他带着自己的疑问坚持观察天气很多年，发现即使某年春天不下雨，到了农历五月十三也一定会飘小雨或者是阴天。当我听到父亲的这个小故事后，也坚持观察了好多年，我发现只要是交节时分，天气总会有变化，古人的总结真的很精妙。

因此，我很希望孩子们在课堂和课外活动中感知节气，体验自然的奇妙。从去年开始，每到节气时分，孩子们就会在课堂上读一遍二十四节气歌，我没有刻意地让他们背诵，而是让孩子们在诵读的过程中，亲身感受节气带来的变化。

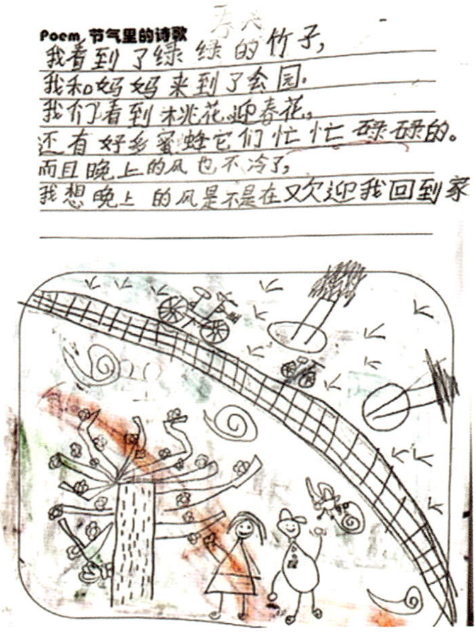

上学期经历了秋天到冬天，有的孩子说“早晨起来发现天越来越黑了”。冬至时孩子

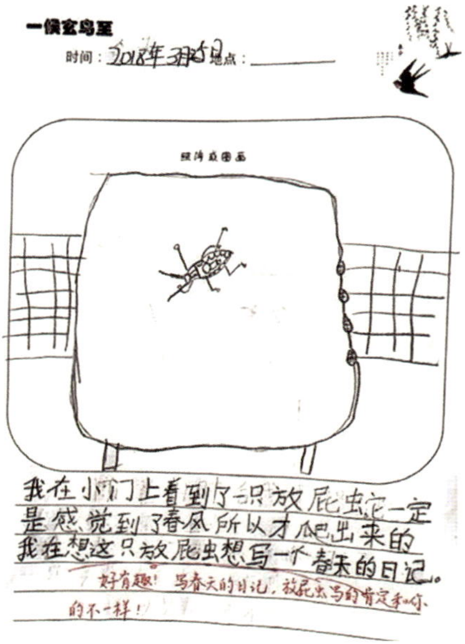

们就能了解到这是一年中黑夜最长白天最短的一天。有的孩子会“发现柿子红了”，有的孩子则会说“发现水冻住了，我可以在外面滑冰了”。一个孩子分享之后，其他的孩子会点头赞同说：“我也发现了！”或者互相补充“我还有其他的发现”。

配合节气歌，我还会引入与节气相关的故事，穿越百年千年，去感受古人怎么领会节气的变化。世界在变化，唯一不变的，是大自然法则下季节的更替。

除了让孩子们到自然中观察体会外，我还让孩子们通过阅读把大自然的体验再带回课堂，带着孩子们阅读优秀的文学作品，包括课文、古诗、童谣、绘本，还有散文，让孩子们看好的文学作品是如何描写自然的。孩子们可以从中学习如何更好地用语言表达，也能感受不同作者独特的观察视角。

最近我们班正在阅读《好心眼儿巨人》，作品里的巨人有一双了不起的大耳朵，能听到各种各样的声音，比如小蚂蚁说话的声音，植物被掐断的声音，甚至星星唱歌的声音。孩子们觉得特别神奇，很想知道自己怎么才能有这样一双大耳朵。

我问孩子们什么时候自己也能听到这么多声音？孩子们答：要特别安静的时候，比如在晚上才能听到。于是我就鼓励孩子们自己试着去听，有的孩子体验回来后就能写出“我能听到小草在发芽”这样的文字。

在我看来，语言不仅仅是传承和模仿，更是创造。孩子们天生就是诗人，只要让他们充分地接触自然，亲近自然，培养“五感”，他们就能把自己的感受与读过的优秀作品相联结，写出非常灵动的文字。

比如在草坡上尽情打滚，孩子们能写下“我能感受到尖尖的小草”。有的孩子把课文上读到的文字用在自己的观察记录中：“我看到小草探出头来。”这不仅仅是语言模仿，更是孩子们在思维上有了自己的体验。同时，一些孩子已经开始创作，写下“春天像毛毛虫一样醒来了”这样的文字，这些生动的描绘都来自孩子自己的真实感受。

白露的四个惊喜

张荔舒

白露是怎么来的呢？让我们外出去找找答案吧。

今天的语文课，我们到朝阳公园的喷泉旁走了一趟，一是满足小禾同学去看喷泉的心愿，二是去观察一下朝阳公园的秋天。

出发前我说今天是一个节气——白露，我问“什么是节气”，小禾说“是节日”，小美说“二十四节气”。我又问：“这个时节白天有大太阳的时候气温怎么样？”孩子们回答：“很热。”“那晚上呢？”“有点冷。”

对的，这个时节白天和晚上温差越来越大。所以，空气中的水汽接触到地面或草木时，会凝结为细小的水滴。

“太阳照在水滴上面是什么颜色的啊？”

“白色的。”

所以，“白露”就是这个节气的名字。

关于这个节气，有四个惊喜要给孩子们揭晓，但是孩子们要动脑子猜一猜。

第一个惊喜：这个东西长在灌木丛里，白色的，软软的，有叶子。

宁宁说：“蒲公英。”小禾说：“棉花糖！”

“棉花糖长在灌木丛里吗？”“对啊。”

最后答案揭晓，是棉花。

我把两团小小的棉花递到孩子们面前，让大家都摸一摸，原来棉花是软软的。这个时节啊，可以采摘棉花。可大家为什么要摘棉花呢？

孩子们七嘴八舌，“可以做棉被。”“可以做羽绒服。”

我提醒大家，羽绒服可不是棉花做的，但是我们身上穿的衣服可都有棉花的成分哦。另外，纱布也有棉花成分，大家一起摸摸纱布的质感，比棉花硬一点。

第二个惊喜：这个东西是天上飞的，它们会成群飞往南方。

“是鸟。”“蝴蝶。”“小燕子。”

孩子们努力搜索着脑海里的词汇。对了，燕子，还有鸿雁，它们感觉到气温的变化了，所以飞向比较温暖的南方。

宁宁问："鸿雁是红色的吗？"鸿雁不是红色的，因为它的第一个"鸿"不是红色的"红"，"鸿"是大的意思，指的是大雁。

宁宁还是很好奇，"那鸿雁到底是什么颜色的啊？"哎呀，老师也不知道，那我们一起查一下吧。过了一会儿，孩子们看着手机里的图片，原来鸿雁有白色的肚皮和黑色的翅膀，尾巴是红色的。接着大家一起听了《鸿雁》这首歌，慢悠悠的旋律，听到了歌词"鸿雁／向南方"，小美说这首歌不好听。

轮到第三个惊喜了。我摇了摇布袋里的罐子，大家听到"咚咚咚"的声音。"这里面是什么东西呢？"大家使劲地动脑筋，答案也五花八门。惊喜最终揭晓——是红枣。

秋收的季节，红枣成熟了。大家有没有在路边看到过红彤彤的枣呢？有的孩子看着那一罐红枣，馋了，但是我们决定等到加餐的时候再一起品尝。

最后一个惊喜：这是一种花，大家会把这种花做成食物。

"菊花。""荷花。""金银花。""玫瑰花。"

孩子们还认识不少花呢，不过呀，白露时节，桂花开。我们有的人会做桂花糕、桂花酒、桂花茶，这样能够品尝到桂花的香味。今天我们也准备了桂花茶，语文课后正好是加餐时间，我们一起尝尝红枣和桂花茶的味道。

揭晓完所有的惊喜，正好旁边的喷泉开始喷水了。看着那同时喷出的高高的水柱，孩子们都开心得手舞足蹈。果然，水和沙子是孩子们的至爱。好几个孩子都忍不住地想更靠近喷泉一点，感受水滴的清凉。小禾从开学第一天就说特别想来看喷泉，今天在旁边看得特别入神。宁宁也高兴地来回跑，看看它的正面，又看看它的背面，还说想要拍个照片给爸爸妈妈看。

厨房里的语文课

赵明霞

对中国文化的学习，绝不仅仅是熟知《三字经》《弟子规》、孔融让梨的故事……更重要的是对中国博大精深的文化和传统的感知和浸润。

八月中秋白露，路上行人凄凉。
小桥流水桂花香，日夜千思万想。
心中不得宁静，清早览罢文章。
十年寒苦在书房，方显才高志广。

上周三下午的二年级语文课上，一土项目课老师松松以一首定场诗，开启了时长一个小时的课程。

这天的语文课是围绕农历二十四节气中的第十五个节气“白露”展开的，上课地点在一土厨房，也是一土烹饪教室。

之所以选择厨房，是因为孩子们要完成一个重要任务：自己做红薯饼。

“嘿，孩子们，你有问题我来答！”

“为什么要做红薯饼呢？”在场的孩子们一边难掩自己的兴奋，一边又很好奇。

“白露时节，正值阴历八月下旬至九月上旬，在农业上是甘薯收获的时候；在养生传统中，则正是适合吃红薯的时节。”松松老师第一时间满足了孩子们的好奇心。

“那吃红薯有什么好处呢？”孩子们继续发问。

“根据专业的营养数据，红薯含有维生素、矿物质，还有丰富的膳食纤维。它含有的热量本来就不高，但消化系统为了‘消化’这些膳食纤维，还需要消耗大量能量去努力分解它们，所以导致红薯产生的‘有效热量’更低，几乎是一种‘负热量’食品。”

“你来提问，我来答”，让孩子在提问的过程中，最大限度地激发内驱力和渴望探究的精神，这不正是学校一直倡导的“以学生为中心”的教学理念的切实落地嘛！

于是，课程就这样在丰富的知识和欢乐的氛围中开启了，接下来到了大家早已迫不及待的动手环节。

“咦，我的手变得干净了！”

松松老师将早已蒸好放凉的红薯切断分给所有的孩子，也包括其他食材：适量的面粉、白糖和黑芝麻。孩子们两人或者三人一小组，积极地、团结有序地投入到给红薯去皮、加糖碾压成泥以及和面团的“战斗”中。

和面。

做面团。

面团和好之后，要用黄油给面团做“按摩”。

“咦，我的手变得干净了！”——神奇的事情发生了！孩子们在给面团做“按摩”的时候，发现了黄油可以避免面团粘手的神奇功效。无意中获取的这个知识点，让孩子们惊喜万分。

一切准备就绪，接下来就是创意时刻！星星、玫瑰花、太阳、蜗牛、三角形、盘旋的小蛇……五花八门的造型，在孩子们的小手中一一诞生。

在这样一节特殊的语文课上，孩子们在不知不觉中接触到了数学、生物等学科的知识，融合学习正在悄然进行。

“为什么我闻不到红薯饼的香味？”

随着每个孩子都有了多个成型产品，松松老师开始了第一轮烘焙。为确保每个孩子都有自己的作品，所以第一次烘焙时，松松老师从每个孩子手里收取一个作品，剩下未烘焙的作品则等待下次烘焙。

“我做了个章鱼，一会儿我就可以吃到烤章鱼了！”

“我的玫瑰花烤出来以后，是玫瑰花的味道吗？”

……

孩子们你一言，我一语，对自己的作品充满期待。

然而当听说烘焙需要20分钟的时候，有的孩子急不可耐：“为什么需要那么久？”“什么时候可以吃到我的红薯饼呀？”

“心急吃不了热红薯饼！”松松老师的应答引来孩子们的一阵阵欢笑声。

“为什么我闻不到红薯饼的香味？”这时，一个孩子提出的“尖锐”问题成功转移了大家的注意力。于是，在松松老师的带领下，大家开始做一个小实验，来寻找问题的答案：所有孩子都走出厨房，做五次深呼吸，然后再回来。

“我闻到红薯饼的香味了！”很多孩子惊喜地欢呼。

“这是什么原理呢？我没有回答，留给孩子们自己去探索吧！如果你看到了，希望你也开动你的小脑筋想一想。”松松老师在自己的教师笔记里这样写道。

“我们有比完成比赛更重要的事情。”

在等待烘焙结束的间隙，孩子们开始有序地收拾桌面：把掉在桌子上和地上的食材残渣捡起来，放在各小组用来收红薯皮的小盆里；把硅胶垫卷起来放在一边；洗手……

好习惯的养成，就是这样，渗透在学校生活的方方面面。就像松松老师在教师笔记里写下的：“动手操作的课是愉快的，但在课上也要遵守规则。”

而针对有些学生出现的玩弄食物的情况，松松老师说：“我希望孩子们在课堂上学习的不仅仅是制作食物的技法，更重要的是，能够知道食物是自然赏赐给人的礼物。我们不应该因为能够获得大量食物，就忘记食物的来之不易。”

在“挑战 18 秒”排队集合的任务中，发生了一个小插曲。有的孩子因为去洗手没有准时归队，所以整个集体不得不跟着再来一次。任务重复了两次之后，有的孩子开始抱怨，并开始指责那些因为洗手没有归队的小伙伴。

这时，带队的班主任老师及时喊停，让大家慢下来并进行积极引导：“刚才有的同学在洗手没有及时归队，如果大家想要提醒他们，可以用友善的方式，而不是用不友好的语气去责怪他们。我们班永远是一个集体，是一个家，所以，我们有比完成比赛更重要的东西……”

孩子们一边点头，一边异口同声地接道：“友谊，还有友善。”

我相信，这一个小时的课程，孩子们学到的不只是语文知识。

在白露节气之后的那一周里，每个班级、每个孩子都有这样的机会走进厨房，亲自做一次红薯饼，不知他们又会有什么特别的收获，相信孩子们的成长一定会在不知不觉中发生。

我们在每个节气都设有与节气相关的课程，比如谷雨节气时的插花课堂、春分节气时的制作北京传统小食驴打滚课堂等等，还有孩子们正在制作当中的二十四节气小书。

就这样，孩子们在有趣又有料的活动中，让中国传统文化潜移默化地根植在心底。

寓言说的就是我们自己呀

向荣

寓言让我们在哈哈大笑的同时也会认真思考，体会里面蕴含着的人生智慧。

本周我们开始了寓言单元的学习，先读了几则小古文：《守株待兔》《拔苗助长》《狐假虎威》《南辕北辙》。虽然故事很熟悉，不过古文版读起来还是有点难度，好多字明明认识，意思却好像有点不一样："走"不是"慢慢行走"了，而是"跑"；"天帝使我长百兽"的"长"好像是"统领"的意思。有些小古文距离现在都有两千多年了，文字的变化当然很大，我们可以"合理猜测，小心求证"，慢慢积累词汇。

看注释加猜测，不知不觉都读了两个主题的小古文了，孩子们也有了自己的发现，现代文中需要一个词表达的意思，古文只需要一个字，“古人也这么说话吗？”当然不是，古文是古代的文字，他们说话可不是这样的。孩子们还提出了自己的疑问：“寓言是真实的故事吗？”“为什么宋国人那么傻？”寓言不是真实的，所以宋国人傻当然也是作者编出来的，读多了，大家就会发现被嘲笑的还有其他地区的人。

现代寓言我们学习的是《陶罐和铁罐》，故事不难理解，孩子们读完后很快概括出了情节：“从前有一个铁罐，仗着自己坚固，看不起陶罐，老是奚落陶罐，可是过了几百几千年之后，陶罐还是完好无损，而铁罐已经消失得无影无踪了。”

我把这堂课的重点放在人物关系上：“铁罐是如何对待陶罐的？”“陶罐是怎么应对的？”孩子们根据课文很快整理出线索：铁罐先是傲慢，接着是轻蔑，后来是恼怒；陶罐的应对则是谦虚、争辩、平静，最后不理会。

接着，我们将重点聚焦在“铁罐为什么要这样对待陶罐？”

孩子们说：“因为陶罐不如它坚固。”“铁罐太骄傲了！”

我接着提问：“那我们身边有铁罐这样的人吗？”

孩子们说：“有！”

我接着问：“我们身上有铁罐的影子吗？”

孩子们说：“有，我们每个人都会骄傲！”不过他们认为自己不会像铁罐那样嘲笑和奚落别人。

接着我们再从陶罐的角度把问题聚焦到“如何面对别人的嘲笑”上，孩子们说很喜欢陶罐，因为它“谦虚平和，还勇敢自信”。

接着我问了一个问题：“陶罐不如铁罐坚固，为什么他敢和铁罐争辩，还敢不理会？”这个问题把孩子们难住了，我提醒他们注意故事的发展，孩子们阅读故事结尾，发现陶罐“朴素美观”“很有价值”，陶罐正是知道自己的价值才能够勇敢自信的。

我们还发现，陶罐的应对跟一土的“问题解决四步走”有点类似。我问：“那陶罐会因为自己的价值而看不起铁罐并且嘲笑奚落它吗？”

孩子们说：“不会，它很低调。”

“我们身边有陶罐这样的人吗？”

“有啊，廷廷就是！”

还有的孩子小声说：“我没有陶罐那么勇敢！”

是啊，像陶罐那么勇敢很不容易，因为我们有时候看不到自己的价值，有时候又会像铁罐一样盲目自大。寓言就是这样，看起来在嘲笑别人，实际上说的是我们自己：我们有时候会守株待兔，期望不劳而获；有时候会急于求成，拔苗助长；有时候会看不清方向，南辕北辙。寓言让我们在哈哈大笑的同时也会认真思考，体会里面蕴含着的人生智慧。

提升语文素养的关键

拼音怎么学？

何烨

我们和孩子一起拼，每天拼一点，坚持不懈，
效果一定会显现出来的。

亲爱的大土豆们：

今天和大家聊一聊拼音怎么学。

拼音的定位：拼音是工具，是识字、阅读、初期写作的工具之一。

拼音教学的重点：拼读（之后是拼写）。

拼音教学要重趣味性和运用，多拼多读，先混个脸熟，然后再慢慢越来越熟练。

孩子们目前拼音学习的情况：

1. 孩子们的学前基础差别较大，有的零起点，有的掌握一部分，有的认识字母但拼读不熟练，也有个别同学拼读较熟练；

2. 拼音之所以比较难，是因为容易混淆，而且内部有很多的规律性，孩子们出现拼读或拼写的错误，其实都是有规律性的。如果能帮助孩子们梳理好这些规律，会让他们学习起来轻松很多。

针对以上情况，我采取的拼音教学方法有如下几种：

1. 情境式

孩子们都喜欢故事，把一些枯燥的拼音规律放到故事里，会让他们更容易记住。比如关于 o 和声母拼读拼写时，孩子们容易犯“buo、lo”这样的错误，于是在课堂上我讲了一个小故事：

今天故事的主人公是小 o，小 o 非常喜欢交朋友，他遇到 bpmf 就握手，说：“你好你好，你能和我交朋友吗？”“可以可以，当然可以。”所以 bpmf 就和 o 交朋友啦。

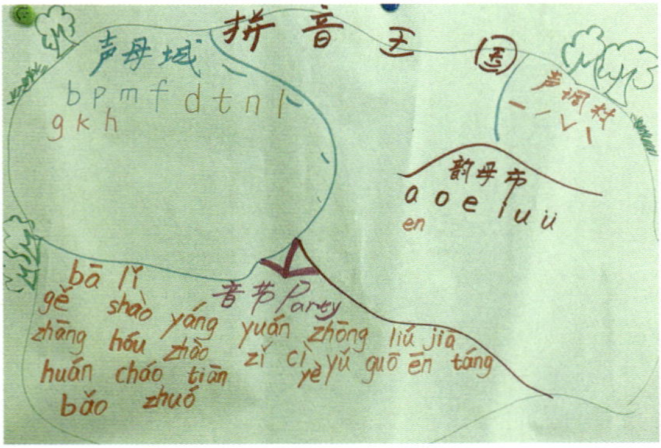

小 o 很随和，和他们交朋友就读前面声母朋友的音：bo、po、mo、fo。（黑板上摆着卡片，一年级孩子一定要调动耳、眼、手、脑，多感官参与学习。）

和 bpmf 告别以后，小 o 要去找 dtnl，可是 dtnl 住在河对岸，过不去怎么办呢，你们有什么好办法吗？搭桥！找谁搭桥啊，你们猜猜？对了，就是小 u 啦！

来吧，他们三个交朋友，一起来拼一拼吧！

像以上的故事，就帮助孩子们总结出 o 只能和 bpmf 直接拼，剩余的所有声母都需要借助 u。

举一反三，还有 a、e 和声母的拼读也有内在规律。孩子们容易出错的地方就是有规律的地方，用情境故事就能帮助他们区别。

2. 多感官参与学习

一年级的孩子注意力坚持时间短，因此要充分调动他们的兴趣。bd 容易混，pq 容易混，怎么办？用我们的身体来帮忙，左手就是 b，右手就是 d，搞不清楚的时候，动动手，摆一摆，就知道了。或者我摆一个声母，小伙伴摆一个韵母，两个人合作就是一个音节了，诸如此类。

3. 分层教学，小老师上线

针对学前基础差异较大的情况，小老师的教学策略用起来。每节课大概会新授三个字母，拿上周五学习的 gkh 为例，咱们来说一说：

今天我们要认识三个新的声母朋友，他们分别是 gkh。我知道班里有许多同学已经不用何老师教了，他们可以来当小老师啦！可是小老师要教大家什么呢？

孩子们说：要教这个字母的读音；要教怎么写；要教他能和哪些韵母交朋友（生活中出现的字，比如蝌蚪的 ke）。

接下来就由孩子们来当小老师，我来当助教，适时给予小老师和同学们指导和反馈。在难点比如三拼或者一些规律性的地方给予指导。

4. 重趣味和运用

小老师教完了，那就到验收学习成果的时候啦！拼音的学习成果怎么验收，自然就是拼读了，这时候我们会用到语文书，两个小伙伴共用一本语文书，先跟着何老师一起读一遍；然后你指我读，我指你读，同桌一起再读一遍。在这个过程中，我会进行巡视，参与小伙伴共读，帮助个别孩子。

另一个运用就是给字母做海报，这个活动孩子们很喜欢。在一张纸上，你要教大家怎么写这个字母，这个字母可以组成哪些字和词，不会拼的画出来就行。孩子们想想、写写、画画、读读，既感觉有趣又把学的拼音用上了。

那么拼音教学需要大土豆们配合做什么呢？

熟能生巧！这个阶段就是拼读，每天配合学习的进度，首先把书里的拼读拼会，学有余力的可以拼读其余的拼音材料。刚开始的时候，孩子会混淆，拼不熟练，拼错，或者就是畏难不拼，都有可能。没关系，我们和孩子一起拼，每天拼一点，坚持不懈，效果一定会显现出来的。还有一部分孩子拼读已经基本掌握了，这时候可以让他们把拼音用起来。学了知识能用起来或者能去教别人，是孩子们成就感最大的时候。

学习都会有反复，特别是拼音。刚开始觉得都会了，怎么到了某个阶段突然又“乱了呢”？要知道这个乱的时候正是孩子要提高的时候，所以一定要耐心复习，直到越来越扎实。

因此，拼音教学这段时间，各位大土豆每天要坚持和孩子一起拼读拼音 5 到 10 分钟，时间不长，但坚持下来，效果会非常好！也期待大家在这个过程中有任何问题都与我沟通，一起加油。

语文课重视培养的能力

何烨

语文的学习不仅仅在课堂上，最好的学习状态是可以将之延伸到课外及生活中。

亲爱的大土豆们：

今天想和你们分享一下，我在语文课上重视培养的几种能力。

首先是自主学习能力。例如，孩子遇到不认识的字该通过什么方法去解决？有什么样的方法记住新学的字？遇到不懂的问题该如何解决？

其次是与同伴的合作学习能力。在课堂上我们有非常多的合作机会：两两合作、四人合作，甚至跨组选择合作对象等。孩子们从刚开始的互不妥协、不会合作到现在基本实现有效合作、完成任务、庆祝几个部分。

第三是语文核心素养中的读写能力。语文的听

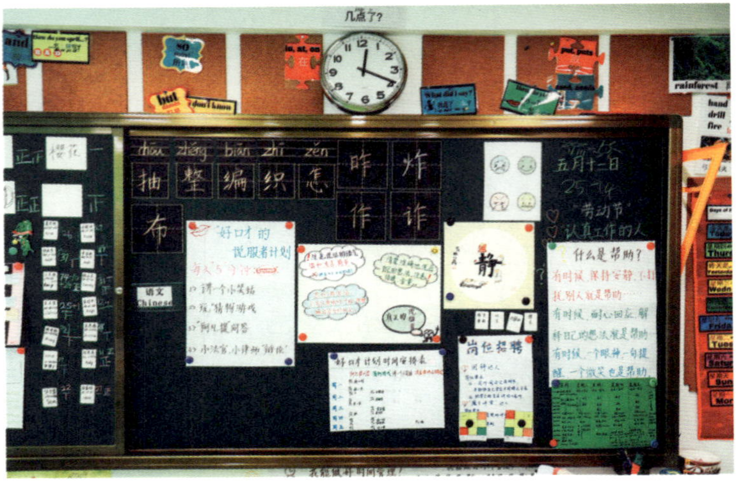

说读写能力就在一节又一节课当中得以提升。对于阅读而言，激发兴趣为第一位。还有一个就是让孩子掌握一定的阅读方法。例如提取信息、整体感知、统整理解等等，这些都会在课堂上慢慢地教给孩子，所谓“授人以鱼不如授人以渔”。

前面所说的，都是能力层面。与此同时还有孩子良好习惯的养成和思维的成长。作为母语的语文课，更多的是对孩子的情感、价值观的无形浸润与影响。

所以您看，一节语文课的内容相当丰富，绝不是简单地读读课文、认认字。另外，语文的学习不仅仅在课堂上，最好的学习状态是可以将之延伸到课外及生活中。例如学完关于尾巴的课文，孩子们课下会去研究尾巴；学完《影子》，会去研究影子，做手影，继而了解背后的科学原理；学完昆虫的课文，可以找来法布尔的《昆虫记》读读；再比如今天学完《乌鸦喝水》，孩子们回家可以做一做乌鸦那个实验，拓展去读读《伊索寓言》中另一篇关于乌鸦的文章，甚至可以去读《伊索寓言》整本书。

与您沟通完语文课我们所做的事情，需要您在家配合的事项是：给予孩子足够的支持完成预习或延伸的作业。家庭、学校、家庭再到学校，形成一个闭环，才最有利于孩子的成长，在此拜托并致谢。

阅读时我们的大脑很忙碌

冯春

阅读的时候，我们的大脑都在忙些什么？它在忙着“推测”“想象画面”“提问”“联结”“转化”呢！以后，再阅读的时候，我们就要握着这几把钥匙了，试一试，你会发现阅读更轻松啦！

《查理和巧克力工厂》我们已经读完了，说实话，这本书对于刚刚开始独立阅读的我们还挺有挑战的，尤其在细读细品的时候，要能把握整本书的大体结构，能在几个章节中迅速又准确地找到重要的段落，还要从字里行间发现作者隐藏在后面的“小心思”……想要享受到读书的乐趣，靠的不仅是耐心，相信每个同学都有自己的小策略，有一把阅读的“金钥匙”。

今天，就跟大家一起回顾整本书的阅读过程，分享阅读方法，顺便也“锻造”几把我们专属的阅读“金钥匙”。

那，在阅读的时候，咱们的大脑都在忙些什么呢？

“有的时候我脑子里会有画面，我感觉好像在创造那个人物。”

“要一直想象！”

“我知道一种读书的方法，叫‘SQ3R’（Survey 浏览，Question 质疑，Read 阅读，Recite 背诵，Review 复习）读书法，就是先看看这本书的目录或者题目，然后可以先想一想可能是有关什么的，然后还可以提问，再复习回顾一下……”

大家确实有了很多好办法！脑子里出现画面，其实就是看一段文字后可以在脑海里想象出画面，更厉害的是能够在脑子里“看电影”！不光有画面，还能活起来，更厉害的还会加上“特效”。用“想象＋画面”这样的方法读书，你会身临其境，完全沉浸到书里呢。

其实，还有一个办法，大家也都用起来了，书里并没有告诉我们旺卡先生是不是故意邀请这几个孩子来巧克力工厂的，但我们却从书里的语句中感觉到旺卡先生并不太喜欢他们，而且大家也都觉得奥古斯塔斯或者迈克·蒂维肯定坚持不到最后，你瞧，这就是我们从字里行间“推测”出来的，你要像一个小侦探那样一边读一边抓住书里的线索。

那“提问”呢？为什么在读书的时候要提问题？因为这会

让我们不停地思考，让我们一直好奇究竟是怎么回事，想继续往下读。可是，还有最关键的一点，如果你提的问题是没有办法直接从书里找到答案的“金问题”，那可就帮助我们发现作者的“写作机密”喽！

我们还分享了几个问题单上的问题，请大家判断一下这样的问题是不是引发我们思考的“金问题”。

另外我们还有一个“金问题”句式：“如果……会怎么样？”想一想，如果维奥莉特吃到的口香糖已经调制好了，她吃下去没有变成一颗大蓝莓，那后面的结局会有什么不同吗？

“她就是在这个车间没变成蓝莓，在其他车间也会又吃掉别的什么，还会出局的！”

最后一把阅读金钥匙是“联结和转化”，好像不太好懂，

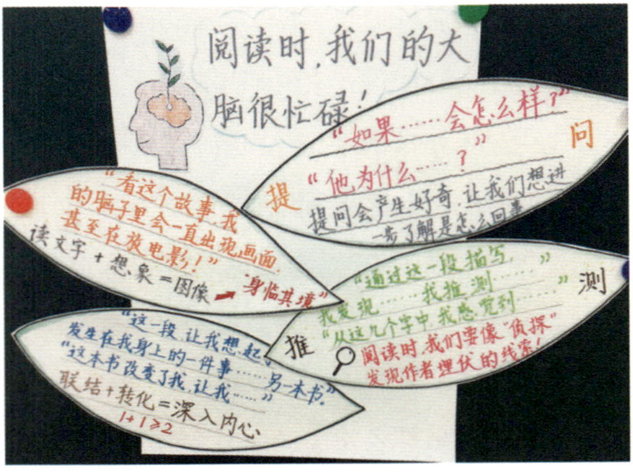

但我们经常使用呢。《查理和巧克力工厂》里面的人物和情节总会让我们联想到自己遇到过的人或者达尔先生其他的书，每次读到查理那么小心翼翼地每天舔一点自己的巧克力，就总是会让我回想起自己小时候过年吃花生糖的情景，书里穿破天花板的玻璃电梯也会让我们想起达尔先生的另一本书《查理和大玻璃升降机》。至于“转化”嘛，就是这本书带给我们的影响。

“反正我可不喜欢任性的维鲁卡了！”“我还是更喜欢查理！”

看看，在阅读的时候，我们的大脑都在忙些什么？

它在忙着“推测”“想象画面”“提问”“联结”“转化”呢！

以后，再阅读的时候，我们就要握着这几把钥匙了，试一

试，你会发现阅读更轻松啦！

4 月份我们要开始知识书籍的阅读了，我们的口号是：“像科学家一样阅读，像他们一样从书海里打捞知识鱼！”那知识书籍和文学书籍的阅读不一样吗？这几把阅读的金钥匙还有用吗？别着急，至少“推测”这把金钥匙大家可以马上试用，效果很不错哟！

▲ 小土豆在读完《查理和巧克力工厂》后，画出了这个经典故事。

学古诗，慢一点还是快一点？

何烨

最近一直在引导孩子们理解，学习不是说我获得多少就够了，而是不断地产生新的东西：新的知识、新的疑问、新的感受。

亲爱的大土豆们：

这周我们进行了一次全班讨论，主题就是四首古诗，分别是写于山西的《登鹳雀楼》、写于江西九江市的《望庐山瀑布》、写于湖北黄冈市黄梅县的《夜宿山寺》和写于内蒙古大草原的《敕勒歌》。祖国幅员辽阔，我们一起来看一看吧！

一开课，我就对孩子们说，往常我们都是学古诗二首，今天是四首，如果用标点符号来形容你的心情，你会用什么？

有的孩子说：问号，因为我不知道我行不行？

有的说：感叹号，因为我觉得很惊讶，四首啊！

有的说：感叹号，因为我觉得好激动！好期待！

有的说：省略号。四首挺多的，要慢慢学……

有的说：大大的句号，因为我觉得我能完成。

我说：我的心情是既有问号又有感叹号，四首诗一起学，这是个巨大的挑战，所以是问号。但是更多的是感叹号，这个感叹号说明我非常期待，也非常自豪，因为我相信你们有这个能力，所以让我们开始吧！

接着我在板书课题时，让孩子们选择不同的粉笔颜色并说出理由。

他们说：《望庐山瀑布》用蓝色吧！因为瀑布有水啊。《夜宿山寺》用紫色吧，因为是夜晚。《敕勒歌》用绿色，因为写草原的嘛。（在这里，我小小地考察了一下孩子们对这四首诗的初步理解，在揭示课题时，将前测中孩子们比较生疏的“瀑、宿”等字进行重点教学。）

我们还是用学习单进行学习。包含四大部分：“了解诗人、我会读诗、我会解诗、我会用诗”。

引导孩子们读诗之前，先了解诗人，等他们再长大一点，不仅要了解诗人，还要了解诗人写这首诗的背景，而不是简简单单把诗当成几个生字来学。

今天特别点燃我，让我感动、让我自豪的是孩子们的自学能力和小组合作学习能力。在“我会解诗”部分，孩子们组成四人小组，一起合作讨论诗的意思。以下几个片段是我旁听时听到的，记录如下：

片段一：关于“危楼高百尺，手可摘星辰”的讨论。

一个孩子说：李白夜宿的山寺非常高，有一百多尺。

佳佳说：我补充我的观点，我觉得这里的百尺不是真有一百尺，而是夸张的手法。就像“飞流直下三千尺”一样。

小禾说：我同意他的观点。不过我想知道尺到底是多长的单位。

阿梓说：“手可摘星辰”就是手可以摘到星星。

小禾补充：我觉得是感觉能摘到，不是真的能摘到。

晶晶打了个岔：我有个很幼稚的问题，这么高的楼，古代怎么没有电梯呢?

片段二：关于“疑是银河落九天”的讨论。

一个孩子说：这个银河是银河系。

瑞瑞说：我觉得不是，应该是天上很多星星聚在一起，像河。

阿朋说：我听过一个故事，我觉得这个银河应该是王母娘娘把牛郎和织女分开的那条河吧。

片段三：关于“天苍苍，野茫茫”的讨论。

一个孩子说：我觉得天苍苍就是说，天都不下雨，都干了，所以当然就野茫茫，什么都没有了。

面对如此“有个性的解读”，同组小伙伴很认真地给予反馈：我听明白你的意思了，但是我觉得天苍苍是指“天上的白云很多，地上的草很多”。

这时另外两个小伙伴纷纷表示更赞同这个说法。

奇奇说：我赞同，不过我有一点自己的看法，我觉得这个“天苍苍”不是白色的，而是有点发黄，因为可能有风沙。

昕昕说：不对吧，草原上的天是很蓝的，我去过的。

这时几个孩子纷纷点头说：对对，应该是蓝色的。

这些对话全部产生于他们四人小组的讨论中，当孩子们学习的内驱力被激发，又遇到了需要他们思考的小挑战，同时之前又形成了相对安全自由的小组合作文化，他们就可以认真地去倾听别人的发言，并且在别人发言的基础上形成自己的看法。他们有自己的输出，有相互的交锋，既求同，也存异。这不是学习的最理想状态吗？学习真真正正地在课堂上发生了！

下节课，我们会在小组讨论的基础上，进行全班讨论，让大家的智慧彼此碰撞、交锋，产生更多、更新的想法与感受。

题外话，最近一直在引导孩子们理解，学习不是说我获得多少就够了，而是不断地产生新的东西：新的知识、新的疑问、新的感受……一拿到学习单，有的同学想很快地去写上面的题，这样的快其实反而是慢，慢慢地讨论，到最后你会发现，这慢才是快呢。接下来的精彩，我非常期待。

你真的读懂《坐井观天》了吗?

何烨

孩子永远比我们想象中深邃，创造这种让他们因深入思考而产生的愉悦，是师者在课堂上与之对话的目的所在。

亲爱的大土豆们：

之所以今天想记录，是因为课堂上随着孩子们的讨论和师生对话的深入，孩子们哲思般的发言，让我热血沸腾又心生敬畏。

今天我们学习的是《坐井观天》，孩子们按照学习单进行合作学习。在讨论“为什么青蛙和小鸟的说法会不一样”时：

杨同学说：他们所在的位置不同。

陈同学说：他们看到的不同。

李同学说：他们的想法不同。

把这三位同学的回答串联起来，就是：因为所在的位置不同，所以他们的眼界不同，于是他们的想法就不同了。

接着我抛出一个问题：你更愿意自己是谁？

（当时的课堂节奏非常快，像头脑风暴闪电般。）

“我更愿意是小鸟，因为小鸟飞来飞去很自由。”

“小鸟，因为小鸟很活泼，它能看到各种各样的东西。”

我抓住“各种各样”问：各种各样的东西都有什么？

“苹果树，小鸟可以吃到可口的苹果。”

“草原，有绿绿的草。”

“太阳、月亮、星星。”（我告诉他们，可以说日月星辰。）

“金黄的沙漠。”

“一条河，里面有小鱼。”

“有花儿。”

“有人，大人、小孩子，小孩子在踢球。”

……

“小鸟能看到广阔的世界。”

是啊，广阔的世界和狭窄的井口相比，孩子更向往那美好的自然，自由与广阔的世界。

接着，我让孩子们把视角转向青蛙。（这是课堂第一次高潮后的又一次高潮，没有预想中精彩。）

孩子们问：青蛙为什么会到井里去？

有人说：它一出生就在这里。

有人说：它不小心掉了进去。

有人说：它自己愿意进去。

这时，又有人问：如果它之前是在外面的世界，为什么会对小鸟说天只有井口那么大？

有一个孩子说：可能是它忘记了天有多大。

当我听到这句话时，有一种“毛骨悚然”般的感动，我把“忘了”写在黑板上，接了一句：“是啊，无论是青蛙还是人，都是多么容易忘了啊！”

孩子们说：对对，很容易忘记的啊！

点到为止，不深入。

又有一个孩子说：青蛙可能就是喜欢这口井里的水，很甜，所以它更愿意在井里呀。

引导孩子讨论的目的不是为了证明小鸟的话对，或者青蛙的话对，而是为了引导他们知晓，读一篇文章也好，看待一件事情也好，都可以从不同的角度去考虑。

就像在“井底”有“井底”的思考方式，在“天上”有“天上”的思考方式，无所谓对错，但要学会从不同的角度看问题，关注天上，也关注井底。

孩子永远比我们想象中深邃，创造这种让他们因深入思考而产生的愉悦，是师者在课堂上与之对话的目的所在。

语文课的仿写

何烨

孩子们的想象力无拘无束，并且非常生动有趣。只要给予机会，他们就能呈现一个令成人非常惊喜的视角。

最近我们经常在课堂上进行“仿写”。仿写相对“仿说”来说，难度增大许多。

“仿说”能激发孩子的想象力，并且对句子的用词、结构进行体悟，继而模仿。“仿写”则要求孩子们在此基础上还能书写出来，对拼音和写字都有挺高的要求。

令人欣喜的是，孩子们的想象力无拘无束，并且非常生动有趣。只要给予机会，他们就能呈现一个令成人非常惊喜的视角。几乎每次的模仿，每个孩子都有自己独特的视角，不同的想法。可能在逻辑上或者常识上有些小瑕疵，但听他们慢慢讲自己的想法，每次我都惊呼，为之叫好！在我看来，生动活泼、自由自在展现生命力的想象力对孩子们至关重要。

想象力是可以被激发和创造的。最近孩子们的想象力呈活跃井喷状态。

今天下雨，气压低。孩子们就模仿学过的《要下雨了》，小柳班的同学和小兔子说：要下雨了，空气里湿淋淋的，我们都无精打采想睡觉了。你快回家吧。

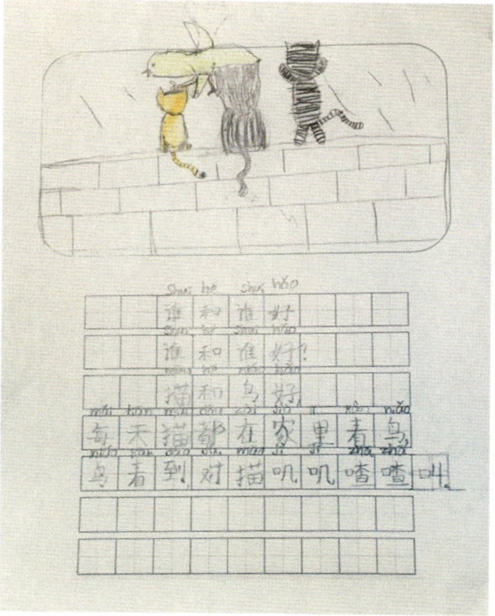

教室里飞进来一只小虫子，他们说小虫子迷路了，也来听何老师讲课了。

工人给空调管子放水，有个孩子说：何老师，什么时候空调变成自来水管了？

太多太多的妙语连珠，太多太多美好的表达了。

下面是孩子们在课堂上用10分钟时间写的小练笔，几乎没有一样的哦：

荷叶圆圆的，绿绿的。

七星瓢虫说：“荷叶是我的被子。”他躺在荷叶上睡觉。

青蛙王子说：“荷叶是我的宝座。”小青蛙在荷叶下发号施令。

小鱼说：“荷叶是我的杠铃。”小鱼在荷叶下练习举重。

小虫子说：“荷叶是我的跳台。”小虫子在荷叶上跳水。

鱼儿说：“荷叶是我的桌子。”要下雨时，鱼儿跳出水面在荷叶上吃虫子。

天鹅说：“荷叶是我的亭子。”天鹅躲在荷叶下玩儿。

小鸟说：“荷叶是我的床。”小鸟躺在荷叶上做美梦。

莲蓬说：“荷叶是我的餐盘。”莲蓬停在荷叶上喝露水。

小青蛙说：“荷叶是我的蹦蹦床。”小青蛙在荷叶上蹦蹦跳跳。

小蝌蚪说：“荷叶是我的小亭子。”小蝌蚪躲在荷叶下玩游戏。

小蝴蝶说：“荷叶是我的小岛。”小蝴蝶在荷叶上飞来飞去。

马蜂说：“荷叶是我的休息台。”马蜂在荷叶上休息。（上课时，教室飞进一只小虫子。）

小鱼说：“荷叶是我的游乐场。”小鱼在荷叶下游来游去。

小青蛙说：“荷叶是我的餐桌。”小青蛙坐在荷叶上捉虫子。

小蝴蝶说：“荷叶是我的化妆台。”小蝴蝶飞到荷叶上慢慢地化妆。

荷花说：“荷叶是我的好妈妈。”荷花立在荷叶上玩耍。

小蝴蝶说：“荷叶是我的工作台。”她立在荷叶上吃花蜜。

七星瓢虫说：“荷叶是我的餐桌。”他飞到荷叶上吃蚜虫。

要完整地写出所有的拼音和字，对一年级下的孩子来说还是一个不小的挑战。在这期仿写学习中，生字拼音包括书写等等都得以复习巩固。孩子们也在努力和进步中。

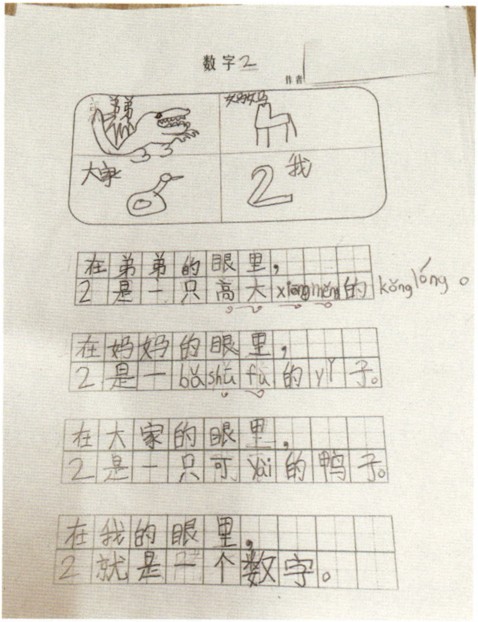

语文课聊聊人生

何烨

当我沉下心来，舍弃所谓的教育目标，只是面对面、平等地和他们聊天，他们那些在平时不易察觉却非常重要的小调皮、小脆弱、善良，都愿意和我，和大家分享出来。

今天，语文课。我手里拿着一杯咖啡，坐下来。

我说：咱们聊聊呗。

瑞瑞说：聊人生吧。

（本来和体育外教老师、助教汤老师聊完，准备再和他们说说体育课的事，结果一上来说要聊人生。那好吧，聊就聊呗。）

我说：好啊，聊人生，我们生活中发生的每一件事都是人生。

然后我一人分饰三角（我、外教、汤老师），惟妙惟肖地表演了体育课后我和他们俩的对话。孩子们被逗得哈哈大笑，笑了足足有两分多钟哦！我一边喝着咖啡，一边和他们一起笑。

笑完之后，我们继续聊。

我们聊了在遇到困难的时候该怎么办（坚持还是放弃），“戏精”们也学我表演了各种场景；我们聊了面对输赢生气怎么办（适度的问题）；我们聊了面对自己的情绪，发小脾气的时候怎么办，孩子们得出非常精辟的结论：打架是互相伤害，发小脾气是自我伤害。

聊着聊着，我们脱离了体育课，好多孩子聊到自己无助的往事，他们独自一人在家，第一次参加夏令营，他们是怎么做的？他们把天边最亮的星当作妈妈，看天上的月亮想象嫦娥是妈妈；还有的孩子在妈妈离开家买东西的时候，自我安慰：妈妈不会永远陪着我的，所以，我也要自己成长……

还有的孩子说到看见自己的好伙伴因为比赛输了而生气，他愿意扮成小丑来逗对方开心。还有的孩子说：每个人都不是完美的。谁都会成功，也会失败。失败时不要气馁，继续向目标出发。每个人都会帮助你的。在别人失败时，你也要去帮助他们。

谁能想象这是二年级孩子的所思所想呢，可是这真的就是他们。当我沉下心来，舍弃所谓的教育目标，只是面对面、平等地和他们聊天，他们那些在平时不易察觉却非常重要的小调皮、小脆弱、善良，都愿意和我，和大家分享出来。

我特别感动，我并不奢望他们通过这节课懂得什么样的道理，毕竟人生之路自己走，能懂多少，除了靠别人告诉，更多是自己去经历去顿悟。

但我有一点小奢望，那就是多年之后，他们不记得那节课上我们说了什么，但记得那样一个早晨，何老师手里拿着一杯咖啡，和他们坐在一起，安静又放松地和他们聊好多事情，希望他们将这个场景牢牢记在脑海中，觉得人生真是温暖又有趣啊！一如我现在的感受。

写作就是我手写我心

祝玉娟

给孩子们讲故事，用自己的例子让孩子们感觉生活就是故事，让孩子们愿意去体会和捕捉生活中的每个小确幸。

亲爱的大土豆们：

周一，还没上课，有孩子悄悄过来跟我说："老师，我周记不知道写什么。"

不用担心，一会儿上课我们就聊聊不知道写什么的问题。

孩子们去上英语课了，我在教室里思考"该从哪个点切入，最适合孩子们呢"。讲故事！故事贴近生活，孩子们既容易理解，听起来又没有压力。我回想了一下自己的周末，简单想到几件事。

课上，复习了"流水账"、"素材"和"细节"之后，我开始讲故事。"祝老师周末去医院，医生号完脉之后拧着眉头问：‘您是什么职业？’我说‘我是小学老师’，医生瞪大眼睛说：‘老师现在是高危职业吗？今天来了好几位老师了。有大学的，有中学的，你来了就凑齐了！’”

孩子们居然听懂了，哈哈大笑。

“你可能会说，老师，我可不像你，去了什么医院，我周末哪儿都没去，就在家里待着了，在家待着写什么呀？”

这时，有孩子出主意说“写无聊”。这也提醒我了，又跟孩子们讲了另外一个故事。

“去医院的路有点远，儿子坐车说无聊，我就告诉他，妈妈最喜欢坐车，火车、汽车，多老多慢的都愿意坐。儿子问我为什么，我说因为可以发呆。可是儿子并没有理解我，陪我发呆，相反，他想尽办法‘叫醒’我：吹我，挠我，出其不意吓唬我……所以一路上儿子就像小丑一样上蹿下跳。”

孩子们听得津津有味，又哈哈大笑。

这时，我看到有的孩子的眼睛里写着“我又没有儿子”。接着说，“可能有的同学这时要说‘老师，我既没有去医院，又没有儿子，我能写什么呀’？”我在身上找了找，找到一根头发（提前藏好的），拿着这根头发跟孩子们说：“我小时候特别羡慕黄头发，觉得黄头发多洋气啊，外国人都是黄头发。每当有人夸我头发黑，我心里都暗暗沮丧。有一次从外面玩回来，满头大汗，妈妈说：‘快去把脸洗洗，脸上都是汗，头发都贴到脸上了，那样头发容易变黄。’嘿！还有这好事？头发沾点汗就能变黄？！于是我不但没有去洗脸，还悄悄地拽了更多头发贴在了脸上……”

孩子们听到这里笑到眼泪都快出来了。

我给孩子们简单总结：“老师去医院，可以写下来；老师发个呆，可以写下来；老师什么也没做，偶尔发现一根头发，也可以写下来。”

给孩子们讲故事，用自己的例子让孩子们感觉生活就是故事，让孩子们愿意去体会和捕捉生活中的每个小确幸。一个线头、一根头发，背后都有故事。

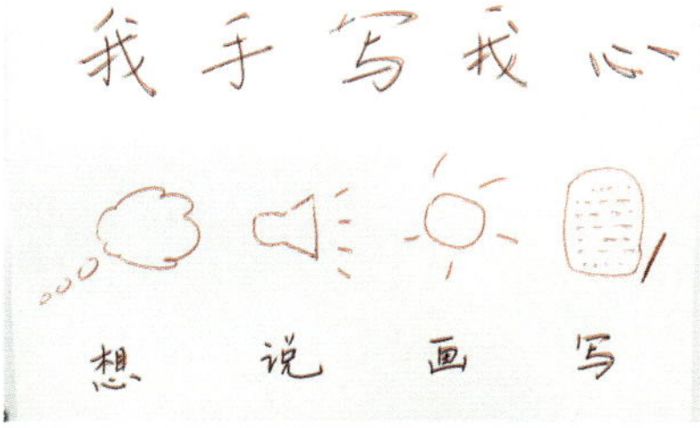

如果孩子在家里也跟您说“无聊”“无话可写”，您不妨跟孩子聊一聊自己的故事，鼓励孩子“我手写我心”。

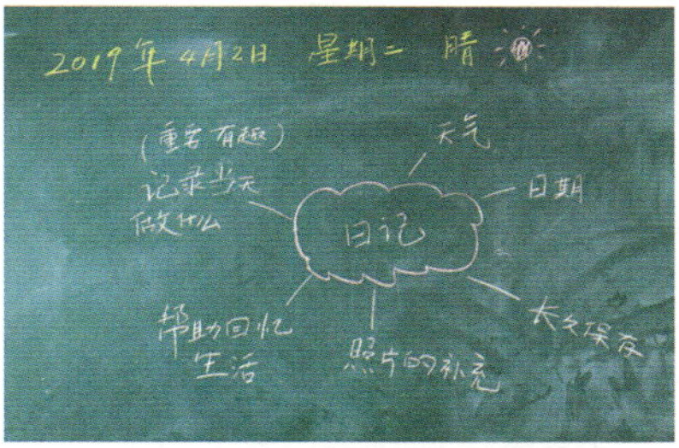

之前我们做过的“日记可以写什么”的导图，帮助孩子们认识什么是日记，日记的大概内容和形式。而帮助孩子“有话可说”“言之有物”的，则是“发现生活的眼睛、感受生活的心”。

怎样支持孩子演讲？

何烨

教育是长线，我们不急。

亲爱的大土豆们：

感谢大家对孩子分享假期作业的重视和支持。

我为什么要布置这项作业呢？当了这么多年语文老师，我深知公开表达和演讲的重要性，当然也是非常有挑战性的，尤其是对于相对内向的孩子。其实包括成年人，都会怯于在公开场合表达。所以，提供安全的环境让孩子从小练习公开表达非常重要。

演讲前，我们先讨论了作为演讲者需要做什么。

孩子们说要让大家听清楚，怎样算听清楚呢？要用3号音量；要把自己说的内容讲清楚；讲话要流利；要面向听众。

那么作为倾听者需要做什么呢？孩子们说要安

静，0级音量，看着说话的人，要给演讲者鼓掌。

我把孩子们演讲的视频分享给各位家长，这是孩子们第一次当众演讲，无论讲得如何，都值得我们为他们骄傲，由衷地骄傲。

演讲前，有的孩子害羞，问我：老师，我能不能不讲；有的孩子演讲时声音在发抖；有的孩子眼睛不敢看下面的同学。这些都太正常了，也正是因为这些才让人感动，面对困难与挑战，他们选择迎难而上！光这点，就值得为他们点赞。

上面说的要点是让孩子感到安全，接下来说的是支持。凡事预则立，即充分的准备。无论是PPT，还是图片、思维导图，或者就是纯粹地讲（这对一年级孩子来说太难了），上述这些都只是辅助工具，是为了让孩子们的演讲更加顺畅和生动。所以不用着急，孩子们在家多练习练习，什么时候准备好了，什么时候再讲，教育是长线，我们不急。

我见过太多孩子们前后的对比了，第一次演讲、第二次、第三次；一年级、二年级、三年级……成长和变化就这样一点点显现出来。

另外一点，读万卷书，行万里路。倾听别人的演讲，就像跟着同学们做“免费的长途旅行”一样，今天我们去了武夷山、青岛、内蒙古、张家口……跟同学们去看了火山、捉了螃蟹、挖了宝石、喝了羊汤、看了电影……这是分享的快乐。

接下来，我会结合孩子们的“十一”活动做一个“地图课程”。我们在演讲的时候，还会让孩子们练习给热反馈和冷反馈。

热反馈的表达方式是：我看到……我听到……我感受

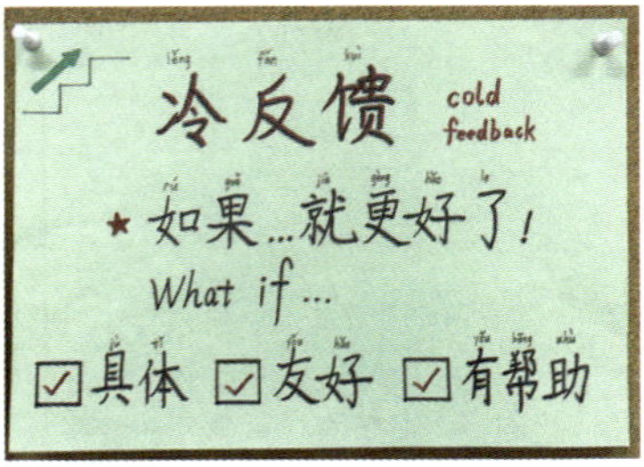

到……我欣赏……

冷反馈的话术是：如果能……就更好了！

反馈时能听到最多的热反馈就是：演讲的同学准备得很充分，讲得很流畅；最多的冷反馈就是：声音如果能大点就更好了。当然，倾听也需要反馈，是否做到认真听别人的演讲，有没有给予演讲者鼓励的掌声。

还没有演讲的孩子千万别着急，什么时候准备好了，我们什么时候讲。只要讲，就不嫌晚，更不怕讲得不好。

相信孩子们，加油！

提醒一下，孩子们的演讲视频仅限咱们班内分享，咱们就不对外啦！回到家，希望大土豆们也能给他们具体友好的热反馈，由衷地为他们点赞！

打底的工作总是缓慢而辛苦

何烨

我们要极尽所能地去观察、去发现、去鼓励孩子们的点滴进步。越是低龄阶段，来自外界的评价的作用就越明显，越有助于他们形成内在的驱动力量。

亲爱的大土豆们：

今天和大家聊聊我们语文课最近在做什么。

自从拼音学习告一段落之后，我们就进入到课文篇章的学习了。这些童诗、童谣、简短小文的选取是基于一年级孩子身心发展以及知识掌握的特点而编排的。

一年级的语文有太多需要打底的东西了。那些对于我们成年人来说非常简单的“字、词、段、小节、偏旁部首、笔画……”对于咱们的孩子来说，都是全新的东西。就好像是建筑一座高楼之前需要熟悉所有的建筑材料一般，备齐了“材料”，再一步一步打基础往上建。

我们在做打底的工作，打底的工作通常是缓慢而辛苦的。但一点一滴的进步都会激励着孩子们，以及我们这样的成人继续“搭建”。

如前所言，在母语的学习环境下，孩子们要接受许多概念，如什么是会意字、形声字、象形字，什么是词，什么是句子、标点符号、自然段、小节……在这个过程中，我还想让孩子慢慢掌握学习方法。

教是为了不教，孩子们有很强的学习内驱力，再加上有效的学习方法，那将来他们的学习力是无须担心的。接下来说一些语文的学习方法：

一、预习

预习有三字小秘诀：读、圈、标。

读：读课文读几遍？读成什么样？爸爸妈妈怎么帮助孩子？

预习的读，是对课文有一个初步的感知和了解，孩子可以根据自己的情况来读，如果遇到有挑战的字可以向大人求助，生字挑战太多，爸爸妈妈带着读也是没有问题的；

圈：圈出课后要求要认读的字（两条蓝线之间的字），在读课文时，在语境中有意识地进行识记；

标：标出自然段或者诗歌的小节。

二、写字的方法

写字也有四字小秘诀：记、圈、组、写。

记：记字有哪些好方法？随着每节语文课的推进，我们掌握了越来越多的识字方法，除了前文提到的我们可以用象形的方法帮助理解和记忆，孩子们还发现了“加一加”“减一减”等方法（如“人”字加一笔就是“大”，“子”字减一笔变成“了”），还有会意字识字法、形声字识字法（二年级重点）等。

但我想强调的是，一年级上学期因为以独体字为主，所以“数一数”的记字方法是最重要的，按照笔画笔顺来书写，既是学习能力又是最重要的写字习惯！

圈：圈出关键的、容易写错的笔画，提醒自己要注意；

组：给这个生字组词；

写：完成以上步骤再写字。

西瓜班的孩子对写字非常有热情，在跟着我学习书写的过程中，他们很享受慢慢去观察字形以及占格，一笔一画认真书写。虽然有时受限于小肌肉发育的不同程度，但他们每个人都在尽最大努力地认真书写汉字，并且感受每天进步一点点的成就感。

有一个很重要的建议给大家：极尽所能地去观察、去发现、去鼓励孩子们的点滴进步。越是低龄阶段，来自外界的评价的作用就越明显，越有助于他们形成内在的驱动力量。

但是，花式夸娃其实需要我们有儿童视角，我们不是站在一个成年人的角度去看待他们的行为，而是从一个 6 岁儿童的角度去发现、去鼓励、去赞美。

最后反馈一下作业的情况，能够及时完成家庭作业是一年级学生最重要的学习习惯之一。记作业、将作业带回家、写作业、交作业、改作业，这是关于作业的五步曲。目前有个别孩子卡在了不同的阶段。希望大土豆们与我们一起重视这项技能，给孩子提醒和足够的支持！

最近的语文作业形式有：预习、看拼音写词语、记录美好的小事（每天记录，爸爸妈妈和孩子一起记录，时间长了，我们会发现这些记录给生活带来的美好的体验）、亲子阅读。

请大土豆们关注孩子们完成作业时的习惯：比如时间、坐姿、专注度等。我们一起帮助孩子们每天进步一点点。周末愉快呀！

一篇课文的思考

向荣

文化自豪感从何而来，一定是从孩子们的体验和感受中来的。

亲爱的大土豆们：

说起《赵州桥》，相信大家都不陌生，这是一篇老课文，很多家长小时候都学过，并且还能背诵。但不知道有多少家长小时候在读完后对赵州桥产生了浓厚的兴趣，想去实地看一看，并且在 20 年之后还能骄傲地说起“我国的赵州桥”？

这篇课文的原作者是中国桥梁专家茅以升，改编自他在 1962 年发表的《中国石拱桥》，文章写得简明、平实，同时有不少数字和专业术语。改编后的课文与原文对比，变化在这么几个方面：

减：去掉了一些数字和专业术语，比如说原文是“赵州桥非常雄伟，全长 50.82 米，两端宽 9.6 米，中部略窄，宽 9 米”，改编后的文本为“赵州桥非常雄伟。桥长 50 多米，有 9 米多宽，中间行车马，两旁走人”。还去掉了“拱圈”等建筑学专业术语。

加：增加了一些具体的描写。比如原文中的“古朴美观”扩展成了一段，“这座桥不但坚固，而且美观。桥面两侧有石栏，栏板上雕刻着精美的图案：有的刻着两条相互缠绕的龙，嘴里吐出美丽的水花；有的刻着两条飞龙，前爪相互抵着，各自回首遥望；还有的刻着双龙戏珠。所有的龙似乎都在游动，真像活了一样”。

改编后的文字更符合小学生的阅读特点，重点突出，更加容易阅读。比如，突出了四个小桥洞的独特设计；同时让“美观”更加具体。

改编的不足是：删掉了原文中“赵州桥……是造成后一直使用到现在的最古老的石桥”“赵州桥……在当时可算是世界上最长的石拱桥”。这样一改，赵州桥在世界桥梁史上的价值就体现不出来了。

从学生的角度来阅读，孩子们在阅读后可能知道了一些知识，但是缺乏体验和感受。比如他们可能知道了赵州桥的长度、宽度，还有拱形的特征，可是没办法感受“雄伟”和“美观”，恐怕也很难体会到“古代劳动人民的智慧”。

在课前，我一直在想，我希望孩子读完这篇课文后学到什么？是单元说明中的“了解课文是怎么围绕着一个意思把一段话说清楚的”吗？是“列数字”的说明方法吗？我想不完全是。

我希望孩子们读之前能提出问题：赵州桥在哪里？赵州桥是谁建造的？什么时间建造的？有多长？有多宽？

我希望他们在读完后能够解决“是什么”的问题，同时又能提出“为什么”的问题：赵州桥有什么独特的地方？赵州桥为什么“体现了劳动人民的智慧和才干”？

我希望在课堂上他们能说出困惑：四个拱形真的有那么巧妙吗？当时没有这样的设计吗？

我希望他们能由衷地赞叹：中国的古人真的太了不起了！

我希望他们会发自内心地把赵州桥的故事讲给别人。

我还希望他们读完后能继续提问题：古代中国还有什么样的桥梁？现代中国有哪些著名的桥梁？这些桥梁也像赵州桥那样举世闻名吗？

课堂上，孩子们用5分钟提了问题，用5分钟读完了课文，并找到了大部分“是什么”的答案。

孩子们的确问出了“赵州桥为什么有名”的问题，但很快有孩子从课文里找到了答案：“赵州桥非常雄伟……”“赵州桥不但坚固，而且美观……”但这时候没有出现我希望的惊叹声。

我问孩子们“50多米长”是多长？“横跨在37米多宽的河面”上，37米又是多长？我们用尺子测量了教室的宽度，5

米多，大家很快把课文里的数字换成了“桥的长度大约相当于10个教室并排，桥的宽度大约相当于2个教室并排”，换算后，孩子们发出了第一个惊叹：“好长啊！”

这时出现了新的问题：“这么长这么宽的桥，古人是怎么修的？”“用了多少人？修了多长时间？”

在课堂上我补充了一个纪录片：《文明与创造——赵州桥》，与文字相比，图像语言要直观得多。五个拱形的泄洪功能，纪录片采用了模拟动画的方式，关于减重功能则是直接给了数字，孩子们在观看的过程中连连发出惊叹声。

纪录片在结尾部分是这样谈赵州桥的价值的：“赵州桥建成后，中国石拱桥的技术传播到了世界各地，出现了各种各样的石拱桥，但是它们的建成比赵州桥要晚了一千多年。”这时，有孩子说：“古代人真聪明啊！”

我经常在想，文化自豪感从何而来，一定是从孩子们的体验和感受中来的；仅仅有文化自豪感和文化自信心就够了吗？希望孩子们在探究之后能够思考：如果自己未来想建一座桥梁，会怎么设计？在未来，我们还能建起一座让全世界惊叹的桥梁吗？

那一定是一件更美好的事儿，不是吗？

让 9 岁的孩子写“我是谁”

兰岚、祝玉娟

写作，是孩子们最真诚和真实的内心表达，没有任何世俗的东西在里面，这是最难能可贵的。

“我姓赵，我觉得我的姓就是走着走着走不了了，因为有一个ㄨ！”

“我非常不擅长写作业，我觉得写作业没意思，还累！我觉得看电视很有意思，平时我不爱看电视，只有去奶奶家没事干才看电视。”

“妈妈总是给我穿很热的衣服，还要再穿件马甲，热死我了。妈妈每天都穿得很美丽。”

“妈妈报的课我都不喜欢，我最不喜欢中国象棋。因为上课太没意思了，有时候听着听着我的头感觉就有点晕。”

“我没有不擅长的事情，只有篮球不擅长，真正的篮球筐太高了，我实在够不着。”

“我长大以后要做一个考古学家，我不想做爸爸和妈妈的工作，因为他们每天要接很多很多电话，太忙了我不喜欢。”

“我对弟弟很好，我从来不打弟弟！因为弟弟打我是他的错，我再以牙还牙，就是我的错了。我也很爱我的弟弟！”

“我希望我能好好学习，这样就可以跟爸爸一起做主管，我想跟爸爸一起工作。我的另一个梦想是成为服装设计师，我想做很多漂亮的衣服和很多包。我觉得我的梦想很可能实现！因为我经常给自己画的小人设计衣服。”

“愤怒的时候我会说：‘停，我不喜欢你这样。’本来我不知道这个方法，后来老师告诉了我，我觉得这个方法非常有用。”

“我不喜欢劈叉，不喜欢骑自行车，我最不喜欢练钢琴！！！！！！我不喜欢劈叉，因为劈到一半的时候我就劈不下去了。”

“我喜欢留长头发，因为我觉得长头发很好看，我已经留了一两年了，可是妈妈和爸爸都觉得我的头发太长了，也太麻烦了，洗完澡也不好干，总想让我把头发剪了，我当然不想剪，但是最终，爸爸妈妈还是说服了我，我把我的长发剪了。可是我还是有点不愿意剪我的长发。”

上面这些极其真实，或搞笑或理性的，有的甚至长达

1000 字的大作，都出自三年级 9 岁的孩子之手。

孩子们是怎样敞开心扉，滔滔不绝地将真实的自己呈现在纸上的呢？

这个题目是配合学校“我是谁”这个项目来的，不同年龄段的孩子对这一话题都有不同的感悟，都有不同的内容可写。在定下这个话题以后，我们是从一张叫作“我的名字”的练习纸悄悄引入的。

关于我

我的名字：

我的口头禅：

我的小动作：

我的与众不同 / 优点 / 特长 / 我喜欢：

当孩子们拿到这张纸后，就跟老师说："这太简单啦，我还能不知道我是谁吗？这有什么好写的。"可当他们填写过后，确实了解了很多自己以前并不知道的一些信息。而与此同时，从名字里，孩子们第一次读懂了爸爸妈妈希望通过这个名字寄予他们的期望。

"爸爸妈妈告诉我，他们给我起这个名字是希望我的人生像星星一样闪亮，内心像星空一样宁静，胸怀像宇宙一样广阔。所以我非常喜欢我的名字！"

除此之外，老师还带领着孩子做了以下几个工作，给孩子们一步步搭起了通向写作之门的阶梯：

读了关于"我"的两本绘本，看看绘本大师们是怎么解读"我"这个深刻的主题，又是如何通过故事主人公表达自己的喜怒哀乐，还有渴望的；

孩子们和老师一起做了一次名为"请让我来赞美你"的活动，在每个人的背上贴一张纸，同学们以匿名的形式写下他的闪光点，小伙伴们一句句真诚的赞美，让孩子们的心里充满了正能量；

画思维导图，重新认识一次我和我的朋友；

一起进行了一次头脑风暴，从"庖丁解牛"的故事中领悟到写作并不是一座大山或者一块石头，而是由很多小的细节构成；

看老师的写作样本，从模仿到创造。

至此，孩子们不再有无从下笔的感觉了，对照着我们整理出的清单和提纲，虽然都是很简单的句子，却也能有模有样地介绍自己了。

一稿完成后，祝老师在黑板上画了一个火柴人，和孩子们讨论：看咱们现在写的作文，“我喜欢什么？我喜欢踢足球；我不喜欢什么？我不喜欢写作业”。如果你是读者，你会买这样的书吗？

孩子们发现，这样读起来很没意思，干巴巴的，像火柴人一样。那要怎么办呢？这时候就有同学跑上来，拿过老师手中的笔，把它画成了有血有肉的蜘蛛侠。明显的视觉冲击让孩子们不禁开始思索，自己的文章如何才能变得像蜘蛛侠一样细节丰满。

道理孩子们都明白，可毕竟年纪小，练习得还不够多，不知道从哪里下手。于是老师就用提问的方式来引导。

“你说自己不喜欢足球，你们是玩美式足球还是英式足球？”

“英式。”

“你们踢半场还是全场？”

“半场。”

“你觉得哪里最难呢？”

“他们总让我守门！”

“为什么呢？”

“因为他们说我总踢不进球，可是我守门要是丢了球又会被埋怨……”

说起这些，孩子们立刻变得滔滔不绝，老师也听得津津有味。“这就是我们说的血肉呀！快把它们写下来。”

孩子们便恍然大悟，下笔不再愁，切身体会到了“我手写我心”的状态，开头那一连串的“非常”，即是极其真诚的自我表达了。

“有人叫我罗黑狗，我非常非常非常非常非常非常非常非常非常不喜欢，我也不喜欢别人叫弟弟罗白羊。”

“我的口头禅是‘啊？’因为我非常不喜欢写作业，老师每加一题我都会说‘啊？’”

“我喜欢趴在地上，只要可以，基本能趴在地上的时候，我都想趴在地上。我喜欢画画，但我喜欢乱画。”

“我的与众不同是比别人黑一点，我喜欢国际象棋，我还喜欢棒球，因为棒球的棒子像枪，球像子弹，打出去的时候就像子弹发射一样。”

“我不擅长踢足球，因为我总是输，还有，别人总是让我当守门员，别看我玩足球的时候很开心，其实我一点也不开心。”

“我希望用我身上所有的钱去买《米小圈上学记》，因为这本书很搞笑，我觉得很好看。”

“我的梦想是成为巧克力制造员，因为我可以吃到自己做的巧克力。”

从一稿干树枝般的文字，到二稿有血有肉的细节和小故事，最后到三稿对文法错误的修改以及抄写，孩子们用一个学期的时间，完成了“我是谁”主题文章的创作。从最初的惊慌、无从下手甚至抱怨，到最后恬静且充满了自豪感地抄写终稿，孩子们在这个小小的语文课项目中，再一次深刻地认识了自己，磨炼了毅力，并将“我手写我心”变成了日常思考与表达的习惯。

文字部分完成后，孩子们还用画笔将文章装饰起来，有的很精致，有的很搞笑，还有的孩子索性将自己画成一只恐龙。

谈到自己的梦想，有的孩子每一稿都不一样，最开始是棒球运动员，到第三稿变成了巧克力制作员。老师故意问“是不是抄错了”，孩子很真诚地回答：“我的梦想是随时变的，每天都在变！”

孩子，希望你每天都拥有最心向往之的梦想，愿你的内心永远充盈。

用韦恩图学习说明文

冯春

进行科学阅读，我们会经常拿起笔在文章里勾勾画画，圈出那些关键的数字或词语，在总结归纳的时候也会用到各种图示、表格，特别是韦恩图。

这两个星期，我们一直在进行科学阅读，既有科学教材中一篇篇介绍动物的小说明文，也有“小小自然图书馆”系列用童话风格讲述动物故事的整本书，真的认识了一大堆动物朋友呢。

进行科学阅读，我们会经常拿起笔在文章里勾勾画画，圈出那些关键的数字或词语，在总结归纳的时候也会用到各种图示、表格，特别是韦恩图，在比较两种动物的异同之处时简直太好用啦！

第一次用是在读《你好，带壳的家伙！》这篇文章的时候，看到两个圆套在一起，大家还有点纳闷，蜗牛和锦龟的共同之处就填在两个圆的集合部分？不过，只要认真读文章就都能准确找到，其他的部分分别填蜗牛和锦龟的特别之处，填完之后再看，大家都点头，还是图示一目了然啊！

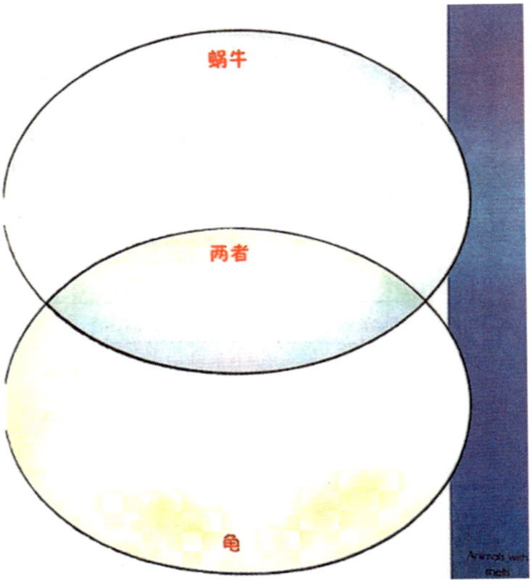

今天，我们又阅读了《蝶与蛾》，蝴蝶、蛾子可是很容易搞混，还得继续用韦恩图来显示二者的异同，“它们俩的相同点实在太多了！”“不同点也挺多啊！”

大家先从文章里找到相关的语句，再提炼重要词语，填进图里。经过这样一番细读，我们都弄清楚了蝴蝶和蛾子的区别：

1. 蝴蝶的身体细长，没有茸毛，蛾子的身体却是微胖而且毛茸茸的；

2. 大多数蝴蝶的颜色都很鲜艳，蛾子的颜色却很灰暗；

3. 大多数蝴蝶都是白天出来活动，蛾子却是夜晚出来活动。

可是在分享的时候，一个声音突然响起：“咦？不对啊，咱们课文里的小毛虫究竟变成了蝴蝶还是蛾子？”

“这里说蛾的幼虫会在茧屋里休息，《小毛虫》里就说它给自己编织了一间牢固的茧屋呢！不是蛾子吗？”

“不对不对！课文里说它翅膀上布满色彩斑斓的花纹，这里不是说只有蝴蝶才颜色鲜艳吗？怎么能是蛾子呢？”

连着两天我们都在读课本里的《小毛虫》，对达·芬奇笔下那只经历了寂寞等待最后终于破茧成蝶的小毛虫充满了敬佩，尤其是里边三次描写小毛虫抽丝纺织为自己编织的那间茧屋，“一间牢固的茧屋”“把自己从头到脚裹进了温暖的茧屋”“与世隔绝的茧屋”。这篇文章很打动我们，所以大家至少读了三遍，对里面的句子熟得不能再熟了。

“是茧屋，那就应该是蛾子呀……”

冷静的成成突然想起了什么，问：“咱们读的这篇文章是真实的吗？”

《蝶与蛾》是科学说明文，肯定是真的了。那……《小毛虫》呢？是一篇童话。“那就是假的了，有错误！”他很肯定。“也许达·芬奇那个时候还没有办法分辨蝴蝶和蛾子？”小奕站出来为艺术家辩护。

虽然有种种疑团，不过，我们可能还需要继续追问：茧是什么样的？蛹又是什么样的？它们究竟有什么不同？书里也说“化茧成蝶”啊。难道我们一直说的都是错的？还有毛毛虫究竟是怎样变成蝴蝶的？是蛹还是像课文里配的图那样是叶子形状的密实的茧屋？

在无法判断的情况下，还是应该做更多的调查和研究吧！

对了，听说 K 班的同学去年研究过毛毛虫，不如问问他们？

和孩子一起阅读

孩子，愿你的人生越来越厚

何烨

阅读的过程也是亲子关系共建的过程。亲子阅读丰富的内涵远超我们的期待。

亲爱的大土豆们：

在美国的一所学校里，关于如何和孩子一起阅读有个步骤说明：第一步，拿起一本书；第二步，请和孩子并排坐；第三步，打开这本书。仅此而已。

看到这三步，估计很多家长会怀疑：亲子阅读，真这么简单就好了。实际上更多的情况是，说好的亲子阅读时间被突然冒出来的更重要或更紧急的事情顶替了，或是读着读着家长自己睡着了，再或者，家长被自己的各种焦虑折磨着，从“该怎么一起读”到“怎么还不能一个人读”，根本没法坚持。

今天，我就和家长们分享一下如何进行亲子

阅读。

选择什么样的绘本

亲子阅读要根据孩子的情绪认知，认知的发展，还有识字量决定。一般提到最多的亲子阅读的素材是绘本。绘本不同于普通的文字书，既有图又有文字。面对市面上各式各样的绘本，可以重点关注以下几个要素。

找获奖作品

全球著名的绘本奖有很多，最知名的有三个：凯迪克奖、国际安徒生奖和凯特·格林纳威奖。

凯迪克奖被称为绘本界的“奥斯卡奖”。我们读到的很多绘本都获得过这个奖项，比如《雪花人》和《大卫，不可以》等。

国际安徒生奖一直被视为儿童文学领域最高的国际荣誉，常被称为“小诺贝尔奖”。它不是颁给某本书，而是颁给某位作者，获此殊荣的作家的作品具有很高的文学艺术价值。

英国的凯特·格林纳威奖是英国儿童图画书的最高奖项，获奖者以英国的作家为主。《和甘伯伯去游河》这一系列就是获奖作品。

结合孩子的敏感期

按照孩子的成长阶段为绘本进行分类，根据孩子的敏感期为他们选择合适的绘本。比如有些五六岁的孩子突然对“朋友”这个话题产生了兴趣，这时可以挑选绘本中相关的题材，比如讲述鳄鱼和长颈鹿这对好朋友的《天生一对》。

有些孩子会在某个阶段对数字或者符号感兴趣，绘本故事《犟龟》里面既有文字，又有很多音符，就很符合这样的需求。

到了某个阶段，孩子们可能对数字和序列敏感，家长应该适时抓住这个敏感期，找一些数字分类或者排序的绘本，韩国会有不少这样的书。

对于突然对自然或是动物产生兴趣的孩子，可以一方面找来绘本满足他们这方面的兴趣，另一方面充分利用生活中的资源带他们走出去，也可以到自然博物馆逛逛，让阅读和生活发生联结。

在需要教孩子行为准则或是生活习惯的时候，绘本也是一个很好的帮手，比说教有效得多。比如《大卫，不可以》系列中大卫犯了很多的错误，孩子听完哈哈大笑的时候，就会知道原来这样做是不对的。学龄前儿童面临换牙和保护牙齿这些问题的时候，读了《鳄鱼怕怕，牙医怕怕》这个绘本就会明白该怎么做。

孩子在某一个阶段会对一种类型的书非常感兴趣，有些妈妈因此担心只对一类书感兴趣会不会影响孩子摄取其他方面的知识。我的孩子在 4 岁多的时候对温情类的绘本特别感兴趣，但是到学前班后，因为老师或是同伴影响突然转向对天文地理产生了兴趣。家长要做的，是跟着孩子的这种感觉走，满足他们的需求，并且要不断地观察孩子，不断地倾听，也许到了某个阶段，孩子的兴趣就突然转变了。

怎么和孩子一起读

使用阅读卡，重视提问题

这是我最近在班里做的一个尝试，让孩子们读完一本书的时候，制作一张阅读卡。阅读卡上要求孩子填写日期和天气，书的名字，读这本书时心情是什么颜色的（指一土的“情绪四色板”，文章可参见上册《给你五条船，划向“我是谁”的彼岸》），最喜欢的人物或者是情节是什么，关于这本书我有什么问题以及我有什么收获。阅读卡中的“我有什么问题”是个重要部分，孩子会提问题比会解答更重要，因为提问说明孩子在思考。

开始的时候孩子可能不大喜欢提问，家长可以示范，并且及时给予正面反馈，鼓励他们继续提问。在孩子的问题中，会发现很多意外和惊喜，比如在读了《活了 100 万次的猫》之

▲ 我们班的读书墙，像一片浩瀚的书籍汪洋。

后，有些孩子会问：“为什么它活不到一百万零一次，而是在 100 万次的时候死掉了？”孩子的问题常会触及人类情感本质，比如有人提问：“当我老了，以后死了，还能见到妈妈吗？”

最初填写阅读卡时，由于孩子识字量不够，家长需要填写大部分内容，或者也可以让孩子用图画来表达。随着孩子认字量的增多，便会更多地参与填写阅读卡。家长帮助孩子搭建了一个脚手架，保障了阅读的高质量进行。在这个过程中，家长可以及时梳理孩子的一些想法并记录他们的思考，孩子长大后也许可以从这些记录中找到对自己的启示。

我把班上的阅读卡设计成了星星形状，鼓励孩子们来累积，让大家去畅想读书的天空上洒满了这样的星星。对孩子来说这种激励形式也是一种仪式感。

随着阅读卡的增加，班里会为大家庆祝，我会告诉孩子们：“当你们以后阅读越来越多的书，你们的人生就会变成越来越厚的一本书。”

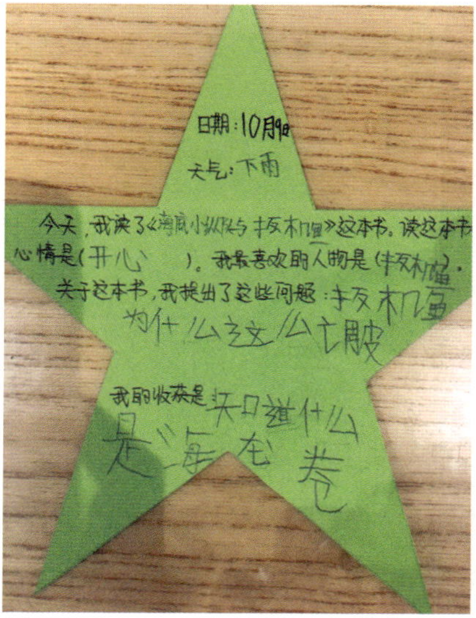

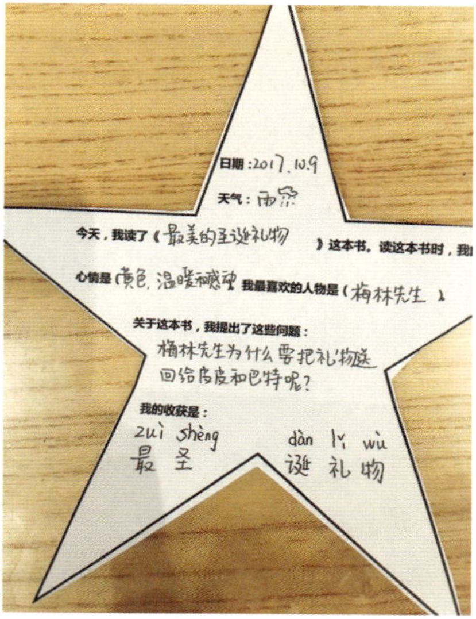

▌营造氛围，言传身教

家庭要有阅读的环境，布置一个小小的角落，作为图书角，不管是坐着还是躺着或是站着，都能舒服地看书，而且能够让孩子随时拿到一本书读起来。

很多家长由于工作忙碌，已经很少能享受静静拿起一本书来阅读的乐趣了，亲子阅读这短短的时光却能带来短暂的幸福。除了找一些固定的阅读时间外，家长还可以充分利用新的媒介，比如喜马拉雅中的《凯叔讲故事》等等，让孩子在回家的路上，也可以听到故事。

什么时候能独立阅读

阅读受到识字的限制。对于学龄前儿童来说，首先是爸爸妈妈读，孩子听。当孩子一年级左右，有了一定的识字量，可以慢慢过渡到爸爸妈妈跟孩子共读一本书。最后到孩子独立阅读的时候，家长也应该扮演其他角色，比如可以听孩子读或者提问等等。

有些家长因为孩子总要听故事却从来不去自己读很焦虑，那就尽量读给孩子听。阅读的过程要抛弃功利的想法。

学习分为很多种类型，有视觉型、听觉型还有动觉型等。学龄前的孩子大多属于听觉型的学习，但所有的倾听都是一种积累，有厚积薄发的力量。

有位家长说她的孩子在听的阶段停了很久，但是当他自己开始读的时候，跳过阶梯书籍，直接就会阅读了。这位家长说前期并没有教他很多字，但是给他读了很多的书。

那么什么时候可以过渡到共读一本书呢？当发现孩子跃跃欲试的时候。家长在亲子阅读过程中可以很好地观察孩子，一旦发现他们凑过来想看一看读一读，就可以让他尝试读一页两页，慢慢地就进入一个共读时期了。

教育经典《朗读手册》中说，你也许拥有一箱箱的珠宝和很多财富，但是你仍然没有我富有，因为我有一个讲故事给我听的妈妈。

阅读的过程也是亲子关系共建的过程。亲子阅读丰富的内涵远超我们的期待。虽然在这个过程中可能你会发现回答不了孩子的提问，或是发现有些孩子的想法你不知道，这都没有关系。重要的是在这个过程中父母和孩子一起经历这样的美好，也记录这样的美好。希望家长能够用亲子阅读的方式陪伴孩子走上终生阅读之路。

风吹哪页读哪页

冯春

让我们坐下来，随意地聊一聊书，这样的阅读更快乐、更轻松。

这几周我们一起读的是两本孩子很喜欢，但算不得经典名著的书：《班长下台》和《窗边的小豆豆》。嗯，既然不是经典，也就无须正襟危坐、细嚼慢咽地读了吧？

开始，我们还用整本书阅读时经常采用的那种按章节来进行的阅读单，不过，观察后发现，阅读单真的让阅读不那么快乐了。后来索性批注在书上，要么就用课前的十几分钟聊一聊，果然，随意聊天让大家都轻松了许多。（下面就是在聊天过程中那些有意思的小片段。）

“是真的吗？”

小俞读完《班长下台》之后一直在纠结：“这是真的吗？是真的吗？”

老师还没张嘴，大家就纷纷回应了：

“当然是真的，你去看看后记不就知道了。”

“后记里还有照片呢！学校的照片！”

再读《窗边的小豆豆》的时候，孩子们就不用提醒，都主动去翻后记来看，可是这次怅惘了许多：

“真的有巴学园啊，可是照片里怎么是个大人？”

其他同学都在叹息：

“唉，怎么巴学园最后被烧毁了呀……”

“我最不喜欢读那一段了！”

是真的吗？真的会有那么凶的老师，那么调皮的男同学？那儿的老师会用藤条打手心，什么是藤条？一定很疼吧？哦，

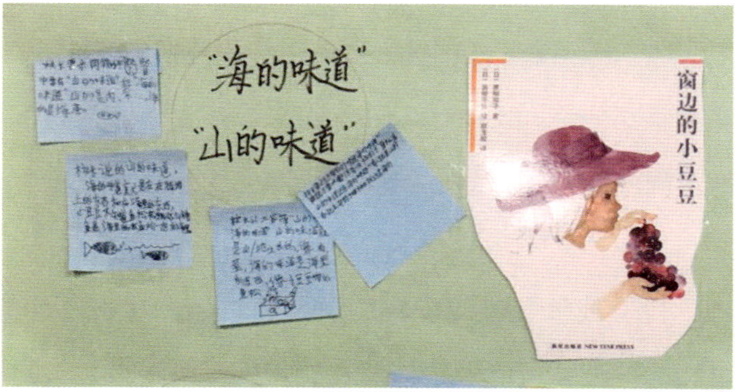

原来是真的啊！真的有用电车做教室的学校，运动会的奖品是牛蒡、萝卜，那里的午餐要吃“山的味道、海的味道”……

这两本书都带着孩子们看到了另一个世界，真实而又遥远的世界，也让他们对更广阔的世界多了几分向往。

孩子们的世界里其实硝烟弥漫，大大小小的“战争”总是不断。最先吸引到大家的正是《班长下台》里面的三场“战争”。

“我”和爱欺负人的恶霸“光头蛋包”打得死去活来，直到小学毕业典礼的时候还耿耿于怀，“我看他们这辈子都不可能和解啦！”还有和调皮的张密之间那场“粉笔头和毛笔的战争”，虽然张密被处罚，但……

“我感觉作者并不太想看到张密被老师打，还被用毛笔在嘴上画了一圈，太侮辱人了！”

“对，我也觉得作者和张密以后还能成为朋友。”

至于最后一场“战争”嘛，发生在球场上，“我”和“谭霸”打得那叫一个激烈，最后的结果怎样呢？他们俩变成难兄难弟了吧？

这三场“战争”也成了我们写作的“导火索”，我们也写一写“战争”吧？可能是跟好朋友的一次斗嘴，也可能是在紧张的早晨因为拖拉而引发的一场家庭争吵，还有可能是跟弟弟妹妹之间永远结束不了的“战役”……在学校里跟同伴之间发生的“战争”大家也都争着写，写的人边写边乐，被写的人追着要看，看完之后又气又笑：“老师，他写得太好玩啦！”

听说蜻蜓班的同学上学期的话剧演的是《窗边的小豆豆》，于是拜托米粒儿老师要来了演出的视频，虽然视频录制的时候声音很嘈杂，但孩子们还是迅速捕捉到了那些闪光的点：

“小豆豆见校长那一幕很有创意，没有让小豆豆跟校长背台词，而是穿插了之前‘窗边的小豆豆’那一章的情节。”

“我发现琰琰演的是钟表，还一直在走呢！”

“没想到‘山的味道、海的味道’那一章改成了大家表演，互相猜是山还是海的味道！”

“试胆量那一幕太好玩了！鬼竟然真的拿着一个包子，还递给人吃！”

“还是中文戏剧好玩啊！”一个孩子回忆起了上学期我们的演出，悠悠叹息。

咱们也可以啊！我们已经学了写小剧本，可以改编《窗边的小豆豆》啊！ 你想演哪个故事?

“不能跳！”“我最喜欢那个放回原处，太好玩了。”“电车来了也行啊！”

好吧，咱们这个学期写剧本，下学期咱们也要演！

◆◆◆

其实，大家最羡慕的不仅是巴学园的教室在电车上，还有他们的上课方式：

一般的学校里，如果第一节课是语文就上语文，第二节是数学就上数学，都是按照课程表的顺序上课的，但这里却完全不是这样。在第一节课开始的时候，老师把当天的全部课程的问题都满满地写在黑板上，然后对学生们说："好，就从你自己喜欢的那个题目开始吧！"所以，不管是语文也好，数学也好，学生们都是按自己的爱好想做什么就做什么。

喜欢作文的孩子在写作文，坐在后面的孩子爱好物理，就加热酒精灯，把水烧得咕嘟咕嘟往上直冒泡儿…… 对于学生们来说，他们可以从自己喜爱的学科做起，这就能引起他们的兴趣，即使那些不喜欢的学科，只要在放学前把题做出来就行，所以，他们总是能够想办法完成的，因而自习的形式也就多种多样。如果确实搞不懂，就或者到老师那里去问，或者请老师到自己的座位来讲解，一直到完全领会为止。还可以从老师那里领来例题，再继续自习。这才是真正的学习，这样就根本不存在学生呆呆地听老师自顾自讲这种情况了。

大家简直羡慕得流口水了，谁不想从自己感兴趣的内容开始一天的学习？能够自由选择多幸福啊！

“老师，咱们试试呗！”

好啊，现在我们就是在一点一点培养自己学习的能力，然后……一定能像小豆豆那样自由学习的，我们一起努力吧！

和同伴两人一组读后互相给出建议：

- ☑ 文章的开头吸引人吗？
- ☑ 你能想象出文中描述的场景吗？
- ☑ 两个人的“战争”导火索是否交代清楚了？
- ☑ 两个人的“战争”过程真实可信吗？
- ☑ 故事中有没有让你觉得困惑的地方？
- ☑ 你对文章的结尾满意吗？

坚持带孩子阅读的120多天

高静

虽说是带孩子阅读，其实我们也是受益最大的，阅读带来的收获，无关乎年龄，无关乎职业！

从开学第一天起，我就有一个目标，每天都要坚持带我们班的孩子阅读，学校安排的半小时阅读时间，我做了微调，饭前先出去玩，吃完饭后就阅读。这样吃得快的孩子有整整一个小时的阅读时间，最慢的孩子也至少有40分钟的阅读时间。

一开始，我和秀秀每天带着孩子们读一本绘本，当然读的过程中就会有一些提问、互动、分享和总结。然后是孩子们自由阅读，可以独立看，也可以几个人一起看，也可以让老师给大家读。

为了增加孩子们阅读的兴趣，我们开始了“悦读悦爱图书阅读活动”。首先，我们每天读完书，分享者抽出第二天带书分享的同学，并给他一张阅读卡，回家需要和爸爸妈妈一起讨论带哪本书分享，并请父母帮忙写上自己分享的理由，自己的姓名、书名、日期要自己写，正好可以练字。

然后我在班级放置了一个图书架，专门用来放孩子们从家里带来分享的书，命名为“班级流动图书馆”，孩子们可以借阅这些书回家读。我还带孩子们讨论了流动图书馆的公约：1. 爱护每一本书，不涂不画，也不撕；2. 每次借一本，最多借两天；3. 还完上一次的书，才能借下一次。我们每天读一本书，都会记录在书单上，并由分享者在一片树叶上写上自己的姓名，贴在班级的阅读树上。

故事本身就是吸引孩子的，没有孩子不喜欢听故事，而且每个孩子带来的书都是精挑细选的，每天还有令人激动的抽签环节，孩子们兴趣度特别高。

其实，我们班不是每个人都喜欢看书，有几个孩子，虽然班级共读的时候听得很好，但是自由阅读时就无所事事，要么在教室游荡，要么就玩玩具（但是阅读时间我们是要求大家看书的）。

这么小的孩子，更多的是在看图画，我们班只有 2 个孩子能够独立阅读，但是没关系，看图也是他们需要经历的一个过程。这个时候，我和秀秀就会过去给这个孩子选一本书，单独带着他读。

慢慢地，孩子们大部分都能自己看图、看书了。氛围的营造，真的需要花很长时间，每天我们都坚持这么做，直到一个多月后，几乎所有的孩子在阅读时间都可以安静地阅读，最开始几乎不看书的小男孩，也会自己拿几本感兴趣的书翻一翻。

每个孩子都经过一轮分享后，我们开始每天抽 2 名同学分享，但每天共读一本书，已经满足不了孩子们的兴趣。我们决定第二轮每天分两组读书，我和秀秀各带一组，读孩子带来的书，或者从班级的绘本里选读，读完后，孩子们再从我和秀秀的组互换，听第二个故事。

再后来，孩子们开始要求每天多读几本，如果我和秀秀每天中午都交换读，有点照顾不过来，还有班级的一些事要处理，有些孩子没及时吃完饭，或者发生矛盾，需要解决等，于是我们恢复全班共读，但是读的书增加了。（可以说每天没有数量要求了，就看孩子们的兴趣和时间。）

我开始去其他班找相关的绘本，有时候根据我们的 SEL（Social Emotional Learning，社会情感学习）主题，有时候根据我们的 SDG（Sustainable Development Goal，可持续发展目标）项目主题，有时候就是看最近我们班有什么问题需要解决。

到学期末那个月，孩子们已经习惯了吃完饭就自己拿着小凳子到我们的阅读区等待，然后去挑选我们没讲过或者还想再听一遍的故事放在书架上，兴奋地等待着。

“高静、秀秀，赶紧吃完来给我们讲故事吧。”

“高静老师，今天还给我们讲故事吗？”

“高静老师，今天可不可以继续讲昨天的那一套《快乐小数学》？”

“哇，太感动了！好想再听一遍。”（宫西达也的恐龙系列故事，读了一遍又一遍。）

“讲完她的那本，可不可以讲我这本？”

“时间到了孩子们，我们要准备上英语课了。”

“不嘛，我们还想听……”

“那明天中午可以讲我这一本吗？”

有时候，孩子们提前回教室等待老师的时候，就自己安静地看书，这个美丽的氛围，老师真是感动！有一个小女孩，开学初，几乎不看书，现在简直成了小书虫，每天最先坐在阅读区等待。有一次去其他班级录制视频，等待的时候，她就认真地在翻看那个班级的书。看到这个改变，我非常欣喜！

最后一周，我们几乎一天读六七本，直到学期的最后一天，我们一共读了 192 本书，中间还放假 2 周，还有些忘记记录了。后来阅读树已经满了，我们继续读，但也不在意是否贴阅读叶子了。虽说是带孩子阅读，其实我们也是受益最大的，阅读带来的收获，无关乎年龄，无关乎职业！感谢孩子们这一学期的陪伴！

坚持阅读一学期，我看到了孩子们的改变，这是我和秀秀这学期做的最值得骄傲的事情之一！任何好习惯，都需要坚持不懈！

阅读，是贯穿我们一生的事。阅读，让一个孩子的人生更丰富。阅读，也让我们班彼此影响和熏染着，希望孩子们在书中浸泡、分享、收获。

假期里让孩子读什么书?

一土老师们

愿我们在假期中和孩子一起享受阅读的乐趣，
而不要成为一个只盯着孩子，让他成长的人。

亲爱的大土豆们：

放假了，大家都会收到各种推荐书单，阅读的重要性已经不用多讲了，阅读是孩子一生中最重要的学习习惯，一旦成功让孩子走上自主阅读之路，可以说培养孩子成为终身学习者的目标已经达成了一半。

但我们也知道，还是有很多家长烦恼着："为什么我的孩子只看某类书？""为什么我的孩子识字了，但还是不能自主阅读，我要亲子阅读到什么时候？"

所以在老师们推荐书单之前，先和您分享几个原则，希望我们能从更加理解儿童的角度来看待阅读：

1. 每一个人都是有阅读倾向的，在孩子阅读这件事上先做到开卷有益，尊重孩子的阅读倾向，尊重孩子的选择；

2. 每天固定阅读时间有利于习惯的养成。比如每天 15 分钟，一年就是 90 多个小时，能读十几本甚至几十本书；

3. 没有孩子不喜欢阅读。如果孩子不喜欢阅读，那就请您从亲子阅读开始。有人抱怨孩子不能独立阅读，换一个角度想一想：我们和孩子一起阅读是与他共度一段美好时光，这比阅读给孩子的影响更大。所以，请享受和孩子一起阅读的幸福时刻吧！

4. 做一个喜欢阅读的家长，成为孩子的榜样。

愿我们在假期中和孩子一起享受阅读的乐趣，而不要成为一个只是盯着孩子，让他成长的人。

那么假期孩子应该读些什么书呢？我们要为您送上一份特别的书单——一份不是“书单”的书单。我们找到了学校的 13 位老师，请他们每人为孩子们推荐一本（套）书。老师们各说各的“理”，来看看吧，总有一本（套）会让您和孩子爱上它。

1.《那些古怪又让人忧心的问题》(*What If*)

◆作者：【美】兰道尔·门罗

◆译者：朱君玺

◆推荐人：语文刘老师

推荐理由

作者兰道尔·门罗，曾在 NASA 工作，制造机器人，2006 年成为全职网络科普漫画家，玩转物理、天文、生物、化学、数学各学科知识。这本书收录了他的网络专栏“What if 科普问答”文章，配的是 xkcd（兰道尔·门罗的网名）风格的火柴人漫画。

你可曾想过：如果人体内的 DNA 瞬间消失会怎样？如果把海水抽干会怎样？如果地球膨胀得像太阳一样大会怎样？如果地球上所有的人都尽可能挤在同一个地点一起向上跳，然后一刹那间落地会怎样？如果地球上所有的东西瞬间停止转动，但大气层还是保持原来的速度会怎样？……

当你带着可持续发展的眼光去思考，会发现书中的问题是多么值得我们去关注！科学源于生活中的异想天开，寻求解决办法的前提是要敢想哦！

这本书并不是我们通常见到的中规中矩的《十万个为什么》，而是揭示了一些脑洞大开的科学真相。能够异想天开提出问题，并能用科学的方法去验证，这是多么可贵的事情。

2.《当世界年纪还小的时候》

◆作者:【德】于尔克·舒比格/著【德】罗特劳特·苏珊娜·贝尔纳/绘

◆译者:王泰智 沈慧珠

◆推荐人:语文春天老师

推荐理由

《当世界年纪还小的时候》出版之后获得过很多奖项,部编版语文教材第四册还节选了书里的同名篇章。当时读到的时候非常惊喜,而且是孩子们票选“喜欢的课文”时的冠军作品。

这本书特别适合在寒冷的冬夜翻看:窝在暖和的毯子里,书薄薄的轻轻的,握在手里完全没有压力。而且,书里面还配了很多好玩的图画:咦?这图上的小猪怎么长了一身桦树皮的图案?瞧,它还在奋力地往树上爬!哈哈,这幅图里竟然有一座蛋糕山,可以一边爬一边吃吗?……

每一幅图都像小火苗,会立刻点燃孩子的好奇和想象;这些图画也是一条条小路,只要顺着它们一直走就能找到那个神奇的故事城堡，谁能抗拒故事的诱惑，尤其是在漫长的冬夜？

当世界年纪还小的时候，每样东西都必须学会怎么生活：太阳开始学发光，学怎么上山和下山……嗯，有一点可能会让很多妈妈暗暗摇头哟——这些故事都不试图告诉你一个道理，它们只负责吸引你，让你哈哈大笑或者发愣、出神……

对了，还有一个小秘密，这些长长短短的故事会在你读完之后变成一粒粒种子，埋在你的心底，只需要一点点好奇加想象就使劲儿生长，长啊长啊，长成一棵属于你自己的故事树！

3.《连体数独世界纪录玩具书》

◆作者：北京市数独运动协会

◆推荐人：数学轩轩老师

数独是一种逻辑性的数字填充游戏，孩子们在假期

里可以自学自玩数独。长期练习数独可以提升专注力，即集中精神专注于一件事，从头到尾完整地进行；其次还可以提升孩子的敏锐度和观察力；再有，因为数独的答案都是唯一的，所以可以培养孩子严谨的逻辑推理能力；最后，数独可以磨炼孩子的耐性，让孩子能够静下心来思考，帮助孩子提升抗挫折能力。

孩子们可以按下面的难度级别进行自学：

初级：四宫标准数独、四宫变型数独；

中级：六宫标准数独、六宫变型数独；

高级：九宫标准数独、九宫考级数独、九宫变型数独。

我一般在假期里都喜欢学习数独，也推荐孩子们玩一玩数独。数独在教学过程中最厉害的地方就是培养孩子能耐得住性子，而且老少皆宜，大人小孩都可以玩。高手可以挑战我们当年创造的数独吉尼斯世界纪录哦！

4.《阁楼上的光》

◆作者：【美】谢尔·希尔弗斯坦 文/图

◆译者：叶硕

◆推荐人：语文向荣老师

推荐理由

我们班的孩子们在二年级的时候读过这本诗集，我请孩子们给我一个推荐的理由，他们是这样说的：

“最搞笑的一本书。我喜欢《登山队员》，里面登的不是一座山，而是人的鼻子。《吊床》里最搞笑的是最后一句，‘现在，谁去把树挪过来？’”

“我觉得《阁楼上的光》里的每一首诗都好玩，有的很短，有的很长，有的还让你意想不到。”

“搞笑，稀奇古怪！最好笑的一首是《忘了点什么》，一个人穿了漂亮的礼服，到了舞会现场，他说：‘噢，我忘了点什么？’我第一次读到后就爆笑，因为看图发现他没穿裤子。”

“《吊床》那篇很搞笑，他想在吊床上舒舒服服睡大觉，可旁边只有一棵树，他不去挪吊床，却想着让人把另一棵树挪过来，太滑稽可笑了。”

“这本书很有想象力，很搞笑生动，比如，在《抓小偷》里，描述身体的一部分被小偷偷走了，让我很想笑。”

“对《作业机》这首诗印象特别深，这首诗里的配图又生动又有趣。作业机里除了有机器齿轮，还有个小人在里面做作业，我一下就记住这首诗了。”

“我喜欢《摇滚乐队》这首诗，这首诗描述的是孩子们用垃圾制作乐器，假装自己是明星！”

“幽默风趣，有些诗很押韵，很好玩。每次读都能让我哈哈大笑，我还喜欢读给我的朋友听，她们也很喜欢，因为太好笑了！”

“这本书里的诗都是荒唐搞笑的。在《头疼》里，一棵树可以从人的头里长出来；《没人》里，‘没人’其实是个人。”

“这本书很幽默搞笑，是诗里的急转弯带来的。这本书适合调皮捣蛋、有想法、爱搞笑的小孩看。”

“《阁楼上的光》，是个集搞笑、有神秘感而又稀奇古怪于一身的诗组成的有趣的诗集。比如《作业机》很有想象力，《吊床》是一首有故事的诗，《蛇》并不恐怖，而是很搞笑的诗。”

5.《查理和巧克力工厂》

◆作者：罗尔德·达尔

◆译者：任溶溶

◆推荐人：语文孙老师

推荐理由

在这本书里，有让人流口水的“旺卡一流开心牛奶巧克力糖”“巧克力河”“一百间由白巧克力和黑巧克力做成的房间”“巧克力城堡”等等。

开始读的时候，如果您能和孩子一同拿一块巧克力，体验书中小主人公“把包装纸的一角拉开一点点，露出一点点巧克力糖（使劲闻个够），然后轻轻地咬一点点，只让那可口的甜味足够在舌头上慢慢地散开（闭上眼睛感受），然后再一点点、一点点……最后大口吃掉”的心情；和孩子一起动手做做里面的“金奖券”；画画里面得到金奖券的四位小朋友的肖像……把文字化作笔端一张张生动的图画，会让孩子更关注细节，发挥想象力和创造力。

P.S. 在阅读这本书期间，孩子们还去了北京第一家巧克力工厂“义利工厂”参观，他们回来后兴奋地说，和他们想象中的工厂一模一样！让书本和孩子的生活建立起联系，让“查理和巧克力工厂”的记忆沉淀。欢迎您和我们一起加入奇妙的“查理和巧克力工厂”之旅吧！

6.《数学读本》

◆作者：钟建林 钱守旺

◆推荐人：数学赵老师

推荐理由

这是一套与人教版教材紧密相扣的数学读物，将这一学期所学内容融汇在其中，有充满童话色彩的故事，也有关于生活中孩子们身边的事物的故事，让孩子们体会到数学就在身边。

值得一提的是，故事既有趣又有挑战，甚至还有一些有趣的闯关题，会让孩子爱上学数学、爱上数学课。上学期，我就尝试着用讲故事的方式引入教学，孩子们很快进入上课状态并对接下来要学的知识充满兴趣，甚至下课了还要捧着故事细细阅读，游戏时间还会几个人凑在一起把故事演出来或者进行改编，实在是太值得推荐给更多的孩子们！

7.《数学帮帮忙》

◆作者：【美】罗莎·桑托斯 等/著【美】吉奥雅·法蒙吉 等/绘

◆译者：范晓星

◆推荐人：数学王老师

推荐理由

这套书的每本书都是在讲发生在孩子身边的事情，非常有趣，而且作者在故事情节中巧妙融入了数学的知识。最令人惊叹的地方在于，这些数学知识引入得如此自然、如此全面、如此贴近生活。

作者在开篇序言中首先提出了两个经典的问题：我们为什么要学数学？学数学有什么好处？贴近生活，启迪智慧。

这套书中每一本都用一个故事讲述一个数学概念，让孩子不知不觉被生动的故事情节吸引，进而引发思考，一步步找到解决问题的方法。这种通过数学知识来解决问题的方法，让孩子印象深刻，既理解了相关数学概念的由来，又能够在生活中加以应用，进而启迪智慧。

8.《儿童相》

◆作者：丰子恺

◆推荐人：语文祝老师

我想推荐一本丰子恺先生的儿童漫画《儿童相》。丰子恺先生师从李叔同，是中国现代书画大家、美术教育家、音乐教育家。他爱生活，爱孩子，许多漫画作品都取材于日常生活中的儿童，活泼幽默，又不乏哲理品位。

“一片片的落英，都含蓄着人间的情味”，俞平伯曾这样评丰子恺。丰子恺先生的漫画，老少皆宜，所以亲爱的爸爸妈妈，假期和孩子们一起捧起先生的漫画，享受亲子幸福和先生送给我们的这份最珍贵的礼物吧！

9.《儿童哲学智慧书》

◆作者：【法】奥斯卡·柏尼菲 等 / 文【法】费德里克·让

贝娜 等 / 绘

◆推荐人：数学陈老师

推荐理由

本套丛书共9本，作者以“我”“社会”“美”“幸福”“知识”“自由”“生活”等为主题，用儿童的语言，图文并茂地做自我反思式对话，即便成人读此书也挺有意思的。对于学生来说，推荐低龄段（一年级及以下）孩子由师长引读讨论，逐渐有独立阅读能力的学生可以自主翻阅。

有人说“长大的过程中，世界从黑白分明变成中间的灰色”。我们都以为在儿童眼中“对与错”“好与坏”“真与假”很单纯，其实在他们心里并不那么简单。就像若在两个玩具中只能选其一，每个孩子自有其主客观的评判与权衡。

或许这本书能够帮助孩子深入看问题，形成批判思维，还可以帮助他们确认：哦！原来也有人和我一样，在想这些看上去很傻，老师家长总觉得“没什么好说”、“一两句话说不清”或是“小孩子长大就懂了”的问题啊！

回想童年，如果我能有这样的书陪伴，仿佛多了一位可以探讨的朋友，格局眼界在反思中一定会宽广不少。

10.《中国经典神话故事绘本》

◆作者：哈皮童年

◆推荐人：语文盛老师

推荐理由

一二年级的孩子拥有强烈的好奇心，小小的头脑里装着无数个问号，他们就喜欢探索。

神话是古人认识世界的方式，和孩子们的具体形象思维有着密切的联系，可以满足孩子们的好奇心，保护孩子们最原始的想象。

孩子们也可以从书中了解自然，以及人类战胜自然的方法，引发自己的思考，培养思维能力。

11.《青蛙和蟾蜍》

◆作者：【美】艾诺·洛贝尔 文/图

◆译者：潘人木 党英台

◆推荐人：语文马老师

推荐理由

这套书共有4册，分别是《青蛙和蟾蜍 好朋友》《青蛙和蟾蜍 快乐年年》《青蛙和蟾蜍 好伙伴》和《青蛙和蟾蜍 快乐时光》，每册书图文参半，各有5个小故事。

故事主要讲述了青蛙和蟾蜍这对好朋友在生活当中的种种趣事，文字浅显易懂，感人又好玩，让读者在阅读时，从头到尾都沉浸在一种温馨的情绪中。故事在文字使用上及文学内涵上都有极高的阅读价值，强烈推荐小学低年级的同学阅读。这套书我跟女儿一起看过，值得一读。

12.《小乔逃跑了》

◆作者：【美】杰克・肯特文/图

◆译者：陈宏淑

◆推荐人：主班老师张老师

推荐理由

这是有关“整理房间”与“妈妈的爱”的一本书。单看书名就能引起小朋友们极大的好奇心：

小乔为什么逃跑了？

他去哪里了？

这只叫“小乔”的小袋鼠本来住在妈妈的口袋里，可是有一天却逃跑了。

“逃跑”是不是每个孩子都曾偷偷计划过的事？而小乔逃跑的原因更让孩子们忍俊不禁。逃跑后的旅程中发生了哪些事情？最后他回到妈妈的怀抱了吗？

13.《大脚丫学芭蕾》

◆作者：【美】埃米·扬 文/图

◆译者：柯倩华

◆推荐人：主班老师刘老师

推荐理由

发自内心的热爱和坚持不懈的努力，哪一个更重要？

类似这样的鼓励大家都很耳熟：“坚持下去，继续努力，你一定可以成功！”“失败只有一种，就是半途而废！”结合语境可以猜测这是在去往成功的路上，遇到了一些挫折和阻碍，我们需要一些“鸡汤”，帮助我们继续走下去。

但此刻我更想和大家一起回到这条路的起点，回到大家出发的那一刻，去看看当时的内心世界。比如，我决定学习书法的那一刻，我的内心想法是：“我要学得比××好，让我的爸爸妈妈看看，我也很厉害！”我不曾对书法真正地着迷，也没从自己的书法作品中收获快乐和满足。直到高考结束，我分数很高，我也变成了××父母口中的“别人家的小孩”，从那以后，我放弃了书法，将笔墨纸砚束之高阁。我这不是半途而废，而是迷途知返。

在《大脚丫学芭蕾》的故事中，小时候的贝琳达在被迫成为小丑的“成功”之路上，完全被芭蕾吸引，她为跳舞着迷，正是因着这股不可抑制的热爱，她勇敢地拒绝了牛老师为她定制的小丑角色。她坚持不懈地练习跳舞，但在长大后的故事中却遭遇到评审委员的歧视，她陷入自我否定和怀疑中，并转行做了服务员，但内心对芭蕾的热爱并未熄灭。也是因着这份热爱，她听着餐厅的音乐就不由自主地翩翩起舞，老板、同事、顾客、朋友都被她饱含真情的舞姿打动。最后，贝琳达回到了舞台，“她快乐极了，因为她可以跳舞，跳舞，一直跳舞，至于评审委员说什么，她一点也不在乎了”。

无论你选择的是跳舞、书法，或是别的什么，只愿你的热爱伴你坚持不懈，一路荆棘也无所畏惧。

特别说明：书籍按照参与推荐的老师目前主要教学的年级排序（高年级到低年级）。

孩子年龄小，读不懂书，怎么办？

冯春

语文教学不仅聚焦于听说读写等基本语文能力的提高，同时还需要帮助学生构建深刻的身份认同和文化自信，所谓腹有诗书气自华。

一二年级的孩子识字量不大，还不能独立阅读一整本书，所以确切地说在课堂上老师不是带着孩子阅读一本书，而是围绕一本书展开各种各样好玩的游戏和活动，让孩子们在玩的过程中去了解一本书、喜欢一本书，激发浓厚的阅读兴趣，而这正是我们语文教学最重要的目的之一。

这种培养不是刻意为之，很多是潜移默化、润物无声的，所以效果也不是立竿见影，而是点滴成河、由近及远的。

一位助教曾很吃惊地跟我说，她只知道曾实习过的国际学校一年级学生会看绘本，没想到我们学校一二年级学生还能听书，并且如此专注。

在最开始阅读的时候，对于难理解的地方，我会给孩子们解释，后来解释得越来越少，就只是在读故事，在玩。正因为好玩，非常吸引孩子，所以他们的专注力很高。而这种专注力和兴趣会为孩子一生的阅读习惯打下一个良好的基础。

我发现现在孩子们的写作很顺利，条理非常清晰，而这种能力与孩子们日益提高的阅读理解能力是密不可分的。有足够的输入，阅读中吸收的营养价值高，就不用担心输出的问题。

老师现在还没有办法给一二年级的孩子直接讲书的结构，

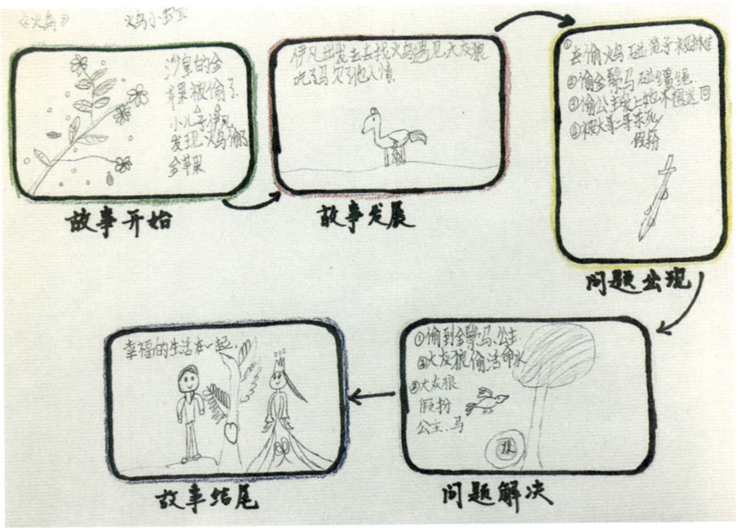

但可以让孩子通过目录或某一章的标题推测作者的用意和情节安排，让孩子感受和理解情节的发展和作者的结构设计，并让孩子通过体会像作家一样思考，与自己的生活体验产生联结和共鸣。

因为在学校可以借书，那些阅读能力更强或者等不及老师讲下一节的孩子会把老师带大家读的书借回家。但即使如此，我发现他们在学校还会情不自禁地再读一遍。好书不怕多读，小孩子本身又喜欢重复，而且孩子喜欢在课堂上和老师以及小伙伴一起读书做游戏。

我们的教室里有个“阅读桥梁书”的书架，但孩子们很少借阅这些图书，纵使它们都是获奖作品、热门推荐。原因是孩子们已经不满足于画多字少的短篇、简单的故事。可见，好的阅读体验对孩子的理解力、想象力、创造力、鉴赏力以及沟通、倾听等综合素养和软技能，都能带来充分的锻炼和提高。

那么，家长或老师应该如何为孩子选书呢？

第一，家长自己的喜欢胜过专家的推荐。

当你给孩子读的时候，一定会流露出自己的这种喜欢。反之，选一本家长自己不感兴趣的书去读，孩子也是会感受到那种情绪的，从而受到一定程度影响。

我目前给学生选的是达尔先生的 4 本书，因为我很喜欢这位作家以及他这种奇幻幽默的风格和曲折抓人的情节，每一本都反复读过很多遍，相信自己可以带着孩子读好。另外，因为选择的是有关联的 4 本书，孩子们会很自然地联想和对比每本书中的人物，产生自然关联，从而加强对整套丛书的喜爱和期待。

第二，要根据孩子的情况。对于老师来讲，要考虑班里男女生比例以及孩子的性格特点等。

比如，如果一个班的女孩子比较多，或者敏感、想象力特别丰富的孩子占比多，选书就要比较慎重。

第三，我很喜欢选择改编成电影的书，这样可以带着孩子在电影和书之间做一个比较。

当时我让孩子比较《好心眼儿巨人》的书和电影，结果孩子们说两个都喜欢，这说明电影在孩子的心中并没有打败书和语言文字的魅力，非常令人感动和欣慰！

在这个视觉时代，人们很多时间被挤占，但如果老师或家长爱读书，在课堂上或家中营造一个阅读的氛围，孩子会自然而然喜欢上读书。

在我们班里，经常是孩子催老师读书，老师经常在午饭时间给孩子们读一段，就像我们小时候趁着午休赶紧听段评书一样，书已经成了孩子们非常重要的精神食粮。

语文教学不仅聚焦于听说读写等基本语文能力的提高，同时还需要帮助学生构建深刻的身份认同和文化自信，所谓腹有诗书气自华。阅读好的书籍对孩子最重要且最长远的影响，是他们的价值观和自我认知。

我曾带孩子们多次阅读《女巫》中最感人的那一段：姥姥说：你真的不在乎以后一直做老鼠吗？变成老鼠的孩子说：我真的不在乎，只要有人爱你，你就不会在乎自己是什么或者是什么样子。相信从阅读的那一刻起，这种无条件的爱和接纳，这种同理心和共情能力就已经刻入孩子的心扉。

给孩子搭起阅读的“脚手架”

祝玉娟

只要你前期有充足且高质量的陪伴，孩子就能保有充盈的内心，自信地开始独立阅读。不在乎读了多少，而在于有没有享受这个过程。

亲爱的大土豆们：

大家一定都听说过这样的说法：得阅读者得语文，得语文者得天下。阅读怎么强调都不为过；阅读是语文学科的起点和核心，也是其他学科的基础；一个人的终身学习习惯，甚至也和阅读习惯相关。

很多家长对阅读很重视，但又困惑不得法。该怎么读呢？孩子不愿意读，读不懂，怎么和孩子互动？有没有一些系统的结构性的方法？

今天，我想和大家分享如何通过创新的语文课堂，来定义“阅读的五态”，并在每种状态中，从横向、纵向两个维度来引领孩子实现“结构化”的阅读。

有了这些“脚手架”，家长们也可以在课堂之外，更有技巧地在亲子阅读的过程中，培养孩子良好的阅读习惯，并让孩子真正地享受阅读。

第一态　老师给孩子们读

把成熟读者所具备的素质和策略，如怎么思考、理解、分析、预测展示给孩子，是老师与孩子共读的一个很重要的意义。

在这个过程中，老师无形间做了一个带领和榜样。原来我的老师是这样思考的，是从这个点读进去的，孩子们在润物细无声中学到一些能力和技巧。

在课堂上，我总是会和孩子一起共读一本书、一篇文章，无形中为孩子们营造了在家里才能享受到的亲子阅读的幸福感，孩子们也乐在其中，不愿意停止。换言之，让孩子热爱阅读、爱上文学并不是那么难的一件事儿，高质量的陪伴是第一位的。这也是老师用宝贵的课堂时间给孩子们大声读一本书的意义。

第一步：如何选择一本合适的书？

读一本书之前，第一件事并不是读，而是选择。如何从有成千上万本书的书店、图书馆中挑选出最适合自己的一本书呢？

什么样的书你会觉得太难？什么样的书你会觉得太简单？什么样的书是最合适的？我通过和孩子的讨论，来定义书的难易程度：

1. 太难：读得特别慢、特别困难，每页有 4 个或者更多不认识的字；

2. 太简单：读得特别快，每个字都认识，像骑着自行车下坡一样，太容易了；

3. 最合适的书：读着不快不慢，每页有 2~3 个不认识的字词，就像在平地上骑自行车一样。

每个孩子的标准都不太一样，讨论好后，我建议可以让孩子们围绕上面的标准，给书进行分类，之后孩子就可以按照这个标准去选书了。

▌第二步：选到合适的书后，如何来确定内容是否是你喜欢的？

读一本书，我们的着力点常放在读，但读之前还有思考，在思考之前还有体会。在开始读一本书之前引导孩子认识封面、封底，封面给的一些未解答的信息，常会引起孩子的兴趣，孩子们也可以从封底的简介中去判断这本书的价值、侧重点，是不是对这个话题感兴趣，了解是哪一位作者带我们进入这本书的世界，有没有读过他的其他书。出版质量和出版风格也能给孩子们带来一些线索，有些孩子对条形码也很感兴趣和好奇。

在这样的过程中，孩子不会将阅读看作是一个需要完成的任务，而是在享受一本有庞大信息量的书。当孩子们对封面封底等信息看得足够多了之后，他们就能迅速地对某一本书做出判断，学会选择优秀书籍。

孩子们回家后也可以按照这样一个框架去了解一本书的封面和封底，并做下面的记录：

1. 通过书名，我觉得这本书怎么样？

2. 通过封面的图片，我觉得这本书讲了什么？

3. 封面的主色调是什么颜色？我觉得这本书表达了什么情绪？（活泼的、欢乐的、忧伤的、幻想的……）

4. 这本书的作者是哪个国家的哪位作者？是男士 / 女士？我还读过他 / 她的其他什么书？

5. 在这本书的封面上我还发现了……

6. 我又读了封底，发现了一些新信息。

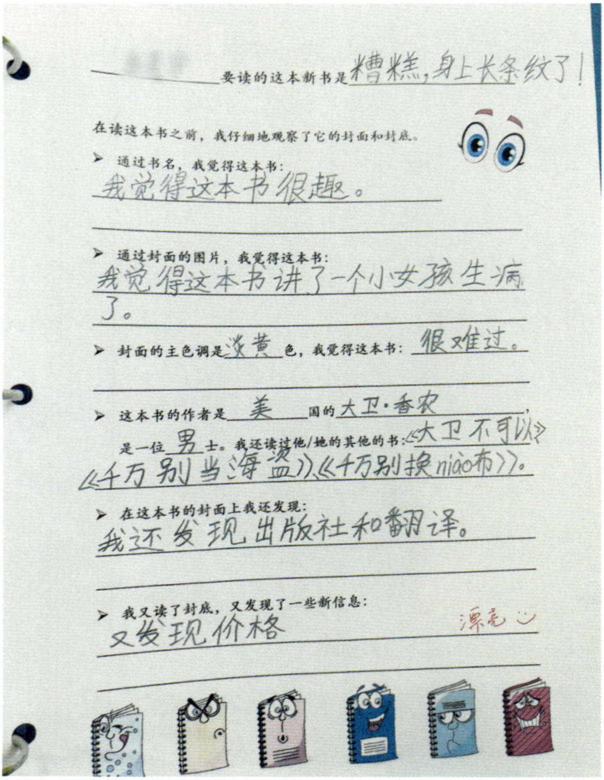

▌第三步：开头和结尾。

“又来了！”

当我以“又来了！”三个字开始读一本书时，孩子们都会特别好奇，并期望继续往下听，谁来了？为什么又来了？来了是好事还是坏事呢？

在带着孩子们读一本书的过程中，我会和孩子们一起学习如何开头和结尾，还设计了一个表格给孩子，一边读一边做记录，就像个存钱罐一样，在潜移默化中积累各种不同的开头和结尾的方法和案例。当孩子存储得足够多，写作的时候便可以信手拈来，孩子们不再会觉得写作很困难。

带孩子们读完“又来了！”我便会总结这是什么开头形式，孩子们自己就说出来啦，“是设计悬念”，特别让人愿意往下读。

第四步：如何搭建故事的结构？

当孩子们对书的整体感受还比较弱时，我会给孩子们画一幅爬山的图，里面有“开头、发展、高潮、结尾”，帮助孩子们具象化地理解作者的构思和文章的结构。原来故事是按照这样的曲线起伏发展的。孩子坚持练习一段时间后，在写文章时，也能慢慢有意识地去看，自己写的是哪一部分。

老师给孩子们读，是一个润物细无声的阶段。策略也好，技巧也好，都不是老师教给孩子们如何去做，更不是需要孩子死记硬背，而是在和老师一起共读的过程中，让孩子一起体会。就像种下一颗种子，我们需要做的就是去激发孩子的内驱力，让种子自己生根发芽。

第二态　整本书阅读

在课堂上进行整本书阅读，需要选择适合孩子年龄段的书，并把学生按水平分组，这是一个很好的分层教学的机会。

最重要的是一起读一整本书，而不是一篇小课文或者文章。老师和学生的书一样，人手一册。让孩子对书有归属感，能够记录下所有感触感想。

第一部分：迷你课。

在阅读一整本书的过程中，孩子们遇到生字、生词怎么办呢？迷你课这个环节便会集中来帮助孩子们解决这些问题，给孩子提供阅读中必要的脚手架。

当孩子们能够通过阅读，跳出来去看待书中的人物，未来便有跳出来看自己、认识自己的能力。阅读不是孤立的，它能够锻炼和培养人的思维方式，同时，对认识自己、认识世界都很有帮助。

第二部分：阅读并思考。

很多家长和孩子都会困惑，尤其考过英语阅读理解的人，“我每一句都能读懂啊，为什么我一做题就错呢？”这就是因为阅读并不等于理解，从阅读到理解，其实是一种能力的提升。

阅读并思考，贯穿着阅读的整个过程。从阅读到理解也是需要脚手架的。

· 脚手架一：问题框架。阅读前的引导和阅读后的总结。

· 脚手架二：海报。为了让孩子有清晰和具象的思考，可以把问题归纳整理成一个海报。

· 脚手架三 ：表格。用表格的形式，做笔头上的练习和记录。观察，推测，提问，联系，总结。

· 脚手架四：圆轮状图。用圆轮状图做梳理，并提出基于文本、与文本相关，甚至超越文本的问题。

· 脚手架五：绘画。阅读时，读到某一段文字，也可以画一画，以增进理解和感受。

第三态　独立阅读 / 伙伴阅读

在经历了“老师给孩子们读”的阅读和“迷你课”的阅读之后，我会让孩子带着疑问、带着策略在课堂上进行独立阅读，帮助孩子养成习惯。

孩子们读得非常投入，经常到了时间都不愿意收起来。这就是我们的目标，即培养孩子终生阅读的习惯，让阅读成为人生的一部分，在坐地铁的时候，坐公交车的时候，等菜上来的时候，都可以自然地拿出书来读。

在学校，孩子们每周五也有和小伙伴一起阅读的时光。孩子们可以从家里带喜欢读的书来。你给我读，我给你读，彼此交流书中的兴趣点。伙伴阅读也是满足孩子们互相分享和表达的需求。

第四态　精读与写作

读写不分家，二者如何才能更好地联系起来呢？

整本书阅读有精有粗，有轻有重，有缓有急。对于书中精彩的段落或相关知识点，我们就可以拿出来做精读。让孩子体会充分再去写作，就会有文思如泉涌的状态，从“我思考”到“我想说”，最后到“我想写”。

▍脚手架一：让孩子们通过案例和文本的学习想象和描写。

1. 找到一个案例故事。以巴德的故事为例，巴德喜欢去图书馆读书，他观察到的“打瞌睡”现象非常有意思：

> 每当看到图书馆里有人翻着书页，你可以想象内页的粉末吹出一口气，慢慢地、悠哉悠哉地堆积在读者的眼皮上，让他们的眼皮越来越沉重，重到眨眼的频率越来越慢，最后合上双眼。接着，他们张开嘴巴，脑袋开始上下摇晃，好像苹果在水槽里浮动。不知不觉间，砰、扑通、

咚……他们失去意识，一头埋进书里。

2. 带着孩子观察，和故事慢慢有联结。

先问孩子，你见过人打瞌睡吗？有没有观察到打瞌睡是在什么样的场景呢？孩子们会分享说“我上课的时候会打瞌睡”，“爸爸看电视的时候会打瞌睡”等等。

接下来问，你观察到打瞌睡是什么状态了吗？孩子们常常会回答一些简单的词，“闭眼睛、不说话、流口水、打呼噜”等等。

3. 读准备好的案例故事给孩子，通过提问，启发孩子思考。

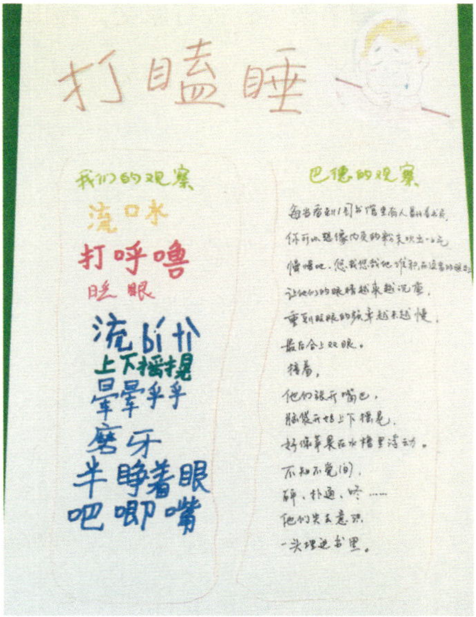

和孩子们讨论之后，读提前准备好的案例故事（巴德观察到的打瞌睡的场景）给孩子。带着孩子们思考，巴德的观察有什么一样或不一样的地方？他是从哪个角度来观察的？

经过这样的观察和对比，孩子们学到

一种之前没有思考过的表达角度。原来观察一个人打瞌睡可以这样说出来，原来还可以吹出一口气，原来眼皮还可以越来越沉重。

孩子们通过案例的学习，其实是从文本里面学习，学习到作者的想象力，也得到一种范本，原来文字还可以这么表达。我们也去过图书馆，也看过别人打瞌睡，为什么我们没有写出“吹出一口气”呢？这也从另一个角度提醒我们怎么去观察生活、体会生活、记录生活。一段精读也能开启孩子的写作之路，并带领着他们看到精彩的世界。

脚手架二：抄写原文，画出来。

除了读之外，抄写和配插图也会让孩子们对原文更加熟悉，获得更多体会。抄写每句话的过程也是更深入地跟着作者走了一遍，配图的过程又是把整个段落细细再过一遍，再以图画的方式把整个画面呈现在纸上。

孩子们会喜欢抄写原文和画原文吗？令我欣喜的是，孩子们交上来的作业，字总能写得很整齐，细节也画得非常到位。事实上，在完成作业的过程中，孩子们也得到了比想象中更多的收获。

至此，孩子已经通过讨论、写和画的方式用心体会了三遍作者的创作。这时孩子们的脑海中已经有了很多自己生活中的小画面，并且迫不及待地想要分享啦，就像弹琴，一起一落弹出音符；翻身，上马，一套漂亮的完整上马动作。

于是，孩子们这样写了练跆拳道和跳舞的故事。描写完整的横踢姿势：某某在踢横踢的时候，先是格斗姿势，准备，然后提膝，就像螳螂收起镰刀状的捕捉足，再翻跨，就像把螳螂的捕捉足横过来，然后踢腿，然后腿落地，最后变回格斗姿势。

没有一句华丽的辞藻，没有一句刻意修饰，但特别能读到心里去，有画面感。

> 又来了（注：孩子在听老师读书的过程中也学会了用“又来了”这个开头），周日中午去蓝色港湾我就知道一场噩梦即将开始。老师叫我们进教室去劈横叉，这真糟糕，这场噩梦已经开始了。我们靠着墙边开始劈，先劈正面。正面一使劲就劈开了（注：看这句话完全能想象舞蹈老师推他的情景），但是第一次做好不容易，所以老师拿脚把你固定住而且会往里面推，不到一秒的时间，你发现你已经彻底被推进去了，真可怕啊。但多劈劈就好了。

看到这样的作业，我们不用去问孩子，你喜不喜欢阅读

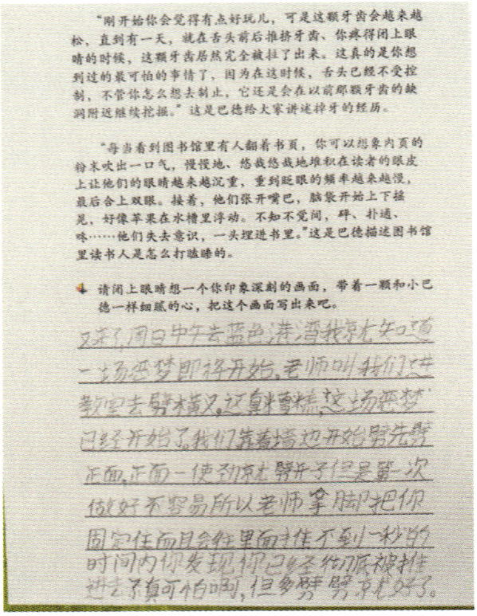

“刚开始你会觉得有点好玩儿，可是这颗牙齿会越来越松，直到有一天，就在舌头前后推挤牙齿、你疼得闭上眼睛的时候，这颗牙齿居然完全被拉了出来。这真的是你想到过的最可怕的事情了，因为在这时候，舌头已经不受控制，不管你怎么想去制止，它还是会在以前那颗牙齿的缺洞附近继续挖掘。”这是巴德给大家讲述掉牙的经历。

“每当看到图书馆里有人翻着书页，你可以想象内页的粉末吹出一口气，慢慢地、悠哉悠哉地堆积在读者的眼皮上让他们的眼睛越来越沉重，重到眨眼的频率越来越慢，最后合上双眼。接着，他们张开嘴巴，脑袋开始上下摇晃，好像苹果在水槽里浮动。不知不觉间，砰、扑通、咚……他们失去意识，一头埋进书里。”这是巴德描述图书馆里读书人是怎么打瞌睡的。

请闭上眼睛想一个你印象深刻的画面，带着一颗和小巴德一样细腻的心，把这个画面写出来吧。

又来了，周日中午去蓝色港湾我就知道一场恶梦即将开始，老师叫我们进教室去劈横叉，这真糟糕，这场恶梦已经开始了我们靠着墙边开始劈先劈正面，正面一使劲就劈开了但是第一次做好不容易所以老师拿脚把你固定住而且会往里面推不到一秒的时间内你发现你已经他们被推进去了真可怕啊，但多劈劈就好了。

啊，你有没有读懂啊，很明显孩子们爱阅读，爱这样去表达，并能很细致地去刻画他们的生活，表达情绪和感受。

脚手架三：不断地引导提问。

孩子们没办法进入到我手写我心的阶段，孩子们知道怎么开始，但下面应该怎么办呢？

比如：写你的爱好。孩子写完“我爱好踢足球”就没了，不知道再继续写什么了。老师可以引导地问：你爱踢什么样的足球？半场还是全场？跟谁一起踢？你是怎么踢足球的？你是喜欢踢的时候的痛快感觉还是喜欢踢足球时的团队合作的感觉呢？追问这些问题，孩子们的思维就慢慢打开了。当把这些问题的回答写在“我爱好踢足球”下面，我们能读到的，就是一个有血有肉的人。

孩子们经过这样的练习后，慢慢地就能自己问自己，这种思维方式一旦形成，就内化成自己的一种能力了。

第五态 亲子阅读

经过了前面的四态，孩子对阅读产生了感觉，甚至爱上了阅读，这个时候，就可以回家尽情享受亲子阅读，并做好阅读记录单。

亲子阅读，是爸爸妈妈和孩子感情沟通的桥梁，也是带孩子进入文学世界的机会。但爸爸妈妈也常会困惑，什么时候适合停止亲子阅读呢？

给家长的建议是，该不该停，什么时候停，什么年纪停，要以孩子为主，看孩子是否需要，这是一个静待花开的过程。只要孩子需要，就陪伴。只要你前期有充足且高质量的陪伴，孩子就能保有充盈的内心，自信地开始独立阅读。不在乎读了多少，而在于有没有享受这个过程。

阅读记录单也是一样的道理，核心是希望通过阅读记录，让孩子享受阅读的过程，这才是培养阅读习惯的正确做法。不需要太有目标心，如果过于强调孩子要从阅读中学到什么，反而干扰了孩子。试想，如果每读完一段，我们就问孩子，这一段是讲什么，总结一下，孩子还能继续享受阅读的乐趣吗？如果每次都要总结，我们就生生把整本书的阅读给割裂开了。

阅读五态是一个完整的阅读生态链。在不断发展的状态中，孩子会一步步经历由浅入深、从思考到表达的过程。

躲进书荫乘个凉

冯春

对孩子选什么书读这件事，有的时候真是急不得，他们不看哪一本书一定有自己的原因，但没准儿过几个月又对那本书爱不释手了。

亲爱的大土豆们：

漫漫暑期，正是读书的好时光，不过要推荐书单嘛，真的还挺难，网上到处是名校推出的各种书目，可是，大人们按图索骥找到的书，很有可能孩子们翻都不翻。

我也曾经让孩子们列一份“不必读书单”，上榜的书单引发全班惊呼，就连现在正风靡全班的《大侦探福尔摩斯》也都赫然列在好几个同学的榜单里——“我就是看不下去！”《酷虫学校》《故宫里的大怪兽》《西游记》《西顿野生动物故事集》也都在榜单中出现，（对了，唯一被全班所有同学推崇但并没有被任何一所名校书目推荐的就是“米小圈系列”，孩子们说：“米小圈考试的时候会通过扔硬币来做选择题呢！扔硬币呀！”）所以，这份书单只是根据班里孩子的实际情况来推荐的，仅供参考，因为成套的书比较多，我建议几个同学分别买不同的书，轮流读。

《大侦探福尔摩斯》系列（新出的第八辑或者班里没有的第二辑都可以）

很多孩子都是这套书的粉丝（因为他们都读得很投入，所以也吸引了其他孩子开始读），这些粉丝都会翻到最后一页，细细地对照看已出的书目，看自己还有哪本没有读到，也会问老师：“为什么第……本我怎么也找不到？”当然找不到，因为班里有几个“藏书虫”，会把自己喜欢的书都囤在自己的桌洞里。

《胡椒罐大楼的小侦探》（一整套）

也是探案＋幽默的形式，不过主角是女孩，所以，估计不太喜欢《大侦探福尔摩斯》的女孩子应该能从这套书入手读进去。

《黑猫三五郎》系列

凡是跟冒险、寻宝沾边的书，应该都是男孩子们会喜欢的，他们都有一个梦：在一个山洞里，意外地找到一大堆宝藏，发了一笔大财。

《树屋历险记》系列

这套书，应该也会是孩子喜欢的，英文版就很受欢迎，主要是里面有很多细节丰富、超有想象力的插图，这也是孩子的“死穴”，会反复阅读爱不释手。

《姜小牙上学记》

喜欢米小圈的孩子，一定也会喜欢姜小牙，一定的！

《长袜子皮皮》彩绘版，林格伦的系列书

以前教三年级的时候跟孩子们共读过《淘气包埃米尔》，孩子们很喜欢，林格伦的书是可以抵御岁月的。

《找不到小学》阅读 123 系列

推荐这套书是因为在上个学期，有个孩子最喜欢前两辑的用“用点心学校”系列，而这段时间有的孩子也在重温阅读 123 的“屁屁超人”系列，真的是边读边笑。

《给孩子的自然简史》《我的第一本科学漫画书》

这两本都是轻松好读的科普读物。

《给孩子的希腊神话故事全集》

有个孩子的妈妈聊到孩子很喜欢听希腊神话故事，希腊神话故事的版本很多，理想国也出过一套，大概五六册，大开本，配的图很好，不过，这一套是新出的，因为是给孩子独立阅读的，所以也可以试试。

《流浪的地球》银火箭少年科幻系列

这一套以刘慈欣的《流浪的地球》为主打，不过有读过这套书的五年级孩子说其他的也都很好看。这套书稍微深一点，不必强求，孩子喜欢就读，不喜欢放在一边，等到四五年级读也没问题。读科幻小说的确会让人有探索科学的动力。

凯斯特纳的作品

刚刚读过《5 月 35 日》，凯斯特纳的书还是很轻松好看的，如果孩子喜欢，可以看凯斯特纳的其他作品。

《故事奇想树》系列

这是家长推荐的，里面用故事串联起很多成语，很有意思。

好啦，先推荐这么多，对孩子选什么书读这件事，有的时候真是急不得，他们不看哪一本书一定有自己的原因，但没准儿过几个月又对那本书爱不释手了，所以，顺其自然吧。

千万别恨数学

数学课上的一张纸，能玩出什么花样？

陈楚

扔纸飞机，不再是我们记忆中小时候大家整齐一致地折好，而后虔诚地“哈”上一口“仙气”，使出浑身解数看谁扔得远的游戏。

一张纸，就仅仅是一张纸吗？扔纸飞机，就仅仅是童年时的游戏吗？在我们的课堂上，同学们能从这一张纸中学到什么呢？

规则与自我管理

第一件要学习的事，不是几何也不是创造力，而是纸张管理。我们可以想象，学生折叠多版纸飞机过后，教室里各种纸张随处乱飞的景象，如果课堂没有规则，就极易产生无序的混乱。作为老师，我一直都坚信习惯的力量——即整理与分类物品也是数学学习与生活紧密联系的一环。

上课了，大家带着周末和爸爸妈妈一起做的纸飞机去操场试验，看看自己在项目伊始做的纸飞机能够飞成什么样，我们还用步数测量法测了测大家的纸飞机飞了多远。

接着，我们回班分享，并提出了做项目期间的两点要求：

1. 不在教室和走廊玩纸飞机，只能去操场试飞；

2. 每架纸飞机写上名字，随时收好，不能随地乱丢。

这两点要求都是学生用自己的语言表述出来的，我做的只是请他们去设想：

在教室和公共走廊玩纸飞机会发生什么？

如果找不到自己的纸飞机怎么办？

用过的纸要如何整理？

联系我们常用的班级公约——保护自己，保护大家，同学们很自然地理解了彼此对于纸张管理的期望。在随后的几次课程中，我也停下两次，用几分钟时间带全班反思：我是否达到了这两点要求？我如何才能做得更好？

“我发现 ××× 总是忘记把纸收起来！”

“那么，我们可以如何帮助他？”

“可以提醒他，也可以直接帮他捡。”

除了对规则的遵守，纸张管理其实还含有环保意识的启蒙。我执教的班级一直都有“废纸回收箱”，师生都可以把废旧的大小纸片收集起来留作他用。学生还可以把家里的废白纸带来，以一定规则卖给班级换一土币。因此，在这个项目初期，我鼓励学生们：在学习折纸飞机的开始阶段尽量用废纸。

有趣的是，随着项目推进，学生发现：

废纸才是阻碍纸飞机进步的“电梯”。

假期在阅读《Management in the Active Classroom》(活动课堂中的管理)这本书时，读到一个章节“Paper Management”(纸张管理)，讲的是老师如何用不同的策略帮助自己也引导学生做好学习用纸的整理与分类。里面提到“即便我们身处一个互联网时代，许多材料都已经开始电子化了，学生仍然有很多需要动手用纸的地方。纸能生动地留存学生成长的轨迹，也是重要的反思工具。若学生不能自行管理学习用具或总是丢失纸质作品，那么他们也很难挑战成为更好的自己”。

这个项目最意料之外又情理之中的收获就是：不管是PBL(项目制学习)还是其他多么创新多么花哨精彩的教学活动，都不能脱离底层习惯的培养。

从一张纸中学习几何知识

从几何所代表的知识技能出发，我列出过如下期待。都能在一年级课标里找到，甚至依教学情境有一些额外补充：

学生能够初步构建空间概念，复习“上下左右前后”六个方位的认识与表达，复习常见平面图形，尝试直观感受平面图形的变化，了解“对称”“一半”“中点”等概念。

此外，学生通过对纸飞机折叠过程的复述与同伴互助，还能训练逻辑表达能力。

同学们每节课都会经历如下四步：

1. 折，顾名思义，尽量独立折叠想要用来参赛的纸飞机。全力以赴，尝试三次再求助；

2. 试，去户外尝试投掷，用秒表和地面上的地砖各自测量飞机飞行的时长和距离；

3. 记，用铅笔在“我的飞行记录”下方对应的方格填写自己当天的最好成绩；

4. 反思，与老师分享：我遇到了什么挑战？下一次我如何做得更好？

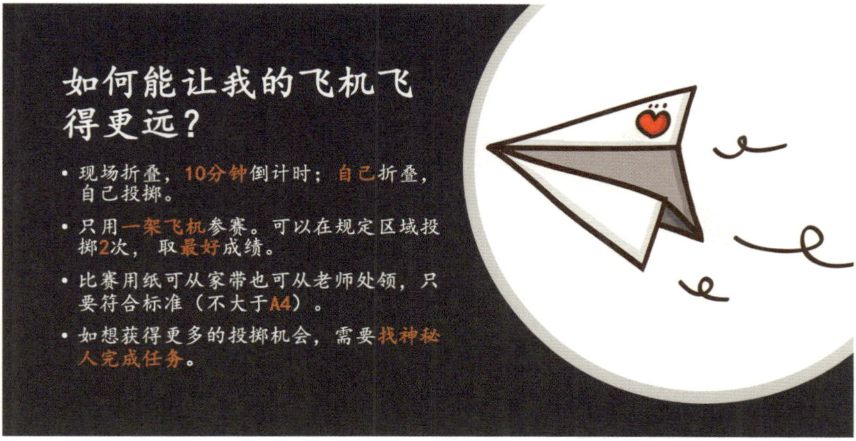

所有同学分成两个小组，迭代飞机：各小组先尝试用连接词回溯各个折叠步骤——把老师当作机器人（doer），学生用语言准确表述（speaker），指导折叠而不能动手代劳。老师依

然注意强调“平面图形、对称、一半、上下前后左右”的概念，与此同时引导学生用这几个概念进行表述。接着，在之前自行制定的今日目标指导下，大家或者买新白纸或者用旧废纸再折一架同一型号的纸飞机。最后就是出去试飞啦！

“两边的三角形要一样大。”

“怎么才能一样大？”

“就是，就是你看这里，你这个角要在中间这条线上。”

不知道一个孩子要给另一个孩子讲清“对称”这一概念，要内化多少图形的名称和空间结构感，但一次次的尝试后，他们真的做到了。这个看似更需要“动手”的项目，竟然搭载了这么多“动脑”的可能。

学习团队合作

两个月之后，同学们对纸飞机的游戏依然兴趣不减，但我们的赛制有了很大调整：

1. 飞行记录表格在规定功能下由学生自己全权设计、装饰、记录；

2. 比赛借鉴 Scrum 工作法（敏捷工作法），以团队形式轮转分工进行，实行团队积分制；

3. 在反馈部分强调小组内部讨论并集体分享反馈，与记录成绩的准确度一起纳入奖励的考量反馈，加入团队积分。

第二届比赛更加强调“团队协作”，同时在知识技能的部分更多地放手给学生操作，让他们有更多试错的机会。

周三，我们主要讨论团队规则并回顾几种纸飞机的折法，由于天气不好，我们只在三楼试飞了飞机。周四，我们比了两轮“飞得远”，练习适应规则和团队磨合。

在这个过程中，出现了小组的摩擦甚至是没有成绩的情况，然而大家没有陷入坏情绪中，一起做出了明智的选择：把情绪转化为反思，反思转化为行动。周五的比赛顺溜多了，不少小组都有了自我突破。

扔纸飞机，不再是我们记忆中小时候大家整齐一致地折好，而后虔诚地“哈”上一口“仙气”，使出浑身解数看谁扔得远的游戏。谈“流体力学”的确为时尚早，但我清楚地看到孩子们已经开始认真琢磨对称性，机翼的长度、宽度等条件对飞行状况的影响，也通过这项活动逐步建立规则意识，学习团队合作。

现在看来，一张纸还只是一张纸吗？

数学课上第一次尝试思维导图

赵梦瑶

将琐碎凌乱的知识及时整理，收纳到本该属于它们的位置，是善于学习的人的特质，收纳和整理也是将书由厚读薄的过程。

35+58=93

46+42=88

15+69-80=4

……

还记得我们小学时学习数学加减法的美丽日子吗？在铺满横格的数学本上，歪歪扭扭的一行一行的数字和符号，就像孩子手里灵动的图画。嗯，虽然当年我们也许并不会这么觉得。

时光流转到今时今日，二年级的孩子们竟然真的把数学课学成了“画”。先来一张孩子的作品，一起感受一下。

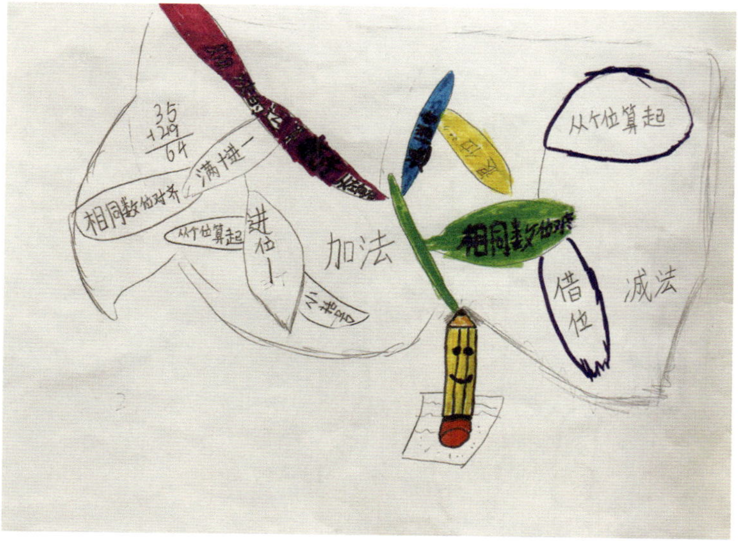

连“相同数位对齐”“从个位算起”“满十进一”这样的数学课笔记也变成了孩子们笔下茂盛的枝叶。

这是数学课上孩子们第一次尝试用思维导图的形式整理数学知识，将琐碎凌乱的知识及时整理，收纳到本该属于它们的位置，这是善于学习的人的特质，收纳和整理也是将书由厚读薄的过程，能够将平面化的知识分出层级，形成立体结构，有助于抽象思维的形成。

作为第一次尝试，孩子们绘制的思维导图或许还略显生涩，但已经从课堂中获得了灵感，开启了延伸创作之路。

虽然初次尝试的思维导图似乎形式大于内容，但是不论怎

样，我们都该好好欣赏一下每一幅画作，那都是孩子的第一次尝试！

我们会在今后的学习中不断改进，探讨如何聚焦数学知识本身的关联。就这样边学习边总结，我们的思维将会越来越有序，也期待孩子们的慢慢转变。

在生活实践中学习十进制

陈楚

十进制在生活中无处不在，我们通过读绘本、钱币换算等各种方式，来体会生活中的十进制。

亲爱的大土豆们：

这周我们的数学学习又有些许进展。

之前我们通过估计感知了 100 以内的数，通过操作活动深入认识了 100 以内数的组成，进一步加深了对“十进制”和“位值制”的认识——这些是本模块的难点。

这一周，我们在用拨数器复习数数的活动中体会了“满十进一”的可视化过程，比如 91 再添几个数是 100？ 88 再添几个数是 100 呢？在拨数器上如何表示以上过程？如何手口一致地边拨数边数数？在这一基础上，我们一起认识了百位，学习如何读写 100 以内的数。在读数环节，我们发现：之所以 21 不能图方便读成“二一”，是因为“十”体现了 2 在数位上的位置——十位上的数表示几个十。

鉴于部分同学对于用汉字写出数的“读作”还不那么熟悉，我们在周二的练习课上又做了对应训练。

周三，我们一起读了绘本故事《100 层楼的家》，体会数的顺序。大家在听故事的时候特别专注，观察得很仔细，而且能积极思考、交流老师提出的问题。

例如：第 10 层楼和 10 层楼意思一样吗？小土（故事主人公）走到 20 层的时候，一共走了几层楼？从第 33 层走到第 40 层，是先经过第 35 层还是第 38 层呢？从第 50 层楼向下走 2 层，小土走到了第几层？从第 56 层到第 60 层，你最喜欢哪一层？为什么？蝙蝠所在的楼层有什么特别的地方？（每 10 层楼换一种动物；蝙蝠的家都是倒挂着，甚至楼层数字也倒了。）第 76 层和第 80 层之间共有几层楼？如何一层层数，从第 86 层数到第 92 层？小土从第 100 层楼乘电梯回到地面，所经过的楼层数字是什么样的？

大家都说要“倒数”。会说也要会写，我们就以百数表的形式帮助小土把楼层的数字按一定规律写了下来。那天还有一个创作任务：发挥创意设计 10 层楼，把楼层画下来。

周四，我们集中思考一个问题：在我们已知的计数方法中，10个10个数很方便；计数器上每满10向高位进1（十进制、位值制）。生活中，有没有发现每10个东西凑在一起就会发生变化的情况呢？

“买10个棒棒糖就送1个大的！“

“打游戏收集10个星星就给1个新的徽章。”

“1个瓶子只能装10个东西，满了就换1个更大的罐子。”

“《100层楼的家》里面每10层楼就有1种新的动物。”

“每10层楼还有来自陈老师的1个问题！”

哈哈，大家的想法非常丰富，也很有洞见。那我们接着要认识另一种“每10个东西凑在一起就会发生变化的事物”——人民币。

我们先是给手上触摸可感的道具人民币分类。大家提出了非常多的分类准则：真假币、元角分、图案、颜色、纸币和硬币等等。

然后，我们尝试小组合作把手上的钱按照“元角分”的单位分类。说得容易做起来可不容易！在线上支付越来越普遍的今天，能摸到现金的机会对这些孩子们来说并不多呢。所以，大家花了好长时间才分好类，计好数，知道每个小组都有3元30角20分。

下一个问题有点挑战了。如果我们规定：1元=10角，1

角 =10 分，那么如何把你们小组的钱尽量都换成“角”？

让人惊喜的是，在很短的时间内，大家就通过小组讨论和集体分享得出了兑换钱币的方法：

方案一：30 角换成 3 元，和原来的 3 元凑成 6 元；20 分换成 2 角；6 元换成 60 角。共有 62 角。

方案二：30 角不变；3 元换成 30 角；20 分换成 2 角。共有 62 角。

然而，到了动手兑换的环节，对现金很陌生的孩子们花了好大一番工夫才和老师成功兑换所有的角币。

学习数学别心急

陈楚

计算部分的学习既需要时间沉淀思维过程，又需要进一步强化熟练度和流利程度。请一定要耐心给孩子一些时间，“这怎么还算不对”的责备，真的会影响孩子面对学习困难的态度和行动。

亲爱的大土豆们：

这两周的周五都不上课，我的课也都到周四下午才结束，因此打破了当周更新的习惯。今天是端午节，我们来好好回顾一下这两周的学习成果吧。

100 以内加减法的学习已经进入到了白热化的阶段——进位加法与退位减法。这部分是一年级下学期数学学习的重点难点。

在刚接触进位加法和退位减法时，我们都是从解决问题的具体情境开始，经历“提取数学信息——

列出算式——验证（用小棒和计数器摆出计算过程）——回溯结果并口头表述算理”的过程。即便部分同学开心地表示“我已经提前学过了竖式”，老师也引导大家清晰地用语言和流程图“表述思维过程”，并工整地书写出来，准确地得出计算结果。

家长在家里可以问问孩子：周三的作业迭代是否进阶到了三星呢？需要注意，孩子在 20 以内加减法的基础上挑战 100 以内的计算，既有挑战又在“最近发展区”内，刚开始不时出现错误是很正常的。

我们不断通过表述算理，甚至还尝试闭眼在脑中勾勒计算流程图，反复熟悉计算的道理。在这个基础上，接着进行更多的练习，才是有意义的，才是在搭建全面的运算能力。

因此，各位家长发现孩子还是算不对不要着急，可以尝试请他写出计算过程，会是一个不错的支持手段。

特别提示：如果有孩子还在用“倒着数”或“顺着数”的方法在计算或验证结果，也应予以肯定。

在课堂上，我就观察到，许多同学边操作边与同伴表述的能力在一年的训练后都有所提高，在集体面前分享也越来越不怯场。即便自己没有得到分享的机会，倾听他人的技能也较之前有所进步。

我们通过分享与问答，总结出了两种高频（主流）方法：

进位加法：凑10，比如：28+4=？先算28+2=30，再算30+2=32；破10，比如：28+4=？先算8+4=12，再算12+20=32（竖式）。

退位减法：平10，比如：36−8=？先算36−6=30，再算30−2=28；破10，比如：36−8=？先算16−8=8，再算8+20=28（竖式）。

算法的名字由学生提出，不一定能概括全貌，但也能展示出这一阶段孩子普遍的思维过程了。

此外，很多同学也非常有创意地提出了自己的简便做法。这些特立独行的非主流算法并没有被浪费，老师请大家来“鉴赏”算法：

1.说说他们是怎么算的（理解）；

2.说说这样算有什么好处。比如，28+4=？先算4+6=10，再算10+22=32，凑个10好算。36−8=？先算10−8=2，再算26+2=28，拆出10来算简单。

还有一个非常有价值的错误，我们花费了半节课时间一起讨论解决。

36−8=？不少同学先把30分成30和6，发现6先减去8不够减，于是反过来用8减6得到2，再用30−2=28，依然得出正确答案。哈哈，这里已经牵涉到负数的加减了。

计算部分的学习既需要时间沉淀思维过程，又需要进一步强化熟练度和流利程度。请一定要耐心给孩子一些时间，“这怎么还算不对”的责备，真的会影响孩子面对学习困难的态度和行动。

周二/三晨会的时候，老师请大家反馈学习情况：谁觉得自己现在做退位减法很流利不出错了？70%的学生还是给出了maybe（有可能）的手势。老师问：“那写数学题有困难的时候（我们回头看墙上的‘困难小人’），你的情绪是什么颜色呢？”

“蓝色，那个小人嘴巴都是向下的！”推断有依据。

“红色，因为写不出来会交不了作业，很着急，还会被骂，然后作业被丢到垃圾桶里！”应该承认，这个反应很真实。

“还可能是黄色的！”可能孩子们说不出“焦虑”这个词，但也是真实的感觉。

老师问：“那你会怎么做，让自己尽量变得绿色一点？”

“哭。”

“深呼吸！”

“停下来，休息一下。”

“出去走一圈，玩一会儿回来再接着做。”

“问爸爸妈妈。”

“买个计算器！”

“找小伙伴！”

“把作业从垃圾桶里捡回来。”

哈哈哈！“老师很理解你们的情绪，哭啊丢作业啊（可能有夸张），但是想问大家：这些做法可以理解，但是能不能帮助解决不会的数学问题呢？”这次孩子们倒是异口同声地说：“不能。”

“其实，有时候，错误是很有价值的，能帮助你学习的。”老师正要开启说教模式，突然有一位同学用手势表示“很同意”：“我以前把水壶中的水弄洒了，妈妈教我怎么用了以后我就不会这样了。”嗯，生活经验佐证。又有一位同学表示不同意：“我觉得一半对一半不对。因为如果你不去面对这个错误，去弄清楚到底怎么计算才是对的，你就还是不会。”对呀，关键是要从情绪中脱离出来，积极面对问题，才能从错误中学习。

其实，写作业、订正作业的道理都是一样的。相信同学们不用老师啰啰唆唆地唠叨太多次，心里都明白。咱们一起花时间去行动，知行合一。

啊，不小心又唠叨那么多。还是道一句“周末愉快”！下周见。

数学高手的语言规范

陈楚

"这太简单啦！""你怎么这也不会！""我不想做！"作为数学高手，我们从来不说上述三句话，我们可以用这两句话来代替："我想要更大的挑战。""我暂时还不会。"

亲爱的大土豆们：

本周的项目课，我们讨论了数学高手的样态——一个数学学得好的人说什么？做什么？

我深信，在孩子们的心里，每一个人都想学好数学，成为高手。我在开学第一课就说：期待大家能成为最好的自己，做数学高手！可是，高手是什么样的呢？

在课堂上，我邀请孩子们做了如下调查：

你是否在听到以下几句话的时候有不舒服的感觉，如有请用"同意"的手势表示，如果没听过或者觉得还凑合用“不同意”的手势表示。

“这太简单啦！”

“你怎么这也不会！”

“我不想做！”

两种手势哗啦哗啦地搅乱了教室里的空气，却又突然引得所有人静了下来。老师请表示“同意”的同学说一说，你听到这些话有什么感受？（比如，心情是什么颜色的？）为什么？

“‘你怎么这也不会’这句话一点都不好，因为别人听到会很不开心。所以，我们不要说。”

“老师说过要换位思考。你说‘你怎么这也不会’别人会很难受。”

“每个人都是从不会到会的。”

“说‘我不想做’就表示放弃了！”

老师这时候又说：“其实，我有时候还挺理解说这几句话的同学的。比如，他确实觉得这个数学挑战他理解了，也会做了。或者，他可能不记得自己也是从不会通过努力学会的，只想表达一下学会以后的兴奋与骄傲。至于‘我不想做’，老师理解的意思是这位同学其实想说‘我不会’‘我不敢 / 不想尝试’，但是不知道如何求助。这些，我们都需要慢慢学习。”

作为数学高手，我们从来不说上述三句话（老师撇开了写着这几句话的黄色海报，翻出一张绿色海报），我们可以用这两句话来代替："我想要更大的挑战。"注意，是"想要"，需要一定的反馈和检验才行。"我暂时还不会。"注意，是"暂时"，不是常态。

以上，都是数学高手的语言规范，那么高手具体做什么呢？老师展示了上一届一年级同学画的"数学高手"海报给大家作为参考。每一位同学最终用白板（本周引入的新学具）画出了自己心里的期待。

看到了吗？绿色海报下面还空着呢！就是留给各位同学来发挥的。

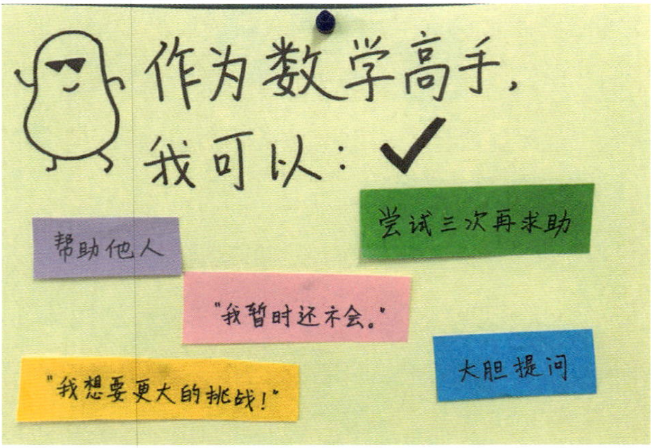

一千米有多长？一吨有多重？

赵梦瑶

这种感知可能还需要很漫长的体验才能建立，但至少我们打开了对长度和质量的感知心，心打开了，感知力就会慢慢提升起来！

千米这个单位距离我们好遥远啊！你知不知道一千米有多长呢？如果想要测量一千米该怎么做呢？借助工具是个不错的主意，但是有没有可以量出一千米的尺子？如果是量程50米的卷尺，你打算怎么测量？如果只有一把米尺怎么办？身体上有哪些“尺子”可以用？气膜馆里会有“一千米”吗？该怎么找到“一千米”呢？

我们把数学课搬到了气膜馆，动手测量，动笔计算，真正去感受一千米吧！

有人说，一千米就相当于穿越气膜馆往返跑20次；有人说，一千米就是绕着篮球场跑12圈半；有人说，如果可以在直尺上跑步，跑 1250 个来回差不多一千米，但这似乎不现实，所以这个叫作理论研究。

接着，我们回到生活里去寻找“一千米”，阳阳说绕着他家的双人床跑 142 圈就差不多一千米，小宇说“百度”说一列火车有一千米长，真不可思议！但是有什么办法证明这是真的？我们展开了一系列讨论！

小艺说绕着一土学校一圈大概 1~3 千米，怎么证明呢？有人想到了计步软件，利用科技来帮忙测量，可以尝试！继续……

我们对之前的讨论进行了回顾，用“是什么”“为什么”“还有什么”串联了“测量”这个大概念，有人甚至联想到了时间

的测量、体积面积的测量、位置坐标的测量。

最后，我们通过一节体育课实际感受一下，跑一千米需要几分钟？走一千米需要几分钟？你的感觉如何？嗯……孩子们一定有很多感受，期待他们可以在这些活动中真的感受到这个离我们很远又很近的“千米”朋友。

近期我们在测量并感受一千米到底有多长，其实目的是在建立长度的量感，我们去测量了气膜馆，想要从测量与计算当中感悟一千米的长度。我们周五外出，有的同学带了计步手环，想要亲自体验行走的长度和步数之间的关系……

周末来临，期待孩子们可以走到户外、走进生活去寻找“一千米”！

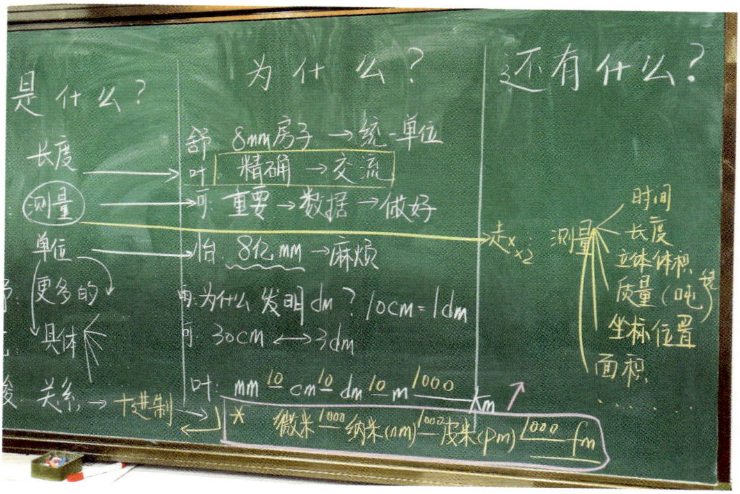

那么，一吨有多重呢？有人说可能是一辆汽车的重量。那一辆汽车是多重呢？掂一掂？推一推？拉一拉？小格说他真的尝试过，无论他使多大的力气，汽车纹丝不动。

看来一吨我们真的很难感知！我们在“是什么？”“为什么？”“还有什么？”的表格梳理讨论过程中了解到，吨是更大的质量单位，较小的有千克，更小的有克，如果想感受一吨有多重，那就要和这些我们能感知到质量的单位建立联系！

糖糖说妈妈告诉她 50 个糖糖的质量相当于一吨！真的是这样吗？如果能和自己的体重建立联系，好像也可以推理和想象出一吨有多重。

迪迪说在英文课学习资料里学到了蓝鲸重 13 万吨，叶子说这 13 万吨是什么概念，不可思议，无法相信这是真的！

我们一起借助网络了解到，蓝鲸一般体重在 180 多吨，迪迪反思自己的数据，发现 13 万吨这个单位记错了，是 13 万千克，换算下来差不多 130 吨，比较符合事实一些！

嗯，面对任何一个结论，我们都要时刻保持怀疑和敏锐，这就是批判性思维的体现，通过反思找到了症结，也体现了反思能力很强大！

最后，我们拜托食堂的李叔叔帮忙，拿来了 1 桶桶装水（20 千克）和 1 桶食用油（10 千克），大家尝试搬起它们，感受它们真实的质量，再展开想象：50 个水桶的质量、100 个油桶的质量就是一吨。

虽然，这种感知可能还需要很漫长的体验才能建立，但至少近期我们打开了对长度和质量的感知心，心打开了，感知力就会慢慢提升起来!

什么都能买到的市场

陈楚

一土市场是一土的传统项目，孩子们在这里学会了很多市场的原理。

亲爱的大土豆们：

这两周数学的连课上，我们开启了“一土市场”的项目。

之前在一土上 K 班的同学或许有所经历，还有历史积累，当然之后新入学的同学也有的是机会跟上步伐。

这两次学习中，我们一起区分了“需要”与“想要”的概念，还用一土币模拟演练了购物场景，同时应用上了最近学习的 100 以内加减法。

最开始，我们讨论区分了自己已理解的“需要”与“想要”都是什么意思。

大家举了不少例子：

“想要”就是我喜欢的东西，当然不要也没有什么太大的关系，比如：我在同学家里看到的好看的荧光笔、轮滑玩具（可能也要包括不切实际的东西）。“需要”就是我必须要有的东西，没有就坏事啦！比如说：上课用的铅笔、吃的饭、喝的水、穿的衣服、我们的心和大脑……

这时，可有同学不同意了。

“为什么衣服是需要的？”

“因为没有衣服，我们就光着啦。”

“我觉得衣服是需要的，因为我长得很快，经常要买新衣服。”

“可是我不需要很多衣服啊，够穿就行了。”

哈哈哈，这里其实是一个“边际效应”的问题。存在“停车场”里，我们一定有机会再拿出来讨论。

接下来，我们共读了一个数学绘本《什么都能买到的商店》，孩子们都挺喜欢这个故事，觉得店老板和买东西的人都很有趣。

在读故事的时候，我们顺带复习了常见的平面图形。老师还特别请大家用手势回应——对于陈列的不同商品，你和顾客是需要还是想要？

“这个碗你想要还是需要呢？”一片手势飞。

“那么，这个顾客是需要还是想要呢？”

小禾同学：“他当然需要啊。因为他都说自己的碗碎了，没有碗吃不了饭。”

佳佳同学：“我觉得他既需要又想要。因为他还说自己最喜欢店里的这个碗。”

很多人：“老师你看他的脸是三角形，所以他就刚好买一个三角形的碗！”

哈哈，大家提取和分析信息的能力真的提高了！

第二节课，我们一起观看了名为《钱币的故事》的一个动画视频，了解钱币自原始社会以来的诞生与演变。

大家提出了不少问题：有没有0元的贝壳？这个人背着那么多的金属会不会太重？纸币太多，风一吹不会刮没了吗？

我们也讨论了几个重点问题：原始人找不到人交换自己想要的东西怎么办？贝壳大小种类不同的时候，买卖东西会出现什么问题？纸币与金属货币相比，有什么优势？现在我们为什么既要用纸币，还要用手机（电子）付钱？

然后，陈老师和张喆老师模拟演练了买卖物品的场景，还记录了账目。整个过程中，同学们非常地专注，还拼命地用各种理由劝陈老师不要花钱，要勤俭持家。在最后要把100元花光的场景里，大家需要帮陈老师想办法在快餐店把19元用完。我们竟然能凑出3种方案，很厉害！

▲ 一土市场孩子们的摊位，卖的是孩子们亲手种出来的蔬菜。

三只杯里的财商教育

陈楚

对孩子放开一些不必要的控制，往往会有更多的惊喜。

亲爱的大土豆们：

本周数学课，我们围绕财商教育展开。

之前，我们引导孩子们初步理解并尝试不同的理财方式，即消费、储蓄和捐赠。老师在课前采访了几位同学，这几位同学认为一土币（一土币是一土市场活动的交易货币，孩子们可以在一土市场上购买、售卖、交换自己的商品和服务）可以用来买育苗盆，也可以在一土市场里用。那么，问题由此引出：一土币还可以做什么呢？

我们采用了分小组结构化讨论，观察一下大家给出的答案，看看有什么发现。

文文举手说："我发现大家都是说的用一土币买

东西。”

的确，不管是买宝石、纸飞机，还是玩具，本质上都是消费行为。然后，老师带大家用0分贝（表示需要安静）听了个绘本故事《三只杯》，看看大家有什么启发。

这个故事讲的是一个小男孩在5岁生日的那天，收到了父母的生日礼物——三只旧杯子，还有一些零用钱和一封信。原来，小男孩的爸爸妈妈决定在每周六给小男孩零花钱，并且建议小男孩把钱分成三份，分别放在三只杯子里：第一份存起来，放在储蓄杯里；第二份买东西，放在消费杯里；最后一份用来帮助别人，放在爱心杯里。

于是，小男孩开始了一段神奇的旅程，他学会了把钱放在储蓄杯里攒下来存在银行里；把消费杯里的钱攒起来买自己心仪的东西；还用爱心杯里的钱帮助别人。在小男孩高中毕业的时候，他甚至用自己的银行存款支付了一部分大学学费呢！

在听过故事后，我们简要和小组同学交流了自己最喜欢的部分，也和全班做了分享。有的同学说：“我喜欢爱心杯，因为可以帮助别人。”有的说：“我喜欢储蓄杯，因为可以赚更多的钱。”还有的说：“我喜欢消费杯，因为可以买东西。”

大家喜欢的角度各不相同，其实更关键的是，大家在读过故事后有什么问题呢？我们得到了如下探究性问题（现在大家的提问真是棒！每一个都又准确又有探究的价值）：

什么是“三只杯”呢？（WHAT）

为什么要有三只杯？（WHY）

怎么把钱放到三只杯里呢？（HOW）

为什么不把所有钱一开始就放在储蓄杯里呢？（WHY）

为什么说“这是一个奇妙的旅程”呢（书里的主人公并没有真正去旅行）？（WHY）

根据逻辑顺序，我们挑选了头三个问题来回答。在集体的讨论中，我们主要得到了如下想法：

消费、储蓄和捐赠是最常见的几种理财方式；

消费主要就是花钱买喜欢的需要的东西；

储蓄就是把钱存到一土银行里，能变出更多的钱。

在这里我顺便讲了一个鹅生金蛋的寓言故事。鹅越肥，生的金蛋就越大。但是千万别把鹅杀了。

孩子们又开始好奇，利息是怎么来的呢？老师和学生合作表演了一个简化版银行借贷模型，大家初步领会了“存钱”带来的魔法。

让人特别惊讶又感动的是，在听完故事讨论的时候，许多同学想要把钱放到爱心杯里，因为想要帮助需要的人，比如书中提到主人公用钱买了罐头，送给没有食物的人。

那么，如何把钱放到三只杯里呢？这可是个好问题。

老师展示了两种分配三只杯的思路，并请大家按照自己的想法，把实际拥有的一土币分为三部分，然后两人为一组互相说明分配的原因。

“我想要把 × 元放在储蓄杯里，因为我的钱真的不多了。”

“我想要把 × 元放在爱心杯里，因为想给陈同学买一个东西。”

“我想要把 × 元放在储蓄杯里，因为我想把利息放到爱心杯里帮助更多的人。”

“我想要把 × 元放在消费杯里，因为我需要买自己的文具。”

在之后的数学课，我们进一步学习实践如何保管自己的一土币。根据大家的需求，我们选择用布或纸做了一个对应《三

只杯》的三层大钱包。在这个过程中，我们再次复习了纸飞机项目中出现的“对折、对称、角、边”等概念；尝试使用了订书机、无纺布等。

本周最后一天，我们重点根据上次课午间市场的情况做了反思与分析、讨论。

首先是“我发现了什么”，从讨论记录中可以发现，大家的表述越来越趋于完整，观察也更加仔细。

其次，轮到“温暖的反馈”——我观察到他人哪里做得好？大家的夸赞越来越具体而有意义。

然后就是我们发现的问题了，老师请大家给问题分类。

没想到，大家的关联、总结与概括能力如此有潜力！我们分解出了共 4 个含 3 类问题的列表，都是 HOW（怎么做）层面的问题，个个指向如何改进。

围绕改进，我们使用思维导图做小组和集体讨论。老师再次欣喜地发现，大家对于竞争策略的想法、市场准备的标准和分配市场位置的规则设计都有了特别专业的理解和表达。

作为老师，其实很多时候我不担心孩子能不能理解与会不会走偏，我更希望给到他们合适的支持，比如，有同学想要提前调查 K 班同学的喜好需求，老师可以帮忙和其他班老师商定时间；有同学想要了解更多赚钱的可能，老师考虑带大家去其他高一些年级的市场内参观。

对孩子放开一些不必要的控制，往往会有更多惊喜。

当动物有了钱

王雨轩

如果说一年级的孩子尚且处于初步建立金钱观念，了解如何赚钱以及区分“表现好不等于为班级创造价值”的阶段，那二年级我们需要更深入地探讨“钱对我们意味着什么？”“钱是否能超越友谊与爱？”

亲爱的大土豆们：

最近，据大土豆们反映，伴随着金钱意识的增强以及一土币的流通，木棉班的孩子之间最近出现了一些私下交易、借钱不还的问题。老师们也已经注意到这个问题，早已准备好了相关的绘本故事，准备带着大家从绘本切入，以第三者视角观察和思考金钱问题产生的根本原因。

在经济生活中，使用金钱需要遵守哪些规则？是不是钱赚得越多越快乐？

绘本中，动物们因为金钱观念的不健全而导致原本一片和谐的农庄发生了严重的混乱！为什么会这样？

正如书中的小猫丽丽所说：“这不是金子的错，是我们自己造成的。”问题出在使用金钱的人身上！因此，培养孩子的契约精神，树立正确的金钱观，才能让孩子受益终生。

如果说一年级的孩子尚且处于初步建立金钱观念，了解如何赚钱以及区分“表现好不等于为班级创造价值”的阶段，那二年级我们需要更深入地探讨“钱对我们意味着什么？”“钱是否能超越友谊与爱？”

今天的班会课，我们的讨论非常深入，每一个孩子通过绘本里小动物们之间的故事，都体会到了不恰当的金钱观念可能带来的后果。在回答老师给出的几个关于金钱价值观的判断题时，大家都踊跃地说出了自己的想法，虽然有两个同学因为自身经历，有一些仍需深入探讨的不同观点，但也由此让我们的讨论更深入了一些。

以下是课堂的部分记录。

绘本阅读：《当动物有了钱》

韦伯农庄是一个与众不同的农庄，这里的动物们十分友爱，和谐共处。有一天小狗贝诺在灌木丛后发现了一个宝箱，里面装满了闪闪亮亮的金币，大家兴奋不已，分享了这些金币，可是，小动物们有了钱以后，大家的想法各异，原本团结的农庄开始出现了分裂：小老鼠萝拉开了店，马儿亨利开了银行，游说山羊存钱，小猪贝尔蒂开了赌场，农场变得不再宁静……

【问题1】故事起因探讨

农场发生了什么？为什么？

孩子们共同说：大家有钱了，每个人都有自己的打算，想着怎么赚钱。

【问题2】故事经过探讨

有钱带来了什么问题？为什么六月节变得很奇怪？

瑞瑞：大家对金钱着迷了。

陈陈：动物们有钱了，有自己的想法了，不愿意过以前的生活了。

小禾：他们总想着赚钱，都不想过节了。

如果用一个词来总结，农场怎么了？

林林：变了！

农场的什么发生了改变？

孩子们共同说：动物们有了钱，农场都变了，公鸡的打鸣无精打采，大家的眼里都只有钱！

【问题3】故事结果探讨

面对不再宁静、争吵不休的农场，大家怎么做的？

糖糖：动物们再一次开了大会，他们通过讨论后建立了金币管理规则。

【问题4】对比故事发展的三个阶段，看韦伯农场的变化

曾经的农场是什么样子的？

小禾：和平友善。

晶晶：与众不同。

陈陈：和谐。

有了钱的农场是什么样的？

周周：乱糟糟。

陈陈：他们之间没有爱，很冷漠。

莹莹：不宁静。

瑞瑞：吵闹不堪。

小禾：不再安宁。

问题解决之后的农场是什么样子的？

林林：非常开心。

周周：非常欢乐。

小禾：开心不已。

陈陈：开开心心。

【问题5】联结：将故事中的问题同真实生活联系起来

你们仔细回忆一下，在使用一土币的时候，有没有类似的问题发生？

瑞瑞：晶晶借了我的钱没还。

莹莹：我的钱丢了。

大家七嘴八舌地说了些问题，在解决这几个问题之前，我们先做了几个判断题。

【A.】“钱 > 友情、亲情？”

全班有 8 个同学都坚定地认为这个说法是错误的，钱当然没有爸爸妈妈对我们的爱，朋友对我们的关心来得重要。可是有两个同学表达了他们不同的观点。

方方同学说：因为我知道赚钱很难，我从小在家做家务活，每次只能赚一点点钱，我觉得很辛苦，所以我认为钱要比友情亲情更重要。

圆圆同学说：我觉得钱可以用来买东西，买东西更重要。

我接着问：可是钱和你最好的朋友相比，哪个重要？

圆圆同学坚定地说：钱。

瑞瑞：我觉得他的意思可能是他希望自己有钱，不用依靠父母。

方方同学：钱没有爸爸妈妈重要，但是比同学重要。

周周：我不同意，因为没有朋友没意思，很无聊，而且就算你很有钱，没有朋友也没意思。

下面的情况哪个你更喜欢，有钱但没有同学和老师搭理你，和没有太多钱但每个人都是你朋友？

方方同学：我选有钱。

莹莹：有了钱但是没有人理你，甚至没有人愿意卖东西给你呢？

糖糖：有了钱可以生活，可是没有朋友很孤单啊。

周周：钱难道能买朋友吗你觉得？

方方同学：对啊。可以啊。

【B.】“钱买来的朋友是真感情吗？爸爸妈妈爱你是因为钱吗？你爱爸爸妈妈是因为钱吗？”

方方同学：可是妈妈举例子说有一个男的很有钱，有一个女的愿意嫁给他。

那女的嫁给这个男的，是因为感情还是因为钱呢？

方方同学陷入了沉思。

其他同学听到他的观点都按捺不住，纷纷举例希望方方同学能认识到，这个世界上钱虽然能买到很多东西，可绝对买不到真心。

小禾：我现在给你出一个题，一边是你的爸爸妈妈，另一边是很多很多钱，你只能选择一样，你会选什么？

圆圆同学：我选钱。因为没有爸爸妈妈也可以啊。我可以自己一个人。

方方同学继续沉思，眼里开始泛起了泪花。

瑞瑞：老师，要不我们让他们的爸爸妈妈来学校，然后另一边放很多很多的钱，让他们真的做一次选择。

周周：他们可能觉得我们这个问题只是假设，就算他们现在选择钱，回家爸爸妈妈一样会爱他们。

老师：可是我相信，爸爸妈妈爱你们一定是无条件的，如果我们真的让爸爸妈妈来学校看着他们做这个选择，对爸爸妈妈来说太残忍了。我们今天的假设很严肃，与爸爸妈妈是否在场无关。

方方同学：我觉得我还要再思考一下，我现在做不了决定。

老师：好，老师知道，也理解，现在对你来说做这个决定非常艰难，我可以给你一天的时间再去思考思考大家今天所说的话，看看你的想法是否会改变吧。

【C.】“钱等于一切吗？钱等于快乐吗？”

No！ No！ No！ No！

【D.】“钱只是一种工具。”

大家异口同声地喊：Yes！

读了这个绘本之后，关于规范一土币的使用大家是否还有新的想法？

经过讨论我们最终决定，一土币使用规则如下：

1. 只可以在一土市场和向老师购买额外的东西时使用；

2. 一旦发现有人私下用一土币交易，直接没收双方所有一土币；

3. 借钱必须按时归还，如果不遵守共同约定，将不再允许向其他人借钱。

今天我们还借此机会处理了宽宽同学逾期未还钱的问题，宽宽同学借了好几个同学的钱，可是他自己完全忘了，下课后，老师帮他暂时还清了所有的欠款，并要求他要努力尽快将这些钱还给老师。

最好的学就是“做中学”

赵梦瑶

数学本来就该这么好玩，数学藏在自然万物之中，如果它不好玩，那这个世界都变得暗淡下来了呢！

亲爱的小土豆们：

“The best learning is to do”（最好的学就是“做中学”），这句话来自我的老师。

“任何命题我都需要亲自验证才相信它是真的”，这句话也来自我的这位老师。

所以，一直以来，我都走在亲自验证这句话的路上，而这句话是否是一个“真命题”，最好的证据，就是你们——我的学生们。

在之前一段时间的学习历程中，我似乎很少“教”，你们都是在自己探索、自己做事、互相启发的过程中进行学习的，回看一下，你收获到了什么呢？我想，你的头脑中一定闪现了各种各样的学习画面，这些画面中有没有那个蕴藏宇宙奥秘的斐波那契数列？有没有那个客串来讲数学课的体育老师？有没有各种符合黄金比例的你的大作？是不是好玩儿的事想起来不少？

虽然疫情发生的这半年，老师没能和你们面对面相处，但很开心的是，哪怕隔着屏幕，我们依然可以快乐地玩数学，老师也可以在你们热闹的讨论、你们交来的每一份作业，以及和小伙伴们一起完成的跨学科项目中，看到你们的成长，感受着你们对数学的热爱，还有你们带给老师的每一份惊喜。

我也可以发现宇宙的奥秘吗？

为什么蜂巢是六边形的？为什么大树的树干截面不是方形而是圆形的？为什么星云和鹦鹉螺的螺旋线形状非常相似？这些藏在大自然当中的现象蕴藏着太多的奥秘，探索这些奥秘很多时候需要用到数学，就比如那个众所周知的“斐波那契数列”，（0，1，1，2，3，5，8，13，21，34，55，89，144……）这是数学家们至今都在研究的有可能解开宇宙奥秘的数列，你们想不想探索一下？

就此，我们开展了“探索斐波那契数列”的一系列任务。

在研究过程中，有的人发现了数列的排列规律，即这个数列从第三项开始，每一项都等于前两项的和。以此类推，根据这一发现我们可以将这个数列继续写下去；有的人发现前一项除以后一项都会得到一个比 1 小的数，这个发现很有价值，恰好我们还没有学习小数，由此展开了对小数的一系列学习；有的人发现数列越延续下去，前一项除以后一项的答案都会在 0.618 上下浮动，这个发现就更了不起了，特别有数学家的感觉，甚至有人还画出了上下浮动的折线图，我们不由得对 0.618 这个小数好奇起来；有的人开始着手研究这一发现是否适用于数列中更多的数，他们甚至利用 Excel 表进行十几页页面的大量运算，在这一过程中我们还意外地收获了有限小数、无限小数的概念……

最终，我们锁定了 0.618 这个特殊的小数进行研究，看来打开宇宙奥秘之门的钥匙就是它了。

经过不断深入的研究，我们了解到 0.618 又叫作黄金小数，它不仅藏在斐波那契数列里，还藏在建筑、艺术、自然界等我们生活的方方面面。至此，我们对斐波那契数列的探索任务已经完成，但你们对奥秘的探索之心却仍动力十足，有的人去研究名画中的黄金小数，有的人去探索自家的多肉植物是否存在斐波那契数列，有的人干脆就研究起了无限不循环小数是怎么回事……

我感到很神奇的地方在于，我每次只是开了个头，却根本无法预知结尾，因为在研究的路上没有尽头。

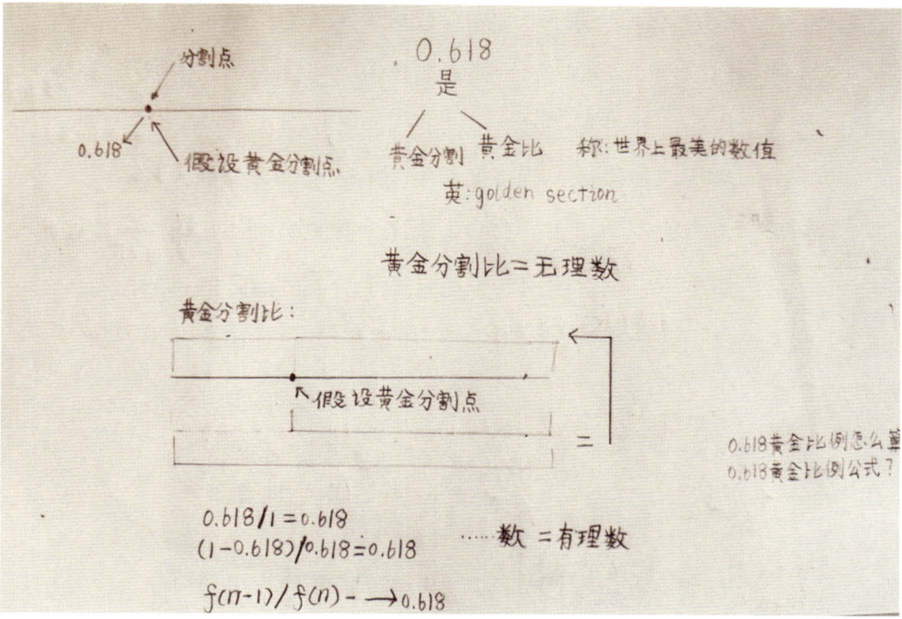

我用数学这把尺子刻画“美”

“美”是什么？很难有一个标准答案，每个人对美都会有自己的理解，那么人们对“美”的共识是什么呢？

“美”是可以测量的吗？那个被称为“黄金比例”的东西为什么会出现在名画里、出现在经典建筑当中、出现在很多生物的构造当中，甚至出现在宇宙各恒星的排列当中？或许正是因为它的无处不在，才有了人们对“美”的共识，那就是符合“黄金比例”即为美。

那么怎样才能创作出一个符合黄金比例的作品来呢？这就成为我们的一个表现性任务，去运用黄金比例（黄金小数）创作一个作品，并用文字记录自己的创作历程。

有些人选择像达·芬奇那样用画笔体现黄金分割，创作一幅符合黄金比例的画作；有些人选择拿起照相机，运用三分法定位拍照主体，以达到拍一张符合黄金分割的照片的目的；有些人选择设计一个舞台，将主持人的黄金站位标出来，据说研

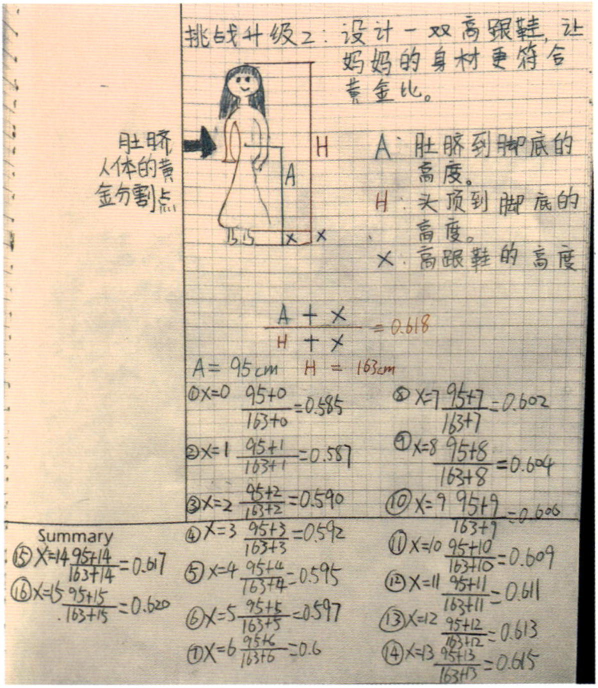

究表明站在这个位置不仅让观众看着舒服，声音还能传播得更好；还有的人选择动手制作一双高跟鞋（纸质模型），通过精准计算让妈妈穿上高跟鞋恰好身材符合黄金比；甚至有人挑战用乐高拼搭出一个符合黄金比例的建筑物、武器等。

这些可称之为“创造”的作品，每一个都弥足珍贵，是设计师们的伟大创想，是设计师们的心血，是我眼中最美的艺术品。经历了“做”，我们再来“说”我们是怎么做的，透过这些文字，我能够看到一幅幅生动的画面，亲身经历了的事情总是有太多可说的，你们经历了用数学这把尺子刻画美，用文字来描述和展现流淌在视觉之外的感觉，这一次“做”贵在“运用”，运用是深度理解的一种诠释方式，这个创作本身就是对学习效果最好的评价。

我的数学是体育老师教的

体育老师的每日“魔鬼训练”吓跑了一些孩子，王琪老师跑来数学课客串，想要呼吁更多人参与锻炼。孩子们为什么会被吓跑？因为训练强度有点高吗？你知道吗？这个训练强度也是因人而异的，每个人都会有所不同，想要更好地锻炼，先要从认识自己开始。于是，就有了我们的体育老师教数学的桥段。

首先，明确锻炼的意义，我们要通过每日的锻炼保持身体的机能，我怎么知道我的身体机能状况呢？我怎么知道我的锻炼是不是达到效果了呢？这就需要数学这个工具了，数学可以帮忙测算心率（单位时间内的心跳次数），有了运动前、中、后正常的心率范围，我们就可以判断自己的心率是否在正常范围内，是否运动过量或运动不足等。

和体育老师一起研究了半天数学，我们检验一下体育老师的教学效果，来一次心率统计表现性任务监测一下吧。每个人连续记录 4 天运动前、中、后的心率情况，把收集的数据想办法进行整理并清晰地呈现，再对 4 天的数据进行一些分析，并得出结论。

在这一过程中，我们发现可以通过记 10 秒心率来推算每分钟心率，这样既省时也不会有太大误差；我们还发现零散的数据可以通过复式统计表这种方式来整理和呈现，这样非常便

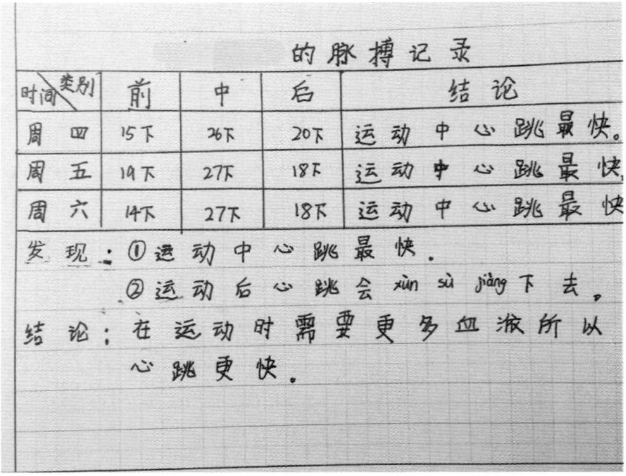
的脉搏记录

类别 / 时间	前	中	后	结论
周四	15下	26下	20下	运动中心跳最快。
周五	19下	27下	18下	运动中心跳最快
周六	14下	27下	18下	运动中心跳最快

发现：①运动中心跳最快。
②运动后心跳会 xùn sù jiàng 下去。

结论：在运动时需要更多血液所以心跳更快。

于对比和分析；我们发现了一些不合理数据，分析了不合理的原因以及有可能造成不合理数据的情况，尽量避免原始数据的偏差；我们对比正常域值，结合自身数据特点，规划适合自己的运动强度，不仅是体育课的训练内容，还可以延伸到家庭户外运动等更多方面；我们懂得了可以根据自己的心率情况来及时对运动强度、频率做出调整，做更有效且更适合自己的体能训练才是对自己身体机能最大限度的激发。这些发现很宝贵，这也正体现了“统计”的意义，分析数据并对事物进行判断和预测才是我们收集整理数据的最终目的，我们做到了！

数学本来就该这么好玩，数学藏在自然万物之中，如果它不好玩，那这个世界都变得暗淡下来了呢！

我们是如何在万事万物中发现数学、借助数学、运用数学的呢？这就用到了刚刚那句话——The best learning is to do，我们在一个一个表现性任务当中，不断地做、深入地做、迭代地做，你才会有更深的理解，才会迸发出更多的灵感，才会更善于发现数学、理解数学、运用数学。

最后，我们要成为什么样的人呢？我期待每个人都可以成为“成功行动”的人，成功是一个结果，而行动（to do）就是走向成功这一结果的路径，我们的表现性任务就是这样一个个行动起来的机会，让行动伴随着你更好地学习，让行动指引你走向一次次成功。

科学好好玩

一棵被破坏的小苗引发的事件

李志伟

好的科学教育，不是那些炫目的高科技教具，而是用最简单的、可以被孩子吸收的方法，来培养孩子的科学素养和科学思维。从这个角度讲，我们能做的最好的科学教育就是保护孩子的好奇心，鼓励他们问问题，用问题回答问题。

又到了每天孩子们观察记录植物生长的时间，孩子们像往常一样兴致勃勃地冲出教室，跑到种植箱去看他们已经照顾了快两个月的小苗。

可这天，一切并非像往常一样顺利。

小苗被破坏了，谁干的？

孩子们警觉地发现有几棵小苗被破坏了！嫩绿的小苗倒在种植箱里，还有一些土被翻到了种植箱外，孩子们又是惊愕又是愤怒，正当他们为这没来由的破坏伤心，无处宣泄之时，在距离种植箱不远处拍球玩耍的蜻蜓班同学的嬉闹声引起了他们的注意，一个孩子突然气冲冲地大喊了一句："我们的小苗是被蜻蜓班的同学用球砸的！"

话说得掷地有声，其他孩子似乎也受到了影响，纷纷附议："就是，就是！""肯定是他们用球把我们的小苗砸坏了！"

只见他们不约而同地冲向蜻蜓班的老师和同学们，并和他们理论了起来："肯定是你们把我们的小苗破坏了，你们要赔我们的小苗！"

蜻蜓班老师一脸茫然，同学们连忙解释："不是我们破坏的小苗！"可是我们班的孩子还是不依不饶，"怎么不是？小苗倒了，你们在旁边玩球，这不明摆着的嘛，还说不是！"

看到这番情景，我急忙跑过去拉开了争执的孩子，安抚他们的情绪并和他们说："这可不一定哦，我们的小苗被破坏了，虽然老师知道大家非常伤心，但是在没有确凿的证据之前，我们不可以这样不礼貌地指责别人。"事情就这样平息了下来。

第二天，孩子们依旧耿耿于怀，他们找到我说："李老师，我们的小苗被破坏了，真的就是蜻蜓班的同学用球砸的！"我反问："那你们有什么证据呢？我们能不能做个实验验证你们的猜想呢？"

第三天，孩子们沉默不语，陷入了思考。

“肯定”“就是”“明摆着”……孩子们在没有证据之前就如此斩钉截铁的态度，如此坚定有力的措辞不禁令我反思：我们成年人不也经常不做调查、实验，结论就脱口而出吗？这件在项目制学习中真实发生的小事也许恰好给了孩子们一个更好的学习科学，提高科学素养的机会！

科学，不仅仅是化学、物理、生物的学科知识，也不仅仅是实验室里试管与烧杯的实验，它更应该是一种科学素养的养成，让学生意识到在生活中遇到真实的问题时，也需要、也可以运用基本的科学方法，从而认识科学本质，树立科学思想，崇尚科学精神。

想到这里，我反问自己，那何不真的就让学生来设计一个实验，验证他们的猜想呢？于是，我们就一起在项目课上仔细探究了小苗究竟是如何被破坏的。

这一次，他们重新仔细观察了种植箱里小苗被破坏的情况，相较于第一次的匆匆一瞥，带有主观情绪的观看，这次他们做了更理性、更客观的深入观察，也因此有了更多的发现：

“种植箱里有一个大坑。”

“坑有大人手掌那么大。”

“坑是凹凸不平的，而且有坡度。”

“种植箱下面的湿土翻出来了。”

……

科学始于细致入微的观察，有了仔细的观察，就会发现问题，产生猜想。基于观察，孩子们也给出了他们新的猜想，这次的猜想不单单是“被球砸的”，还有“被猫抓的”“被人误伤的”“被不明生物破坏的”等等。

对于他们依旧关心的“小苗是否是被球砸的”这个猜想，孩子们在自己的小组内兴奋地设计起了各自的实验。我为他们准备了大小不同的篮球、小皮球、网球，孩子们设计了从不同角度、不同力度去投球的实验。

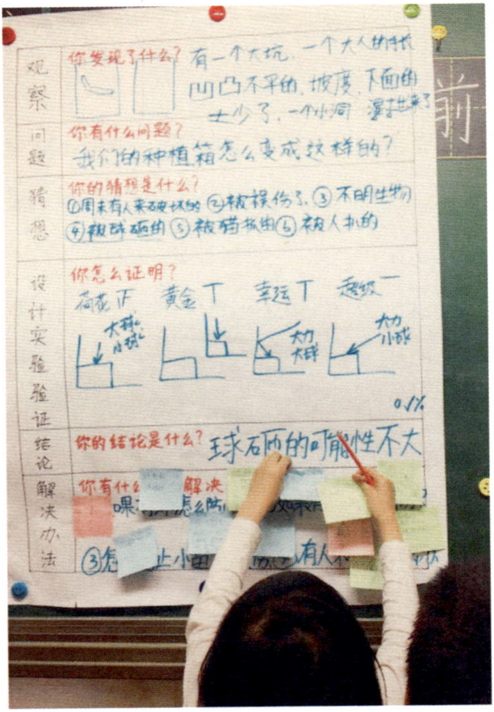

由于我们的种植箱是放在墙根下的，他们甚至想到了依靠墙来反弹投球的实验以及不用投球的方式，而是直接用球去按在种植箱的土壤上。

他们去我给他们复制的种植箱里将这些有趣

的实验逐一尝试，并与“事故现场”的种植箱进行了对比，孩子们发现：被球砸过的土壤呈现出有弧度的扁平状，而且通过砸球的方式不可能让潮湿的土壤从种植箱里翻出来。

最终的实验结果终于还了蜻蜓班同学一个清白，孩子们一致得出结论：小苗被球砸坏的可能性并不大，反而是被野猫晚上破坏的可能性更大。

得出这个结论后，我们又做了进一步反思：生活中，当我们遇到问题时应该如何思考，如何用事实与实验数据说话，而不是武断地指责别人。从“肯定”“就是”“明摆着”到“更有可能”“可能性不大”，孩子们在判断的时候，用到的词语的变化也许就是他们科学素养的提升。

在别人看来这真是一个无聊得不能再无聊的实验，无非就是拿着不同的球从不同的角度砸向种植箱里的土壤。可在我看来，这是非常美妙又珍贵的实验，孩子们体验了观察、提问、猜想、实验、结论的完整科学探究的过程。孩子们需要这样的实验，通过这样的科学探究过程让孩子们树立科学素养，这才是在孩子年龄小的时候更应该注重培养的。

这之后，孩子们还主动提出：“虽然我们的小苗这次不是被球砸伤的，但我们的种植箱紧邻着篮球场，我们要保护我们的小苗。”

接下来，孩子们针对小苗被破坏的问题，给出了他们的解决方法。一张张小小的便签记录下了他们的思考。他们自己制作了指示牌来提醒在操场玩球的人。同时为了防止野猫破坏，他们将种植箱移到了离墙根更远的地方……

至此，“一棵被破坏的小苗引发的事件”画上了圆满的句号。

这些对科学教育的误解，你也有吗？

李志伟

70后、80后的家长，也许你现在还没有走出科学教育的误区。

中国的父母，基本认可“科学”是孩子教育的重要内容。只是，总有些地方不大对劲儿。

比如，大多70后、80后的家长小时候都有一套《十万个为什么》，上学的时候都通过显微镜观察过草履虫，都做过灯泡串联并联实验……

然后呢？然后很多人发现没有然后了，我们仍旧在不求甚解中生活。焦虑的我们，开始为下一代寻求“更科学的科学教育”。各类编程课和科学实验课如雨后春笋冒出来。不菲的价格背后，是家长对科学的崇拜和对下一代的期待。

但是，请注意，你还是没有走出科学教育的误区。

误区一：将科学等同于科学思维。

说到科学，你首先想到什么？试管？烧杯？实验室？还是发现一件事情和别的事不一样的原因（该答案来自一土学校6岁的同学）？

关于科学，我们更倾向于动手，在实验中边做边学。

在一些创客工坊中，好多家长看到孩子使用3D打印机或是激光切割机做出了作品，便认为孩子离创客近了一步；在编程训练营中，看到孩子使用一个小程序成功地操控了机器人，便认为孩子有编程潜能。好的编程课中，核心的学习内容应该是编程思维，懂得如何避免思维上的漏洞，让思维更缜密。

说到底，科学不是科学思维，无论是实验还是其他探究活动，都是有形、可触的载体，我们更应该培养的，是让学生像科学家一样思考问题。

怎样才能像科学家一样思考呢？在学校的“菜园项目”中发生过一次小苗被破坏的意外，围绕这一事件，我带着孩子们通过观察，引出问题，进而提出猜想，通过做对比实验，最后得出结论。

一个看似简单的实验其实包含了整个科学探究的过程。我们的课程，每次都要走这些程序：观察、提问、提出猜想、设计实验来验证、得出结论、提出解决办法。通过不断尝试，孩子们就会形成这样思考问题的习惯，以后发现问题的时候，会懂得如何去思考，如何用事实和实验数据说话。

传统的科学课堂中，因为有时间限制，学生思考的时间有限，更多的时候是老师按照课程安排在推进。比如沸点的试管实验中，加热多久，水会沸腾，一切都是设计好的。

每一个科学课的实验都是成功的实验，然而在科学思维的锻炼中，试错更重要，要通过孩子自己的观察发现问题，提出猜想，然后去验证。老师需要引导学生去深度思考，而不是体验设计好的实验。不管做多少实验，如果没有让学生掌握科学的思维方法，这个科学课就是有形无神的。

误区二：科学教育应该在实验室。

我们熟悉的科学实验大部分都发生在实验室里，而且彼此孤立，通常是这堂课研究水如何蒸发，下堂课研究水的密度。现在多数的科学教育课程已经尽可能做到设计有趣，但却没有更多与真实世界的联结。我们的核心理念就是鼓励孩子活用所学的知识解决项目中产生的真实问题。

在“菜园项目”中，孩子们有一天在记录植物观察日志中发现黑色的育苗盘上有白色的东西，同时还发现小苗有些泛黄。有的学生读到过相关知识，说这是水碱，是水的问题。老师此时积极介入，带大家分析：除了水，还有土或者小苗本身的原因。

看到大家更倾向于认为是水的问题，老师首先带领大家认识了 PH 试纸，并准备了三种透明的溶液，分别装着白醋、水和碱水，鼓励孩子动用不同的感官去仔细观察它们的区别，随后讲解 PH 试纸中变红色的是酸性，变蓝色的是碱性。

接下来，大家一起研究浇花用水的三个可能水源，分别是水池中的水、厕所里的自来水和学生喝的纯净水。分组取样后，大家用 PH 试纸对水样进行测试，发现水池中的水和自来水稍微偏碱性，纯净水没有。由于猜测是水中碱的问题，大家开始用纯净水浇灌小苗。五六天后，孩子们高兴地观察到育苗盘上的白色印记没有了，小苗也重新泛绿。

让老师们倍感欣慰的是，这个实验带来了更多的延展实验。孩子们兴冲冲地拿着试纸，去进行各种测试。有的发现了每天喝的可乐原来是酸性的，还有的直接到厕所测试了一下自己的尿，骄傲地宣称尿是碱性的。

误区三：家长有问必答。

孩子是天然的科学家，不要担心孩子提不出问题。

第一步：观察，而且要做到仔细观察，去看，去听，去闻。有的孩子观察叶子，如果仅是粗粗一看，得到一个结论说叶子是绿色的，这不是观察。如果给孩子一个放大镜，引导他观察叶子是光滑的还是有绒毛的，叶脉是怎样的，他会慢慢发现更多，自然而然就有了自己的问题。

第二步：不着急回答。家长面对孩子的问题，往往有种冲动，恨不得把肚里的知识一下都倒进孩子的小脑袋里。这显然不是聪明的办法，不是自己习得的知识，就不容易接受。给孩子些思考的时间，回答不了的问题先让它存疑吧，也许父母装傻才是更聪明的办法。

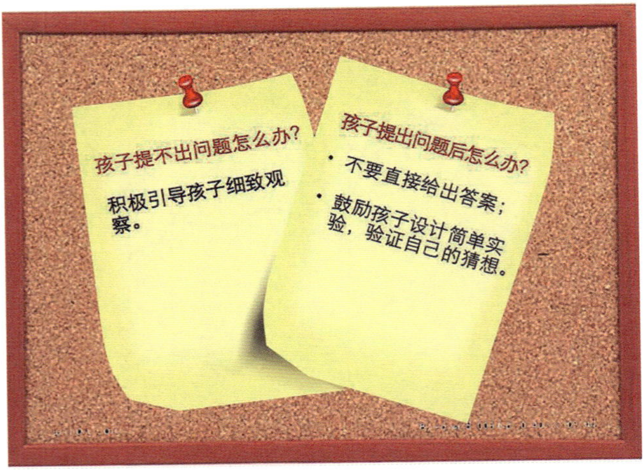

唤醒内驱力

孩子的内驱力是怎么激发出来的？

李志伟、李萍、王雨轩、舒晓非

内驱力和专注力是至关重要的两个素质，哪个孩子能具备强大的内驱力与专注力，他的学习效率一定是数倍于他人的，反思与迭代的速度和质量更是惊人，甚至会因此成就一些常人不易实现的学术精进。

在广州一土，每一次家长约谈的问卷，或是家长工作坊的话题收集，家长关注的问题中，排位前三的，雷打不动，必有“内驱力”一项。

显然，对于每天陪伴孩子写作业、练钢琴、学英语的父母来说，无论研习了多少理论，总有一些瞬间，让你觉得什么马斯洛需求金字塔、阿特金森的成就动机模型，都那么苍白，解决得了全人类，却解决不了我的“这个”孩子。

一土也并没有那么神奇，并不是每个孩子来了一土以后，原先专注力差、没有目标感，在这里迅速变成一个学习全靠自推的“别人家的孩子”，家长轻松享受孩子追着索要新的教育资源。如果教育是这样的灵丹妙药，可能评估筛选都并非必需，因为每个孩子都可以成就自我，为社会做出贡献。

首先，每个孩子是独一无二的，并没有放之四海而皆准的方法；其次，在现有的环境下，好的教育如何复制，也是一个困境。

内驱力和专注力是至关重要的两个素质，哪个孩子能具备强大的内驱力与专注力，他的学习效率一定是数倍于他人的，反思与迭代的速度和质量更是惊人，甚至会因此成就一些常人不易实现的学术精进。而一土所做的教育，就是在正常教学内容传授的同时，希望理性高效地去逐渐激发孩子的内驱力与专注力，靠塑造一个孩子的人生底层逻辑去助力他未来的成长。

那么问题来了，说得这么诱人又难以实现，一土到底做了什么？真有什么效果吗？我们认真梳理了广州一土的老师们设计实施的各种激励体系，希望能管中窥豹，带大家感受一下孩子们在一土每天的状态。

豆子——贡献 / 任务激励

豆子是一土最出名的道具，也是每个新生家长会从放学回家的孩子嘴里听到的最高频词语之一。关于豆子，有很多需要详细界定的，也由此可见老师的强迫症。以豆子为计价物的贡献 / 任务激励主要针对以下情况给予激励：

1. 能够提出对班级或他人或学业有价值的新想法、新观点；

2. 能给别人提出好的建议、反馈；

3. 完成学习任务、挑战或思考后回答问题；

4. 自己进行有效的反思。

有以上任何一种行为，即可获得 1 个豆子，5 个豆子即可兑换 1 元“一土币”（1 元“一土币”等价于 1 元人民币）。

豆子通过在黑板上记录正字的方式呈现，每天的整理总结时间，学生在“豆子记录单”上完成记录并进行兑换，兑换好实际的黄豆存储在个人的储藏罐中，当累计到100颗黄豆，可以获得额外制作豆浆的机会，在学期末的学生主导家长会（SLC）上将豆子兑现的鲜榨豆浆与家人一起分享。

而一土币则可以用来在每月一次的一土市场中租摊位、买东西，或者平时在一土杂货铺中购买文具。

大家可以看到，往常我们常见的贴纸、小红花所对应的表现激励（主动举手回答问题，不评估实际价值；多阅读；善于倾听；工整书写等等），并没有在豆子激励体系之内，之所以将表现激励和贡献激励区分开，原因在于贡献激励最后可以兑换成钱币，钱币是通过有价值的行动或想法得来的，并不是因为表现好得来的。

避免让学生理解为我爱帮助别人或者爱打扫卫生或者喜欢阅读就可以得到钱的奖励，例如爱帮助别人说明你有一颗善良的心，并不等同于为了挣钱而去帮助别人。孩子自然也不必为了成为老师喜欢的学生或所谓的好孩子而虚假表现。贡献激励更强调的是对集体、对别人、对自己给予有价值的贡献，不应被混淆。

有的细心家长可能也会问，这个评判与引导如何界定，如果回答问题一定要区分对与错，是不是又陷入了封闭逻辑？

我们的豆子是孩子上课时根据一个话题、问题来“贡献自己的想法”。比方说班会上“你发现了哪些亮点？有哪些你想和大家一起讨论来解决的问题？”或者是上课时根据一个问题，或者学习新知识时“提出猜想”，比方说“分数是什么”。肯定的是“有思考的学术猜想”和“有社会情绪意义的生活观察”。

这种方式鼓励的不是“正确”的贡献，而是鼓励从“学习自发性思考”和“自发性社会情绪学习”两个方面出发，同时有一定的价值即可。

实际运行看来，整个过程客观公正，每个孩子都是心服口服，并且最终的评定与奖励是多多益善，并没有对排序靠后的孩子有任何负面评价，所以孩子在客观差距面前并没有太多负面情绪需要消化，反而是恰当地学会正确面对和接纳这种社会性情绪。

同时，孩子每天也会在晨会的时候自己设定今天要完成的3个“小目标”，完成一个则会有5颗豆子。这些目标都是“有些许挑战但又是努力一下可实现的”，比如说“上课集中注意力保持20分钟”，每天的目标可以“保持”也可以“逐步递进”，不强求孩子递进。他们在每天课程结束后都有一个“自我评估”时间，诚实地评估自己是否做到自己的“小目标”，这个环节老师是不会插手的。

他们在每天尝试“自我规划”“自我评估”，自己给自己成就感的同时，也保障了他们的豆子有一定的基数。所以，失落感不会那么大。

激励体系与教学同样能有所结合。得豆子的激励体系持续运作，从最开始的得豆子到数豆子再到记录豆子到后面的计算豆子，孩子们一点一点，从 5 以内到 10 以内到 20 以内再到百位数级的计算，都在实际的情境中完成，始终感受并践行着“学数学有用”的理念。

字卡大比拼——教学激励

去年，孩子们之间风靡起了奥特曼卡牌，放学后等着父母来接的时候，总是看到一群男孩子各自抱着一大册卡牌互相欣赏、交换，二年级的孩子更是因此将“玩具探究”高票投中为本学期项目主题（只是因为突发的疫情，在孩子们的民主决策下更改了这一项目主题）。

线上教学 3 个月后，孩子们返校复课，“复习”的任务成了老师教学计划的首要考虑，温故方可知新，何况前 3 个月的教学成果是隔着屏幕累积起来的，老师多少有点不放心。

但以什么形式复习呢？二年级的语文老师被孩子们耳濡目染，把奥特曼卡牌的玩法也幻化为了字卡。

第一局：两人一组，每人 10 张字卡（老师随机发放）。

随意选择一张字卡给对方读，如果读对，则字卡归对方；如果读错，则对方给一张字卡。

第二局：其他规则同上，赢字卡的要求从读对字音换成组成词语。

而如果有同学在这个过程中，将 10 张字卡都给了对方，可以到老师这里来接受挑战（比如听写、多音字组词或背诵等），挑战成功就可以重新拿 10 张字卡。

中间交换：经过了两轮将近 15 分钟的比赛，大家对手里的字卡已经很熟悉了，此时有一次交换的机会，去其他小组找人交换难的字卡（主要是为了难倒对手），互换数量要一致，保证公平公正公开。

第三局：同第一局。

第四局：为了增加趣味性和挑战性，这次由老师做裁判。每人先选择一张字卡，压在手心里，不让对方看见，等老师说出标准后，两人亮出底牌，符合标准的人胜利，赢得一张字卡。（比如：老师说“你选择的生字里笔画多的获胜”，“你选择的生字里声母是翘舌音的获胜”……）

虽然只有一节语文课，但是大家玩得都很兴奋，尤其是换字卡的环节，仿佛能看到上学期放学后大家跪坐在地上换奥特曼卡牌的场景……

岗位应聘——角色职责激励

班级管理工作之重要性毋庸多言，老师在建立班级秩序时不免会分配一些角色和任务，培养孩子们的自理能力与领导能力。但如何让孩子面对面竞争仍能形成温暖和谐的氛围，是很有技巧的，另外内向一些的孩子如何能得到同等的表现机会，也是需要老师格外注意的。

今年的六一儿童节，三年级的孩子搞了一次公开应聘，竞争几个岗位：

◎ 日程小助理　◎ 整理小能手　◎ 作业小管家　◎ 加餐小助手 ◎ 教室装点家 ◎ 班级小闹钟 ◎ 防疫小卫士

孩子们在周末时根据老师设计的任务单，填写两个想应聘的职位，并分别书写自己认为这个职位所需要的能力以及自己应聘的理由。每个人要拿着这份完成的申请书，上台大方自信地分享自己想申请的职位，勇敢地面对大家和自己，等待大家的投票结果。

这里的激励，不仅有管理岗位本身对孩子成就感、价值感的激励，还有来自同伴的激励。孩子们从初始的紧张，到被激励，然后调整自己，最后勇敢地突破自己，这个过程才是最重要的。

阅读存折 / 阅读推荐海报——阅读激励

关于阅读激励，很多学校都在做，因为大家都深刻认识到阅读习惯对人一生的影响。一土的阅读激励，从输入和输出两个角度平行开展，既激发兴趣，也要磨炼孩子们思考与设计的能力，而后者的提升同时也在帮助他们更好地理解消化阅读过的书籍，真正地读出乐趣读出价值感。

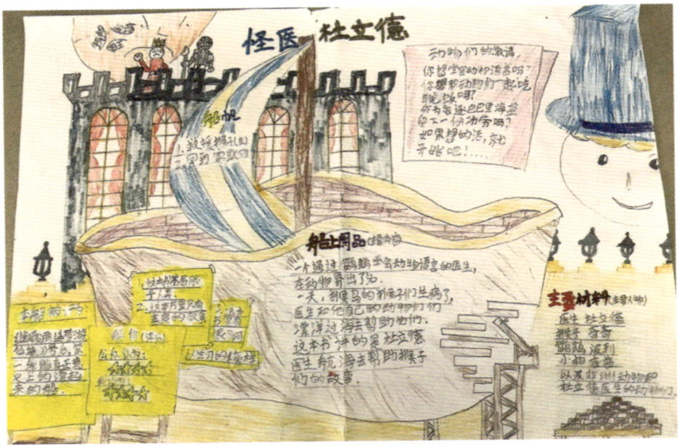

每个孩子都会有一个阅读存折，凡是有阅读行为，就记录下书名与阅读时间，以阅读时间来累积记录，也是不希望给孩子们压力，匆匆忙忙读完应付了事。

孩子们每学期初会给自己设定阅读目

标，通过估算每周读多少时间，计算学期末时达到多少分钟。达到目标的奖励，可以抽奖，有时是免写作业一次，有时是可以有权给全班推荐下一本集体整本书阅读的书目等等。

如何输出阅读体验？文、图、音频、视频等等，让孩子们在学习单指引下梳理书籍内容，以开放式的问题让孩子们发挥自己的想象，结合自己的生活，不断迭代阅读海报，配乐朗诵上传喜马拉雅等等。只是呈现、分享与互相反馈，没有评比没有排名，只是个人读完书后的感受，不需要去与他人比较，也不是为了给班级竞争加分的家庭任务。有乐趣，也要有方法，这是我们一贯的思路。

如果没有教学与指导，这种工作往往会成为家长的噩梦，但因为有了层层铺垫的讨论与初版草稿反馈，孩子们已经深度沉浸在创作的幸福感中。到底是因为做海报而读书，还是因为读书而做海报？两者已然浑然一体，输入与输出彼此激发。

他人反馈——同辈激励

无论是项目课产品设计迭代过程中的画廊漫步（一种有效的以学生学习为中心的差异化合作学习策略），还是语文课上小老师教学后的学生评估反馈，都是希望孩子们除了专注于自身的思维条件，同时也要学会从他人身上寻求帮助，吸取他人的建议与冷热反馈，理性地消化，在保持独立思考的同时吸收有益的改进建议，完善自己的设计或产出。

在一年级孩子的第一个钱包项目中，做产品设计时，孩子们第一次练习画廊漫步，给彼此反馈。老师传授如何做出温暖

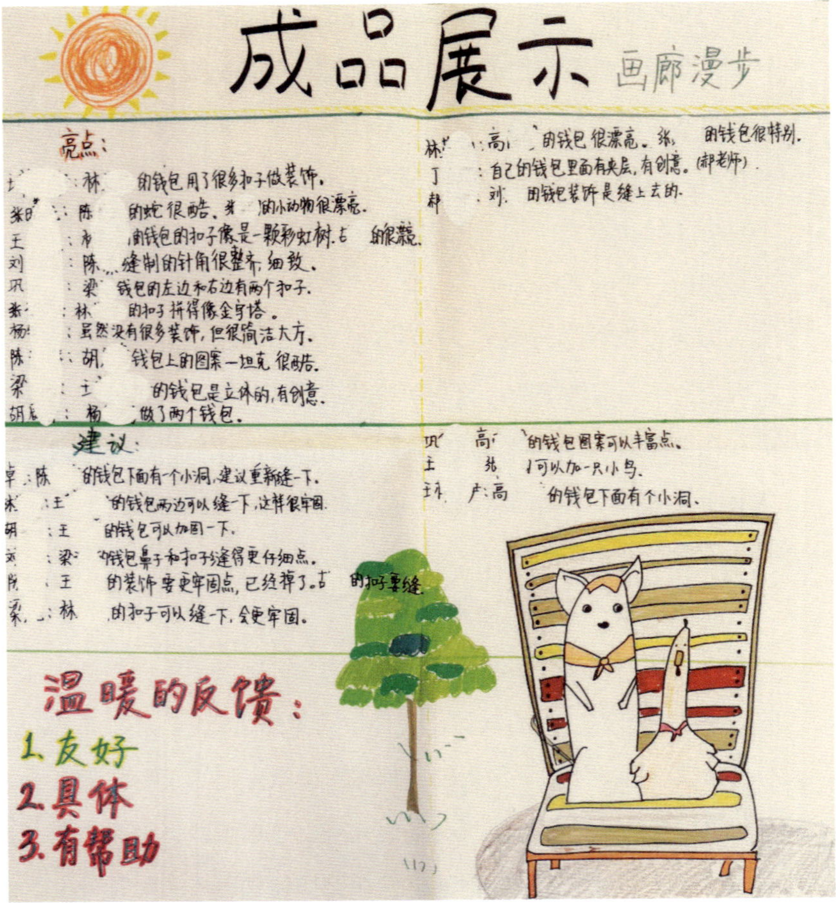

的反馈——友好、具体、有帮助。这也将贯穿于他们六年的项目课学习。

以下是项目展示日的反馈板，这里可以收集来自成人、同伴的反馈，有助于孩子们在事后复盘中更清晰地总结。

下面是项目展示日的评价单，这种评价单相对具体建议而言，更有激励意义，孩子们会努力地希望获取更多的认可，也

下意识地从这几个不同方面去提醒自己。

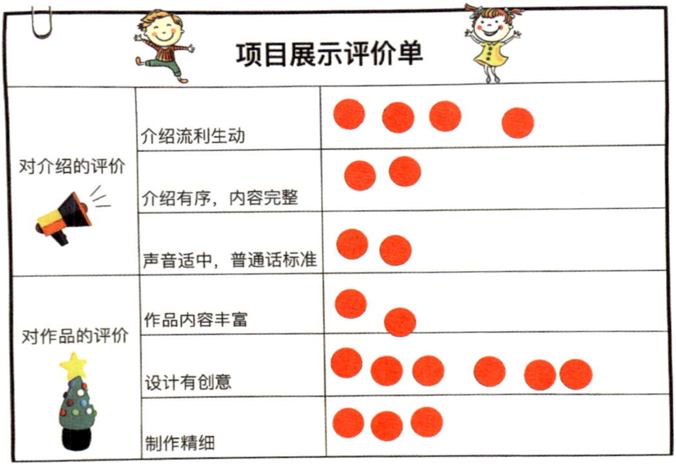

其他激励

孩子们日常还有很多新奇的激励体验，比如每学期每个孩子自己会去海报上预约想和哪一位老师共进加餐一次，早早地就谋划那一天带什么加餐来、和老师聊什么等等。

我们少有的负面激励是关于完成作业的。一定量的知识储备是构建思维能力的基础，刻意练习针对一些基本功（书写、计算等）的训练也是必备的，所以与教学目标结合的课后作业是孩子们每日需要完成的任务之一。那么不写作业会怎样？扣分？罚站？给小组丢掉一朵小红花？在一土，没有写完作业的孩子，要利用课间时间去老师办公室补作业，这是错误行为的自然后果，作业这项属于自己的任务，也要由自己付出行为来弥补。

这就会导出一个很重要的讨论，什么样的激励体系是合适的？我们平时在和不同学校的家长交流的时候，也会发现很多时候激励体系在某种程度上传递了老师的一种价值观，这里有很深的学问和很微妙的分寸。

如果完成作业是为了得贴纸，回答问题是为了挣分，考试是为了爸爸妈妈给买礼物，那么当外部激励撤出的时候，孩子是否能生成足够的内驱力继续推动未来长远的成长？如果上课专心听讲是为了不被老师骂，理性地解决冲突是为了不被叫家长，随着年龄的增长，孩子进入青春期，为了避免被呵斥与嘲笑，偶尔撒个谎，遇到危机不敢求助，这些都是极有可能发生的事情。

如果负面激励的主体思路不是错误行为的自然后果，而是威吓与训斥，那么孩子何时才能彻底明白哪里错了，何时才能真正认同为何如此即是错？

那么，是不是为了让孩子生发内驱力，就不能有任何外部激励呢？只要他知晓目前的目标，老师们只提供支持，静待花开就好了呢？想想我们成年人，健身时需不需要给自己定个执行计划，和同伴们一起打卡？学英语时需不需要把今日背单词的成果晒到朋友圈寻求一些鼓励？

适度的、逻辑通顺的外部激励对孩子的行为管理、自主意识都会有一定的正面效果，尤其是在小学低龄段。这也是老师在设计激励体系时着重考虑的问题。

内心充盈、乐天行动的孩子从何而来？需要宽松有安全感的环境，同时也需要老师用心的引导。

各位大土豆，在你的家里，和孩子设计了哪些激励体系？欢迎和我们分享。

反馈的力量

陈楚

反馈的目的首先应该是激励，孩子的努力应该得到认可，每个孩子都应该被看见。老师努力去找到孩子的亮点，加上小伙伴们的大大的“热”反馈和具体、友好、有帮助的“冷”反馈，孩子就会在反馈中闪闪发光。

亲爱的大土豆们：

今天教学的主要内容是了解“迭代”的意义并尝试做“冷反馈”。

我们一起看了著名的项目学习视频“奥斯汀的蝴蝶”，随着奥斯汀不断迭代的蝴蝶，请大家一起找出奥斯汀每一版草案的不同，特别是进步的地方。从蝴蝶的颜色到形状再到如何具体修改，大家找得比视频里的同学还仔细呢！当看到奥斯汀画出的第六版蝴蝶时，大家都真心惊叹奥斯汀的进步。

“真是一稿比一稿漂亮！”

“终稿比初稿专业！”

“孩子在一遍一遍画蝴蝶的过程中，对自己有了新的认识，觉得自己可以变成艺术家。”

孩子们你一言我一语。

“奥斯汀是怎么进步的呢？”我试图让孩子感受反馈的力量。

“因为他听了同学的建议。”一个孩子说着。

“哦，在一土，我们把这个‘建议’叫作‘反馈’。只听建议可以吗？”我接过话头。

“还需要练习！”

哇，第二个关键词出现了。有反馈，还要有行动，缺一

不可。

那么，我们上一周学过“热反馈”，这一次可以试试难度很大的“冷反馈”了。

我举了自己一年级的时候妈妈教整理书包的例子，对比了两种反馈。一种是：“怎么还不收好！不收好就不要睡觉了！”另一种是：“如果你可以尽快把铅笔放到文具盒里，书的书脊朝里放到书包里就更好了。”

大家觉得自己能接受第二种。

“因为第二种不骂我！”

“第二种教了怎么做。”

“我在家里都是收到第一种反馈。都没有第二种。”啊，我不小心发现了什么。

不过更重要的是，既然我们认可“冷反馈”，就试试用冷反馈的句式来反馈吧：如果你能试着……就更好了。

大家立马用这个句型给我画的第二版草稿反馈：

“如果你能试试给小人的身体画上衣服，有更多细节就更好了。”

“如果你能试试给小人的身体加上颜色就更好了。”

看来大家“冷反馈”的基础已有，那就开始动笔画第三版草稿，再找个小伙伴做做“冷反馈”吧。

有的同学互相练习后，又根据反馈修改了。还有的同学连续找我要了 4 次“冷反馈”。从不敢动笔的状态到完成画面饱满的规则图案，真是有巨大的飞跃啊！

冷反馈需要土壤，安全的土壤。在安全的文化中，同伴反馈才能长得更好，成长心态才是有意义的。希望这两周反馈与迭代的介绍能帮助大家在今后的项目学习中更加顺利。

可见，重要的远远不是结果，是过程！不论是老师，还是家长，或许我们都应该问问自己，在与孩子的沟通和共同解决问题的过程中，能否给孩子提供这个过程？是不是可以有足够的耐心，让孩子发现自己、认识自己？

后 记

冯澍

为了这本书，我们准备了 4 年。

还记得那是在第一年，30 多个 5~6 岁的创校小土豆们和老师一起，挤在枣营校区的 3 间朴素的教室里，除了教室，孩子们在校园里可以活动的场所，就是一层的走廊，还有校园里唯一的水泥球场。一诺常笑称，就这个条件，还不及一个村小，但丝毫没有阻挡最美的故事在这里发生。

孩子们每天欢天喜地来学校，老师把教室布置得像家一样，有困了时或是希望自己独处时可以钻进去的“树洞”，有摆满了绘本与图书，还铺上好看的地毯的阅读角，有放在窗前的一罐罐可以根据自己的各种表现与小组协作“挣”的黄豆，攒够了一罐老师还可以给大家打豆浆，当然，还有孩子们最喜欢的10平方米的小菜地，别看菜地小，从开垦到播种、移苗和每天灌溉，真的种出了孩子们喜欢的蔬菜瓜果。

就是在这个不起眼的地方，孩子们走进了各种美好奇幻的文学世界和有趣好玩的数学王国；他们每天拿着iPad到自己的小菜地里去拍照，做植物观察笔记，看着小苗成长，也看到了自己的成长；他们在学校操场上，将数学课变成“纸飞机”大赛，一架架纸飞机从孩子们手中腾空而起，映衬着孩子们灵动的身影和天真烂漫的笑脸；他们在学校教室的走廊里，做了三次有模有样的项目展示，走廊里摆满了孩子们“大师级”的作品，无不惊艳四座；他们走访街道邻里的超市餐厅，把教室变成了“蜻蜓餐厅、蜻蜓影院和蜻蜓市场”，还亲自给爸爸妈妈现场制作了蔬菜沙拉，味道不亚于专业大厨；他们把隔着一条街的朝阳公园当作得天独厚的后花园，在老师的带领下，在偌大的园子里感受四季的更替，并用诗一样的童言童语记录下眼里的美妙世界，在音乐课里聆听风吹过树枝的沙沙声，脚踩着落叶的清脆的声音，寻找自然界里的音乐和节奏。

回想起来，那依然是一土创校4年来，最美的时光。

作为小土豆的家长，我这4年多最喜欢干的一件事儿，就是每天打开晨犀（我们的家校沟通平台），从老师们每日的课堂记录与教学思考的字里行间，感受教育的春风化雨，孩子的成长，还有教育中最美的那些瞬间。每次看我都禁不住跟同事说："我们要出一本书，一本中国版的《窗边的小豆豆》。"

在写这篇后记的时候，有种梦想成真的感觉。当我一次次翻阅这本书里的105篇文章时，一土过去1000多天的日子就像放电影一样在脑海中重现：从最初的5位创校老师，变成如今的几十位老师；从当初的30多个孩子，到如今的400多个孩子；从当时的"120平方米试验田"，到后来由废弃锅炉房改造的将台校区，又到如今在春天开满了玉兰花和海棠花的安贞校园；从北京校区，到小而美的广州校区……在各种场景的变换交错中，一土真的从当初的一粒种子，变成了如今的小树，扎根在我们每天都在不停耕耘的这片土壤中。

我们常说，拥有好的教育理念不难，最难的是如何让理念真正落地，让教育不仅仅是为了升学，教授知识与技能，而是对人性的化育，让每个孩子成为内心充盈、富有个性的人。

感谢来自老师们的每一篇记录，每一段对话，每一个故事，捕捉到的孩子们的每一个闪光点，每一个自然而然发生的教与学的过程，让这转瞬即逝的4年，变得如此具体、生动和可爱。所有的逆流而上与艰辛，与这些充满了温度、无时无刻不散发出老师对于教育和孩子的爱的文字比起来，都显得无足轻重了。

首先，要感谢这本书里每一篇文章背后的作者：来自北京、广州校区的每一位一线老师，走进课堂，和老师做了深度访谈后用文字重现一土最真实的课堂的运营小伙伴们，是你们用心写出的文字，让更多的人看到一土有温度的课程，看到本性具足的孩子，看到教育中最美好和善良的东西。

感谢每一位一土家长（大土豆），是你们的信任与支持，才让 4 年多前一诺和一土创校团队的那个“无知者无畏”的想法与点子，得以在北京、广州落地、生根、发芽，并一路克服各种挑战与困难走到今天。正因为我们要做的不仅仅是一所学校，而是一个生态，所以注定是一条少有人走的路，但只要有家长们的支持，我们一定坚定地走下去。

感谢过去 4 年多，对一土给予了最大支持与帮助的、来自体制内和体制外的教育者和教育家们：中国教育界的泰斗顾明远先生，21 世纪教育研究院院长杨东平老师，北师大中国教育创新研究院院长刘坚老师，北大教育学院副院长刘云杉老师，清华大学教育研究院学术委员会主任史静寰老师，清华大学经管学院教授、苏世民书院副院长钱小军老师，清华大学生命与科学院院长王宏伟老师，上海市教科院普教所沈兰博士，全国新学校研究会副会长嵇成中老师，昆山杜克大学教育发展基金会理事王建利博士，清华大学附属小学前副校长、清恒小学现任校长傅雪松老师，上海真爱梦想公益基金会课程研究院执行院长周文胜老师，北京市第八中学素质班创始人之一程念祖老师，耶鲁北京中心总经理李恩祐女士，还有许多许多。不论一土未来走到哪儿，枣营校区的那 3 间教室永远都是我们梦开始的地方。

感谢晨犀平台的后台开发团队，过去 4 年，在这里留下的 800 多万字的老师记录、超过 20 万张照片和将近 17500 条视频，不仅仅是一土创校历程的见证，也是每一个“小土豆”成长的足迹，是这段生命历程中最鲜活的记忆。

感谢从最开始到如今一直守护和陪伴一土成长的创校团队（一诺、华章、小月、李洁信、刘珊珊、王蕾、冯澍、韩熙、冯春、王芳杰、王雨轩、陈楚、Joy Stuhr）和一土“村”中的每一位“土人”，是你们的爱与付出，让我们实现了中国版的“巴学园”。

当然，还要感谢的，是全心全意爱着一土的每一个小土豆，能为你们建造一个你们心中的最好的“魔法学校”，一直是每一个一土人从最开始就为之不懈努力的目标。

感谢中信出版社和本书编辑静媛，愿意用 2 年的时间，等候这本书的瓜熟蒂落，让一土的好故事能被更多的人听见看见。

在黑柳彻子的《窗边的小豆豆》里，小林宗作校长的巴学园创立于 1937 年，最终在 1945 年毁于战火，每当我读到“校长先生一边看着火焰舞动，一边对站在身边的儿子大学生巴说，噢，下一次，我们办一个什么样的学校呢”，我都会被小林先生对教育的信念与力量深深触动，也正是这份力量，让我相信，只要我们实实在在地和孩子保持心与心的联结，踏踏实实地让教育回归到它本应该有的样子，一土的好故事就一定能一直讲下去。

正如爱因斯坦所说，“只有爱才是最好的教师”，这些年不论是作为母亲，还是作为一土创校团队的一员，我对此深信不疑。

教育最好的归处，不是那些我们可见的世俗的成功，而是孩子眼里的光，希望这个光一直在，并成为伴随他们一生的最宝贵的财富。

Q&A：一诺谈教育

一诺

Q：从清华学霸、留美博士、前麦肯锡全球合伙人，到如今一土教育联合创始人、三个孩子的母亲，现在回头看，你如何去看待我们当下的教育？

一诺：感谢我比较特殊的职业经历，我一直得以在教育的“终点”看教育。我在麦肯锡做了 10 年，第 6 年做到合伙人。从进入公司第 2 年开始，就参与招聘的工作，直到后来领导招聘工作。麦肯锡跟一般公司不一样，我们不是 HR 部门主导招聘，是业务领导主导招聘。

现在回想，如果找一个最准确的词来形容大量刚毕业的年轻人，那就是“迷茫”，看简历都是很精英很成功的孩子，但是都很迷茫，不知道怎么做选择，不知道在表面的标签之外，自己是谁，想做什么，为什么做。教育好像就是为了考取一个专业，读一个专业是为了一个文凭，获取文凭是为了一份工作，教育成了一个非常工具化和功用化的过程。

也正因如此，在教育过程中，孩子作为一个生命个体，"对自我，对意义的探究"这个特别宏大和深奥的话题，却被一抹而过，或者忽视掉了。整个教育的体验变成了一种特别功利的、追求"冰山上面"的体验，也就是那些能够被测量的知识，和对技能的掌握。

其实人最重要的贯穿一生的动力是来自冰山藏在水面下的东西。核心是自我认知，和在此基础上对意义和自由的探求，但因为我们的教育很大程度上仍然从工具的角度来看人，所以关于这方面的教育被大大忽视了。

我们做一土的一个深层次的初衷，就是希望从孩子小的时候，在基础教育的过程中，就去关注那些表面不可见的、冰山下面的东西，关于情绪，关于自我，并在这个基础上构建和理解"关系"——和他人的关系，和世界的关系，和自然的关系。之后再学习知识和技能。

所以一土的愿景是希望能够培养"内心充盈"的孩子。

Q：做一土，你最希望达成的愿景是什么？

一诺：教育跟任何一个行业都不一样，或者说，真正意义上的教育并不是一个“行业”。为什么我们所有人都关注教育，因为教育关乎人类社会的未来，也是无处不在的系统和生态。

我们希望从生态的角度，能推动几个转变。

第一，从孩子的角度，希望孩子们能从被动的知识接受者，变为内心充盈的创造者。

第二，让教师从疲惫的教育服务提供者，变成有充分职业支持的创造者。真正意义上的教师、教育者，从事的是天底下最困难的“职业”。我们经常听到“领导力”这个说法，其实教师就是最典型的“领导者”，一个人带着几十个孩子，不仅要教授知识，还要让大家喜欢他，信任他，愿意追随他。特别是低龄孩子的教师，工作远远不只是教知识，大量的工作实际上是支持孩子身心的成长、情感情绪的成长、社会性的成长等等。但另一方面，教师们在完成这个“最难”的工作的同时，得到的职业支持又是非常欠缺的。

所以我一开始就在想，如何能够把企业里面大量的有多年积累的领导力相关的培训方法、方式跟教育相结合，并提供给教师，让教师不仅能教好学科内容，而且能够成为更好的领导者，成为更好的教练、更好的组织者、更好的在遇到困难，或者遇到很复杂的问题的时候，能够解决问题的人。

第三，我们希望让家长从焦虑的服务购买者和委托者，变成孩子终身学习的同行者。真正意义上的教育是一种社区行为。因为对孩子来讲，成长最重要的其实是“环境”，而且不只是物质环境，更多是孩子周围的成人形成的“气场”。

第四，从这个角度来讲，希望构建好的教育，前提是有一个健康的成人社区。一土有家长学校、各种家长社团，还有支持家长的工作坊，核心是希望家长能成为更好的自己。这是作为家长能给孩子的最宝贵的财富。

除了个人层面的成长，还有一个就是“关系”。家长和老师的关系，老师和老师的关系，老师和管理者的关系，当这些关系和谐自然的时候，对孩子是无限滋养的。

所以一土做的事，最终的核心实际上是做“社会创新”。因为教育是个生态体系，所以我们不可能就从做一个产品去切入，那是创业的思路。我们不是创业的思路，是一个社会创新的思路。这种模式虽然一方面似乎很困难，另一方面，其实这是真正教育改变的必经之路。

Q： 从一土创建到如今，已经走过了4年多，都遇到了哪些困难?

一诺: 教育可能是比任何行业更困难的。我总说教育不是一个行业，教育实际上是个小社会，社会问题在教育里面被比较集中地展现出来，包括公平的问题，家长自己内心的焦虑，面对未来和未知的恐惧等等，都会以“问题”的形式，投射到教育上。

最终这些问题的“出路”，还是来自更多的人能够有觉察和觉悟，需要更多的人思考教育的本质，而且采取行动。

从这个角度来讲，我非常感激我们的教师和家长，他们都是自己找上门来的，也在寻找这样一种不一样的可能性，这种内心的追求和力量让他们找到了一土。

教育里面最大的障碍，是我们自己内心的障碍，如果我们内心问的问题是要找一个保险的学校，或者给孩子选一个相对安全的教育方式，就会有人利用你的焦虑和恐惧卖给你一些“安全感”。但这种安全感是虚幻的。这种虚假的安全感的代价，是把孩子最宝贵的东西——探究和面对未知的自我——拿走了。所以表面看似乎是买了个“保险”，但是这种虚假的保险，实际上是在伤害你的孩子，只不过是一种看不到的伤害。

所谓的安全感就是随大流，就是羊群效应——我反正跟着羊一块儿往前走就很安全——但你怎么知道这些羊群不是在冲一个悬崖走呢？

讲到困难，困难无处不在，最大的挑战就是这种非常普遍的焦虑的感觉。我特别认同小橡树幼儿园创始人王甘老师讲过的一句话，“我不知道什么叫好的教育，但是我知道什么是不好的教育，而不好的教育就是每一个阶段都在为下一个阶段做准备的教育”。

幼儿园就是幼升小，小学就是小升初，之后就是中考高考，然后就业，就业完了之后干什么呢？不知道。

如果用一句话来形容“一土”做的事情，就是“以孩子为中心的教育”，它的对立面就是“以成人为中心的教育”。大家意识不到，大量的教育是以成人为中心，包括流水线式的操作，对分数的追求等等。

但孩子的成长是非线性的，有可能真是这一年他都不开窍，然后他可能突然就开窍了，这是孩子自然生长的规律。但是我们以成人为中心的教育就接受不了非线性的。成人对孩子，“控制”是很容易的。而且有很多马上就可以奏效的办法，比方说斥责，比方说惩罚。所以好的教育者需要做的事情，是去抗拒这些马上就能“奏效”的办法，放弃成人为中心的视角。

“以孩子为中心”并不是说我们就放任不管，而是用一种尊重孩子成长规律的方式，去组织教育形式，这是一个核心的转变，也是教育中最不容易实现的。

Q：一土学校的教育，非常看重“保护和激发孩子的内驱力”。能具体说说如何做吗？

一诺：简单来说，就是将我们要教给孩子的变成他／她自己想学的。每次设计课程，老师会让孩子先讲。比如每个孩子在一年级上学期应该读多少字是有要求的，如果你是一个语文老师，你怎么教呢？比如 20 个字会默写，200 个字能认识，最简单的做法是每天布置作业让孩子回去写，写会了就 OK。但是我们的老师就换了一个办法，老师问孩子为什么学语文，孩子就会想，有各种回答，最有意思的说法是，“我想去看我爸爸手机上写的什么”。有的孩子会说：“我可以知道公共汽车站牌上写的是什么，我买东西的时候可以认识商品的名字，可以看书。”等等。

其实孩子心里都知道这些道理，但是一旦他说出来了，这个事情就变成他的目标了，这就是引导的艺术。不是告诉孩子认字很好，一定要认 5000 个字，而是孩子自己想为什么要认字，他会知道要按这个目标去做。

这些讲起来都是常理，大家都明白，但是有的时候我们做教育太着急了，反而会抹杀孩子内在的探究欲望。如果老师说，先把这 20 个字学会了再说，这个过程中，会把孩子内在的探究欲望和他的想象给抹杀了。哪怕他拐拐弯，不是直线到那儿，这也是成长很自然的过程。我们特别追求最短距离，总是走捷径的思维，但往往发现，对孩子短期内有效果，长期来看就会让他失去对学习的兴趣。

Q：什么是社会情感学习？

一诺：社会情感学习是这些年在西方的教育里面讲得比较多的，它包括两类，Emotion，大家都知道，指情绪的认知，情绪的管理；Social 就是社交的能力，包括跟别人合作的能力、解决矛盾的能力等等。

可能大家会觉得，教育里以学知识为主，语数外为主，对于社交情感之类的这些东西，随便教教就行了。但实际上，这些所谓的软技能是对孩子的全面发展非常重要的。

我认识一位已经退休的教了 40 年书的校长，她说过一句话，我觉得非常到位：All learning is social，all learning is emotional，就是说所有的学习都是社会的，所有的学习都是情感的。想想其实是有道理的，如果你对这个事不喜欢，是很难学进去的，这就是情感的一部分，另外很多学习是在同辈学习、同伴合作中发生的。

所以我们也希望，社会情感学习跟整个教学是一体的。一土的孩子从一入学就可以在每个教室看到一张情绪卡片，有四个颜色，红色是生气，黄色是有点累了，蓝色是有点伤心，绿色就是很高兴。每天晨会，老师会让孩子用这些颜色表达情绪，比如今天很红，老师会告诉孩子红的时候干什么，比如需要静一下，而不是说哪个情绪是好的，哪个情绪是不好的，情绪没有优劣，但是你要知道如何面对各种情绪。

另外一类就是社会技能，我们有大量的项目制学习，孩子是分组的，包括我们现在提的一个概念也是日本的佐藤学老师一直在倡导的，叫“学习共同体”，实际上学校就是一个学习共同体。学习共同体非常注重人和人之间的关系，是共同学习的过程。所以在这里面有大量的社会性的活动，包括如何设计学习体验，如何分组，组里面的每个人是什么角色。

Q：如何评估学习？

一诺：所有的评估都应该跟育人目标相关。

如何知道你的孩子从 5 岁到 18 岁是个什么样的状态？而且最终可能评估的结果并不是你第一我第二，而是这个孩子可能更适合创造性的工作，那个孩子可能更适合研究性的工作，等等。

但要做到这一点，需要有过程性的数据。一土做了个基础工作，就是对大量的孩子定性或描述性的数据（而不仅仅是定量的考试数据），包括对孩子大量的表现性评价，这些数据其实是对教育过程全面了解和评估的基础。

Q；对国内一般学校来说，做义务教育是面临着学生出口的，不管小学、初中、高中，都面临着升学，如果是国际学校是另外一条出口，一土所谓的“出口”在哪里？

一诺：我觉得不应该以出口为导向进行教育。你的孩子

12 年以后到那一步的时候，很大的可能，已经不再是今天的评价标准，因此，我们不能拿今天的标准设计和评价未来的孩子。

让我们回到本质，大家为什么会对这些问题焦虑，原因是大家看不清未来，所以觉得“出口”给人一种确定性。但我觉得未来什么样，一定程度上是很清晰的：

第一，未来社会里面所谓成功的人，肯定是更像人的人，未来成功的人是不能被机器替代的人。就是说如果他从事的事情都是机器可以从事的，他成功的概率就比较低；

第二，未来社会肯定是大规模协作的社会，不仅是小范围的协作，还包括大规模的世界的协作；

第三，未来的社会，包括现在的社会，是一个知识不断更新的社会，所以我们的孩子需要有特别强的学习能力，因为不管你在知识层面现在教他什么，等他长大的时候很有可能就过时了。

说到最后，其实未来不是一个降临在我们头上的未知，是靠我们自己的选择创造出来的。所以如果孩子具备上面讲的三个能力，不管他从事什么样的行业或者职业，他应该都是一个相对比较幸福和成功的人，想明白这一点也就不会特别焦虑。

Q：除了学校教育，作为家长，我们应该怎么做，才能培养面向未来的，内心充盈的孩子？

一诺：关于教育，我们最终需要回答的问题是，“我是谁，我想过什么样的生活？”

要从这个角度来讲，我们能有的选择比我们想象的要多得多。哪怕学校选不了，在家庭教育里也可以有不同的影响，或者可以在参与学校教育时有不同的声音。

你会首先意识到很多限制都是别人给你的限制，不一定是真实的限制。如果有更多的人觉醒，意识到这一点，那推动教育的改变就会有可能性。

最好的教育就是与孩子共同成长。我们对自己孩子的教育能做的最好的投资就是 —— 在自己身上下功夫。

2017 年起，我们通过一个叫作磁场的 App 做了一个线上“家长学校”。如果仅从现在一土学校的学生规模来说，我们只有 1000 多位家长。但基于互联网，我们在线上“家长学校”吸引了 10000 多名来自全球的父母。这说明其实与我们有相同想法的人有很多。当一样理念的家长在一起，就可以产生更强烈的联结，面对问题也会有新的解决方案、新的方式和新的视角。

教育应该是一个最没有边界的事情。现在的困境，就是大家把教育想成一个非常割裂的事情——我有我的生活，然后我有孩子的教育。你的生活跟孩子的教育，其实是一回事。生活是教育的一部分，教育也是生活的一部分，从这个角度讲，每一个成年人都应该感谢我们的孩子，让我们能够以做家长的身份来重新体验这个世界。

Q：你之前还说，教育要转变之前赌场式的、淘汰式的感觉，现在要变成成全式的，能不能再讲讲成全式的教育究竟成全的是什么？

一诺：其实过去这几千年的教育，都是淘汰式，或者筛选式的教育。在特定的历史条件下，在资源有限的情况下，希望找到最好的人，给他们最好的资源。

为什么需要有这个转变呢？第一是因为社会的发展，资源越来越丰富和可及。想学什么东西，几乎肯定在网上可以找得到，不像以前只有去某个私塾或者去某个学校才有可能；第二点，我们现在对人才的需求越来越多元了，现在讲创新，讲人才战略，是因为我们的创新人才不够多。人力是一个国家发展最大的资源，如果教育培养那么长时间，最后只有 1% 和 2% 或者 5% 的人成才，剩下的人都碌碌无为，其实是非常可惜的。

所谓成全很简单，就是希望能够成全每个人，而不是只去成全其中的 5%。我们去创新的国家和社会访问，发现他们的教育就是成全式的。比如芬兰，芬兰一共有500万人，只相当于北京市一个区的人口，但芬兰出了“愤怒的小鸟”的游戏，出了诺基亚，现在也是北欧的创意之都，而且并没有太大投入，它的教育占GDP大概是6%，但当它是成全式的理念的时候，投入的回报是很高的。

Q：怎么样能把孩子真正培养成一个热爱尊重自己的文化，同时又是跨文化的建设者？

一诺： 现在我们做的事，首先是要孩子把中文学好，理解自己的文化，知道自己的历史，能够读懂我们的经典，有深厚的文化底蕴。跨文化沟通的基础，就是学好自己的文化，在这个基础上，把很多的知识放在真实世界的问题里面去学习。

真正的国际化是一种国际视野，不是去美国玩一圈，或者去英国读一个夏校就国际化了，真正的国际化关注的很多东西其实并不热门，甚至一点也不高大上，比如把垃圾处理好就是最国际化的事情，因为这是全世界都在关注的问题。英语肯定是要学，但是不必要那么焦虑。

有一位教育者讲得特别好，他说孩子最大的学习动力是来自context change（环境的改变），跨文化沟通的基础就是不同的环境，在中国是一套体系，到别的国家体系是不一样的。孩子越是能早接触这种不同的环境，他就越会理解，越不惧怕，在不惧怕的基础上去理解其实也没有这么难。

我希望让教育更无边界化，把学习的场景放在不同的国家和文化中去理解，把表面的这些标签都拿掉，无论什么肤色，无论什么专业，大家的需求都是一样的。最终，教育是关于自我认知、关于爱、关于自由，这些人类的终极关怀，才是最有力量的。

一土的样子

大胜

第一次听说一土学校，还是 4 年前受邀参加首届 ETUX 教育论坛。

“一土”是什么？这是我的第一反应。上网检索了“一土”两个字，居然延伸了解了好多信息，差点被自己的孤陋寡闻惊掉下颌。那几个人和这个名字听上去土得不能再土的学校，勾起了我的好奇心。

于是向学校创办人李一诺申请论坛前先去学校看看，她欣然应允，由此又结识了郭小月校长。

小月校长春风满面地把我带进一土天地。说实话，哪有天哪有地，除了两间拥挤的教室，也就没啥别的了，功能教室、体育设施，甚至连个办公室都没有。我心想，这学校还挺实在，不是名字土，是真土，土得和传说中的诺神一点儿都不搭。

透过教室门上的小窗往里一瞅，孩子、老师有坐着的、有蹲着的、有跪着的，好像在讨论着什么。孩子们虽然姿势各异，但看上去都挺嗨的。

正看着，一诺来了。正好那天要举行开学一个月来的首次家长会，一诺问我，要不要去听听？

正合我意。真想知道这是一群什么家长，敢把孩子往土里扔，胆儿也真够肥的。

一诺紧跟着又一句：听到不好的，不准对外说。

嗯，心虚，也正常。

其实，我一直对家长会没啥好感。既没当过学霸，也没当过学霸的爹，所以在家长会上从未获得过欢欣鼓舞的快感。感觉家长会就像统计局开会，公布各省最新 GDP——不考不开，开必排名。每次家长会都是一次交叉传染，把老师和家长的焦虑推升到一个新高度。

楼上临时借用的一间教室里，已经来了十几位家长，看上去和我见过的诸多家长也没啥不同。

人齐了，屏幕上滚动着孩子们的真人版表情包。主持会议的小月校长依然春风化雨般笑着，回顾这一个月走过的路，轻描淡写地述说遇到的艰难险阻。

终于有家长站起来了："我家孩子挺开心的，每天回家忙着完成各种任务。万事开头难，学校刚开始，哪能那么顺呢？"话音未落，附和声接二连三响起。那意思，简直就是在说，再难也要把学校办下去，可不能打退堂鼓，有困难我们一起扛。

这么淡定？这可是传说中的起跑线啊！发令枪的硝烟早已散尽，居然还有心思热身！

哎，没办法。傻大胆儿遇到死心眼儿——看来，一土这事儿还真能折腾成。

虽然在教育行业浸泡了这么多年，我还是怕被人问到"孩子上哪所学校"之类的问题。一方面是影响学校教育质量的因素太复杂，另一方面还涉及孩子个性和学校风格的匹配度。本来就像雾里看花，还时常遇到障眼大法，真想有一双慧眼。

再复杂的问题，也有其内在规律。如果把学校视为一个学习系统，教师、课程、学生则是最关键的三个要素，要素之间的互动就是教育过程。

因此，我一直把课程作为衡量学校的重要维度。课程不仅决定了学校的特色、学生成长能够得到的营养和机会，学校的课程体系还表明了学校的立场与态度。我一直有个疑问，一土这么小的空间，能做什么呢？

借着年末的嘉年华，我再次走进一土。一个学期快结束了，被称为小土豆的孩子们，成长得怎么样了？

教室的空间显得更拥挤了，因为墙上、桌上贴着、挂着、摆着更多的学生作品，语文的、数学的、艺术的、科学的、自我认知的……孩子们学了什么，根本不用看课表。

课程的丰富性和必要性超出了我的预期，实施的效果会怎样？就像去饭店吃饭，仅看菜谱是无法判断菜肴品质的，哪怕菜谱上有图片，厨师的手艺怎样，只有吃了才知道。

学校制定的课程架构再好，在教室里，孩子学什么、怎么学终究是由教师决定的。因此，在常态化的学习系统中，教师、内容和方式是主导学习成效的关键。由于教师占有主导地位，教师的态度、水平、经验决定了系统质量。要知道，和许多学校形象宣传中的豪华阵容相比，一土的教师是没啥职称、荣誉之类的光环的，一群“小白”能干啥？

通过看课，参与讨论和交流，我发现一土教师个个自带光环，视野、亲和力、学习力、创造力，血量满满。重要的是，老师们眼里有孩子，每个孩子都能被看见。或许是因为他们大多数是公众号奴隶社会的粉丝，既然三观一致，那就闲话少叙，直接越过“统一思想、提高认识”的常规动作，撸起袖子加油干吧。

当然，一土也给了教师足够的课程创生空间，一土银行、一土币、一土菜园、一土甲骨文，都成为独具特色的学科知识学习载体。

同时，教师也得到了足够的支持——丰富的外部资源，高品质的专业学习的机会，而这些都是公办学校做不到而民办学校舍不得做的。正因为如此，一土才创生出许多既有意义又有意思的以项目制学习为主要方式的跨学科课程。

后来，我又参加了一土的教师培训以及深度学习工作坊，接触深了，对于“一土学校”名字的由来，有了自己的理解——一土是来填补空白的，因为，中国的学校教育，五行缺“土”。

君不见，越来越多的学校热衷披“洋皮”，校名中缺了“国际、双语”这些字眼，都不好意思开张招生，在对潮流的盲目追随中，丢失了对教育本质的思考。

另一方面，普遍性的功利化、短视化倾向破坏了中小学教育的基础属性，“拔苗助长、真空培养”司空见惯，作为“根”的教育，无土护根，何以参天？

在一片浮躁中，一土学校追求的“成全式”教育，凸显了对人的关照，而这不正是教育的最高价值吗？

如今，也记不清去了几次一土了，只记得学校地址不停变换，创校过程中经历的磨难堪比西天取经路上的九九八十一难。当然，学校空间越变越大，而学习的场域早已超越了学校的物理空间。

小土豆们倒是没变，依然保持着好奇心，依然乐颠颠地在发现、在创造。

作为一个理想主义者，我说不清想要的学校是什么样子，但我很清楚不想要的学校是什么样子。

在一土，我不喜欢的都没看到。那可不可以这样认为——一土就是我喜欢的学校的样子？

（本文作者为上海真爱梦想公益基金会课程研究院执行院长）

我眼中的一土

傅雪松

认识一土前，先认识一诺。一位朋友转发我一篇文章：《你也为孩子上学发愁吗？》。看了标题，并没有在第一时间阅读，经验告诉我这样的文字很多，无非是对当下教育的一番抨击。但是作者的名字还是很容易记下了。

大约两周之后，听学校老师说有位女神要来清华演讲，怦然心动，想目睹女神的风采，细一打听女神名叫一诺，清华校友、麦肯锡的前合伙人。演讲是晚上6:00开始，但是下午4:00被安排要见一位重要的来访者，来到会议室，第一次见到李一诺，大家心中的女神。女神超快速的语言表达能力让我记忆深刻，并在头脑中突然找出那篇文章，原来就是她写的！这个世界真是太小了！

随后就开始了我与一土的不解之缘。我确信自己是语言的巨人、行动的矮子，所有的行动都仅仅停留在想法上。因此，我非常钦佩有想法就行动的人，一土就是这样一群人的集合体，而一诺就是这个集合体的核心。我被他们的想法，更被他们的行动所吸引。

麦肯锡的小伙子——程卓（Daniel）

程卓今年刚从哈佛大学和麻省理工学院双硕士学位毕业。在2016年的夏天，他利用自己在麦肯锡的假期，以一个职业经理人的身份，全身心地投入到一土学校理念层面的搭建上。

这是一个相互学习的过程，他从我这里了解一所学校的意义、师生关系、课程安排……我从他那里学习系统化思考问题，从一土是怎样的一所学校，学校对教育的追求，到一土人（学生、教师、家长）应该具有怎样的样态，以及对师生评价体系的设计。

交流中，我曾开玩笑地对程卓说，如果由职业经理人来管理学校，那一定会提高学校的运行效率。当然，我知道这些一定不是程卓自己的智慧，但是让我感受到一土人高效的学习能力，他们在探寻一条依托中国教育，并与国际最先进的教育理念及策略进行嫁接的路，我想这是一件极有意义的事情。美国有可汗学院、AltSchool，我们为什么不能有一土学校呢？

两次参与一土耶鲁北京中心的活动

参与论坛活动，原以为是将我的工作经验介绍给别人，没想到我在这里学习到了更多。应该说在论坛上我是以校长的身份，与关注教育的不同年龄孩子的家长们在校外对话。论坛晚上 7:00 才开始，很多人没顾上吃晚餐就来了，还有一些人是专门花钱购票而来，200 人的会场，座无虚席，原来大家都有如此强的自我学习的动力。

从市场运作的角度看，我深刻地感受到，身为教育工作者，我们并不了解市场需求，当人们对教育的诉求越来越多元化，我们的学校要么是一成不变，要么就是还没有跟上，这必然会让“客户”不满意。当然，“客户”也许没有途径了解学校目前的想法和做法，导致我们的教育目标虽然可能是一致的，但是我们的话语系统却不在同一频率上。一土学校的出现体现了教育多元化发展的必然；而体制内的学校也需要不断了解“客户”的想法，增加沟通的渠道。

一土的“爱己及人”

我当然认同“爱己及人”这个观点，但是对教师这个职业来说，要想真正地践行，真是太难了！

一土开始招聘教师了，一土开始对教师进行培训了，一土开学了。2016 年圣诞节的平安夜，我是在北大附中下沉式礼堂举办的一土专场度过的，给我留下印象最深的是教师们的状态，如果表情会说话，那么他们的表情传递出来的信息一定是满足与幸福！

芳杰老师是我之前的同事，与她交流也证明了这一点，“是挺累的，但是感到很充实！”啊！这所学校还真是有点魔力啊！如果老师能感受到充实，那学生还会空虚吗？这就是内心充盈，因爱而存在吧。

2017 年的暑假，我的另一位曾经的同事又要加入一土，不知是否也是因为这种爱的召唤。

不完美中的真实

原计划一土开学后，一周或至少一个月要走进这所学校一次，亲身感受一土真实存在的状况。可惜我的行动又一次终止于我的想法。

一个学期结束后，我终于第一次走进一土，“检查”一土一个学期的教学情况。孩子们展示了他们的学习成果，有动态的展示，如表演、小集市；也有静态的展示，如孩子们以往的一些作品。孩子们的表演是放松的，他们一定没有太在意我们这些观众的存在，只是沉浸在好玩的活动中。出现失误，笑一笑再来一次；台词忘记了，同伴会小声地提示一下。和我曾看过的，或直接参与过的高大上的演出相比，也许这样的表演才是孩子们最自然的呈现。

在教室一边的低柜上展示着孩子们制作的小木车，初看小木车没有给我留下太深的印象，进一步观察后才发现原来还真不简单！孩子们的小木车是有设计的，每一种车都具有不同的功能，而功能的设计是为了解决他们日常所遇到的问题。重点的重点是制作出来的小木车与原有设计图是高度匹配的！这说明什么？说明这是一个成熟的课程体系，透过孩子们的作品，我们可以在头脑中还原出他们三个月以来的学习情况，这样的项目制学习，是当下教育最为提倡的，它更加专注于孩子们综合能力的培养。

无论我多么喜欢一土，现在给予她一个全面的赞誉确实太早了！一土还有太多的路要走，教育的复杂问题更不是靠一种方案就能彻底解决的，但套用那句老话：只要上路，就会遇到隆重的庆典！

祝福一土！

（本文作者为清华大学附属小学前副校长，清恒小学现任校长）

正常和正好的教育

李松蔚

又到中小学开学的日子了。我曾写过一篇文章，说给孩子选择了一所非主流的“村小”，引发了出乎意料的反响。孩子的学校居然成了我最受瞩目的标签，很多新认识的朋友，第一句话都是：“啊！你就是那个有好的公立学校不上，送孩子去一土的？”有人还用深有同感的语气说：“我也想送孩子去那里，就是……”“就是”后面的理由就很多了：太远，太贵，家人不同意，等等。

我只好尴尬地笑笑。

他们压低声音问：“哎，到底怎么样啊？”

“挺好的啊，孩子很喜欢。”

“是吧，快说，怎么个好法？”

“就是正常的那种好。”

他们笑了：“你说的正常，肯定就是超常。”

我不知道怎么说。一个小学能有什么超常？不就是上课听讲，下课玩耍，老师有耐心，教学有方法……但是我说出这些，对方的表情并不满足。我也慢慢理解了那种期望，他们在期待一个更大的传奇：这是一个神秘的、孕育精英的地方，孩子们每天都在突飞猛进地成长……那才是好的。

1

这一年来，我在朋友圈里也看了不少文章，海淀家长啊、顺义妈妈啊、八少八素啊……有些信息还是挺吓人的，好像恨不得从幼儿园开始就是一场你死我活的硬仗。可能以前就是这样，但我直到孩子上了学，才后知后觉意识到：今天在很多人的眼中，小学的意义已经不再是“小学”而已了。

这倒真的让我想要记录一下女儿在一土这一年接受的教育。这些教育不应该是很特别的。在我看来，它只是一种遵循常识的教育，本来没有特别一提的必要。但如果大多数教育的追求已经偏离了常识，坚持常识反而成了难能可贵的“超常”。

一年的生活，随便记下了几条流水账：

学校还教什么

入学之前，学校召开过一个家长会。有人问入学之前要达到什么知识基础，校长说零基础，还特别强调，假期就让孩子好好玩，不要上幼小衔接班，“拼音是一年级的教学内容。你让孩子学会了拼音再上学，学校还教什么？”

所有人都震撼了。牛！太特立独行了！

但是你仔细想一想：学校的内容在学校教，这难道不正常吗？

作业不帮忙

每天的作业孩子自己完成。不会就是不会，做错了就是做错了，家长不用帮孩子订正——不是为了偷懒，就算家长有时间有意愿，也不能帮忙。

原因很简单，作业是布置给孩子的。老师要从作业里判断教学效果，调整教学进度。一旦家长帮孩子做了，老师就得不到真实的反馈了。

反馈

学习的第一项技能就是“给反馈”：热反馈和冷反馈。做完一个任务之后，两个同学互相反馈。热反馈是告诉对方，你哪里做得好。冷反馈是告诉对方，你哪里下次可以做得更好。

评估

说到反馈就想到考试。

很多人问我女儿，学校有考试吗？当然有，没有考试怎么知道水平呢？每学期末我都会收到一份几十页的评估报告，给孩子方方面面的能力打分。

别人问我女儿："你在班上是多少名？"

我女儿摇头，"不知道多少名。"

"期末考了多少分？"

我女儿说："有 3 分，有 4 分，有 5 分。"

"总分是多少分？"

"总分？总分是什么？"

我向人解释，最终的反馈不是一个分数，而是一组分数。每个学科都包含不同的能力维度，每个维度都有评分，最后画出一条曲线。他们看起来很困惑，困惑在于，没有一个总分，那怎么知道孩子在班上是多少名呢？进一步的问题是，不知道孩子多少名，那怎么判断她学得好不好呢？

错误

我特别喜欢纠正细节。听到女儿说英语，一个单词重音不对，都一定要指出来，请她把正确的发音多念几遍。她很不耐烦，说老师都不这么教。

那老师平时是怎么教的？

我问老师。老师说不用刻意指出错误。孩子出错了，老师就把正确的说法再复述一遍。孩子就会暗暗向正确的说法靠拢。如果总打断孩子，说她这不对那不对，会给孩子挫败感。她只需要学到对的东西，不一定要承认自己不对。

注意力

学校调整了课堂时长，为了匹配孩子的注意力。

有一个朋友是当小学老师的，听完很感叹，说："居然可以这样？"

不然应该怎么样？

"大多数学校是让孩子想办法延长注意力，为了匹配学校的课堂时长。"

坐相

孩子奶奶是当小学老师的，有一次评论课堂照片："这些孩子，坐没有坐相。"

的确，孩子们歪七扭八地坐着，争着发言，恨不得把手举到天上。我上小学时，手要交叠着放在桌上，发言时小臂 90 度抬起，这是标准坐相。

乘法

女儿被幼儿园的同学鄙视了。

从前的同学聚到一块，相互比较口算能力。有的能口算三位数乘以两位数，有人只能三位数乘以一位数。这还只是小学一年级的学生啊，简直可怕。

我女儿弱弱地问："什么是……乘法？"

哈？乘法都不知道，你们数学在学什么？

"20 以内的加减法。"

一下子感觉到空气里的尴尬。

实际上，在学习"20 以内加减法"的部分，一土学生不仅需要学会熟练地算出答案，还要学会表达自己的计算过程，尝试理解不同的计算策略并做出对比，甚至尝试元认知层面的自我反思，进而在具体的情境中运用数量关系，调动运算能力来分析与解决实际问题。

教学大纲

有家长替我们担心："学校的教学进度跟不上，别的方面再好有什么用？”

我说“还好啊”。按照教育部的教学大纲，一年级上学期就是掌握20以内的加减法。但我这么一说，别人就忍不住笑：“现在谁还按教学大纲来？”

所以吧，别人再问我：“听说一土很特别，特别在哪里？”我就知道怎么回答了，我说：“它很特别，是按照国家的教学大纲来上课的……”

以上，是我在这所“村小”第一年的观察。

2

算是很特别的教育吗？

我不知道怎么评价。在我心里，是一种正常的、正好的教育：孩子学到了需要学习的东西，用适合她的方式，不缺什么，也没有多出什么。就是因为正常，放到现在的背景下才尤其“不正常”。认同的人自然懂；不认同的人，也足以产生怀疑：“这样教出来的孩子，以后会有竞争力吗？”

每个人都有自己的思考。

我现在也还会收到一些不客气的留言，有人说：你给孩子选择一土，别高兴得太早。等她将来考不上大学，找不到工作的时候，不知道她会不会恨你。

也不知道留言的人经历了什么，说话这么咬牙切齿的样子。但我理解他们的警告，这不是教育的问题。复制一土的教育并不难，只要认同它的理念，在家里都可以立刻施行。难的是，要如何期待教育的结果？

很多人说：我也想要孩子接受这种教育，可惜没有条件，一土没有开到我们的城市……一面说，一面从早到晚盯着孩子的成绩单。这样的心态，其实也很难适应一土。你让他少盯一会儿，哪怕是少报一个幼小衔接的课程，他都不肯。

我的孩子不学，别人的孩子都在学呀，将来落后了怎么办？——所谓“没条件”，只是一个好用的借口而已。

但这也不能怪家长。

现在一说到教育问题，就会说到家长的焦虑，好像一切都是因为家长小题大做。这不公平，我们知道这是更大的系统的问题。就像在电影院看电影，前排的观众站起来了，后排的人就不能不站起来。一方面，他也参与了制造焦虑；可是另一方面，不站起来行吗？人没有办法对抗整个系统。

这好像并不是一个令人满意的答案。别人问我：可是你做了一个不一样的选择啊，你是怎么做出来的呢？你凭什么说那是更好的选择？

我也只能诚实地分享一点想法。

答案是，我不知道。我只是相信。

3

我一直在说，未来是不确定的。个体唯一能做的，就是制造一些确定的点，对抗这种不确定。在这种不确定被验证之前，谁也不知道对不对，只能各自相信。所以讨论什么是好的教育，首先要解决的问题是，我们各自相信些什么，来安放我们的不确定。

如果你相信的是，教育是为了让孩子成为一个正常的人，比如说，掌握必要的知识和技能，从事一些具体的工作，遇到问题知道如何解决，这样你就不会太焦虑。教学大纲已经设计好了，目标是非常具体、定量的：为了成为有用的人，孩子需要掌握哪些技能？要掌握到何种程度？ 20 以内的加减法，会算，就好。算得又快又准，就更好。

我觉得正常就够了。这是我应对焦虑的方式。

但也许在另一些人看来，还不够。教育是为了让孩子成为超常的人，这就涉及跟别人的竞争，战斗。一个人战胜的人越多，才能享有越多的资源，他们的眼睛就会盯着别人。他们没有客观的目标，一切取决于别人的参照。别人都学到 10 以内加减法了，我家孩子要掌握 20 以内加减法。如果别人都学了 20 以内，我家孩子就得掌握到 100 以内。假如大家都是这么想，对不起，就要继续升级，学乘法。

这种逻辑下，很容易促发彼此的焦虑循环。

焦虑也没办法。你想要孩子变得超常，就得比其他人更辛苦。这也没错。它不算是一个结论。不是说正常就好，超常就不好。看你相信什么。

4

最后分享我的朋友张春老师写过的一段话，讨论教育的目标，我很喜欢。她认为，比起培养一个优秀、卓越，有着无限可能的孩子，教育更应该考虑如何让孩子成为一个健康自然，能安身立命的普通人。她说得非常好，我就原文引用了：

> 做一个普通人这个目标，我觉得已经非常困难了。它是个值得认真去思考的问题：我这辈子怎样做一个普通人？
>
> 成为一个普通的自然的人，我觉得的确是需要学习的。体健貌端，有个安身立命的本领，一些健康的人际关系，行为谈吐和情绪都自然真实，了解自己的缺陷，也能欣赏自己，对自己生命的基本感受是良性的，体验式的，没有愧疚和罪恶感。

达成这些目标的人，我总共也没能认识几个。我自己也没有。人们似乎大都处在一个逼仄的位置，难以获得片刻平静，还要安抚觉得自己本该卓越的心。

为什么很少有人把“做一个普通人”作为需要正视和努力的目标呢？难道大家觉得这不用学吗？

——摘自公众号张春酷酷酷的文章《一个咧卵》

这就是我相信的，普通就够了。跟成为一个超常的人相比，也没有好坏高低和正确错误之分。只是因为我喜欢，我就希望孩子可以做到。正常的教育也很不容易。为此，我需要一所普通的学校，教一些普通人的常识。

一诺常开玩笑说，一土是一个“村小”。这就是它的定位，培养的是一群普普通通的“村里娃”。老师和家长都是“村民”，“举全村之力办学”，把我们认为重要的东西教给孩子，这就足够了。

5

重要的是什么呢？

重要的是作为一个普通人，怎么接触这个世界。

在一土，有一种能力是别的学校不大强调的，就是与人合作。在项目制学习中，把学生分成不同小组做任务，这就需要理解自己和理解别人。这里涉及科目与科目的合作，小组与小组的合作，成员与成员的合作，我女儿很喜欢，这样她就不用干全部的活儿，“有一些事情我不擅长，可以交给擅长的同学做”，她知道自己擅长的和不擅长的。然后问题来了，每一个家长迟早都得面对这个问题——无关乎天赋，或者孩子超常与否——都要做出这样一个判断：你相信这样就够了吗？还是一定要把别人比下去才可以？

你要怎么判断呢？

告诉孩子：留神！有这么多优秀的对手，快把他们都甩掉；或是告诉孩子：真好！有这么多优秀的同伴，可以帮你做成自己做不到的事情。

后者是我们在教育中最终想传达的声音。

（本文作者为临床心理学博士、注册心理师）

我在硅谷的教育选择

口述　徐昱　　采访　刘周岩

刻舟求剑

1999 年，我和太太一起从浙江大学来美国威斯康星大学读书，她读化学工程，我读计算机体系结构。6 年半以后我博士毕业，一家人来到硅谷工作生活。2002 年我们的大儿子出生，小学、初中到高中都在硅谷的公立学校读书。他现在高三，所在的帕罗奥多高中（Palo Alto High School）是全美最顶尖的公立高中，每年有十几个学生被录取到斯坦福，升学前景很好。可说实话，对他受教育的过程我觉得有点遗憾。

我和妻子在中国都是一路上公立学校，所以也就很自然地想把自己的经历复制到大儿子身上，好像找到了一个最好的公立学校，让他在里面跟着老师、课本好好学习，就不用管太多了。可后来才体会到，这是刻舟求剑一样的想法。船已经开了，这个时代不一样了，时间不一样，地点也不一样了，很多以往的经验不一定能够适用于现在。

我从老大受教育的过程当中感受到，政府主导的基础教育是一个变化非常慢的行业，美国的公立学校跟中国的公办学校或者国有企业没有什么差别，从设计上它就是很难改变的一种系统，里面对教师的激励系统也是错误的。

大儿子这十多年就过去了，当然有很多成长，但是很少感受到他对某件事情的巨大的热情和对知识的很单纯的好奇心。他几乎不怎么问问题，这让我有点担心，直到前一阵去了机器人队，才开始有变化。

另外在硅谷这十多年，我也随着科技的发展接触到不同的工作机会。最开始从计算机系统软件做起，然后转移到人工智能，到今年年初做区块链加密货币，现在读书、学习，准备下一项工作。我看到技术在非常快速地变化，很多新的东西出来，可是教育过程中很少用上。我们的时代在快速变化，未来孩子需要的“硬技能”是现在没法预测的，比如教他 C++ 编程，可能两年之后就没用了，他们真正需要的是一些“软技能”，比如如何学习，如何控制自己的情绪。

在硅谷，创造力强的人和不强的人之间，差距不是一倍两倍，而是十倍百倍，而且这不是先天的差别。在这里有自我提升（self improvement）的文化氛围，很多人都想着怎么样去提升自己。做人工智能也让我体会到，人本身独特的智能是一种最大的资源，潜力是巨大的，如果教育得当，能够产生不可想象的美好。这些都促成了我对教育问题的兴趣和想法的转变。

7 年前小儿子出生了，我决定做些改变。

在 AltSchool 的两年

2016 年小儿子芋头要上学了，正好这个时候知道了 AltSchool，他们的想法和我一拍即合。谷歌的高管麦克斯（Max Ventilla）创办 AltSchool，是想用大数据和高度自动化的技术方式实现个性化学习，我作为一个科技工作者，觉得太有共鸣了。我当时的公司正好在搞人工智能训练，我做了很多关于人大脑学习的研究，发现人最有效的学习区间是非常窄的，你学的内容不能太难，也不能太简单，一定要恰到好处，否则效果都不好。其实训练人工智能的神经元网络也是一样的，它是很精妙的，怎样调参数让它表现最好，也有点跟学习类似。

申请 AltSchool 的时候，我当时抱着一种可能申请不上的心态，因为觉得会比较热门，而且申请过程让我感觉到非常严格。有很多针对家长的问卷，还要到旧金山总部面试。AltSchool主要考察家长的思想，是不是跟他们有一致的理念。面试那天来了很多家庭，绝对不是冷冷清清的。很多人对新学校不放心，其实AltSchool恰恰因为是新学校而获得了许多的优势。它作为硅谷的明星学校，获得了非常多的关注和投资，可以说是不计成本地建设最初的学校，而不像其他私立学校或非营利性学校都会比较注重投入产出比。AltSchool吸引到了最好的老师，也有最好的条件，但是学费在硅谷算是普通的水平，大约3万美元一年。后来我也发现，正是这一批优秀老师，对孩子的教育起了关键的作用。

小儿子进AltSchool第一年是读小学前班（PreK），第二年读学前班（K），这个班级是混龄的，10人左右，两个老师。第一年他和比他大一岁的孩子在一起，第二年老师不换，大孩子进到下一个班，他待在同一个班，又来了比他更小的孩子。

在个性化教学上，学校确实做了许多尝试。比如说阅读方面，老师每次给每个小朋友选的书都是不一样的。孩子学前班毕业升一年级的时候，他的阅读能力是二年级的水平，而且学习的过程是非常快乐的。他现在读一些书，哪怕没有图画也能非常流利地读下来，也很喜欢读。个性化不是为了超前，而是为了不让孩子学得特别简单导致失去兴趣。

很多教学是在iPad上做的，比如说学校有一个阅读软件，可以通过动画学习很多词的发音和音节，是一级级过关式的。没有人让他们之间比，但小孩子们自然而然会产生一个互相比的氛围，你几级了，我几级了。有一个数学软件，可以用做数学题的方式得到一些游戏币，然后小孩子们用这些游戏币去互相玩。还有一个编程软件，用可视化的方式在上面给一个小机器人设计编程步骤，接触编程的初步思想，比如循环的概念。这些都是专门设计的软件，自动增加难度或者降低难度，学习效果很明显。如果是在大班，还会更深度地使用 AltSchool 的技术平台，因为它有几家分校，那么多孩子，能够生产一定规模的数据，系统搭建好之后应该可以相当精准地为孩子自动推送要学习的内容，匹配他们的水平和偏好。

但是这些是不是能够快速提高孩子对知识真正的热爱？这就不一定了。实际上我不觉得这些技术目前提供了一个特别好的解决方案，最终孩子对文化的吸收、好奇心、审美，对知识的满足感和愉悦感，不是单纯靠技术可以解决的。

要实践新的教育理念，一定有许多不确定性，AltSchool 两年里其实变化了很多。教学上各种各样的变化都在发生，不停在尝试。对此我真没有什么特别的担心，孩子就得适应不确定性，将来走入社会，不也是充满了不确定性吗？变就变吧，有什么怕的，努力往好的方向变就行。

我觉得对孩子而言最需要的是安全感。一些传统学校里，表面上看一切都很稳定，课程规范、教学标准很有章法，组织结构很明确，但是老师每年都在换，也根本不注意孩子心理上的情况。到底哪种是真正值得我们担心的不确定性呢？

校长克里斯的情商教育

去上这所学校，妻子也很认同，不过她会做一些平衡，也让孩子多注重知识结构的完整性。反倒是我家老大，偶尔提到，怎么还能这么上学？他倒是被传统教育影响很深了。

在 AltSchool，校长克里斯教会我们很多，也成为家长们的知音。他在教育理念方面最重要的一点，就是除了个性化之外，他很强调社会情感学习，也可以理解为情商。整个美国对于培养社会情感的研究还是比较新的，没有非常成熟的一套方法，大家都在摸索当中。在 AltSchool，小班主要是从培养孩子对自己情绪的认知开始的，教他们理解而且准确叫出自己情绪的名字是第一步。克里斯校长还把情商教育分成一些具体的品格，比如韧性、好奇心、同理心。具体如何培养，说实话我们都在摸索，但是这些愿景和理念本身就是重要的，它们决定了你在教育中重视什么。

有一次在教室里，老师说要收玩具了，有的小孩还是不想收，我们家小芋头走到一个比他小一岁的小朋友身边，用手抱着他的肩膀，用很温柔的语气告诉他："我知道你现在还很想玩，但是现在是该收玩具的时间了。”这种表现出同理心的行为我觉得难能可贵，其实是受到老师耳濡目染的结果，我希望以后他不光是养成这个习惯，而且能理解为什么这样做是好的。我们这里很流行中文课后班，芋头也上过一阵，那儿的老师在解决问题的时候经常就用情绪化的方式，小孩子不听话，他们就会提高声音，用更强烈的情绪来表达他们的诉求。这样的环境小孩子一是不喜欢，二是他以后也会以情绪化的方式来表达诉求，这是一个反面的例子。

就这样，孩子在 AltSchool 上了两年学，学校在摸索用技术做个性化，我们家长也和校长一起探索怎么培养孩子的各种情商和内驱力。和一般的学校那种标准化、重学业能力的教育很不同，孩子去上学很开心。这时候却发生了令我们所有家长非常意外的事情。

自己办起了学校

2017 年 10 月的时候，学校宣布我们所在的 AltSchool 帕罗奥多校区要关闭了，这几乎成为和 AltSchool 开业同样重磅的大新闻。他们最初是想开办许多社区学校，产生一种可复制的模式。可后来发现自营学校的模式很困难，对科技平台研发的进展预估得太乐观，对科技平台能起的作用也过高地估计了。目前的技术水平之下，每一所具体的学校能否成功其实还是主要取决于是否有足够优秀的校长和老师，但像克里斯这样的校长不是很多的。

孩子在 AltSchool 上学我们很满意，可从同行的角度把 AltSchool 作为公司来看待，他们也有不少问题，比如执行的问题、判断的问题。从商业的角度能够理解他们关闭校区的决定，但作为家长自然觉得非常可惜。校长、老师、学生、家长，已经构成了关系非常紧密的社区，有很好的互动，大家在理念上也高度一致。

我们最终决定原班人马自己开一个学校！这中间又是太多一言难尽的故事，我是第一个把孩子的入学申请再次送到克里斯手里的家长。后来他还很感动地谈到这事，我们之间也真是患难与共了。新学校叫想象力实验学校（Imagination Lab School），同时算是一土硅谷分校，2018 年第一年开学，目前只有不到 20 个学生，有大概六七位原来 AltSchool 的老师。

新学校办起来了，理念和 AltSchool 是一样的，但也在不断尝试做一些变化。比如每周三的“社区关联”项目，每周都有一天是在学校之外度过的，这就和一般学校一学期一次的春游秋游有了根本的区别，是要打通学校和社区的边界。还有 3 点钟下课后时间的安排，以往是组织兴趣班，现在则是改成自由玩耍（free play）时间。这也是一种尝试，对孩子而言有组织的结构性玩耍（structure play）是需要的，但自由玩耍也很需要，他们就是要在其中去探索自己和自然、自己和别人的关系。

技术平台方面，现在新学校人比较少，还可以靠着师生比解决个性化教学问题。但将来规模增加，还是要依靠技术，这一点校长也非常认同，他如果不是看到科技在教育中的前景，当初也不会去 AltSchool，技术仍然要在教育中扮演重要的角色，这是我们的共识。

在孩子现在的成长里，有很多让我作为一个父亲感到非常欣喜的瞬间。我对他知识方面的成长持比较自然的态度，但是很在意他精神上的状态。另外一方面让我觉得看不到什么“长进”，但是也特别有意思的，是现在他喜欢玩泥巴这件事。门口有一个花圃，下面一大堆黏土，他和大一点的孩子一起，还有小女孩，就聚在那儿拿水和泥做成各种各样的东西，有时候是一个像甜甜圈一样的东西，最后做得像个碗。我真是看不出这有什么好玩的，而且每次玩完他鞋也脏了，裤子也脏了，洗起来非常麻烦，但是我真的被他们的精神所感动，就这样每天乐此不疲地玩泥巴。喜欢玩这件事本身让我挺感动的。这是现在很少见的，很多时候孩子做什么事情都没热情，或者需要别人去推，或者要通过其他外部的激励。有些孩子甚至连努力学习来换取游戏机的热情都没有了，我觉得挺可怕的。那种去做一件事的非常原始的冲动对他们未来的生活非常关键。

硅谷这边有许多华裔、印度裔的家长，都是从小经历非常严格的学业训练，然后读大学，再考托福、GRE 来到美国读博士，留下来工作，很多人希望在孩子身上复制自己。但其实没用，他们那样教育出来的第二代 ABC 孩子里面，能够继承衣钵的是很少的，做领头羊的更少，因为这都是父母从小给他们规划出来的路径，而不是他们自己有热情然后充分发挥创造性天分去做的。

孩子未来的发展是不是一步步都计划好了？不是的，我也没计划过小儿子要上什么大学，甚至他到时候是不是决定去上大学都很难说。计划了，也赶不上变化。我们家老大曾经在我们的要求下学了 10 年小提琴，但是到高中二年级忽然不练了，他一秒钟都不想再碰一下，对练琴完全没有热情，我觉得我们的教育是失败的。学了 10 年小提琴难道不算规划吗？这么好的规划有用吗？我现在更看重的是孩子当下的成长，对学习和生活的热情能不能被调动出来。只要每一年有成长，喜欢去上学，就很好了。如果有一天学校或教育让他的成长停滞了——不只是智商的也包括情商的，那么就再去寻找新的合适的环境。

“未来”离我们很近

以前还有论调嘲讽特斯拉公司的自动化，说自动化过头了反而造成经营成本的上升，现在基本没有这样的声音了。自动化没有所谓过头一说，生产成本是在急剧下降的，越来越少地需要人工。至于未来人工智能能不能发展出自己的意识、思想，这还不好说。但在进行自动化生产的方面，已经没有悬念了，是我们有生之年就会看到的。许多技术都是这样，会不可避免地到来。

以往我们的教育观念里，是给孩子一套固定的东西，好像已经存在一套完美的认知体系、一个稳定的社会。你学习了之后，加入到这个系统，成为这个“大同社会”的一部分。但是我们现在需要的教育应该更像是“接生婆”，把孩子内在的激情和潜力引出来，帮助他面对这个正在快速变化的社会。

当科技的进步不再需要我们工作了，没有驱动力也没关系，活着就行了，反正社会有充足的资源可以养你。可我们一定希望，孩子能够产生非物质的动力，继续去努力地生活。也许他去做艺术，甚至去登陆火星，总之去实现他的价值。我们会比孩子先离开这个世界，孩子也不必非要依赖我们才快乐。除了爱他们，我们也要教会他们怎么样爱自己，慢慢让他们寻找到自己生命中内心的快乐。有了他给自己的爱，他会知道在挫折的时候，告诉自己怎么办，或者在懈怠的时候，告诉自己仍然要努力，因为他知道为什么而活。走入未来的，终究是孩子们自己。

（感谢徐京晶对本文的帮助）

一土学校老师推荐
分级阅读书目

一年级

《我绝对绝对不吃番茄》 接力出版社

《好饿的毛毛虫》 明天出版社

《一园青菜成了精》 明天出版社

《肚子里有个火车站》 北京科学技术出版社

《我们的身体》 未来出版社

《大卫上学去》 河北教育出版社

《猜猜我有多爱你》 明天出版社

《月亮的味道》 二十一世纪出版社

《我的情绪小怪兽》 陕西人民教育出版社

《雪花人》 河北教育出版社

《我不知道我是谁》 新星出版社

《14 只老鼠挖山药》 接力出版社

《我有友情要出租》 新疆青少年出版社

幼学启蒙系列丛书:《中国古代神话》(第一册)新世界出版社

《魔法亲亲》 明天出版社

《记事情》 明天出版社

《小阿力的大学校》 明天出版社

《乱扔东西的塔格叔叔》 南方出版社

《请安静！图书馆里有只金丝雀》 海豚出版社

《小蛇散步》 北京联合出版有限公司

《朱家故事》 河北教育出版社

《彩虹色的花》 二十一世纪出版社

《一寸虫》 明天出版社

《小黑鱼》 南海出版公司

《田鼠阿佛》 南海出版公司

《安的种子》 海燕出版社

《种子嘟嘟想变成什么呢？》 浙江教育出版社

《查理和劳拉系列：照顾好你的星球》 接力出版社

《蚯蚓的日记》 北京科学技术出版社

《不一样的大自然科学绘本系列：和蚂蚁一起去地下》 电子工业出版社

《香香甜甜腊八粥》 中国少年儿童出版社

《灶王爷》 天津人民出版社

《团圆》 明天出版社

《饺子和汤圆》 连环画出版社

二年级

《青蛙和蟾蜍》 明天出版社

《没头脑和不高兴》 浙江少年儿童出版社

《神奇校车》 贵州人民出版社

《驴小弟变石头》 明天出版社

《小真的长头发》 新星出版社

《巫婆奶奶》 辽宁少年儿童出版社

《体育全知道》 北京联合出版公司

《了不起的狐狸爸爸》 明天出版社

《香草女巫》 二十一世纪出版社

《妹妹的红雨鞋》 浙江少年儿童出版社

《花婆婆》 河北教育出版社

《小猪变形记》 外语教学与研究出版社

《他们都看见了一只猫》 北京联合出版公司

《我和小姐姐克拉拉》 二十一世纪出版社集团

《一年级大个子二年级小个子》 接力出版社

《丁丁历险记》 中国少年儿童出版社

《阁楼上的光》 北京联合出版公司

《中国记忆 · 传统节日图画书（全 12 册）》 北京师范大学出版社

《避开恶猫的方法》 长春出版社

《拉鲁斯儿童立体百科全书：浩瀚宇宙》 未来出版社

《颜色的战争》 北京科学技术出版社

《好心眼儿巨人》 明天出版社

《人》 贵州人民出版社

三年级

《彩乌鸦系列：德国一群老鼠的童话》 二十一世纪出版社

《当世界年纪还小的时候》 四川少年儿童出版社

《绿野仙踪》 中国少年儿童出版社

《中国古代神话选编》 长江文艺出版社

《玛蒂尔达》 明天出版社

《爱丽丝漫游奇境》 商务印书馆

《精灵鼠小弟》 上海译文出版社

《柳林风声》 光明日报出版社

《海蒂》 中国少年儿童出版社

《木偶奇遇记》 二十一世纪出版社

《图说中国节》 中国社会科学出版社

《格林童话》 海燕出版社

《中国古代寓言》 人民教育出版社

《伊索寓言》 人民教育出版社

《克雷洛夫寓言》 人民教育出版社

《夏洛的网》 上海译文出版社

《森林报》 二十一世纪出版社

四年级

《一百条裙子》 新蕾出版社

《青鸟》 云南美术出版社

《夏洛的网》 上海译文出版社

《窗边的小豆豆》 南海出版公司

《特别的女生萨哈拉》 湖南少年儿童出版社

《草原上的小木屋》 天地出版社

《绿山墙的安妮》 人民文学出版社

《男生贾里　女生贾梅》 少年儿童出版社

《林汉达中国历史故事集》 中国少年儿童出版社

《哈利·波特》 人民文学出版社

《八十天环游地球》 接力出版社

《小飞侠彼得·潘》 接力出版社

《谁是谁·启发精选世界名人传记》 北京联合出版公司

《生命的故事》 二十一世纪出版社

《小房子》 南海出版公司

《西雅图酋长的宣言》 河北教育出版社

《人鸦》 二十一世纪出版社

《稻草人》 湖北少年儿童出版社

《昆虫记》 人民教育出版社

《科瓦奇讲植物、动物、天文与地理》 贵州教育出版社

五年级

《小王子》 天津人民出版社
《世说新语》 人民文学出版社
《希腊神话全集》 中国对外翻译出版公司
《安徒生童话》 云南美术出版社
《呼兰河传》 中国少年儿童出版社
《小古文一百课》 济南出版社
《园丁》 二十一世纪出版社
《铁丝网上的小花》 明天出版社
《黎明开始的地方》 浙江少年儿童出版社
《城南旧事》 中国少年儿童出版社
《窃读记》 作家出版社
《俗世奇人》 人民文学出版社
《西游记》(大字本) 人民文学出版社
《射雕英雄传》 广州出版社
《神雕侠侣》 广州出版社
《假如给我三天光明》 译林出版社
《秘密花园》 译林出版社
《汤姆 · 索亚历险记》 人民文学出版社

《原来如此的故事》 接力出版社
《狄金森诗选》 外语教学与研究出版社
《新月集》 外语教学与研究出版社
《给孩子的诗集》 湖南少年儿童出版社
《最美动物诗集》 河南科学技术出版社
《最美自然诗集》 河南科学技术出版社
《有种东西比星星更永久》 外语教学与研究出版社
《儿童历史百科绘本》 人民邮电出版社
《写给孩子的哲学启蒙书》 广西师范大学出版社
《思考的魅力》 广西科学技术出版社

六年级

《不老泉》 二十一世纪出版社

《朝花夕拾》 安徽教育出版社

《101 个物理小实验》 上海科学技术文献出版社

《圣经的故事》 浙江文艺出版社

《中国大历史》 民主与建设出版社

《鲁滨孙漂流记》 商务印书馆

《永远讲不完的故事》 二十一世纪出版社

《所罗门王的指环》 中信出版集团

《科学家工作大揭秘》 湖北美术出版社

《三国演义》 人民文学出版社

《人类的故事》 中国人民大学出版社

《史记故事》 浙江少年儿童出版社

《安妮日记》 人民文学出版社

《汉字树》 中国商业出版社

《少年读史记》 青岛出版社

《记忆传授人》 河北教育出版社